能源资本论

人类文明进步的能量源泉

殷雄　谭建生◎著

ENERGY CAPITAL

中信出版集团 | 北京

图书在版编目（CIP）数据

能源资本论 / 殷雄，谭建生著. -- 北京：中信出
版社，2019.9
　ISBN 978-7-5217-0881-3

　Ⅰ. ①能… Ⅱ. ①殷… ②谭… Ⅲ. ①能源经济—资
本—研究 Ⅳ. ①F407.2

中国版本图书馆CIP数据核字(2019)第167743号

能源资本论

著　　者：殷雄　谭建生
出版发行：中信出版集团股份有限公司
　　　　　（北京市朝阳区惠新东街甲4号富盛大厦2座　邮编　100029）
承 印 者：北京诚信伟业印刷有限公司

开　　本：787mm×1092mm　1/16　　　印　张：31　　　字　数：466千字
版　　次：2019年9月第1版　　　　　　印　次：2019年9月第1次印刷
广告经营许可证：京朝工商广字第8087号
书　　号：ISBN 978-7-5217-0881-3
定　　价：88.00元

"中国道路"丛书总序言

中华人民共和国成立 60 多年以来，中国一直在探索自己的发展道路，特别是在改革开放 30 多年的实践中，努力寻求既发挥市场活力，又充分发挥社会主义优势的发展道路。

改革开放推动了中国的崛起。怎样将中国的发展经验进行系统梳理，构建中国特色的社会主义发展理论体系，让世界理解中国的发展模式？怎样正确总结改革与转型中的经验和教训？怎样正确判断和应对当代世界的诸多问题和未来的挑战，实现中华民族的伟大复兴？这都是对中国理论界的重大挑战。

为此，我们关注并支持有关中国发展道路的学术中一些有价值的前瞻性研究，并邀集各领域的专家学者，深入研究中国发展与改革中的重大问题。我们将组织编辑和出版反映与中国道路研究有关的成果，用中国理论阐释中国实践的系列丛书。

"中国道路"丛书的定位是：致力于推动中国特色社会主义道路、制度、模式的研究和理论创新，以此凝聚社会共识，弘扬社会主义核心价值观，促进立足中国实践、通达历史与现实、具有全球视野的中国学派的形成；鼓励和支持跨学科的研究和交流，加大对中国学者原创性理论的推动和传播。

"中国道路"丛书的宗旨是：坚持实事求是，践行中国道路，发展中国学派。

始终如一地坚持实事求是的认识论和方法论。总结中国经验、探讨中国模式，应注重从中国现实而不是从教条出发。正确认识中国的国情，正确认识中国的发展方向，都离不开实事求是的认识论和方法论。一切从实际出发，以实践作为检验真理的标准，通过实践推动认识的发展，这是中国共产党的世纪奋斗历程中反复证明了的正确认识路线。违背它就会受挫失败，遵循它就能攻坚克难。

毛泽东、邓小平是中国道路的探索者和中国学派的开创者，他们的理论创新始终立足于中国的实际，同时因应世界的变化。理论是行动的指南，他们从来不生搬硬套经典理论，而是在中国建设和改革的实践中丰富和发展社会主义理论。我们要继承和发扬这种精神，摒弃无所作为的思想，拒绝照抄照搬的教条主义，只有实践才是真知的源头。"中国道路"丛书将更加注重理论的实践性品格，体现理论与实际紧密结合的鲜明特点。

坚定不移地践行中国道路，也就是在中国共产党领导下的中国特色社会主义道路。我们在经济高速增长的同时，也遇到了来自各方面的理论挑战，例如将改革开放前后两个历史时期彼此割裂和截然对立的评价；例如极力推行西方所谓"普世价值"和新自由主义经济理论等错误思潮。道路问题是大是大非问题，我们的改革目标和道路是高度一致的，因而，要始终坚持正确的改革方向。历史和现实都告诉我们，只有社会主义才能救中国，只有社会主义才能发展中国。在百年兴衰、大国博弈的历史背景下，中国从积贫积弱的状态中奋然崛起，成为世界上举足轻重的大国，成就斐然，道路独特。既不走封闭僵化的老路，也不走改旗易帜的邪路，一定要走中国特色的社会主义正路，这是我们唯一正确的选择。

推动社会科学各领域中国学派的建立,应该成为致力于中国道路探讨的有识之士的宏大追求。正确认识历史,正确认识现实,积极促进中国学者原创性理论的研究,那些对西方理论和价值观原教旨式的顶礼膜拜的学风,应当受到鄙夷。古今中外的所有优秀文明成果,我们都应该兼收并蓄,但绝不可泥古不化、泥洋不化,而要在中国道路的实践中融会贯通。以实践创新推动理论创新,以理论创新引导实践创新,从内容到形式,从理论架构到话语体系,一以贯之地奉行这种学术新风。我们相信,通过艰苦探索、努力创新得来的丰硕成果,将会在世界话语体系的竞争中造就立足本土的中国学派。

"中国道路"丛书具有跨学科及综合性强的特点,内容覆盖面较宽,开放性、系统性、包容性较强。其分为学术、智库、纪实专访、实务、译丛等类型,每种类型又涵盖不同类别,例如在学术类中就涵盖文学、历史学、哲学、经济学、政治学、社会学、法学、战略学、传播学等领域。

这是一项需要进行长期努力的理论基础建设工作,这又是一项极其艰巨的系统工程。基础理论建设严重滞后,学术界理论创新观念不足等现状是制约因素之一。然而,当下中国的舆论场,存在思想乱象、理论乱象、舆论乱象,流行着种种不利于社会主义现代化事业和安定团结的错误思潮,迫切需要正面发声。

经过60多年的社会主义道路奠基和30多年的改革开放,我们积累了丰富的实践经验,迫切需要形成中国本土的理论创新和中国话语体系创新,这是树立道路自信、理论自信、制度自信、文化自信,在国际上争取话语权所必须面对的挑战。我们将与了解中国国情,认同中国改革开放发展道路,有担当精神的中国学派,共同推动这项富有战略意义的出版工程。

中信集团在中国改革开放和现代化建设中曾经发挥了独特的作用,它不仅勇于承担大型国有企业经济责任和社会责任,同时也勇于承担政治责任。它不仅是改革开放的先行者，同时也是中国道路的践行者。中信将以历史担当的使命感，来持续推动中国道路出版工程。

2014 年 8 月，中信集团成立了中信改革发展研究基金会，构建平台，凝聚力量，致力于推动中国改革发展问题的研究，并携手中信出版社共同进行"中国道路"丛书的顶层设计。

"中国道路"丛书的学术委员会和编辑委员会，由多学科多领域的专家组成。我们将进行长期的、系统性的工作，努力使"中国道路"丛书成为中国理论创新的孵化器，中国学派的探讨与交流平台，研究问题、建言献策的智库，传播思想、凝聚人心的讲坛。

孔丹

2015年10月25日

目录
——
Contents

序

当今世界，能源是一个谁也绕不开的话题。我在能源领域工作了近50年，对能源怀有很深的感情。看到两位作者这部经过20年潜心钻研而成的著作，我十分激动与欣慰。我与两位作者曾经是同事，在工作中建立了深厚的情谊，今天看到他们在繁重的日常管理和技术工作之余，还坚持不懈地结合实践进行思考和研究，我心情很激动。他们经过多年的努力取得了多方面的理论创新成果，说明中国的专家有能力有抱负进行原创性理论研究，并不总是跟在西方学者后面拾人牙慧，这使我深感欣慰。

能源的概念不新鲜，资本的概念也不新鲜。作者以新颖的视角，从资本的角度看待能源，剖析它的资本属性，就是可以持续创造价值。我本人长期在能源领域从事技术、管理工作和宏观政策研究及制定，看到作者提出的能源资本这个概念，眼前为之一亮。作者从人类能源史的演化过程以及能源在这个过程中所起的作用，充分地论证了能源的资本属性，我认为这个观点是站得住脚的。

作者提出了能源资本的双因子干涉理论，运用驱动因子和约束因子来解释经济增长和生态环境污染的内在机制，可谓抓住了事物的本质特征。尤其使人印象深刻的是，作者受到气象学和混沌学中蝴蝶效应这个概念的启发，提出了叠加蝴蝶效应和逆蝴蝶效应的概念，用以分别解释生态环境遭到破坏和恢复生态环境的内在机制，不仅新颖，而且非常有说服力。另外，作者就能源资本与经济增长、生态环境、技术创新、军事力量和大国博弈五个领域的关联性，借用物理学、经济学、气象学、生物学和管理学等学科的概念，提出了能源资本与相关领域的干涉效应、蝴蝶效应、乘数效应、跃迁效应和杠杆效应等概念，这是对"能源"和"资本"进行组合研究之后得出的新结论，反映了作者深厚的理论功底、广博的知识结构和独特的思想方法。只有这些因素的有机结合，才能得到新颖的研究结果。从这部著作及其两位作者的身上，我有一个很深的感受，就是搞学术研究的人，要在知识广博的基础上达到"精"和"专"。

2014 年 6 月 13 日，习近平总书记主持召开中央财经领导小组第六次会议，提出了"四个革命、一个合作"的能源战略思想①，开辟了中国特色能源发展理论的新境界，为我国能源发展改革进一步指明了方向。学懂、弄通这一能源战略思想，并在实际工作中予以贯彻落实，是我国今后能源改革和发展的题中应有之义。作者以宽阔的眼界，立足现实看能源，着眼未来看能源，结合创新看能源，跳出能源看能源，面向国际看能源，首次从能源资本的角度诠释"四个革命、一个合作"的丰富内涵及深远意义，揭示出了能源的资本属性驱动"四个革命、一个合作"的内在机制，具有重要的理论创新价值。作者的研究成果说明，从资本的角度认识能源、利用能源、开发能源，将是人类社会生活的重大课题，也是将能源资本的理论与能源革命的实践相结合的重要切入点和落脚点。

作为一部经济学领域的专著，此书没有传统"策论"的那种要做什么、该怎么做的政策建议范式，但是，字里行间流露出作者深刻而新颖的思想，这些都是更高层次的"策论"，有一种"言有尽而意无穷"的韵味。由于我长期在电力和能源领域从事技术和管理工作，后来又在国家宏观能源政策研究和制定部门从事管理工作，深知能源政策在我国经济社会生活中的重要性。随着我

---

① 习近平. 习近平谈治国理政[M]. 北京：外文出版社，2018：130 – 132.

国改革开放事业和经济社会的不断发展，能源政策的制定与实施也要与时俱进，而不能墨守成规；决策的民主化与科学化，要在丰富的社会实践生活中涌现出一大批具有较高水平和价值的理论研究成果，通过理论与实践的有机结合来解决中国未来发展将遇到的现实问题。如果作者在今后的工作中能够以能源资本理论作为指导，系统研究中国在实现"两个一百年"奋斗目标征程中的相关能源政策，不仅能够提供一种理论与实践相结合的思想范例，而且也可以使作者已经取得的理论成果得到更大范围的应用，实现知与行的结合与转化，从而使其研究结果的价值产生某种"裂变"效应。基于这种责任感与使命感，我希望两位作者能继续潜心研究，就像作者在后记中说的那样，"以今秋为起点，面向未来的 30 年，我们期待一部《能源资本新论》在某个秋天再度面世!"

原国家电监会副主席、国家能源局原副局长

王生海

2019 年 4 月 22 日于北京

前　言

自古以来，人类社会所创造并积累的物质财富和精神财富，本质是人类通过劳动而创造的价值沉淀。能量是构成客观世界的三大基础（物质、信息和能量）之一，是人类社会一切生活、生产活动的驱动力。如果没有各种能源形态所蕴含的能量的投入，那么人类社会就不可能创造和积累财富。因此，从持续不断地创造价值的角度来看，能源具有资本的属性。简单地说，能源属于资本，资本创造财富。

本书所涉及的能源和资本这两个概念，都是大家熟悉的概念，但当把它们组合起来成为"能源资本"时，不论是从其内涵还是从其外延来看，就变成一个全新的概念了。我们通过分析能源资产转化为能源资本的条件和过程，找到了构成能源资本的四个要素：货币资本、人力资本、技术平台和市场环境。在此基础上，我们运用统计学中的因子分析方法，从这四个要素中提取出两个公共因子，并将它们命名为驱动因子和约束因子。生物学中的 DNA（脱氧核糖核酸）是四种碱基对排列成的双螺旋结构，它承载着生命的信息，仅仅因为这些排列的微小变化，生命的形式就会改变。如果把能源资本看作是一个类似于生物学的 DNA 结构，那么，这四种要素就是构成 DNA 结构的"基因"，这两个公共因子形成一个携带着这四种"基因"的双螺旋结构，由此形成了能源资本双因子干涉理论，这是本书最重要的研究成果，也是最大的创新。

事物是普遍联系的，这是唯物论和辩证法的基本法则。我们发现，能源资本与经济增长、生态环境、技术创新、军事力量和大国博弈这五大领域具有不同的关联性，而且这种关联性是由这些领域的独特性所内生出来的。这也正是本书的最大特色，或者可以说是一种创新。许多基础科学和技术的突破都是非功利性的，不需要回答"有什么用"的问题，是纯粹对认知本身的追求。在有用与无用的问题上，我们认为，20世纪被誉为所有现代物理学家的老师、1965年诺贝尔物理学奖获得者理查德·费恩曼在《费恩曼物理学讲义》前言中所说的几句话最为精辟："我讲授的主要目的，不是帮助你们应付考试，也不是帮你们为工业或国防服务。我最希望做到的是，让你们欣赏这奇妙的世界以及物理学观察它的方法。"物理学的研究是如此，经济学的研究也是如此，哲学思辨更是如此。我们通过能源资本这个概念与双因子干涉理论，来观察和理解能源的本质属性及其与客观世界的关联性，就是在不航海的时候培养和训练舵手，也是"平时多烧香"的体现。它尽管不是人生的终极目标，也算是这个时代托付给我们的职责吧！

　　经济学的本质是解释人性，也就是演绎人性，它与社会学和管理学一样，无法做到精确，因此，在很多情况下很难用以假设条件为前提的数学模型来表达。因为假设的条件多了，就不能真实地反映现实世界，从而把科学研究作为一种在既定场景中的"智力游戏"。数学是一个好东西，但并不是用在什么地方都好。数学有思想，但如果数学用得多了，只能从"因为"推导出"所以"，这种机械式的"路径依赖"有可能阻碍新思想的产生。美国经济学家、2018年诺贝尔经济学奖获得者保罗·罗默于2015年写过一篇题为《数学在增长理论中的滥用》的文章，对数学用得太多、太滥的倾向进行了"吐槽"。他认为，现代经济学可能花费了太多的精力在形式化上，而忽略了对更为根本的、思想性内容的追寻。[①]同样，在本书中我们也没有运用数学工具，而是把视角和推理的重要性摆在首位，并且借用了其他学科的一些概念和方法。斯蒂

① 陈永伟. 诺德豪斯、罗默获得2018诺贝尔经济学奖[OL]. 公众号《比较》，2018–10–11.

芬·霍金在其《时间简史》中写道："有人告诉我，我放在书中的每一个方程都会使本书的销售量减半，为此我决定一个方程也不用。然而，在最后我确实用了一个方程，即爱因斯坦著名的方程$E = mc^2$，我希望这个方程不会吓跑一半我的潜在读者。"爱因斯坦的这个质能方程，揭示出质量和能量是同一事物的两种不同表现形式，是各种能源形态所蕴含的能量的表征，也是本书的逻辑起点，因此在本书中也出现了这个方程。

同时，我们在本书中借用了物理学中的干涉效应、跃迁效应和杠杆效应的概念来分别描述能源资本与经济增长、军事力量和大国博弈之间的关联性，借用了气象学和混沌学中的蝴蝶效应的概念来描述能源资本与生态环境之间的关联性，借用了经济学中的乘数效应的概念来描述能源资本与技术创新之间的关联性。如果通过我们的劳动，能够把所研究的问题弄清楚，或者哪怕是弄清楚其中很少的一部分，那么我们并不在意如霍金所说的市场销售量的"减半"，甚至也很乐意"留给老鼠的牙齿去批判"①。

只有在充分掌握事实和数据的基础上才会产生抽象力，或者说才能发挥抽象力。在能源与资本这两个不同的领域，已有大量的文献资料。面对浩如烟海的资料，假如没有归纳和提炼，是不可能得出概念性、抽象性的结论的。本书的第一章中对"能源资本"的概念阐释及第二章中能源资产如何转化为资本的过程和机制分析的内容，比较偏理论。对于读者来说，如果能把这部分内容读透，其他内容就容易理解了，而且会觉得有趣多了。不过，尽管我们竭尽全力提高可读性，但本书毕竟是一本学术著作，阅读起来不可能像文学作品那样轻松和惬意，有时候可能还会使读者感到稍微有一点儿"烧脑"。无论如何，我们希望读者愿意花时间读下去。

---

① 马克思的《德意志意识形态》是一部十分重要的著作，但在出版时却碰到了困难。马克思说了一句很幽默的话："既然我们已经达到了我们的主要目的——自己弄清问题，我们就情愿让原稿留给老鼠的牙齿去批判了。"

英国历史学家彼得·弗兰科潘在他的《丝绸之路：一部全新的世界史》中文版序言中写道："作为作者，不停地写书是一种乐趣，知道自己写的书有人读更是一种独特的乐趣。如果本书的阅读经历能让您心旷神怡，将是对我的最大称赞。"[①]我们也怀着与弗兰科潘一样的心情，将这部作品交给读者，而且认为读者的阅读就是对我们劳动的最好回报。

---

① 彼得·弗兰科潘. 丝绸之路：一部全新的世界史[M]. 邵旭东，孙芳，译. 杭州：浙江大学出版社，2016.

第一章

绪　论

　　以太阳能为代表的一切能源资源，都是人类生存和社会发展的必要条件，是生产力的要素，也是人类文明进步的能量源泉。能源作为生产力这一"引擎"的"燃料"和人类文明发展的动力，它的形态虽然各异，但因其可以持续不断地创造价值，所以具有资本的属性。从资本的角度认识能源、开发能源、利用能源，将是人类社会经济生活中不变的主题。

引言　资本与财富

　　迄今为止，人类社会生产力的发展所创造和积累的财富，都离不开以太阳为能量来源的各类能源形态作为物质基础。财富之所以能够不断地积累，是因为人类能够持续不断地创造价值，而这恰恰是资本的属性。我们的研究将从揭示能源形态的资本属性开始。

　　财富，包括物质财富和精神财富，是人类社会文明进步的标志。财富究竟是资本创造的，还是劳动创造的？对这个问题的认识，在于如何理解资本是什么以及它是如何被创造的。为了搞清楚财富的来源，需要运用双重维度的方法进行分析。

　　第一重维度，把资本与劳动分开来看。资本是价值的表征，它本身不是物，而是人创造的。一方面，劳动创造了资本，进而创造了财富；另一方面，资本从诞生的那一天起，在表现形态上就与劳动相对立了，就像婴儿从母腹中分离出来后，就是一个独立的个体，从而与母亲相对立了。尽管他（或她）会遗传母体的一些基因，与母亲在性格和长相上会有相似之处，但终究是独立的个体，他（或她）的成长必定与社会环境发生这样或那样的关联。资本也是这样，它是由人类的劳动创造的，但在持续不断创造价值的过程中，它一方面凝结了人类劳动所创造的价值，另一方面在生成、生长的过程中吸收了人类社会环境中的其他因素，进而成为一种游离于物质之外的社会权力，可以独立创造价值。即使如此，资本与劳动在"细胞分裂"的过程中，并没有丢失劳动创造价值的"遗传基因"。因此，从本质上来说，凝结了价值的各类财富形态，是劳动利用资本或者说资本通过劳动创造的。在这里，资本与劳动是一枚硬币的两面，共同创造价值。

第二重维度，把不变资本与可变资本分开来看。这一重维度是第一重维度的另外一种表达方式，在这里，不变资本是资本，可变资本是劳动。按照马克思的定义，资本由不变资本（厂房、设备及其他自然资源等）和可变资本（资本家支付给工人的劳动报酬）组成，只有可变资本才会创造剩余价值。而我们在实际的社会生活中发现，不变资本与可变资本在价值创造的过程中是互为条件和互为前提的。两者的结合，并不是简单的量的相加，而是质的飞跃。也就是说，这个过程不是物理变化，而是化学反应。在形成商品之后，不可能分清楚商品的哪部分价值是由哪部分资本创造的。比如，要让汽车在公路上开动起来，就必须先用钥匙把汽车发动起来，不变资本就相当于这把"钥匙"。汽车要在公路上行驶，必须添加燃料，可变资本就相当于这辆汽车所必需的"燃料"。有了这把"钥匙"，整个生产（劳动）过程才能启动；有了"燃料"，生产（劳动）过程才能持续。如果没有"钥匙"，即没有不变资本的投入，就不可能有"燃料"即可变资本的支出，也就不可能创造出"把车开起来"这个价值。不变资本与可变资本，是互为因果、互为依托的关系。如果只强调劳动者的劳动价值，而忽视了不变资本的作用，就不能全面、准确地解释整个生产（劳动）过程的价值创造机制。在这里，可变资本与不变资本是一枚硬币的两面，共同创造价值。

资本的本质不是物质，而是一种能够持续创造价值的能力，是体现在物上的生产关系。这种生产关系的内在本质是一种处于运动中的价值。资本一旦停止运动就丧失了生命力，就比如不把汽车开动起来，油箱里的燃料是没有用处的。资本运动表现为资本的循环，从一种形式转变为另一种形式，从一个区域转移到另一个区域，从一个阶段过渡到另一个阶段，在这种不断运动的过程中，把"死"的潜能转化为"活"的价值。这种资本运动的主角是人和人的劳动，如果脱离了人的劳动，资本的运动就是不可能的。比如，树枝不会自行变成火把，肯定是人拾起它，并且做成火把来使用。① 人的劳动把树枝变成火把，进而挖掘出火把的价值潜能，在一定的条件下将其转化为资本。

"问渠那得清如许？为有源头活水来。"② 通过上述双重维度的分析，实际上把资本与劳动统一起来了，也就是资本与劳动的结合体才是财富的源泉。当我们说"资本创造了财富"，就如同说"上帝创造了人"一样，已经超越了经济学的范畴，而成为一种自觉的、下意识的生活信仰。当我们正确认识到资本是人创造的，资本的价值属性中包含了人类劳动的价值，也就是资本与劳动成为一枚硬币的两面，我们才可以说资本是财富的源泉。因此，我们在本书中所谈论的资本，一定包含了人的劳动价值的"基因"。法国经济学家托马斯·皮凯蒂在《21世纪资本论》中提出："资本主义活力的源泉，不是互联网，也不是快餐特许经营连锁店，而是资本。只有资本，才能够提供充分而必要的手段，来支持扩大化市场中的专业化分工，以及资产的生产和交换。只有资本，才是不断增长的生产力的源泉，因此，它也是国家财富的源泉。"③ 假如皮凯蒂所说的"资本"没有人的劳动价值的"基因"，那么，要说它是"国家财富

① 阿尔弗雷德·克劳士比. 人类能源史[M]. 王正林，王权，译. 北京：中国青年出版社，2009：46.
② （宋）朱熹. 观书有感二首·其一.
③ 托马斯·皮凯蒂. 21世纪资本论[M]. 巴曙松等，译. 北京：中信出版社，2014：48.

的源泉"，无论是理论上还是实践中都是不完备、不自洽的。简单地说，资本自己是不能够"提供充分而必要的手段"的，只有通过人的劳动才能够提供这种"充分而必要的手段"。互联网和快餐特许经营连锁店的本质属性是资本的载体，只不过是为人类劳动提供一个平台。从这个意义上来说，"国家财富的源泉"还是人类的劳动。

归根到底，财富是劳动创造出来的，正如素有"现代政治经济学之父"称誉的英国古典经济学的创始人威廉·配第所说："土地是财富之母，劳动是财富之父。"① 至于资本，如英国另一位古典经济学家麦克库洛赫所说，"资本不是别的，只是过去劳动产物的积累"，而"人正如任何一架为他的手所制造的机器一样，是劳动的产品"。② 既然人与资本无区别，都是过去积累劳动的产物，那么就可以由人的劳动创造价值引申出物化劳动也创造价值，人的劳动和机器的劳动，并无本质上的不同。人本身就是资本。③ 资本是人类在创造财富过程中所形成的社会权力，这种社会权力的恰当运用，结合人类新的劳动，又可以创造新的价值，形成新的财富。这个过程循环往复，周而复始，一直会进行下去，人类社会的文明进步也就会持续下去。从这个意义上来说，增长是没有极限的。

作为人类社会文明进步的重要物质基础的各种能源形态，在价值创造的过程中，犹如"细胞分裂"一般，从劳动和资本中分离出来，成为在正规所有权制度下的资产，然后再通过必要的条件转化为一种独特的资本形态——能源资本，它是人类文明进步的能量源泉。能源资本的这种驱动人类劳动持续创造价值的本质属性，应该赋予它在生产力要素中的重要地位。

马克思说："资本来到世间，从头到脚，每个毛孔都滴着血和肮脏的东西。"④ 这是对资本无限制追求剩余价值的本质属性的深刻洞察，同时也是对

---

① 威廉·配第. 赋税论 [M]. 邱霞，原磊，译. 北京：华夏出版社，2006：91.
② 约翰·麦克库洛赫. 政治经济学原理 [M]. 北京：商务印书馆，1981：180.
③ 同上。
④ 马克思. 资本论（第一卷）[M]. 北京：人民出版社，2004：871.

由劳动利用资本所创造的价值和财富分配不公的批判。皮凯蒂的研究表明，财富分配的历史总是深受政治影响，是无法通过纯经济运行机制解释的。在财富积累和分配的过程中，存在着一系列将社会推向两极分化或至少是不平等的强大力量。财富分配的动态变化表明，有一个强大的机制在交替性地推动着收入与财富的趋同与分化。皮凯蒂认为，这种分化的根本力量就是资本收益率高于经济增长率。过去几十年较高的资本/收入比带来的收益，在很大程度上是由于相对缓慢的经济增长造成的。如果资本收益率仍在较长一段时间内显著高于经济增长率，那么财富分配差异化的风险就变得非常高。继承财产的人只需要储蓄他们资本收入的一部分，就可以看到资本增长比整体经济增长更快。在这种情况下，相对于那些劳动一生所积累的财富，继承财富在财富总量中将不可避免地占绝对主导地位，并且资本的集中程度将维持在很高的水平上，这一水平可能有违现代民主社会最为根本的精英价值观和社会公正原则。[①] 皮凯蒂的研究，从另一个角度印证了邓小平提出的"发展是硬道理"思想的正确性，许多社会问题的解决（包括财富分配不公）都需要通过发展来解决。皮凯蒂说："财富分配问题如此重要，因此不可能只扔给经济学家、社会学家、历史学家以及哲学家来解决。"[②]

能量的来源

我们都是 "太阳的孩子"

宇宙存在的基本形式是运动着的物质，运动需要能量。人类的生存与繁衍乃至文明的演化，也是一种物质运动，因而也需要能量。迄今为止，地球上万物生长所需要的能量都来自太阳。

---

① 托马斯·皮凯蒂. 21 世纪资本论［M］. 巴曙松等，译. 北京：中信出版社，2014：21-28.
② 同上，2.

　　黎明时分，日出东方。灿烂的阳光自宇宙洪荒开始，就一直照耀着地球。过去 50 亿年来，天天如此。神奇的大自然安排了一个巨大的发光发热体在我们所居住的地球附近，不太近，也不太远，正是这刚刚好的距离，才使得地球上的生灵能在和煦的阳光下生生不息。当我们沐浴在阳光之下时，觉得它是那么的温暖、安静、和煦。了解太阳，才能了解动力源泉；如果能够对这种动力加以支配，等于打开了星体的巨大能量宝库。

　　太阳的故事源于 130 亿年前的宇宙大爆炸。宇宙在瞬间诞生，自此以光的速度膨胀。宇宙之内至少有上千亿个银河系，人类所生活的银河系只是其中的一个。太阳只是银河系上千亿颗恒星中的一颗，占整个太阳系总质量的 99.86%。太阳的直径约为 139.2 万公里（约为地球的 109 倍），呈现近乎完美的球形。相对于太阳来说，地球只不过是太阳系形成之时的残余散落碎片，太阳能够装得下 130 万个地球。从化学组成来看，太阳质量的 3/4 是氢，剩下的几乎都是氦，包括氧、碳、铁、硫、氖在内的其他元素的质量不足总质量的 2%。太阳的年龄在 45 亿年左右，已经度过了一半的主序星生涯。[①]

　　太阳之于人类的意义，不论从哪个角度来看，都是无与伦比的。太阳光是最丰富的能源，是我们星球表面最重要的生命燃料。[②] 太阳这个炽热球体的内部，持续进行着氢聚合成氦的核聚变反应，不断地以电磁波辐射的形式，每秒向外输出 3.9×10^{26} 焦耳[③]的能量，分摊到地球上的只是太阳辐射总能量的 22 亿分之一。也就是说，太阳每秒钟给地球送来约 500 万吨标准煤的能量，穿过

---

① 丹麦天文学家赫茨普龙和美国天文学家罗素于 20 世纪初画出恒星分布图，后来以他们的名字命名为赫罗图（Hertzsprung-Russell Diagram，简写为 H-R Diagram 或 HRD）。在图中，恒星的分布不是随机的，而是集中在几个区域内。最显眼的是自左上角到右下角沿对角线的一条窄带，包括太阳在内的大多数恒星都在这条对角线上，这条对角线被称为主星序，其上的恒星被称为主序星，都处于一生中的氢燃烧阶段。当氢燃烧完后，膨胀成红巨星。太阳系中的太阳就是一颗主序星。

② 阿尔弗雷德·克劳士比.人类能源史[M].王正林，王权，译.北京：中国青年出版社，2009：12.

③ 焦耳（Joule），热量的公制单位，简称"焦"，是为了纪念英国著名物理学家詹姆斯·普雷斯科特·焦耳而创立的。1 焦耳 = 0.239 卡路里，1 卡路里定义为在 1 个大气压下，将 1 克水的温度提升 1℃所需要的热量。

地球大气层时，53% 的能量被大气层吸收和反射，剩下不到一半到达地球表面，虽落在陆地上的只有 1/5 左右，却已经是人类每年消费总能量的 3.5 万倍。[1]

根据爱因斯坦的质能方程 $E = mc^2$，若要产生如此规模的能量，太阳内原子核的质子 - 质子链反应和其他核反应每秒将消耗 4.3 吨的物质。太阳内部核聚变所产生的高能 γ 光子，从产生到转变为低能辐射再到飞离太阳表面，中间经过一系列缓慢的扩散，需要 1 万～17 万年的时间，而光子从太阳到达地球的过程仅仅耗时 8 分钟。一旦到达地球，它将在地球独特的大气、海洋和陆地环境中经过复杂的过程并最终被吸收和消耗掉。光的反射、吸收、散射和再吸收是地球生命得以存续的先决条件之一，它阻止了地表能量的散失，将地球平均温度维持在 15℃ 左右的适宜水平。地球实际上是一艘不能着陆、无处停泊、无法维修补给的"地球号"太空船，孤独地在宇宙中航行，赖以生存的只有蕴藏于地球表面和地壳内部的资源，以及来自太阳的能量。[2] 没有太阳，地球只是一个死气沉沉的岩球，陷入永恒的荒芜和死寂之中。正因为如此，我们才说"万物生长靠太阳"。

太阳发出的光，是人类见得最多的东西。自古以来，它就理所当然地被认为是这个宇宙最原始的事物之一。人类深谙此道，因此一向膜拜太阳。在远古的神话中，往往是"一道亮光"劈开了混沌和黑暗，于是世界开始了运转。《圣经》中有许多对光的描述：上帝说"要有光"，就有了光。上帝看光是好的，就把光暗分开了。上帝称光为"昼"，称暗为"夜"。于是上帝造了两个大光，大的管昼，小的管夜，又造众星，并把这些光摆列在天空，普照在地上。可见，上帝要创造世界，首先要创造的是光，如果不最先创造出光，智者们会发出怀疑的声音。俄罗斯的陀思妥耶夫斯基等作家曾经质问："既然第四

---

① 石元春 . 决胜生物质 [M]. 北京：中国农业大学出版社，2011：7.
② 尼克拉·艾莫里，文思卓·巴尔扎尼 . 可持续世界的能源：从石油时代到太阳能将来 [M]. 陈军，李岱昕，译 . 北京：化学工业出版社，2014：3.

天才有日月星辰，那么前三天的光是从哪里来的?"① 素有"氢弹之父"称誉的出生于匈牙利的美国物理学家爱德华·泰勒天资聪颖，好奇心强。他在上小学时，老师每天早上都不厌其烦地念叨："上帝最初创造了天地。"泰勒则反问："那么谁创造了上帝呢?"泰勒的好奇心，促使他成功地研制了氢弹，相当于在地球上模拟了一个微型"太阳"，他自己也变成了"光"的创造者之一，这种"光"就是他与千千万万的科技工作者劳动所创造出来的"资本"，不仅具有物质价值，更具有无穷的精神价值。

光在人们的心目中，永远代表着生命、活力和希望，更由此演绎出了数不尽的故事与传说。太阳对地球上的生物是如此的重要，以至于古人把许多美德和本领集于太阳神一身，把它当作神灵来崇拜。20 世纪 60 年代，美国还把登月的宇宙飞船命名为"阿波罗号"。

希腊神话中有一位英雄人物叫普罗米修斯，他从天堂盗取了圣火，并教会人类使用火，结果使人类成为万物之灵。普罗米修斯象征着人类对美好未来的追求和对未知世界的探索，同时也代表了一种新的能源方案，或者代表了对新的能源方案的追求。②

中国典籍中记载了两个关于人类与太阳进行抗争的神话故事：夸父逐日与后羿射日。夸父逐日是为了给人类采撷火种，使大地获得光明与温暖。夸父是"盗火英雄"，是中国的普罗米修斯。夸父逐日给人类的另外一个启示就是，生命有限的人类饱尝着时光流逝带来的痛苦，于是强烈地向往永恒，为追求永恒的生命而进行坚决的抗争。后羿射日的故事反映了古代中国人想要战胜自然、改造自然的美好愿望，是一种不屈的抗争精神的反映，同时也是一种追求能源供应均衡的朴素的物质观和消费观。

世界上再也没有比太阳更美好的东西了，它赐予人类温暖和光明，滋养着

① 亨德里克·房龙. 圣经的故事[M]. 王伟，刘国鹏，译. 西安：陕西师范大学出版社，2002：7.
② 赫尔曼·希尔. 能源变革：最终的挑战[M]. 王乾坤，译. 北京：人民邮电出版社，2013：22.

美丽的花草树木使其茁壮成长。① 正是基于这个理由，古老的印加人称自己为"太阳的子孙"，他们将太阳视作"燃烧的火鹰"，渴望用"拴日石"将带来光明和温暖的太阳永远留在天上。② 正如俄罗斯著名地球化学家弗拉基米尔·沃纳德斯基所说的那样，我们都是"太阳的孩子"。③

太阳对于人类最大的价值，就在于它给人类提供了生存所必备的条件：能量。我们可以从两个方面理解这个问题。首先，从人类生存的需要来说，太阳所发出的光之中能够传递到地球上并为人类所直接或间接利用的那部分能量，是最重要的自然资源。其次，正如德国著名诗人歌德在《浮士德》中所说的"万物昙花一现，却总有痕迹留下"，这痕迹就是由花草树木变成的能源（石油、煤炭、天然气，等等）。这些人类赖以生存的能源形态，就其本质来说，都是由吸收太阳光之后转化而来的。通过对太阳的不断深入探究，人类了解了太阳的热能和光能的产生原因，同时也更加了解我们居住的这颗美丽的星球，原来在众多方面都深受太阳的影响。太阳支配人类的生活作息，正所谓日出而作，日落而息。人类不断地观测、收集、改良和尝试，学会了利用太阳的无穷力量造福千秋万代。

能量的基本法则

能量的英文"energy"一词源于古希腊语，意指"活动、操作"，首次出现在公元前 4 世纪古希腊哲学家亚里士多德的作品中。公元 16 世纪，意大利科学家伽利略的时代已出现了"能量"的思想，但还没有"能"这一术语。能量概念出自 17 世纪德国科学家莱布尼茨的"活力"想法，定义是一个物体质量和其速度的平方的乘积，相当于今天所说的动能的两倍。为了解释因摩擦而令速度减缓的现象，莱布尼茨认为热能由物体内的组成物质随机运动而产生，这种想法与

---

① 海伦·凯勒. 假如给我三天光明［M］. 武汉：湖北少年儿童出版社，2009：20.

② http：//www. photowiki. cn/index. php？ doc-view-14991. html.

③ 阿尔弗雷德·克劳士比. 人类能源史［M］. 王正林，王权，译. 北京：中国青年出版社，2009：12.

牛顿一致，虽然它过了一个世纪才被普遍接受。1807 年，英国物理学家托马斯·杨在伦敦国王学院讲授自然哲学时，针对当时的"活力"或"上升力"的观点，提出用"能量"这个词表述，并和物体所做的功相联系，但未引起重视，人们仍认为不同的运动中蕴藏着不同的力。1831 年，法国物理学家科里奥利又引进了力做功的概念，并且在"活力"前加了 1/2（系数），称为动能，通过积分给出了功与动能的关系。后来，1853 年出现了"势能"，1856 年出现了"动能"等术语。直到能量守恒定律被确认后，人们才认识到能量概念的重要意义和实用价值。

能量是一个间接观察的物理参量，被视为某一个物理系统对其他物理系统做功的能力，也就是改变体系状态（温度、速度、位置和化学组成等）的能力大小。功的定义是，用力将某一物体移动一定的距离，而力是指移动某一物体时所施加的作用的强度。做功的多少，取决于对物体施加力的大小和物体所移动的距离。功的最经典例子，就是克服重力而将一定质量的物体提升一定的高度。

能量虽然是一个基本的物理概念，但同时也是一个抽象的物理概念。对于普通人来说，能量这个概念，似乎极为普通，而且也很好理解。但如果探究能量的本质，对于科学家来说，也是一件极为困难的事情。被认为是继爱因斯坦之后最睿智的理论物理学家、1965 年诺贝尔物理学奖获得者的理查德·费恩曼说："重要的是要认识到，在今天的物理学中，我们不知道能量究竟是什么。"[1] 能量与物质是什么，以及它们之间为什么要统一，这些问题都属于最基本的哲学范畴。爱因斯坦的质能方程 $E = mc^2$，或许能够帮助我们正确理解能量的概念，就如同水和冰，能量和质量也是同一种事物，只是由于存在形式的差异，才使它们看起来大相径庭。[2] 事实上，能量与时间一样，是所有人都

---

[1]　费恩曼等. 费曼物理学讲义（第 1 卷）[M]. 郑永令等，译. 上海：上海科学技术出版社，2013：34.
[2]　尼克拉·艾莫里，文思卓·巴尔扎尼. 可持续世界的能源：从石油时代到太阳能将来[M]. 陈军，李岱昕，译. 北京：化学工业出版社，2014：9.

非常熟悉却又难以准确定义的一个概念，我们只能从能量大小的改变和存在形式的转换所触发的一些现象来理解能量。比如，灶下燃烧的木材把一锅水烧开了，这是木材所蕴含的能量所致；刚才还是饥肠辘辘的一个人，连一步也走不动了，一个面包和一瓶矿泉水下肚，立刻就变得生龙活虎，这是食物和水所蕴含的能量所致。在日常生活中，我们就是通过这些事实来感受能量的。

能量的概念是如此的晦涩，以至于人类理解和掌握能量背后决定性的规律就更加困难。1820—1940 年，大批科学家和工程师为此进行了大量开拓性的工作，驱动整个宇宙的一些内在规律被逐一揭示出来，其中最伟大的成就之一便是发现了热力学的三个定律。关于热力学定律的重要意义，英国著名化学家、1921 年诺贝尔化学奖获得者弗雷德里克·索迪说："政治体制的变革，民族的自由或奴役，商业和工业的运动，富裕和贫穷的来源，最终都由热力学法则决定。"[①] 热力学法则，就是能量的法则，它是对人类文明进步驱动力的描述。

热力学第一定律，即能量守恒定律，其具体表述是：能量既不能凭空产生，也不能凭空消失，它只能从一种形式转化为另一种形式，或者从一个物体转移到另一个物体，在转移和转化的过程中，能量的总量不变。能量具有多样性，物体运动具有机械能，分子运动具有内能，电荷运动具有电能，原子核内部的运动具有原子能，等等。由此可见，在自然界中不同的能量形式与不同的运动形式相对应。不同形式的能量是可以相互转化的，"摩擦生热"是通过克服摩擦力做功将机械能转化为内能；水壶中的水沸腾时水蒸气对壶盖做功将壶盖顶起，表明内能转化为机械能；电流通过电热丝做功可将电能转化为内能，等等。这些实例说明了不同形式的能量之间可以相互转化，而且这些转化是通过做功来完成的。

---

① 尼克拉·艾莫里，文思卓·巴尔扎尼. 可持续世界的能源：从石油时代到太阳能将来［M］. 陈军，李岱昕，译. 北京：化学工业出版社，2014：9.

在工业革命的推动下，蒸汽机被广泛使用于工业交通领域，人们研究怎样消耗最少的燃料而获得尽可能多的机械能。为了解决这个问题，人们开始研究热和机械能之间的关系。德国物理学家迈尔第一个提出了能量守恒定律，而此定律得到物理学界的确认却是在英国物理学家焦耳的实验结果发表以后。焦耳于1840—1848年做了大量实验，测定了热与多种能量相互转化时的严格的数量关系。焦耳的实验表明，自然界的一切物质都具有能量，它可以有多种不同的形式，但通过适当的装置能从一种形式转化为另一种形式，在相互转化中，能量的总量不变。能量守恒定律的建立，对制造第一类永动机的幻想做出了最后的判决，因而热力学第一定律的另一种表述为：不可能制造出第一类永动机。

热力学第二定律，有两种表述。德国物理学家克劳修斯的表述为：热量可以自发地从温度高的物体传递到温度低的物体，但不可能自发地从温度低的物体传递到温度高的物体。英国物理学家开尔文和德国物理学家普朗克的表述为：不可能从单一热源吸取热量，并将这热量完全转变为功，而不产生其他影响。热力学第二定律的两种表述，都揭示了大量分子参与的宏观过程的方向性，使人们认识到自然界中发生的涉及热现象的宏观过程都具有方向性。

热力学第二定律也称为熵增加原理。熵（entropy）这个概念是克劳修斯创造的，是根据热力学第二定律引出的一个反映自发过程不可逆性的物质状态参量，其物理意义是对体系混乱程度的度量。1932年，德国物理学家、量子论创立者之一的普朗克来中国南京讲学，浙江大学教授胡刚复为普朗克担任翻译。在普朗克介绍"entropy"这个词时，胡刚复创造性地将热力学的"火"和数学的"商"组合起来，造出一个新汉字——熵，从此沿用至今。熵增加原理的表述是：在孤立系统中，体系与环境没有能量交换，体系总是自发地向混乱度增大的方向变化，使整个系统的熵值增大。摩擦使一部分机械能不可逆地转变为热能，使熵增加。机械手表的发条总是越来越松，你可以把它上紧，但这就需要消耗一点儿能量，这些能量来自你吃掉的一块面包，做面包的麦子在生长的过程中需要吸收阳光的能量，太阳为了提供这些能量，需要消耗氢来进行核反应。总之，宇宙中每个局部的熵减少，都必须以其他地方的熵增加为代价。因此，整个宇宙可以看作一个孤立系统，是朝着熵增加的方向演变的。在一个封闭的系统里，熵总是增大的，一直大到不能再大的程度。这时，系统内部达到一种完全均匀的热动平衡状态，不会再发生任何变化，除非外界对系统提供新的能量。对宇宙来说，是不存在"外界"的，因此宇宙一旦达到热动平衡状态，就完全死亡。这种情景称为"热寂"。

热力学第三定律也有两种表述。其一，绝对零度（$T = 0K$ 即 $-273.15℃$）时，所有纯物质的完美晶体的熵值为零。其二，绝对零度不可能达到。

除上述三大定律之外，还有一个热力学第零定律：如果两个热力学系统均与第三个热力学系统处于热平衡，那么它们也必定处于热平衡。热力学第零定律是热力学三大定律的基础，它定义了温度。因为在三大定律之后，人类才发现其重要性，故称之为"第零定律"。

热力学定律所描述的是系统的演化规律及其方向性问题。根据热力学第二定律，对于事物来说，其能量趋于退化，结构趋于解离，万物趋于灭亡，这是一个不可逆的过程，也是一个从有序向无序的发展过程。达尔文的进化论则揭示出生物进化总是从简单到复杂、从低级到高级、从有序程度低的组织到有序程度高的组织进化，即生物世界是从无序向有序发展。由此可见，物理学和生物学所揭示的事物演化过程是两种相反的过程。面对这种局面，比利时物理学家、化学家伊利亚·普里高津发展出耗散结构理论。该理论从热力学第二定律出发，讨论了一个系统从混沌无序向有序转化的机制、条件和规律，回答了开放系统如何从无序走向有序的问题，解决了退化与进化的矛盾。

普里高津认为，一个典型的耗散结构即宏观有序结构的形成和保持，至少需要具备三个基本条件：一是系统必须是开放系统，即必须不断地同外界进行物质和能量的交换，孤立系统和封闭系统都不可能产生耗散结构；二是系统必须处于远离平衡的非线性区，在平衡区或近平衡区都不可能从一种有序走向另一种更为高级的有序；三是系统中必须有某些非线性动力学过程，如正负反馈机制等，正是这种非线性相互作用使得系统内各要素之间产生协同动作和相干效应，从而使得系统从杂乱无章变为井然有序。他把这种开放的、远离平衡的系统，在与外界交换物质和能量的过程中，通过能量的耗散和内部非线性动力学机制形成和保持的宏观时空有序结构，称为"耗散结构"，该理论有助于人们理解一个开放的系统是如何从混沌、无序走向规则、有序的，因而具有革命性的意义。一个对象要想在实践中获得存在与发展，必须不断地从外界引入负熵，以抵消对象体内正熵的增加，从而确保对象不断地走向更高层次的稳定有序结构。普里高津也因为此项贡献而获得 1977 年诺贝尔化学奖。[①]

上述热力学的四大定律，可以使我们对热、温度等平时耳熟能详的概念有一个更加深入的理解，从而帮助我们理解能量的概念及其来源；耗散结构理论可以帮助我们理解能量是如何在一个开放系统中进行演化的。

能源的概念

能源的定义

能源的字意是"能量的来源"。广义而言，任何物质都可以转化为能量，但是转化的数量、转化的难易程度是不同的。比较集中而又较易转化的含能物质称为能源，它是在工业革命以后出现的一个日益重要的概念，具体形态是煤炭、石油和天然气等物质形态。在此之前，人类处于自然经济、农耕经济或者畜牧业经济时代，社会生产力的主要动力是人力、畜力以及少量不可控制的自然力，如风力、水力，等等。人力和畜力的能量来源是各种食物，而各种食物都是在太阳的照耀之下产生的。人类除了吃粮食，还吃鸡鸭鱼肉等各类食物，它们也都是在太阳的照耀下产生的。风力、水力本质上源于太阳的能量，煤

---

① 王士舫，董自励. 科学技术发展简史（第四版）[M]. 北京：北京大学出版社，2016：278-279.

炭、石油和天然气等物质也都是太阳能量的载体。"万物生长靠太阳",这是一种基于客观事实的描述。因此,人类社会所依赖的能量来源都是太阳。

随着科学技术的进步,人类对物质属性的认识及能量转化方法的掌握也在深化,因此没有一个关于能源的确切定义。关于"能源"一词,《大英百科全书》的定义是:"能源是一个包括所有燃料、流水、阳光和风的术语,人类用适当的转换手段便可让它为自己提供所需的能量。"《日本大百科全书》的定义是:"在各种生产活动中,我们利用热能、机械能、光能、电能等来做功,可利用来作为这些能量源泉的自然界中的各种载体,称为能源。"《中国能源百科全书》的定义是:"能源是可以直接或经转换提供人类所需的光、热、动力等任一形式能量的载能体资源。"这些定义都表明,能源是一种呈多种形式的、可以转换的能量载体。确切而简单地说,能源是自然界中能为人类提供某种能量形式的物质资源。

根据能源的特性,我们可以这样来为能源下一个定义:能源是提供能量的自然资源(如煤、石油、风力)及其转换形态(如电力、热力),以满足人类生产生活的动力需要。

能源的分类

按照能量蕴藏方式的不同,可将能源分为三类。

一是来自地球外部天体的太阳能。人类所需能量的绝大部分都直接或间接地来自太阳。各类植物通过光合作用形成有机质,从而把太阳能转变为化学能,并在植物体内贮存下来。煤炭、石油、天然气等化石燃料也是很久以前的太阳辐射能形成的,它们实质上是由古代生物固定下来的太阳能,在短期内无法产生。水能、风能、生物质能、波浪能、海洋能、雷电等也都是由太阳能经过某种方式转换而来的,它们都是太阳能的间接形式。

二是地球自身蕴藏的能量。通常指与地球内部的热能有关的能量和与原子核反应有关的能量,也就是地热能和核能。地热能是地球内部放射性元素衰变辐射的粒子或射线所携带的能量，温泉和火山爆发喷出岩浆就是地热能的表现。据估算，地球以地下热水和地热蒸汽形式储存的能量，是煤储能的 1.7 亿倍。核能是核裂变材料（铀、钍）和核聚变材料（氘、氚）等储存体所蕴藏的能量，即使将来每年耗能比现在多 1000 倍，这些核燃料也足够人类使用 100 亿年。[①]

三是地球和其他天体相互作用而产生的能量。主要是地球和月球、太阳等天体之间有规律运动而形成的潮汐能。地球是太阳系的八大行星之一，月球是地球的卫星。由于太阳系其他七颗行星或距离地球较远，或质量相对较小，因此只有太阳和月球对地球有较大的引力作用，导致地球上出现潮汐现象。海水每日潮起潮落各两次，这是引力对海水做功的结果。潮汐能蕴藏着极大的机械能，潮差常常达到几十米，这些能量可以通过一些技术平台（如发电平台）来收集和利用。

按照能量转化程度的不同，能源可以分为一次能源和二次能源。

一次能源（天然能源），指在自然界现实存在的能源，可以直接取得而又不改变其形态，如煤炭、石油、天然气、太阳能、风能、地热能、海洋能、生物质能等，它是未经任何人为处理或转化的能量。其中，煤炭、石油和天然气这三种能源是一次能源的核心，它们作为人类能源的基础，也被称为"精英能源"。[②]

二次能源，指由一次能源直接或间接转换为其他种类和形式的能量资源，如电力、煤气、蒸汽、激光、沼气及各种石油制品。

按照稀缺性的不同，能源可以分为可再生能源和非再生能源。

可再生能源，指自然界中可以不断再生并有规律地得到补充的能源，如太阳能和由太阳能转换而成的水力、风能及生物质能等，它们都可以循环再生，

① 王革华，艾德生. 新能源概论[M]. 北京：化学工业出版社，2006：2.
② 杰里米·里夫金. 第三次工业革命[M]. 张体伟，孙豫宁，译. 北京：中信出版社，2012：110.

不会因长期使用而减少。

非再生能源，指经过亿万年形成的、短期内无法恢复的能源，如煤炭、石油、天然气、核燃料等。它们随着被大规模地开采利用，储量越来越少，总有一天会完全枯竭。

按照开发与使用时间的长短，能源可以分为常规能源和新能源。

常规能源，指在相当长的历史时期和一定的科学技术水平下，已经被人类长期广泛利用的能源，不但为人们所熟悉，而且也是当前主要的、应用范围很广的能源形态，如煤炭、石油、天然气、水力、电力等。

新能源（也称替代能源），指一些虽然古老但只有采用先进方法才能加以利用，或采用最新的科学技术才能开发利用的能源，如太阳能、地热能、潮汐能等。

常规能源与新能源是相对而言的，现在的常规能源，过去也曾是新能源；今天的新能源，将来也可能成为常规能源。

按照用途的不同，能源可以分为燃料能源和非燃料能源。

燃料能源，指可以通过燃烧的方法获取能量的能源，包括矿物燃料（煤炭、石油、天然气）、生物燃料（柴薪、沼气、有机废物等）、化工燃料（甲醇、酒精、丙烷以及可燃原料铝、镁等）、核燃料（铀、钍、氘等）四类。

非燃料能源，指可以通过非燃烧的方法获取能量的能源，多数可获取机械能，如水能、风能等；有的可获取热能，如地热能、海洋热能等；还有的可获取光能，如太阳能、激光等。

按照对环境影响程度的不同，能源可以分为清洁能源和非清洁能源。

清洁能源，指对环境无污染或污染较小的能源，如太阳能、水能、氢能等。

非清洁能源，指对环境污染较大的能源，如煤炭、页岩油等。

清洁与非清洁能源的划分也是相对的，如石油对环境的污染比煤炭小，但也产生氧化氮、氧化硫等有害物质。

资本的概念

资本的价值属性

在中世纪，"资本"在拉丁语中是指牛或其他家畜的头。家畜一直是当时财富的重要来源，并还有一种"价值特性"，就是它们可以繁殖后代即实现增值。[①] 亚当·斯密最重要的贡献，就是发现了劳动分工是提高生产力、积累国民财富的源泉，资本使经济的细化和产品交换成为可能。他将资本定义为"为了生产的目的而积累的资产储备"，资本积累得越多，专业化分工就越有可能实现，社会生产力也就越有可能提高。

早在 19 世纪，英国经济学家麦克鲁德提出，资本是用于利殖目的的经济量，任何经济量均可作为资本，凡可以获取利润之物都是资本。[②] 奥地利经济学家庞巴维克认为："资本是那些可用来作为获取财货手段的产品。"[③] 美国经济学家、1970 年诺贝尔经济学奖获得者保罗·萨缪尔森认为，资本既是一种投入又是一种产出。早期，资本主要包括三种有形资产：建筑（如工厂和住宅）、设备（耐用消费品，如汽车；耐用生产设备，如机床和卡车）以及投入和产出的存货（如经销商的汽车存货）。现今，无形资本已经越来越重要，例如软件（如计算机操作系统）、专利（如微处理器）和品牌（如可口可乐）等。[④] 有形资产是经济的重要组成部分，因为它们可以提高其他要素的生产率。很显然，萨缪尔森这位经济学大师，把资产当作资本了。

法国经济学家让·巴蒂斯特·塞耶认为，从本质上说，资本从来都没有物质的实体和形态，因为它不是产生资本的那种物质，而是那种物质产生的价

[①] 赫尔南多·索托. 资本的秘密[M]. 于海生，译. 北京：华夏出版社，2017：20.

[②] 麦克鲁德. 信用的理论[M]. 伦敦：朗曼，1872：127.

[③] 庞巴维克. 资本实证论[M]. 陈端，译. 北京：商务印书馆，1964：73.

[④] 保罗·萨缪尔森，威廉·诺德豪斯. 经济学（第 19 版）[M]. 萧琛等，译. 北京：商务印书馆，2013：259.

值，而价值是无形的，没有任何实体特征。马克思指出，桌子是用某种物质材料做成的，比如木头，但是，"用木头做桌子，木头的形状就改变了。可是桌子还是木头，还是一个普通的可以感觉的物。但是桌子一旦作为商品出现，就转化为一个可感觉而又超感觉的物。它不仅用它的脚站在地上，而且在对其他一切商品的关系上用头倒立着，从它的木脑袋里生出比它自动跳舞还奇怪得多的狂想"。① 今天的人工智能，正是给马克思这个超前的天才比喻提供了一个极好的例证。2017 年 10 月 26 日，沙特阿拉伯授予美国汉森机器人公司生产的"女性"机器人索菲亚公民身份，从而成为第一个赋予机器人公民身份的国家，这个机器人就是由诸如木头之类的物质材料制造的，但她（它）却有了人类的思维功能。② 这个"剩余价值"究竟会有多大，人类现在还无法想象。索菲亚本身是这样一个"可感觉而又超感觉的物"。

资本是一种抽象概念，它必须被赋予某种固定的、可见的形式。亚当·斯密在其《国富论》中指出，资本现象的产生，反映出人类从狩猎、游牧和农业社会，自然地过渡到商业社会的过程。在每一个国家，不仅行业的数量随着控制行业的资源储备（资本）的增加而增加，而且随着行业数量的增加，会出现更多的工作机会。要想让积累的资产成为活跃的资本，使之产生附加值，它们必须以某种特定的方式被固定下来，使附加值得以实现。马克思在《资本论》（第一卷）的开篇便说："资本主义生产方式占统治地位的社会的财富，表现为'庞大的商品堆积'，单个的商品表现为这种财富的元素形式。"③ 商品是物，这是没有人怀疑的；商品形成的过程，是一个资本价值传递的过程，因此，从本质上说，"资本"是附着在物上的"灵魂"，它具有一种"魔力"，就是可以提高生产力，创

---

① 马克思. 资本论（第一卷）[M]. 北京：人民出版社，2004：88.
② 作为首个获得公民身份的机器人，索菲亚当天在沙特说，她希望用人工智能"帮助人类过上更美好的生活"，人类不用害怕机器人，"你们对我好，我也会对你们好"。2018 年 10 月 11 日，索菲亚在乌克兰首都基辅出席新闻发布会并回答观众提问，表示自己是"世界公民"。
③ 马克思. 资本论（第一卷）[M]. 北京：人民出版社，2004：47.

造剩余价值。这是资本的本质属性。在实际经济生活中，资产总是以实物的形态存在（即使诸如知识产权的无形资产，也是要附着在其创造者或拥有者的身上或头脑中才能体现出来），并且通过某种方式和途径转化为资本。这时候，资本就不是某种物了，而是一种社会关系。19 世纪法国经济学家西斯蒙第认为："资本是一种永恒的价值，它可能成倍增长而不会消亡……假如这种价值脱离了将它创造出来的产品，那么不管产品的创造者是谁，它都始终是创造者拥有的一种抽象的、无实体的事物，因为对于创造者而言，这种价值能够以多种形式固定下来。"①

人们一般理解"货币"才是资本，但货币的根本用途是用来衡量商品的价值，而且货币本身也具有许多形态：金银等不易变形的金属、贝壳、钞票，等等。钞票这种货币形态只是为了资本交换和运输的方便，而并没有特别的含义。亚当·斯密认为，货币"是资本流通的大车轮"，却不是资本，因为价值"不可能存在于这些金属构件上"②。资本不是积累下的财产，而是蕴藏在财产中的一种价值潜能，它能够衍生新的生产过程，即可以创造出剩余价值。资本所创造价值的最终形态蕴藏在各种商品之中。

马克思在《共产党宣言》中对"资本"给出了最简明的定义："资产阶级生存和统治的根本条件，是财富在私人手里的积累，是资本的形成和增殖；资本的条件是雇佣劳动。"在马克思看来，剥削雇佣劳动的财富称为资本，更为简洁的说法是：能够带来剩余价值的价值就是资本。我们在理解资本的含义时，采用了马克思的这一思想。

可变资本与不变资本：一枚硬币的两面

马克思在《资本论》（第一卷）中指出，生产资料只有在劳动过程中丧失掉存在于旧的使用价值形态中的价值，才能把价值转移到新形态的产品上。实

---

① 赫尔南多·索托. 资本的秘密[M]. 于海生，译. 北京：华夏出版社，2017：31.
② 同上.

际上，旧的使用价值只能部分丧失。木材可以作为燃料使用，把它加工成椅子，便有了新的使用价值，但燃烧的使用价值仍然保存着，一旦市场（通过流通）需要，便可当作燃料而进入流通领域，这时作为椅子的使用价值便没有了。因此，某种商品的最终价值的确定，必须以价值交换的方式进入流通领域（即市场）。

按照马克思在《资本论》（第一卷）的认识，资本由不变资本（厂房、设备及其他自然资源等）和可变资本（资本家支付给工人的劳动报酬）组成，只有可变资本才会创造剩余价值。马克思将不变资本定义为：转变为生产资料即原料、辅助材料、劳动资料的那部分资本，在生产过程中并不改变自己的价值。可变资本是指转变为劳动力的那部分资本，在生产过程中改变自己的价值，它再生产自身的等价物和一个超过这个等价物而形成的余额，即剩余价值。马克思认为，商品的价值不是由它作为生产资料进入的劳动过程所决定的，而是由它作为产品被生产出来的劳动过程决定的。这就意味着，不变资本不创造剩余价值，可变资本才创造剩余价值。

我们在实际生活中观察到的现象是，资本及其改变后的表现形式（如厂房、机器等）正是作为向劳动者提供劳动条件的"有用的形式"。也就是说，资本是劳动者得以进行劳动的前提，如果没有这个前提，劳动者就失去了劳动的可能，当然也就丧失了创造价值的机会。换句话说，不变资本与可变资本的结合，并不是简单的量的相加，而是质的飞跃。在形成产品（商品）之后，不可能分清楚哪部分价值是由哪部分资本创造的。正如托马斯·皮凯蒂所说的那样，"很难将人们在勘探采掘中所投入的价值剥离出来，单独计算自然资源（石油、天然气、稀土元素等）的纯粹价值"①。因此，对于价值创造这个既抽象又具体的劳动（生产）过程来说，不变资本与可变资本共同构成了作为"资本"整体的两面。各种不同的能源资产，在进入生产和流通环节之前，已

———————————

① 托马斯·皮凯蒂. 21 世纪资本论[M]. 巴曙松等，译. 北京：中信出版社，2014：48.

经凝结了作为不变资本的价值；在进入生产和流通环节之后，也就是商品形成之后，能源资产部分地发挥了可变资本的价值。两者的结合，便完成了能源资产转变为资本的全过程。

我们在前文中把劳动的过程看作是一种汽车的运动，不变资本相当于发动汽车的"钥匙"，可变资本相当于这辆汽车所必需的"燃料"。两者的结合，说明了不变资本与可变资本的不可分割性，它们是互为因果、互为依托的关系。因此，只强调劳动者的劳动价值，而忽视了不变资本的作用，就不能全面、准确地解释整个生产（劳动）过程的价值创造机制。由此可知，劳动者的劳动是以资本（包括不变资本与可变资本）为前提的。至于劳动者应得到多高的工资即可变资本的部分，可以根据全社会的一般生产、消费以及行业的情况进行研究，使其真正"可变"。正如马克思所说的那样，劳动者的劳动是抽象化的社会一般劳动，那么劳动价值的一部分就应该用于社会公共事业（如军队、警察局、市政等）。如果社会上无人劳动，那就不能称其为社会。因此，对于剩余价值的分配来说，现象上是瓜分，本质上是必需。

事实上，马克思关于不变资本与可变资本究竟哪个创造剩余价值的认识，也不是一成不变的。他在《资本论》（第二卷）中，对这个问题的认识已经较第一卷有了进一步的深化。马克思说："由于生产资料和劳动力在生产过程中对价值的形成，从而也对剩余价值的生产起着不同的作用，所以它们作为预付资本价值的存在形式，就区分为不变资本和可变资本。"① 在这里，马克思承认生产资料和劳动力对剩余价值的生产起着不同的作用，因此，区分预付生产资料和劳动力价值的不变资本和可变资本也起着不同的作用。这就是说，不变资本对剩余价值的生产是起了作用的，只不过与可变资本所起的作用不同而已。马克思还说："不变资本的一部分，真正的劳动资料（例如机器），是在同一个生产过程的次数多少不等的反复中不断地重新发挥作用的，因而，它的

① 马克思. 资本论（第二卷）[M]. 北京：人民出版社，2004：44.

价值也只是一部分一部分地转移到产品中去的。"① 不变资本的价值即使是"一部分一部分"地转移到产品中去的，也都是在转移，只是转移的方式不同而已，转移的过程就是创造剩余价值的过程。这就再次说明，不变资本也在创造剩余价值。

随着马克思主义的发展、世界范围内社会经济的发展和人们对资本作用机制认识的深化，不变资本与可变资本就像是一枚硬币的两面，缺少了任何一面，这枚硬币就失去了货币功能。换句话说，不变资本为可变资本创造价值提供了一个"平台"或"载体"，可变资本只有在不变资本所提供的这个"平台"或"载体"上才有条件创造价值，二者是一体的，缺一不可。

能源的资本属性

能源资产的资本潜能

人类受惠于直接的太阳光以及由太阳光转化而来的各种形态的能源，由此而创造出巨大的价值，极大地促进了人类社会的进步。人类社会的发展，首先是生产力的发展。生产力发展的先决条件是要有生产要素的投入，最重要的生产要素是资本。能源发展史和人类历史进程是息息相关的，从最初的柴薪，到煤炭、石油、天然气、电，再到新能源如风能、水力发电、核能、地热能、可燃冰等，每一种新的能源形态的发现都在一定程度上促进人类历史向前发展。只有资本才能持续创造价值，从这个角度来看，能源的本质属性是资本。

能源资源与以矿产资源为代表的自然资源的本质区别，就是能源资源具有资本的属性。也就是说，在能源资源通过资产这种社会形态转化为资本后，可以持续创造价值；而矿产资源大多数只是某种生产资料，在一种商品中需要这种生产资料，而在另一种商品中也许就不需要了，因而其在商品生产的过程中

---

① 马克思. 资本论（第二卷）[M]. 北京：人民出版社，2004：63.

具有使用价值的独特性。能源资源则是在任何商品的生产过程中都需要消耗的，因而具有使用价值的普适性。例如，有人可以戴手表，有人可以戴钻石饰品，但不论何人，都需要消耗食物，因此，食物相对于手表与钻石饰品，就具有使用价值的普适性。再比如，作为商品价值表征的货币，可以购买任何商品，具有使用价值的普适性。因此，使用价值的普适性是区别能源资源与其他矿产资源（或生产资料）的内禀特征。

能源资源的种类繁多，对于其所有者来说，在正规所有权制度的框架之下，它们就是能源资产，具有经济属性和法律属性，是能够创造价值的。能源资产创造价值的前提，就是必须转化为资本；能源资产转化为资本的前提，就是要挖掘并固定它的价值潜能。我们从人类开发和利用能源的历史可以很清楚地看到，各类能源资产的潜能是如何被人类挖掘出来并加以利用的。

大约 700 万年前的古猿，每天只能在森林里与其他动物嬉戏或争夺食物。由于没有足够的能源，因此撑不起贪欲和执念。这个时期，古猿除了偶尔从地上捡起一块石头并且凭借肌肉力将其投到远处外，是没有任何能源作为动力的，更没有什么有意识的经济活动。

170 万年前，直立人借来了一种自然力：火。从此，人类就开启了能源时代。火是一种既能够创造事物又能够毁灭事物的强大自然力量，它可以提供光和热，但也会将生变为死。从此，人类可以有选择地创造或毁灭与他们生存有关的事物，并以此对环境施加影响。有了火，人类就有了完全不同的生活。人可以吃到熟食，从而可以增加营养，降低消化损耗，补给脑部运动，还可以每天节约 4 个小时的咀嚼时间，从而用来做一些其他事情。可以说有了火，人类与其他动物彻底有了区分。自此，火的潜能被初步发现并固定了下来。

8 万年前，智人学会了钻木取火，意味着火这种自然力已被人类初步掌握。中国古籍《太平御览》记载："燧人始钻木取火，炮生为熟，令人无腹疾，有异于禽兽，遂天之意，故为燧人。"早在旧石器时代，人类已经发现了火的用途。周口店北京人遗址中厚达几米的石化了的灰烬和燃渣层说明，至少在四五十万年前人类就学会了用火。到了旧石器时代后期，人类掌握了人工取火的方法。人工取火的发明结束了人类茹毛饮血的时代，开创了人类文明的新纪元。正如恩格斯所说，就世界性的解放作用而言，摩擦生火还是超过了蒸汽机，因为摩擦生火第一次使人支配一种自然力，从而最终把人同动物界分开了，人工取火"是人类对自然界的第一个伟大胜利"。① 人类利用火赶走猛兽，战胜恐惧；让冬季变得温暖，让黑夜有了光明，让荆棘之地变成了沃野。人类还发现，火在燃烧的过程中，使有的东西变硬，有的东西变软。于是，在两万年前，柔软的泥巴烧成了坚硬的陶器；在 8000 年前，坚硬的矿石烧成了可塑的金属物质，青铜器便这样诞生了。陶器和青铜器，都是火这种自然力所赐，火便正式成为人类改造自然的重要资本了。在这 100 多万年里，人类唯一的能源便是柴草，这是最早的生物质能源。

　　1.8 万年前，人类通过驯化和饲养动物掌握了一种新的能量来源，家畜不仅为人类提供了可靠、稳定的食物来源，而且对游牧民来说也是一种移动的能源储存方式。1 万年前，一些游牧民开始在水草丰茂的河谷地区定居，以获取更有保障的食物和能源。永久定居和人口增长导致能源和食物需求大幅增加，为此人类不得不一再扩大树木、土壤、水和动物的使用量。8000 年前，牛被用来拉车和犁地，其后的 2000 多年，更为有力的马也得到驯化和利用。

　　煤炭是一种由分解后的有机质、多种矿物质、水组成的碳基沉积岩，从地球表面直至几千米深的地下都可以发现它的存在。煤是大量堆积的陆生植物残骸经过几百万年演变而形成的。堆积在泥炭沼泽带的死亡植物残骸在不同地质

① 马克思恩格斯选集（第 3 卷）[M]. 北京：人民出版社，1995：34.

年代①的气候变化过程中，首先被水淹没，之后快速地被大量泥沙覆盖，形成最初的泥煤。这种早期的掩埋使残骸与空气隔绝，从而避免了快速腐烂，有利于厌氧菌对有机质的分解。随着温度和压力不断增加，在物理化学作用下，泥煤会缓慢地发生煤化作用转变为煤。煤炭中的化学元素与植物和土壤中的元素构成基本一致，这也从一个侧面证实了对煤炭成因的推测。人类最初发现煤炭时，并未想到要拿它作为燃料，而是认为它的颜色很特别，因此觉得珍贵，甚至用来制作首饰。但人类最终发现它可以燃烧，于是，数千年前，开始有一些人将它用来取暖与照明。②

2400年前，中国古人开始烧煤做饭，煤的价值潜能才被挖掘出来，化石能源时代就此拉开帷幕。中国是世界上最早使用煤的国家。《山海经》中称煤为"石涅"。西汉至魏晋南北朝，出现了一定规模的煤井和相应的采煤技术，煤不仅用作生活燃料，而且还用于冶铁；人类不仅能够利用原煤，而且还把粉煤加工成煤饼，从而提高了煤炭的使用价值。煤的产地较为普遍，甚至新疆都有产煤的记载。隋、唐至元代，煤炭开发更为普遍，用途更加广泛，冶金、陶瓷等行业均以煤作为燃料，煤炭成了市场上的主要商品，地位日益重要，人们对煤的认识更加深化。唐代用煤炼焦开始萌芽，宋代的炼焦技术已臻成熟。炼焦技术的发明和焦炭的出现，标志着煤炭的加工利用已进入了一个崭新的阶段。明代李时珍的《本草纲目》中首次使用煤这一名称。

古希腊和古罗马也是用煤较早的地区，古希腊学者泰奥弗拉斯托斯在公元前约300年著有《石史》，其中记载了煤的性质和产地。古罗马大约在2000年

---

① 地质年代是指地壳中不同时期的岩石和地层，在形成过程中的时间（年龄）和顺序。时间表述单位包括：宙、代、纪、世、期、时；地层表述单位包括：宇、界、系、统、阶、带。它有两方面含义：其一是指各地质事件发生的先后顺序，称为相对地质年代；其二是指各地质事件发生的距今年龄，由于主要是运用同位素技术来测定，因此称为同位素地质年龄（绝对地质年代）。这两方面结合，构成对地质事件及地球、地壳演变时代的完整表述。

② 阿尔弗雷德·克劳士比. 人类能源史[M]. 王正林，王权，译. 北京：中国青年出版社，2009：89.

前已开始用煤加热。大多数欧洲人在 13 世纪，还不知道煤的用途。元朝初期，意大利人马可·波罗于 1275 年来到中国，看见中国人烧煤炼铁，这是他生平第一次看到把煤用作燃料。马可·波罗在他的游记里记载了这件新鲜事：整个契丹省到处都发现有一种黑色石块，它挖自矿山，在地下呈脉状延伸。一经点燃，效力和木炭一样，而它的火焰却比木炭更大更旺。甚至，可以从夜晚燃烧到天明仍不会熄灭。这种石块，除非先将小块点燃，否则平时并不着火。一旦着火，就会发出巨大的能量。

2000 多年前，中国、古巴比伦等国利用古老的风车提水灌溉、碾磨谷物，这样就把风力作为能源的价值潜能挖掘并固定了下来。世界上最早发明并使用风车的地区是古希腊，迄今已经有 3000 多年的历史。公元 7 世纪，西亚一带地区（叙利亚），建造了第一批风车。据传说，亚历山大大帝曾经借用风车来演奏风琴。首台风力驱动的谷物研磨机出现在公元 7 世纪的波斯。直到 12 世纪，水平式风车技术才由十字军从中东带回法国和英国，风车在欧洲迅速发展。荷兰人对风车技术进行了大幅改造，并与谷物研磨、海水排洪广泛结合起来，由此也使荷兰成为"风车王国"。18 世纪中期，荷兰人将风车带到了美洲大陆，在 20 世纪之前，它一直都是美国乡村的象征。在 1930 年电网普及以前，风力发电曾是满足居民用电需求的一种主要方式。在风车的帮助下，曾经贫瘠的美国中西部大平原逐渐成为一片沃土。①

2000 年前，中国人烧石油照明。自此，石油作为经济社会发展动力的价值潜能被挖掘并固定了下来。大多数地理学家和地质学家认为，原油是沉积于海底或湖盆的海洋生物在高温、高压条件下经过复杂的物理化学作用而逐步形成的。这一过程需要若干地质年代，目前具备商业开采价值的原油多形成于 3 亿年之前。在原油形成的第一阶段，微生物的有氧分解会将大部分

---

① 尼克拉·艾莫里，文思卓·巴尔扎尼. 可持续世界的能源：从石油时代到太阳能将来 [M]. 陈军，李岱昕，译. 北京：化学工业出版社，2014：24，182.

碳沉积物以二氧化碳的形式返还到大气中。之后，细菌的厌氧发酵释放出甲烷和硫化氢气体。最后，有机物质埋藏于缺氧泥土中并下沉至几千米的深处，在经历了成千上万年之后形成了石油或天然气。沉积层中天然气与石油的比例随着温度的升高而增加。经过若干地质年代，埋藏深度超过 5000 米的所有碳碳键都会断裂并形成甲烷。地下化学转变的速度受到压力、水含量、耐热细菌数目的影响，周围矿物质中的过渡金属则起到了催化剂的作用。

最早发现石油的记录，源于成书于 3000 多年前的中国古代经典《易经》，其中有"泽中有火""上火下泽"的说法。泽，指湖泊池沼。"泽中有火"是对石油蒸气在湖泊池沼水面上起火现象的描述。最早认识石油性能和记载石油产地的古籍，是 1900 年前东汉文学家、历史学家班固所著的《汉书·地理志》，其中记载："高奴县有洧水可燃。"宋代还把石油加工成固态制成品——石烛，而且石烛的燃烧时间较长，一支石烛可顶三支蜡烛。

1800 多年前，中国人开始将水作为动力使水车转动起来，从而把水作为能源的价值潜能挖掘并固定了下来，这是最早的清洁能源。水车是最早被使用的简单机器，用来灌溉作物、研磨谷物、供给饮用水等。中国正式记载中的水车，大约出现于东汉时期。东汉末年，毕岚造的"翻车"已有轮轴槽板等基本装置。三国时魏人马均也有制造翻车的经历。链斗式水车始于唐代，即利用大水轮索链上装设的竹筒提水，用畜力拉动。链斗式水车于 1672 年传入欧洲。早在公元 1 世纪，水平式水车就由于机械转化效率低下而被垂直式水车取代。19 世纪末，水车逐步被效率和功率更高的水轮机取代。

1600 多年前，中国人在凿盐井的过程中凿出了天然气，于是便用燃烧天然气的方法来煮盐，从而把天然气作为能源的价值潜能挖掘并固定了下来。天然气的得名，源于它取自天然，无须加工。目前已开采的天然气和石油主要形成于 2.7 亿年前到 1000 万年前。天然气形成并蕴藏在比石油更深的地层中，而且沉积层越深，气体中的甲烷含量就越高。甲烷是最轻质的碳氢化合物，是有机物质降解的最终产物。晋代张华的《博物志》记载，四川地区从 2000 多年以前的秦代就开始凿井取天然气煮盐。据载此法效果好，省事省力，"一斛水得四五斗盐"；而家火煮法，得盐"不过二三斗"，显然火井煮盐的成本低、产量高，被认为是手工业的一项重大发展。

针对天然气的首次钻井开采活动发生于 1821 年的美国宾夕法尼亚州的弗里多尼亚，比石油还早 38 年。[①] 美国有一个叫威廉·哈特的生意人，有一天在小溪边散步，发现水面上冒出气泡，于是在附近钻了一口 9 米深的井，成功地获得了较大气流的天然气。随后几年他接通管道，照亮了附近的住家和商店。其最先使用的是木管，1825 年改用铅管，并成立了弗里多尼亚天然气照明公司。美国将 1821 年作为现代天然气工业的开始年份，威廉·哈特被誉为美国的"天然气之父"。

16 世纪，欧洲文艺复兴，农工、商贸、航海发展很快，木柴明显不够用了，而且乱砍滥伐导致环境恶化，于是欧洲人开始烧煤，这是在更大范围、更深层次上挖掘并固定了煤作为能源的价值潜能，并由此而奠定了英国工业发展的能源基础。英国人在生产和生活中大量使用煤炭并不是从第一次工业革命开始的，尤其不是在发明了蒸汽机以后才开始的。早在 9 世纪，英格兰东北部的居民已开始使用煤，由于煤块是人们在海岸发现的，因此称它为"海煤"，"Coal"这个名词来源于古老的盎格鲁 – 撒克逊语——"Col"，大概的意思是发光或燃烧的石头。几百年以来，欧洲许多地方一直把煤当作家庭取暖和做饭的燃料。在 18 世纪 50 年代以前，欧洲大陆很少使用煤炭，直到 19 世纪之后才普遍使用。以英国为代表的欧洲各国越来越多、越来越广泛地把煤用作燃

---

① 尼克拉·艾莫里，文思卓·巴尔扎尼. 可持续世界的能源：从石油时代到太阳能将来 [M]. 陈军，李岱昕，译. 北京：化学工业出版社，2014：57.

料，因此生活用煤也逐渐向生产用煤转变。

16世纪，煤炭代替了木柴，从而开启了人类的煤炭时代，引起了生产技术和生产结构的大变革，传统手工作坊逐渐被现代化的工厂所取代，进而促进了生产力的发展。1870年，欧洲的煤炭使用量首次超过了木柴和秸秆，这一状况在1880年的美国和20世纪初的俄国和日本也相继出现。除了作为固定和移动蒸汽设备的势能和动力来源，煤炭还大规模地用于制取民用燃气，满足城市照明之用。1807年1月28日，伦敦首次用煤气为公共街道提供照明。1812年，世界上首家煤气公司在伦敦成立。1813年12月31日，威斯敏斯特大桥由煤气点亮。[①] 从1780年到1880年，英国利用自己的煤炭储备所提供的能源，建立了世界上技术最先进、最有活力和最繁荣的经济体系。

煤替代木柴只是一次能源之间的相互替代，能源的性质是不变的，因此不能算是能源革命，只有二次能源才算得上是能源革命。例如：如果将煤直接燃烧，就是利用了一次能源；如果先用煤发电，所产生的电能就是二次能源，这才具有革命性。

早在将水煮沸并且目睹锅盖被蒸汽震动而掀开锅盖时，人类就发现了蒸汽的力量。公元1世纪，古希腊数学家亚历山大的希罗发明了汽转球，它是一台草地洒水装置，也是蒸汽机的雏形。[②] 18世纪，在牛顿力学的理论基础之上，英国的许多工程师发明了以煤炭作为动力的蒸汽机，从而催生了第一次工业革命，生产力得到了突飞猛进的发展。蒸汽机是人类设计和制造的第一种将化学能转化为机械能的装置，是将蒸汽的能量转换为机械能的往复式动力机械。蒸汽机需要一个使水沸腾而产生高压蒸汽的锅炉，这个锅炉可以使用木头、煤、石油或天然气甚至可燃垃圾作为热源。直到20世纪初，它仍然是世界上最重要的原动机，后来才逐渐让位于内燃机和汽轮机等。1764年，英国仪器修理

---

① 尼克拉·艾莫里，文思卓·巴尔扎尼. 可持续世界的能源：从石油时代到太阳能将来[M]. 陈军，李岱昕，译. 北京：化学工业出版社，2014：26.
② 阿尔弗雷德·克劳士比. 人类能源史[M]. 王正林，王权，译. 北京：中国青年出版社，2009：93.

工詹姆斯·瓦特发现了当时蒸汽机的缺点，于 1765 年发明了设有与汽缸壁分开的凝汽器的蒸汽机，并于 1769 年取得了英国的专利。瓦特的创造性工作使蒸汽机迅速发展，使原来只能提水的机械成为可以普遍应用的蒸汽机，并使蒸汽机的热效率成倍提高，煤耗大大下降。随着蒸汽机的发明和使用，煤被广泛地用作工业生产的燃料，给社会带来了前所未有的巨大生产力，推动了煤炭、钢铁、化工、采矿、冶金等工业行业的发展。1830 年，从利物浦到曼彻斯特的世界首条公共铁路开通运营。1850 年，机车的最快时速已经达到每小时 100 公里。煤炭驱动的蒸汽船在历史上扮演了重要角色，在 1850—1914 年期间，5000 万欧洲人就是通过蒸汽船陆续离开欧洲，也促成了欧洲的殖民扩张。①

　　19 世纪，英国科学家迈克尔·法拉第于 1831 年发现了电磁感应原理：当磁场的磁力线发生变化时，在其周围的导线就会感应产生电流。根据这一原理，他发明了圆盘发电机，这是人类创造出的第一台发电机，是把机械能转化成电能的装置。通过原动机先将各类一次能源蕴藏的能量转换为机械能，然后通过发电机转换为电能，经输电、配电网络送往各种用电场合。爱因斯坦在他的学习墙上挂着法拉第的一张照片，并将其与牛顿和麦克斯韦的照片挂在一起。在法拉第发现电磁感应原理之前的 1800 年，意大利物理学家亚历山大·伏特发明了电池。1888 年，尼克拉·特斯拉发明了首台交流电机和多相电力传输系统。1897 年，美国发明家、企业家托马斯·爱迪生发明了白炽灯。短短几年之内，电力就以提供人工照明的方式延长了一天光亮的长度，改变了发达国家城市居民的生活方式。之后，工业动力由蒸汽向电力的转变速度不断加快，家用能量转换设备也大为普及。时至今日，电力已经成为人类生活中不可或缺的一部分。

　　电虽然好用，但它是其他能源转化而来的二次能源，人类还需要其他能源形态来发电。这就催生了第三次工业革命对新的能源形态的需求，它在本质上

---

① 阿尔弗雷德·克劳士比. 人类能源史[M]. 王正林，王权，译. 北京：中国青年出版社，2009：26.

还是继续挖掘和固定能源形态的价值潜能。

纵观人类文明的历史长河，充足的能量来源是一个社会发展进步的保障，而文明的衰落则多与能源的过度消耗及匮乏有关。无论社会多么复杂，都要以充足的可用能源作为前提。以罗马帝国为例，连年的扩张造成社会复杂程度不断加深，能源消耗量也随之升高。那个时代，社会复杂化表现为一些原始但却不现实的能源使用方式被相继提出，例如用牛拖拽军舰等。罗马帝国末期，意大利以及大多数地中海区域的森林覆盖面积已经大幅减少，一些地区甚至出现了严重的土壤退化现象。其他社会文明的衰落也大都与能源短缺直接或间接相关，并且延续了相似的路径。由于争抢稀有资源而引发的战争，加速了这一衰落过程。能源过度消耗导致社会衰落的悲剧不断上演，我们有必要从中吸取教训。① 将有限的能源资产转化为资本，从而可以持续创造价值，应该是提高能源利用效率、降低能源消耗的有效途径，同时也是人类保持永续文明进步的必然选择。

能源资本的基本特征

各种能源形态是物。太阳本身是物，它发出的光也是一种物，这是因为光具有"波粒二象性"②，这里的粒子就是一种物的形态。树叶、柴薪、煤炭、石油、天然气、页岩气等等，这些能源种类都是以物的形态出现的。风是空气运动的结果，它当然也是一种物。这些"物"本身只能是一种资产，而不是资本。各种能源形态所蕴藏的内在价值，在生产过程中驱动着剩余价值的产

---

① 尼克拉·艾莫里，文思卓·巴尔扎尼. 可持续世界的能源：从石油时代到太阳能将来 [M]. 陈军，李岱昕，译. 北京：化学工业出版社，2014：22.

② 1905 年，爱因斯坦提出了光电效应的光量子解释，人们开始意识到光波同时具有波和粒子的双重性质。波粒二象性指的是所有的粒子或量子不仅可以部分地以粒子的术语来描述，也可以部分地用波的术语来描述。这意味着，有关"粒子"与"波"的经典概念失去了完全描述量子尺度上的物理行为的能力。爱因斯坦这样描述这一现象："好像有时我们必须用一套理论，有时候又必须用另一套理论来描述（这些粒子的行为），有时候又必须两者都用。我们遇到了一类新的困难，这种困难迫使我们要借助两种互相矛盾的观点来描述现实，两种观点单独是无法完全解释光的现象的，但是合在一起便可以。"

生，于是这些资源或资产便表现出资本的属性。能源的物质性及价值与使用价值的二重性，决定了能源具备资本的属性，只不过它是一种特殊形态的资本；另外，某些能源形态（煤炭、石油等）既具有价值，本身又是商品。

马克思赋予商品二重性，即价值与使用价值："商品生产以商品流通为前提，而商品流通又以商品表现为货币，以货币流通为前提。商品分为商品和货币的这种二重化，是产品表现为商品的规律。"① 法国经济学家托马斯·皮凯蒂认为，资本与财富的含义完全一样，两个词可以相互代替，"所有形式的资本都具有双重角色：既有存储价值，也能作为一种生产要素"。他认为，对于石油、天然气、稀土元素等自然资源，"很难将人们在勘探采掘中所投入的价值剥离出来"，无法"单独计算自然资源的纯粹价值"，因此将这些形式的财富都归入了资本中。② 能源产品作为一种资产或财富，也服从同样的规律，也具有二重性。能源工业自身是一种产业，同时它又是其他产业的"粮食"和"动力"。一方面，它的生产需要付出劳动和生产资料，因而它具有价值；另一方面，它作为其他产品生产的生产资料，因而具有使用价值。③

对于能源这种特殊的商品，它的价值凝结在商品中。因此，能源的属性具有价值和使用价值的二重性。对能源的衡量，除了标准煤、电力之外，也许还有其他的衡量标准，如低碳经济时代的碳排放量也是一个指标。节能减排，与其将其作为一个运动来对待，不如将其作为一项指标（即能源利用效率和环保贡献率）来对待。只有纳入技术和经济指标中的物理量，才是可以管理的。

马克思眼中的商品，是这样一种东西："是一个外界的对象，一个靠自己的属性来满足人的某种需要的物。"④ 这就说明，马克思把"物"定义为商品的属性表现。那么，这种"物"是如何来的？除了人的劳动外，它是消耗

① 马克思. 资本论（第二卷）[M]. 北京：人民出版社，2004：393.
② 托马斯·皮凯蒂. 21 世纪资本论[M]. 巴曙松等，译. 北京：中信出版社，2014：48.
③ 殷雄. 经济学笔记[M]. 北京：新华出版社，2013：159.
④ 马克思. 资本论（第一卷）[M]. 北京：人民出版社，2004：47.

了能源的，也就是说，能源也是生产这种"物"即商品的来源之一。从这个意义来说，能源虽然本身是物的形态，但它对于商品的生产和流通而言，则是起到了资本的作用，因此，能源具有资本的本质属性。这个命题，对于人类正确认识能源、开发能源、利用能源，具有认识论和方法论上的重要意义。

能源资本的"外壳"，即各种具体的能源形态具有相同的效用，比如都可以烧水、供暖、发电等等。这些能源形态的具体特征即"外壳"是多种多样的，但它们的"内核"即创造价值的资本属性却并不因为形态不同而有所不同。除了一般的资本属性外，能源资本还对人类的经济活动具有如下功能：

发动机：启动经济，需要能源。

加油站：经济运行过程中，能源需要不断补充。

显示器：通过能源的消耗量，可以判定经济运行状况。

校准器：能源消耗无法造假，可以发现经济运行中的非常态。

现代文明的能源利用具有五个转变特征：由"高碳"向"低碳"转变，由"低密度"向"高密度"转变，由"黑色"向"绿色"转变，由煤炭向石油和天然气转变，由油气向太阳能和风能等新能源转变。这种转变是能源形态的转变，只是资本创造价值的方式和效率发生了变化，但其资本的属性并没有发生变化。

能源资本在形式上或者归属上是一种不变资本，但在由能源资产转化为资本进而通过交换表现出其价值的过程中，已经凝结了劳动者的一般社会劳动，因此，它又具有可变资本的属性。正是这种不变资本与可变资本的混合体，才使得能源资产这种特殊的物质形态具有资本的属性，能源形态的转化只不过是隐性资本显性化的必要条件。通过能源资产向资本的转化，可以加深我们对不变资本与可变资本概念的内涵与外延的理解。

能源资本的历史演进

能源形态的转变路径

在人类文明传承的历史进程中，各种形态的能源起着动力的作用。在农业文明时代，主要使用柴薪（1881 年煤炭替代柴薪，成为主力能源）；在工业文明时代，主要使用煤炭、石油（1965 年石油替代煤炭，成为主力能源）；在现代生态文明时代，煤炭、石油、天然气、"无碳"能源形成分立天下的新格局，能源绿色发展成为全球的共识，应对气候变化确立了全球能源以清洁低碳发展为核心。

当人类掌握了如何使用机器和引擎转换各种能量时，那些深埋于地下的煤炭和石油、吹过荒原的风力、自由奔腾的江河、照耀大地的阳光，都被统称为"能源"，轰鸣着驱动人类工业发展的巨轮。从工业 1.0 到工业 4.0[①]，不同类型的能源，在不同的时代做着不同的功，能源转型一直在进行中。迄今为止，人类经历了四次重大的能源转型或能源革命。

第一次，人类学会了钻木取火，从此告别愚昧，进入原始社会。人类随着自身智慧的发育，适时地敬纳了太阳的恩赐，掌握了对火的运用。火使人类的祖先成为动植物界的王者，成为整个大地的主宰，而这种权力是此前的动物所无法拥有的。自人类掌握了火这种能量的表现形式，能够维持火的存续的柴草、树木等燃料形式便出现了，因此，那个时代可以称为"植物能源时代"。

第二次，煤炭和石油的使用伴随着柴薪燃料、蒸汽机的技术革新，轰轰烈

---

① 工业 1.0，指 18 世纪末的第一次工业革命，以蒸汽机为代表的机械制造兴起，人类进入了"蒸汽时代"。工业 2.0，指 20 世纪初的第二次工业革命，以电动机和传送带为标志的电气化与自动化兴起，人类进入了"电气时代"。工业 3.0，指 20 世纪 70 年代的第三次工业革命，以电子信息技术为标志的电子信息兴起，人类进入了"数字化时代"。工业 4.0，指 21 世纪的第四次工业革命，以信息技术、物联网技术和制造环节融合的智能制造兴起，人类进入了"智能化时代"。

烈的工业革命在机器轰鸣中拉开了序幕。正如物理学家大卫·古斯丁所说："整体看来，热机是驱动人类文明进步的背后动力。"① 事实上，在热机之前，人类已经开始运用机械。比如，距今5500年前，人类已经发明了轮子；公元1世纪，人类发明了曲柄。推动这两项发明的动力是水力（水车）和风力（风车和船帆）。蒸汽机为了产生动能而需要大量的煤，因此，煤是工业革命后人类大规模使用的第一种能源，那个时代可以称为"煤炭时代"。其后以石油和天然气为主角的时代可以称为"石油时代"。1911年，英国皇家海军将军舰由煤炭动力更新为柴油动力，这也可以视为煤炭时代向石油时代过渡的一个重要标志。②

第三次，伴随现代物理学的发展，人类有能力把原子核打开，进而将蕴藏在原子核深处巨大的能量加以利用。这次能源转型或能源革命的标志性事件，就是意大利杰出物理学家恩里科·费米领导的科研团队于1942年12月2日在芝加哥大学足球场看台下建成了世界上第一座核反应堆，标志着人类进入了"核能时代"。

第四次，就是人类目前所面临的能源革命浪潮，以物联网为代表的新兴IT（信息技术）手段正在改造和提升传统能源，并且使能源资本的配置实现区域化和全球化。正如杰里米·里夫金所说："互联网技术和可再生能源将结合起来，为第三次工业革命创造强大的基础，第三次工业革命将改变世界。"③这个时代可以称为多元化的"新能源时代"。

纵观前述四次能源转型和能源革命，我们看到了能源对人类文明发展的重大作用，每一种能源形态的发现和利用，都把人类支配和改造自然的能力提高到一个新的水平。能源科学技术的每一次重大突破，也都带来了人类社会产业

---

① 阿尔弗雷德·克劳士比. 人类能源史[M]. 王正林，王权，译. 北京：中国青年出版社，2009：79.
② 尼克拉·艾莫里，文思卓·巴尔扎尼. 可持续世界的能源：从石油时代到太阳能将来[M]. 陈军，李岱昕，译. 北京：化学工业出版社，2014：26.
③ 杰里米·里夫金. 第三次工业革命[M]. 张体伟，孙豫宁，译. 北京：中信出版社，2012：14.

革命和经济腾飞。能源是人类文明进步的驱动力，而这种驱动力的本质属性是资本。与其说人类文明演进的过程是能源转型的过程，毋宁说是能源的资本属性推动着人类文明的演进，能源形态的转变只是承载资本这个"内核"的"外壳"随着某种条件而发生了变化。

能源的表现形态是各种物质，对于各种物质形态的能源所有者来说，这些物质是资产，但资产本身还不是资本。能源资产输入到商品的形成与流通过程之中，这种资产便具有了资本的属性，发挥着资本持续创造价值的功能。

能源资本的职能演化

资本具有一种"魔力"，它可以提高生产力，创造剩余价值。人类漫长的能源开发利用史证明，能源拥有人类发展资本的功能是逐步显现的。

首先，人类学会控制火，具有革命性的意义。因为树枝不会自行变成火把，肯定是人拾起它，并且做成火把来使用。数百万年前，人类一直在吃生食。自从人类可以控制火，就同时学会了烹煮，把生食变成了熟食，人类拥有了独一无二的能力。与语言一样，烹煮也是人类的典型特性。这样，人类就吃到了高热量的食物，它们对人体产生了有益于健康的效应，人类的肌肉变得强健了，大脑也变得发达了；同时，一次烹煮，可以准备几顿饭的食物，显然是产生了"剩余价值"。"火"这种能源形态，对人类智慧的进化产生了独特而强大的跃迁效应，这种效应产生了超出人类自身想象和所能创造的价值。因此，产生"火"的物质（比如柴薪和太阳），便具有了资本的属性。

其次，第一次工业革命的重要成果——蒸汽机，解放了人的肌肉力，产生了强大的动力。在人类历史长河中，每次提到动力，多数指的是肌肉力，而运用肌肉力最有效的方式就是集中劳力。历史上许多伟大文明的创建都曾广泛使用过劳力。据估算，埃及金字塔在 20 年建造工期内动用的劳力数目超过 10 万；中国万里长城主体部分的修建耗时百年，死亡劳力不计其数。自从有了蒸汽机，诸如农奴劳工获得解放的动力也就具备了，而且随着技术的进步，这种动力越来越强大。从这个意义上来说，能源革命不仅解放了生产力，而且也解放了人类自身。19 世纪有时被称为"煤炭与蒸汽"的时代，20 世纪则是"石油与内燃机"的时代。煤炭和石油作为最重要的化石燃料，通过燃烧让蒸汽机转动，再将动力传送到发电机用以发电。因此，产生"电"的物质（如煤炭和石油）便具有资本的属性。

"能源奴隶"这个概念最早是由理查德·富勒于 1944 年提出来的。过去富人使用奴隶为他们服务，今天我们每个人仍然拥有众多隐形的"能源奴隶"为自己服务。一个健康个体在短时间内可以产生 800 瓦的能量，然而如果连续工作一天，其平均输出功率甚至不足 80 瓦。据此测算，用人体力量驱动洗衣机（输出功率 800 瓦）运转，需要 10 个"能源奴隶"；一辆中型汽车（发动机输出功率为 80 千瓦）在高速公路上奔驰，约需要 1000 个"能源奴隶"；一架波音 747 - 400 型飞机需要 8 万千瓦的能量才能起飞，则必须有 100 万个"能源奴隶"肩挑手抬才能完成。按照输出能量计算，1 升汽油相当于 16 个"能源奴隶"，一座 80 万千瓦的发电站相当于 1000 万个"能源奴隶"。通过"能源奴隶"这一概念，人类应当对于能够拥有如此廉价、丰富、动力强劲的能源而感到庆幸。

法国作家儒勒·凡尔纳的畅销小说《八十天环游世界》虚构的英雄菲利亚斯·福格，以 11 个星期又 3 天的时间实现了环游世界的壮举，最大的优势是使用了煤炭与蒸汽来取代风帆。在凡尔纳的小说出版 15 年后，《纽约世界报》的女记者娜丽·布莱于 1889 年 11 月 14 日启程，最后用了 72 天 6 小时 11 分 14 秒的时间周游世界，比该小说中虚构的环游世界纪录还少了一个多星期。娜丽·布莱之所以能够创造出在短时间内环游世界的壮举，其实就是当时的能源形态所蕴藏着的资本属性起了决定性的作用。在娜丽·布莱的时代，能源资本所创造的最大的剩余价值，就是节省了本应该为旅行而花费的成倍、数十倍甚至数百倍的时间成本；她的壮举所依赖的驱动力本质上也是拜能源资本所赐。

第一次工业革命的象征是蒸汽机的广泛使用，曾经三次担任美国国务卿的丹尼尔·韦伯斯特曾经这样描述蒸汽机的正面特性："它可以开船、抽水、挖掘、载物、拖曳、锤打、织布、印刷。它仿佛一个人，至少属于工匠阶级：'停止你的体力劳动，终止你的肉体苦力，把你的技能与理智用来引导我的拉动力，我将承担这所有辛劳。不再有任何人的肌肉感到疲倦，不再有任何人需要休息，不再有任何人会感到上气不接下气。'我们无法预测未来会如何改进运用这种惊人的动力，任何推测都将徒劳无功。"①

电是由一次能源形态所产生的一种新的能源形态，其最大的优势在于极易输送，对人类社会的进步产生了不可估量的价值。1882 年，爱迪生在纽约市创办了第一家发电厂，专为私人供电。19 世纪的最后几年，西方迅速进入电气化时代。电气化，成为那时人们的最大向往。美国历史学家、小说家亨利·亚当斯这样描述发电机的价值："发电机本身只不过是将储藏在肮脏发电室里那数吨劣质煤炭中潜藏的热能传递出去的精巧渠道而已，但对我来说，发电机是无限可能的象征。"②

1893 年 5 月 1 日，美国芝加哥举办了一次持续半年的世界博览会，其最大的特性是"几乎每一样东西，会发光的、会出声的、会移动的，都使用电力"。"电"似乎可以让人们操控自然力，去实现任何目标，也可以出于任何目的来使用它。1920 年，列宁向苏联全俄国民大会预言："共产主义是苏维埃力量加上整个国家的电气化。"③ 很快，内战之后的苏联开始恢复元气，建设了许多发电厂，其中包括当时全球最大的水力发电厂——第聂伯河水电厂。

再次，人类进入核时代之后，原子核内部所蕴藏着的巨大能量，直接影响了世界政治、军事、科技、经济和社会心理等各个方面。1945 年 8 月，美国用两颗原子弹轰炸日本的广岛和长崎，加快了二战的结束。这是人类首次见证

---

① 阿尔弗雷德·克劳士比. 人类能源史[M]. 王正林，王权，译. 北京：中国青年出版社，2009：105.
② 同上，127.
③ 列宁选集（第四卷）[M]. 北京：人民出版社，2012：399.

核能所具有的强大能量。原子核内部所蕴藏着的巨大能量，撬动了整个人类社会政治、经济、科技、军事和环境等诸领域的活动方式和价值创造方式，其资本效应是任何一种能源形态所不可比拟的。

最后，目前世界兴起的物联网，可以实现能源资本流动的区域化和全球化。随着能源开发技术的不断进步，能源开发成本会不断下降，进而催生诸多新的商业模式，能源资本的属性无论在宏观、中观、微观层面都将变得越来越显著。

能源资本驱动能源革命

2014 年 4 月 18 日，李克强总理主持召开新一届国家能源委员会首次会议，会议要求推动能源生产和消费方式变革，提高能源绿色、低碳、智能发展水平，走出一条清洁、高效、安全、可持续的能源发展之路。同年 6 月 13 日，习近平总书记主持召开中央财经领导小组第六次会议，提出了"四个革命、一个合作"的能源战略思想[1]，即推动能源消费革命，抑制不合理能源消费；推动能源供给革命，建立多元供应体系；推动能源技术革命，带动产业升级；推动能源体制革命，打通能源发展快车道；全方位加强国际合作，实现开放条件下的能源安全。

革命意味着推翻一切旧的秩序，而一种新的世界秩序由此开端。[2]"四个革命、一个合作"能源安全新战略是一个辩证统一的有机整体，它来源于旧的能源秩序，必定会开创一个新的能源秩序。这个有机体存在着一个本质的驱动力，它便是能源形态的"内核"即资本。为了更好地理解能源的资本属性，我们从五个方面来分析这个"五位一体"的有机体是如何由能源的资本属性来驱动的。

立足现实看能源。经济生活中存在着许多能源消费的不合理状态，主要是

---

① 习近平. 习近平谈治国理政［M］. 北京：外文出版社，2018：130-132.

② 托马斯·库恩. 科学革命的结构（第四版）［M］. 金吾伦，胡新和，译. 北京：北京大学出版社，2012：5.

能源的利用效率不高，没有最大限度地发挥出能源所蕴含着的能量。因此，要进行能源消费领域的革命，抑制不合理的能源消费，提高能源消费的效率和效益。立足现实，进行能源消费革命，可以释放能源资本的逐利性。

着眼未来看能源。由于能源种类与分布区域的不平衡，许多地区和行业的能源供给渠道和品种单一，缺乏互补性，存在着能源匮乏的风险，进而会损害国家的能源供应安全。因此，要进行能源供给侧的革命，建立多元供应体系，提高能源供应渠道的可靠性和快捷性。着眼未来，进行能源供给革命，可以增强能源资本的流动性。

结合创新看能源。当今世界技术创新日新月异，能源领域不仅无法置身事外，而且要继续发挥能源的引领力和驱动力的作用，通过能源技术革命推动其他领域的技术创新，进而带动相关产业技术水平的大幅提升，进一步显示出能源技术创新的乘数效应。结合创新，进行能源技术革命，可以弥补能源资本的稀缺性、增强能源资本的互补性。

跳出能源看能源。导致能源消费不合理、供应渠道单一的重要原因之一，就是能源管理体制有不适应现代社会经济发展和能源产业本身发展的因素，进而制约了能源消费的高效率和供给的多元化。因此，要推动能源体制革命，发挥体制对能源产业发展的杠杆作用，推动能源产业快速健康有序发展。跳出能源，审视现行体制的弊病，进行有针对性的改革，可以扫除阻碍能源资本发挥更大效能的障碍。

面向国际看能源。中国改革开放四十年的经验充分证明，改革开放是强国之路，能源领域从资金、技术、管理引进到管理创新和技术创新的各个环节，都受益于改革开放和国际合作。因此，今后必须以"一带一路"倡议为契机，更加坚持全方位、多层次、宽领域的开放，与世界上主要的能源生产、消费和技术创新的国家和地区进行充分的合作，做到"你中有我、我中有你"，才能确保开放条件下的能源安全。面向国际，加强全方位的能源合作，可以确保能源资本的安全性。

　　"四个革命、一个合作"完全把可变资本与不变资本整合在一起了，不仅包括"静"（能源储备），还包括"动"（能源流通）；不仅包括"弃"（陈旧技术），还包括"扬"（技术创新）；不仅包括"物"（能源形态），还包括"人"（人力资本）；不仅包括"形"（能量的载体），还包括"质"（能源的资本属性）；更重要的是，不仅包括"生产力"（能源有效供应），还包括"生产关系"（能源体制革命）。能源作为社会经济发展的基础条件，它具有使用价值，因此具有不变资本的性质；同时，能源作为一种特殊的商品，在开发和运输的过程中已经凝结了劳动者的必要社会劳动，它又具有传导和体现劳动者价值的价值，因此具有可变资本的性质。由于能源资本同时具有不变资本和可变资本的属性，因此，它就完全可以持续创造价值。

　　能源作为生产力这部"引擎"的"燃料"和人类文明发展的动力，具有资本的属性，因而可以源源不断地创造价值；反过来，能源的资本属性又是驱动"四个革命、一个合作"的内在机制。从资本的角度认识能源、利用能源、开发能源，将是人类社会生活中不变的主题。

结　语

　　随着人类社会发展对资本的需求，以及人类伴随科学技术的进步对自然资源来源的认识和驾驭，以太阳光为代表的一切自然资源便成为人类生存与社会发展的必要条件，成为生产力的要素。凡是参与商品生产过程的自然资源，都可以发挥资本的作用。与人类的社会劳动相结合，自然资源便具有了二重性，即价值和使用价值。能源资源与其他自然资源的根本区别，在于其他自然资源在商品生产的过程中具有使用价值的独特性，而能源资源则是在任何商品的生产过程中都需要消耗的，因而具有使用价值的普适性。

　　德国著名政治经济学家和社会学家马克斯·韦伯认为："人类自出现的那

一天起就拥有了贪婪财富的欲望。"① 人的欲望的无限性和自然资源的有限性之间是一对天生无法解决的矛盾。人之所以为人，控制欲望就是一个标志。恐龙的灭绝，可能并不是因为小行星撞了地球，而可能是因为恐龙自身的进化太快，体型越来越庞大，对食物的需求最终超过了地表植物的承受能力，本质上也是耗尽了所能够利用的资源而走向命运的终结。发展的真正硬道理应该是基于人的意义，这才是发展的理性所在。

现在，整个社会的非理性逐利表现得很显著。工业为满足某些人的过度欲望而消耗了很多资源，其中最突出的问题，就是由于对能源资本的使用不当而造成了大量的浪费，同时造成了严重的生态环境污染。能源形态的地区分布不均衡，又造成了全球范围内的贫富不均。导致这种现象的能源因素，就是对于能源的资本属性认识不充分，把握不适当，分配不公正。事实上，能源资本对于人类社会各个领域的作用和影响是不同的，具有不同的作用机制和物理效应。只有把能源当作资本来认识，才能看清楚人类社会文明进步过程中的本质驱动力，从而对这种驱动力善加利用，以保持人类文明的永续发展与进步。

---

① 马克斯·韦伯. 新教伦理与资本主义精神[M]. 刘作宾，译. 北京：作家出版社，2017：40.

| 第二章 |

能源资产转化为资本

资产作为一种经济资源，其本质在于它蕴藏着经济利益，可以创造价值。各种能源形态作为资产，一方面可以满足人们的物质需要，另一方面可以通过某种途径和方式转化为资本。能源资产转化为资本，需要一个必要的社会条件——确立一种正规的所有权制度。能源资本类似生物学上的DNA 结构，由货币资本、人力资本、技术平台和市场环境这四种"基因"构成，它们可以遗传能源资本持续创造价值的本质属性。由此，我们破译了能源资本的"基因密码"。

引言 资源与资产

按照马克思的观点，资本是一种由剩余劳动堆叠形成的社会权力。资本的形成有一个长期的历史积累过程。在这个过程中，劳动的价值被凝结在固定了资本价值的商品或其他实物形态上了。资本是由资产转化而来的，转化的条件是"一纲四目"的"五位一体"："一纲"是正规的所有权制度体系；"四目"是货币资本、人力资本、技术平台和市场环境。这五个条件在本质上是不可分离的，它们的共同特征是凝结了人类的劳动价值。所有权制度本来就是人类社会发展过程中所形成的法律制度，是人类劳动的成果。货币是人类社会商品交换活动的产物，货币转化为资本的过程就是生产活动的过程，凝结了人类的劳动价值。人力资本更是人在劳动过程中持续创造价值的能力体现，具有资本的内禀特征。技术是人类认识自然、改造自然的过程中形成的劳动成果的独特形态，是资本得以执行职能的平台。市场环境是货币资本、人力资本和技术平台体现其价值潜能的社会条件。

价值创造的过程，不外是各种资本形态（货币资本、生产资本、商品资本和人力资本即劳动力）相互转化的过程。资源如果不转化为资产，就没有将其进一步转化为资本的条件。将资源转化为资产，再将资产转化为资本，核心的问题是要挖掘资源的价值潜能，资产只不过是为资源的价值潜能找到一个"主人"。这个"主人"对于寻找或拥有什么样的资源形态，则是十分"挑剔"的，也就是这种资源必须具备某种价值潜能。比如，一个人在山上看到一块亮晶晶的石头，如果它是一颗钻石，就可以为他带来价值，他就会把它捡起来并带回家；如果只是一块普通的石头，他也许就会一脚将它踢开。因此，为了弄清楚价值创造的起源，我们需要认识资本的实质，而要想认识资本的实质，需要先弄清楚转化为资本的资源和资产的本质属性。

资源是生产过程中所进行的投入。这是一种广义的定义，很好地反映了"资源"一词的经济学内涵，揭示出资源的本质就是生产要素。这种生产要素分为自然资源和社会资源两大类。

自然资源如阳光、空气、水、土地、森林、草原、动物、矿藏等，在没有进入生产过程之前，它就是自然存在的，无须积累。这种资源可划分为可再生资源和非再生资源。可再生资源是指在人类参与下可以重新产生的资源，如农田，如果耕作得当，可以使地力常新，不断为人类提供新的农产品。可再生资源有两类：一类是可以循环利用的资源，如太阳能、空气、雨水、风能、水能和潮汐能等；一类是生物资源，如每年生长的花、草、树、木等。非再生资源也称为耗竭性资源，这类资源的储量、体积可以测算出来，其质量也可以通过化学成分的百分比来反映，如各类矿产资源。可再生资源与非再生资源的区分是相对的，如石油、煤炭是非再生资源，但它们却是古生物（古代动、植物）

遗骸在地层中经过物理、化学的长期作用变化所产生的结果，这又说明二者之间可以转化，是物质不灭即能量守恒与转化定律的表现。

除自然资源外，还有一种社会资源，如人力资源、信息资源以及经过劳动创造的各种物质财富等，不是自然存在的，而是在人类生产活动过程中由于人的劳动和自然资源的投入而形成的，因此在很多情况下，这类资源是需要积累的。

资源的本质就是一切可被人类开发和利用的物质、能量和信息，它广泛地存在于自然界和人类社会中，是一种自然存在物或能够给人类带来财富之物。因此，资源具有转化为财富的价值潜能，简单地说，资源就是一种财富。当人类的生产活动需要投入某种资源时，资源除了其潜在的经济属性显性化外，它的社会属性即归谁所有的问题就出现了，投入资源后所创造的财富由谁所有的问题也同时出现了。也就是说，资源一旦被投入人类的生产活动，其所有权属性就变得重要了。比如，我们平时享受的太阳光，没有"主人"，但是，一旦要开发太阳能发电项目，那么由太阳光转化而来的电力或其他能源效用（比如热水）就变得有"主人"了。社会资源由于凝结了更多的人类劳动，因此一般来说都是有"主人"的，它往往与知识产权联系在一起。简单地说，资源一旦被纳入所有权的范畴，便具备了转化为资产的社会条件。

资产是自然人、企业、国家拥有或控制的、能以货币来计量收支的经济资源，包括各种收入、债权与其他物质（如厂房、土地、设备等）以及非物质（如专利、知识、技术等）形态。最严格的资产确认程序，应该是从资产的定义出发，确定资产的最本质属性，然后，根据这一本质属性的要求，建立资产确认的具体标准。资产包含两个要义：一是经济属性，即能够带来经济利益，这也是资产的本质属性所在；二是法律属性，即所产生的经济利益是有归属主体的。

资源是没有转化为资产的自然存在（除自然资源外，也包括已经积累了人类一般社会劳动的价值），但只要不投入人类的生产活动，其价值潜能就不可能体现出来。由此可见，资产是能够带来经济利益的资源，它是转化为资本的必要元素，它有一个重要特征就是它的所有权是明确的，或者说由资产带来的收益的归属权是明确的。这正是资产与资源的本质区别。资本则是投入人类的生产活动并且可以持续创造价值的资产。对于资源和资产，人们考虑的是寻求和拥有；对于资本，人们考虑的是如何让它增值和生利，也就是持续创造价值。资源和资产是未经开发的资本；资本是开发利用了的资源和资产。各种能源资源，如果不能转化为资产，进而转化为资本，就不可能持续地创造价值。

能源资产转化为资本的过程

资产的价值潜能

由于资产具有经济属性，也就是可以创造价值，那么它必定具有资本的价值潜能。人们要做的事情，就是要找到某种形式，将这种资产的价值潜能挖掘并固定下来，进而使其创造价值。从资产到资本，必须有一个转化的过程。例如，资产可以作为抵押物，从其他的个人或团体那里获得某种利益。通过提供其他形式的信贷和公共服务，可以让资产运转起来，进而获得更多的产出。秘鲁经济学家赫尔南多·索托这样描述资产的转化过程：

> 将一种物质资产加以转化，使之产生资本的过程——例如，用你的房子做抵押获得贷款，为建立一个企业筹集资金——需要的是一套相当复杂的程序。它的复杂程度，就如同爱因斯坦描述的那种物理过程：一块砖也能够以原子爆炸的形式，释放出巨大的能量，据此类推，穷人已经在他们的房屋里面，积累了数万块砖，资本就是从这些砖里发现潜在的能量，并且使之释放的结果。①

---

① 赫尔南多·索托. 资本的秘密[M]. 于海生，译. 北京：华夏出版社，2017：28.

这就是说，资产就是蕴藏着资本潜能的"砖"。我们举一个简单的例子，说明能源资产的资本潜能是如何被挖掘并固定下来的，即这类"砖"所蕴藏的能量是如何释放出来的。

我们假设这样一个场景，一块亮晶晶的煤，不知何年何月被何人因何原因而置于山脚下。某一天，一位家庭主妇正在野地里拾牛粪，准备用作燃料为全家人做晚饭。当她看到这个亮晶晶的物品时，对它产生了一种莫名的兴趣，于是顺手把它放进自己的粪筐里。晚上烧火时，她淘气的儿子出于好奇，把这块黑乎乎的东西扔进了灶口。这位母亲在责备孩子的同时，也无暇将它取出来。但是，她发现，锅里的水很快烧开了，她看到那块黑乎乎的煤正在冒出比牛粪旺得多的火苗，而且持续的时间更长。这位主妇意识到，她不认识的这块东西要比一筐牛粪还耐烧得多。主妇就是通过这一偶然的事件，把这块煤所蕴藏的价值潜能挖掘并释放了出来。至此，对于这个家庭来说，堆放在院子中的一堆煤，就成为他们的一种资产。由于这种资产可以作为燃料为他们家带来好处，因此，我们可以说，煤这种资产的价值潜能已经被挖掘出来了。

经过漫长的实践活动，煤这种物质燃烧后产生了极大的价值，而且还为科学和社会的发展提供了动力。蒸汽机的发明，这是第一次工业革命的主要成就，其动力就是煤燃烧后将水变成蒸汽，它的内在机制，就是通过把煤这种资产的价值潜能挖掘出来，然后通过蒸汽机这种技术平台将其转化为资本，进而创造出比煤作为资产大得多的价值。

如果存在某种物质，可以把某种资产的价值潜能固定下来，使之持续创造更多、更大的价值，那么，它就是资本，它可以从资产当中得到提取和加工。例如，一个水电站就是通过某种人为的外部过程，把湖水所蕴藏的价值潜能转化为电能，进而创造出剩余价值。[①] 与湖水所蕴藏的能量一样，资本也是一种潜在的价值，只有使它获得活力，才能够超越资产表面的状态，转化成新的状

---

① 赫尔南多·索托. 资本的秘密[M]. 于海生，译. 北京：华夏出版社，2017：32.

态。这个过程，就是把资产的价值潜能转换开发，使之可以产生剩余价值。建造水电站的过程，就是把湖水资产的价值潜能固定下来，并使之产生价值的过程。同样的道理，只有通过建造核反应堆，才能把深藏在原子核内部的巨大能量释放出来。建造核反应堆的过程，就是把核能释放出来的价值潜能固定下来，并使之创造价值的过程。

　　资本是一种抽象概念，它必须被赋予某种固定的、可见的形式。货币本身并不是资本，只是资本发展过程中的多种表现形式之一。货币只是提供了一种标志化的参照，使我们可以衡量资产价值，以此实现不同类型资产的交换。在公元 10 世纪的某些草原部落中，毛皮甚至被当作货币使用，有着固定的交换价格：18 张旧松鼠皮值一枚银币，而用单张皮可以换到'一个大面包，足够一个成年男子食用'……这种货币体制的存在自有其内在逻辑：对一个交易频繁却缺乏能够大规模铸造钱币的中央财政机构的社会来说，拥有一种兑换手段非常重要，而毛皮、兽皮和皮革都很适用于货币尚未畅行的社会。① 交换，意味着价值等同。马克思认为，在商品的价值表现中发现这种等同关系的人，是希腊哲学家亚里士多德，"正是在这里闪耀出他的天才的光辉"。亚里士多德举过一个例子：当人们说"5 张床 = 1 间屋"，无异于"5 张床 = 若干货币"。包含着这个价值表现的价值关系，要求屋必须在质上与床等同，这两种感觉上不同的物，如果没有这种本质上的等同性，就不能作为可通约的量而互相发生关系，"没有等同性，就不能交换，没有可通约性，就不能等同"。至此，亚里士多德就没有再做进一步的分析了。马克思认为，阻碍亚里士多德继续往前走的原因，就是"缺乏价值概念"。亚里士多德认为，这种等同的东西"实际上是不可能存在的"。但马克思敏锐地发现了这种等同的实体的"秘密"，"这就是人类劳动"。② 换句话说，生产了 5 张床所需要的人类劳动，等

---

① 彼得·弗兰科潘. 丝绸之路：一部全新的世界史［M］. 邵旭东，孙芳，译. 杭州：浙江大学出版社，2016：92.

② 马克思. 资本论（第一卷）［M］. 北京：人民出版社，2004：74-75.

同于建造 1 间屋所需要的人类劳动，也就是劳动创造了价值。关于这一点，亚当·斯密也曾经指出："劳动是一切商品交换价值的真实尺度。"① 马克思认为，亚里士多德没有能从价值形式本身看出这种人类同等意义的劳动，"这是因为希腊社会是建立在奴隶劳动的基础上的，因而是以人们之间以及他们的劳动力之间的不平等为自然基础的"，亚里士多德"所处的社会的历史限制，使他不能发现这种等同关系'实际上'是什么"。② 在 5 张床和 1 间屋之中存在着一种价值，这种价值就是资本，但它不是这两样东西本身，而是把价值凝结在其中了。

马克思指出，劳动产品一旦作为商品来生产，就带上拜物教性质，因此拜物教是同商品生产分不开的。③ 商品的拜物教性质，说明人们的社会关系是通过交换劳动产品，即物与物之间的关系表现出来的。社会关系终究是一种物与物之间的关系。④

资本的社会关系

对资产进行恰当的表述非常重要，因为并非一切真实的、有用的事物都是有形的、可见的。例如，时间是真实存在的，但它只有通过一只钟表或一部日历进行表述，才能够被有效地控制和利用。在实际经济生活中，有形的资产（如房屋、机器、设备等）总是以实物的形态存在，而且需要通过某种方式和途径转化为资本后才能创造价值。这时候，资本就不是某种物了，而是一种社会关系。

资本不是积累下来的财产，而是蕴藏在资产中的一种价值潜能，它能够衍生新的生产过程。在我们能够将这种潜能释放之前，它必须经过一种加工过程

---

① 亚当·斯密. 国富论 [M]. 唐日松等，译. 北京：华夏出版社，2005：24.

② 马克思. 资本论（第一卷）[M]. 北京：人民出版社，2004：75.

③ 同上，90.

④ 殷雄. 经济学笔记 [M]. 北京：新华出版社，2013：9.

才能被创造出来。这也就是说，要想创造价值，首先要创造资本。对于能源资产来说，如果将其转化为资本，那么就可以创造价值了。

马克思在《资本论》（第一卷）中详细论述了"货币转化为资本"的过程。商品生产和发达的商品流通（即贸易），是资本生产的历史前提。商品流通是资本的起点，货币是这一过程的最后产物，是资本的最初表现形式。作为货币的货币和作为资本的货币的区别，首先只是在于它们具有不同的流通形式。简单商品流通以卖开始，以买结束；作为资本的货币的流通以买开始，以卖结束。

马克思认为，可以"用劳动的持续时间来计量的人类劳动力的耗费，取得了劳动产品的价值量的形式"，"价值量由劳动时间决定是一个隐藏在商品相对价值的表面运动后面的秘密。这个秘密的发现，消除了劳动产品的价值量纯粹是偶然决定的这种假象，但是决没有消除价值量的决定所采取的物的形式。"[①] 但实际上，只用"劳动时间"无法准确地衡量劳动力的耗费。一个大人与一个小孩，劳动时间都是一个小时，但他们创造的价值不同，所占份额也不同。正如亚当·斯密所说："虽然劳动是一切商品交换价值的真实尺度，但是，商品的价值通常却不是用劳动来衡量的。确定两种不同劳动数量之间的比例常常是很困难的。仅仅靠花费在两种不同工作上的时间常常是不能确定这种比例的。工作时忍受的艰难程度不同，工作中所用的技巧程度不同，这些都要考虑进去。一个小时的艰苦工作比两个小时的容易差事可能包含更多的劳动……很难找到精确衡量艰难和技巧的方法。"[②] 劳动时间本身无法准确测量（私人劳动除外），当然就不能用它来衡量劳动产品的价值。这就犹如不能用一台不准确的天平来测量放在其上的砝码的准确重量一样。除了劳动时间，还有劳动者的技能、投入劳动时的心态以及劳动对象（即产品）的一些特殊属

① 马克思. 资本论（第一卷）[M]. 北京：人民出版社，2004：89-93.
② 亚当·斯密. 国富论[M]. 唐日松等，译. 北京：华夏出版社，2005：25.

性。因此，劳动时间这个指标不能完全体现劳动价值，或者说，劳动时间不是衡量劳动价值的唯一变量。一个劳动者所付出的劳动力，其所创造的价值要根据劳动工具或其他外部条件（如农业生产中的气候、土壤等，工业生产中的能源、设备等，商业活动中的交通运输工具等）来决定，驾驭耕牛劳动半天，与驾驶拖拉机劳动半天，所创造的价值大为不同。正因为如此，才从另一方面证明，劳动创造价值的过程非常复杂，常常不是靠辛勤的体力劳动，而是靠高级的智力劳动。机器是智力劳动的产物，通过它所创造的价值，既不能折算成体力劳动的结合体，又无法用"社会必要劳动时间"来度量。①

马克思没有把能源（燃料）当作资本看待，而只是把它当作生活资料来看待，"一部分生活资料，如食品、燃料等等，每天都有新的消耗，因而每天都必须有新的补充"②。实际上，在现实生活中，"工人不是孤立地、独自地创造剩余价值，而是要纳入整个生产体系之中。资本是基础之一，资本家对资本的调拨和对工厂的管理所付出的劳动，都是工人创造剩余价值的条件或因素。"③ 如果没有能源资本的投入，人们的生产活动便无从谈起，商品生产和流通也无从谈起，当然价值创造也就无从谈起。因此，在谈商品的二重性及剩余价值的创造时，能源资本是一个极其重要的因素，它是一切社会化生产活动的动力，是创造价值的"引擎"和"燃料"。

虽然构成资本的不是物质，而是这些物质所蕴藏的价值，但是如果没有具体的物质（或商品）作为载体，那么这些物质的价值也就无从表达。因此，资本的来源是物，能源是以各种物的形态存在的，即使太阳射出的光线，也具有粒子的性质。这些物质一旦被人类拥有而成为资产，能源资产就成为能源资本的价值载体，凝结了能源资本价值的商品在交换中所产生的剩余价值，就包括了能源资本所产生的价值。能源具有资本的属性，这并不是说它从一开始就

① 殷雄. 经济学笔记[M]. 北京：新华出版社，2013：93-123.
② 马克思. 资本论（第一卷）[M]. 北京：人民出版社，2004：200.
③ 殷雄. 经济学笔记[M]. 北京：新华出版社，2013：169.

执行资本的职能，像资本一样不断地创造着价值。能源具有价值和使用价值二重性，它的最初形态是资产。只有把能源资产转化为资本，才能够持续创造价值，能源的资本属性也才能够得以体现。

资本的市场流通

马克思用使用价值和交换价值来揭示商品交换的本质。就使用价值来看，交换双方显然都能得到好处。双方都是让渡对自己没有使用价值的商品，而得到自己需要使用的商品。因此，"交换是一种双方都得到好处的交易"，但在价值交换上，双方都不能得到利益，"在平等的地方，没有利益可言"。[①] 因为商品的流通过程，就其纯粹的形式来说，要求等价物的交换。这种现象，正如在物理学中一样，相对位置在高度上存在差异才能产生势能，而平行的位置变换是没有势能的；不仅如此，正好相反，为了使其能够移动，需要外界提供动能，也就是需要外力对其做功。

商品的二重性，凝结了资本的二重性。马克思在《资本论》（第一卷）的开篇，就开宗明义地指出："资本主义生产方式占统治地位的社会的财富，表现为'庞大的商品堆积'，单个的商品表现为这种财富的元素形式。"[②] 能源资本的价值和使用价值，都凝结在各种各样的商品中了。任何一种商品的生产无不凝结着除了劳动之外的能源消耗，而商品只有通过交换（以货币为主要媒介），才能体现出商品的价值和使用价值。能源商品的流通是这样的，首先是把能源资产转化为商品（煤、石油、天然气等一次能源形态或者电、热气、热水等二次能源形态），再把商品转化为货币（即能源资产的成本和能源商品的价格），初始是一种商品，终端是另一种商品，后者退出流通，转入使用体现出使用价值。能源商品的价值在能源商品进入流通以前表现为商品价格，因

---

① 马克思. 资本论（第一卷）[M]. 北京：人民出版社，2004：183-185.
② 同上，47.

此它是流通的前提，而不是流通的结果。

商品交换的过程，如果出现"等价"，那么它也只是交换双方的一种虚幻的感觉。除非一块面包等价于另一块大小、质地完全相同的面包，否则，任何两种东西是否等价，客观上均无从判断。买卖双方交换一件东西，都认为自己划算，可见双方的感觉并不等价。无论是等价交换，还是不等价交换，流通或商品交换都不创造价值。但在作为能源形态价值载体的商品交换过程中，发生了价值增值，即产生了剩余价值。这个剩余价值的来源，除了劳动力的价值外，还包括能源形态在内的其他生产要素所蕴藏的价值潜能。撇开其他生产要素不谈，就能源来说，初始的能源价值不仅在流通中保存下来，而且在流通中增值了。

只有能带来剩余价值的价值才是资本，因此，正是商品的交换才使能源资产的价值发生了增值，也就是说，能源资产转化为资本了。在这里，能源资产作为商品，必须通过交换，其资本属性才能体现；但能源资本所创造的价值，并不是由交换所产生的，而是只有通过交换才能将这种价值体现出来。正如马克思所说："资本不能从流通中产生，又不能不从流通中产生。它必须既在流通中又不在流通中产生。"① 能源资产转化为凝结了各种能源形态的价值和劳动价值的商品，通过交换而体现出了价值增值。这个过程，就是把能源资产转化为资本的过程。

所有权制度：能源资产转化为资本的社会条件

所有权的概念

所有权在有历史记载以前就产生了。所有权的产生和国家萌芽的出现是同时的，诞生于1804年的《法国民法典》。其第544条规定："所有权是以完全

---

① 马克思. 资本论（第一卷）[M]. 北京：人民出版社，2004：193.

绝对的方式享有与处分物的权利，但法律或条例禁止使用的除外。"该法第
545 条规定："除非因公益使用的原因并事先给予公道补偿，任何人均不受强
迫让与自己的所有权。"① 这说明，法律、条例可以限制所有权人对物的使用，
这也就意味着，所有权的存续是以法律约束为前提的。

所有权不仅代表特定法律制度下某人对某物的最大利益，而且代表超越特
定制度而具有共同特征的某种利益。这些共同的特征表现为法律特征和基本权
能两个方面。

所有权具有四项法律特征。一是完整性。所有权与其他物权的主要区别在
于，所有人对财产享有占有、使用、收益和处分的完整权利，而其他物权只是
具有所有权的部分权能。二是绝对性。所有权的权利主体是特定的，作为特定
权利主体的所有权人，对权利的行使不需要其他人的协助，通过自己即可直接
实现对财产的占有、使用、收益与处分。三是排他性。所有权人可以依法排斥
他人的非法干涉，不允许任何人加以妨碍或者侵害。任何财产只能有一个所有
权，不能形成双重所有权，这也是所有权排他性的体现。四是永久性。所有权
因标的物的存在而永久存在，不能预定其存续期间。

所有权具有四项基本权能。一是占有权能。拥有某物的一般前提就是占
有，这是财产所有人直接行使所有权的表现。所有人的占有受法律保护，不得
非法侵犯。如一个人合法购买的手机不能被其他人强行占有。二是使用权能。
拥有某物一般是为了使用，这是权利主体对财产的运用，以便发挥财产的使用
价值。例如，使用机器生产产品，在土地上种植农作物。三是收益权能。使用
某物并获益是拥有某物的目的之一，就是通过对财产的占有、使用等方式而取
得经济效益。例如，某人出售自己名下房产的法定收益，都归自己所有。四是
处分权能。财产所有人对其财产在事实上和法律上可以最终处置。例如，卖房
所得收益，既可以自己使用，也可以合法赠予他人。

---

① 法国民法典[M]. 罗结珍，译. 北京：中国法制出版社，1999：172.

　　所有权与所有制既有联系，又有区别。二者的联系是：所有权是由所有制决定的，所有制是所有权的客观经济基础，所有权是所有制的法律表现形式。二者的区别是：所有制是生产关系的核心，属经济基础；所有权是所有制经过法律确认和调整后的法律形式，属上层建筑；所有制存在于一切社会，与人类社会共始终，而所有权只是人类社会一定历史阶段的产物，是一种历史现象。也就是说，所有权是人类社会特有的一种制度。农耕社会的所有权概念产生的社会基础是，通过保护所有权人个人，调动社会成员对农业投资的积极性，最终实现社会整体的农业生产效益最大化。在农业社会发展成为工业社会后，专利等知识产权便出现了，此时则是通过保护专利权人等权利个人，调动个别社会成员对发明创造和新技术投资的积极性，最终实现社会整体的工业生产效益最大化。

　　一个社会如果不知所有权为何物，或在其制度安排中仅给予所有权以次要地位，而且如果认为"我的和你的"只不过意味着"当下你我所持有的"，这个社会就有别于其他社会。这种差异性会严重地妨碍人们之间的交流，进而不利于人类社会的文明进步。

所有权与产权

　　所有权与产权是两个既相互联系又有不同含义的相关概念。产权以所有权为核心，所有权性质决定着产权性质，甚至可以决定产权的存在与否，但产权并不等于所有权，二者之间存在着五个方面的区别。

　　一是反映财产关系的角度不同。所有权是指对财产归属关系的权利规定，强调财产关系的物质属性。产权是以所有权为核心的若干权能的集合，指的是以财产所有权为核心的一组权利的有机结合体，强调财产关系的社会属性，即由于物的存在及使用所引起的人们之间的相互认可的行为关系。

　　二是概念的外延不同。所有权表明的是一种生产资料的所有制关系，而产权不仅表明财产的所有制关系，同时还表明了占有权、使用权、收益权和处分权的关系，即同时表明了原始所有权和法人财产权的关系。现代公司制的权利结构是一种"三权分离"的结构，公司股东、董事会和经理分别行使原始所有权、法人产权和经营权。因此，产权比所有权有着更广泛的外延。经济学家们在分析经济行为、解释资源配置的权利时，主要指的是产权，很少提及所有权。

三是"财产"一词的含义不同。所有权概念中所指的财产主要指实物形态的有形资产及现金，这一财产内涵主要是与商品经济不太发达的时代背景相适应，内涵比较狭窄。产权概念中所指财产则包括多种形态，除传统的有形财产及现金外，还包括股权、债权以及各种无形资产等，其对应的"财产"概念更为丰富。

四是运动属性不同。所有权在运动的过程中始终是独占性和垄断性的，是一种具有排他性的独占权。在产权所分解的四种权能中，只有收益权具有排他性，占有权、使用权和处分权均不具有排他性，而是可以流动、交易的。正是由于现代公司制实现了所有权、法人产权与经营权的相互分离，从而为产权进入市场、进行交易创造了必要条件，而且这种交易既可以是实物形态，也可以是债权、股权等价值形态。产权进入市场，使各种生产要素在市场机制的作用下具有了高度的流动性，从而有利于实现资源的优化配置。

五是着眼点不同。所有权的着眼点是财产的终极所有权以及财产经营过程中的部分收益，如股息、红利等；产权的着眼点是经营权和收益权，公司法人是通过获得法人产权而具有对企业资产的经营管理权，并同时取得经营收入。

特殊的产权：知识产权

知识产权，也称为"知识所属权"，是关于人类在社会实践中创造的智力劳动成果的专有权利。1893 年，根据《保护工业产权巴黎公约》成立的国际知识产权局与根据《保护文学和艺术作品伯尔尼公约》成立的国际知识产权局联合起来，组成了保护知识产权联合国际局。1967 年，世界知识产权组织在斯德哥尔摩成立，并于 1974 年成为联合国专门机构之一。它的宗旨是通过国际合作与其他国际组织进行协作，促进在世界范围内的知识产权保护，并保证各知识产权同盟间的行政合作。中国于 1980 年 6 月 3 日成为世界知识产权组织的正式成员。

《建立世界知识产权组织公约》（1967 年）第 2 条第 8 项规定了"知识产权"的主要内容，其中包括科学发现、工业品外观设计以及其他在工业、科学、文学或艺术领域中的智能活动产生的产权。知识产权与人类的生活息息相关，尤其在商业竞争中的重要作用日益显现。知识产权战略是一些国家的一项长期发展战略，它对提升国家竞争力有很大的作用。

美国经济学家、2018 年诺贝尔经济学奖获得者保罗·罗默提出的经济增长模型中，把知识作为一个投入要素。他认为，从经济学的角度看，知识是一种公共品，是非竞争、非排他的。也就是说，一个人使用知识，并不妨碍别人使用知识，同时每个人也无权排斥他人使用和自己一样的知识。当一种要素被作为投入品用于生产时，它就会产生强大的正外部性，从而导致规模报酬递增。一旦有了规模报酬递增，持续的增长也就成为可能。这就是知识对于经济增长的重要作用。

罗默同时认为，人力资本是不可共享的，是具有排他性的，"除非得到我的同意，否则其他人不能无偿使用我的特殊能力"。知识，比如某些软件程序可以受到专利保护从而具有部分排他性，这是因为程序中的一些想法可能会给其他研发人员以启迪。罗默认为，正是这些具有共享属性和部分排他性的物品的存在，使得经济增长得以持续。部分排他性当然也意味着部分非排他性。部分排他性给予私有研发部门追逐利润从而创造新型产品的动力，部分非排他性使我们能站在"巨人的肩膀上"。①

---

① 谢丹阳. 我的导师罗默教授［OL］. 公众号《比较》，2018–10–11.

知识创造者的个人权利，也就是知识产权的资本属性，常常体现出权利拥有人所具有的价值。这种价值也具有部分排他性和部分非排他性，如何运用知识创造者和拥有者的"特殊能力"，全看知识产权所有人的意愿了。

19 世纪英国古典经济学的集大成者阿尔弗雷德·马歇尔说："一个伟大的工业天才的经济价值，足以抵偿整个城市的教育费用。"① 中国航天事业的奠基人、杰出科学家钱学森，就是这样一个"伟大的工业天才"。他的伟大之处在于，他用所拥有的知识和技能为他的祖国服务，并且改变了国家的发展方向。

钱学森在美国时的同事和好友、曾经担任过美国海军部副部长的丹尼·金布尔曾说过："钱学森无论走到哪里，都抵得上 5 个师的兵力，我宁可把他击毙在美国也不能让他离开。"② 钱学森的价值在于他所掌握的科学技术知识具有罗默所说的"部分排他性"，因此在一定的条件下可以创造出更大的价值。正因为钱学森所拥有的价值，他才被美国当局扣押了很多年而不让他回到刚刚诞生的新中国。

对于知识的尊重，应当体现在对知识产权的保护。尊重知识、尊重人才的表现，就是要保护知识产权，因为知识产权是最有价值的资本，是人类文明进步的主要驱动力。反过来说，只有尊重人才、信任人才、保护人才，才能形成对知识产权最好的保护。

所有权制度的价值

1992 年，英国路透社报道，利比亚领导人卡扎菲烧毁了利比亚所有的土地凭证。根据报道，卡扎菲在司法部会议上说："旧的土地登记部门的所有记录和文件已经烧毁。这些记录和文件，表明了某块土地为这个或那个部落所有，但是，由于它们建立在剥削、伪造和掠夺的基础上，所以，它们必须从这

---

① 阿尔弗雷德·马歇尔. 经济学原理[M]. 廉运杰，译. 北京：华夏出版社，2005：187.

② https：//baijiahao. baidu. com/s? id = 1591562489956394618&wfr = spider&for = pc.

个世界消失。"①

打破一个旧世界的目的，不是不要世界了，而是要建立一个新的世界。所有权凭证及其所代表的价值理念，不是通过烧毁这些凭证就可以从这个世界上消失的。凭证可以销毁，但所有权是销毁不了的。

中国自古以来就有一种"乡规民约"，是由乡村群众集体制定，进行自我约束，自我管理，并自觉自愿履行的民间公约，其内容十分广泛，主要包括社会公德、平时生产生活关系等。最早记载中国礼仪规范的《周礼》中就有乡里敬老、睦邻的约定性习俗。明、清两朝在地方上正式推行"乡规""社约"。这些"被发现"的法律制度，正是社会赖以存在的根基，它们来源于人民，是最接地气的法律制度。如果这类制度被政府以明文确认，那么它们就由"非正规"变成"正规"了。

所有权制度的表征形式——所有权证书，事实上是现实资本的证书。卡扎菲所烧毁的，就是这样的证书。他在烧毁证书的同时，把资产转化为资本的"栈道"也烧毁了。在美国，新成立企业70%的贷款，来自将正式所有权凭证作为抵押。② 但是，正如马克思所指出的那样："有了这种证书，并不能去支配这个资本。这个资本是不能提取的。有了这种证书，只是在法律上有权索取这个资本应该获得的一部分剩余价值。但是，这种证书也就成为现实资本的纸制复本，正如提货单在货物之外，和货物同时具有价值一样。它们成为并不存在的资本的名义代表。这是因为现实资本存在于这种复本之外，并且不会由于这种复本的转手而改变所有者……作为纸制复本，这些证券只是幻想的，它们的价值额的涨落，和它们有权代表的现实资本的价值变动完全无关，尽管它们可以作为商品来买卖，因而可以作为资本价值来流通。"③ 在马克思看来，所有权是一项重要的事情，因为通过资产增值而得到的回报，要比资产的单纯物

---

① 赫尔南多·索托. 资本的秘密[M]. 于海生，译. 北京：华夏出版社，2017：74.
② 同上，68.
③ 马克思. 资本论（第三卷）[M]. 北京：人民出版社，2004：540-541.

理特性的价值多得多。这在某种程度上可以解释，为什么私有财产权必然以牺牲穷人的利益为代价，而将资产交到富人的手中。

所有权能够通过恰当的形式，来表述资产的特性，使人们将资产重新组合，使之变得更有价值。所有权的这一能力，是经济增长的主要原因，因为经济增长的核心就是以低价值的投入获得高价值的产出。精心设计的所有权表述方式，能够使我们清晰地看到资源的经济潜能，提高我们配置资源的能力。这种所有权的表述不是"单纯的书面文件"，它们是一系列调节性手段，帮助我们获取那些隐藏在实物资产背后的价值。正规所有权凭证，可以使人们将其劳动成果从小规模的交易环境下，转移到一个扩大化的市场中，通过这种方式可以建设一座为现代市场制度提供能量的"发电厂"。久而久之，这种合法的所有权制度，就为市场的扩大以及大多数人创造资本做好了准备。①

尽管所有权制度是资产转化为资本的必要条件，但是，所有权证书所表达的资本的提取行为并不都是正面而积极的。"由这种所有权证书的价格变动而造成的盈亏，以及这种证书在铁路大王等人手里的集中，就其本质来说，越来越成为赌博的结果，赌博已经取代劳动，表现为夺取资本财产的本来的方法，并且也取代了直接的暴力。"银行家总是以货币的形式或对货币的直接索取权的形式占有资本和收入。这类人的财产的积累，可以按极不同于现实积累的方向进行，但是无论如何都证明，他们攫取了现实积累的很大一部分。② 这就意味着，所有权证书（如地契）所代表的价值中，有相当一部分是靠各种合法或非法的手段掠夺来的，即使方式是平和的，也存在剥削他人劳动成果的动机和事实。我们以苏联解体后的私有化实践来说明这个问题。

1992 年 6 月，俄罗斯国家杜马通过证券私有化方案，规定把企业大部分

---

① 赫尔南多·索托. 资本的秘密[M]. 于海生，译. 北京：华夏出版社，2017：180-184.
② 马克思. 资本论（第三卷）[M]. 北京：人民出版社，2004：541-542.

股份出售给企业的职工和管理者，一小部分出售给外部投资人。俄罗斯企业私有化将苏联 74 年积累的国有资产经过估价，按 1.49 亿人口，每人 1 万卢布，无偿转让给每个公民。每人只象征性地支付 25 卢布，即可领到一张面值 1 万卢布的私有化券，购买企业股份或住房，或委托给投资基金，该券不记名、不挂失、可转让和兑现。这相当于把所有国家财产作价约 1.5 万亿卢布分给了全国人民，而且这样的支付基本是"无偿"的。1992 年 10 月，私有化正式启动时已是时过境迁，此时 1 万卢布只够买一双高档皮鞋。这样的贬值使得国有企业被更严重地贱卖。俄罗斯已出售的 12.5 万家国有企业，平均售价仅为 1300 美元，其价格之低廉创世界纪录。俄罗斯 500 家大型国有企业实际价值超过 1 万亿美元，但只卖了 72 亿美元。俄罗斯的民众纷纷出卖私有化证券，而企业经营者、有钱人以及外国资本则乘机廉价大量购买，私有化证券以极快的速度向这些人手里集中，以至于在股份化的国企中，90% 的小股东持股不到 10%，而 1% 的大股东则持股 85% 以上，极大地加剧了贫富分化。外国资本和上层权贵在通货膨胀中得到更大的利益，把私有化进程彻底演变成了一场合法侵吞俄罗斯国家资产的饕餮盛宴。与此同时，人民实际生活水平普遍大幅度下降，两极分化十分严重。到 1999 年时，失业率高达 15.2%，占人口 10% 的最富有者在全体居民总收入中的比重达 45%。最富有者的收入是最贫困者的 48 倍，58% 的居民生活达不到最低生活标准。按 1995 年价格计算，私有化给国家造成的经济损失超过 9500 万亿卢布，相当于苏联卫国战争期间损失的 2.5 倍，81% 的国民在经过了这样的私有化后，存款消失殆尽。对于整个国家而言，从 1992 年到 1999 年，俄罗斯经济持续 7 年严重衰退，1998 年国民生产总值比 1990 年下降了 44%，工业总产值减少 54%，消费品生产则下降 58%。1988 年苏联人均 GDP 就已超过 10 000 美元，整整 20 年之后，2008 年俄罗斯人均 GDP 却只有 9500 多美元。①

---

① 张捷. 苏联解体后私有化是怎样洗劫国家和国民的[OL]. 东松一枝梅的博客，2012-06-24.

俄罗斯私有化的过程，正像马克思所说的那样，"表现为夺取资本财产的本来的方法"，并且表面上似乎"取代了直接的暴力"，但实际上，对于许多通过私有化而致富的人来说，不仅"存在剥削他人劳动成果的动机"，更是一种真切的"事实"，他们"攫取了现实积累的很大一部分"。

中国土地革命的先驱者之一、被称为"中国农民运动之王"的彭湃，20世纪20年代，为了公平和正义而"毁家革命"，一把火烧毁了自家的地契，把土地分给无地的农民，彭家的土地所有权没有了，新得到土地的农民具有了所有权。这种所有权的让渡本身，从革命烈士彭湃的角度是为了推翻封建政权的革命行为，这种对个人土地私有制的否定"不是重新建立私有制"，而是"在协作和对土地及靠劳动本身生产的生产资料的共同占有的基础上，重新建立个人所有制"①。

风和阳光到处都有，与空气一样，属于取之不尽、用之不竭的自然资源，而且没有"主人"，因此也就不是哪一个人或组织的资产。但是，比如在沙漠中，这两种自然资源由于可以发电，因而成为一种宝贵的能源资产。在某种技术和法律条件下，这种资产也可以转化为资本。以中国西部的沙漠地区为例，这种资产的所有权以"指标"或"额度"的证书形式归属于地方政府，通过让渡这种资产的所有权或使用权，就可以为把这种无形资产转化为资本创造条件。这种资本创造价值有直接与间接两种方式。直接方式，就是某家企业通过"招牌挂"的方式，取得项目建设指标（主要是项目用地和电力并网指标），然后直接兴建风力发电厂或太阳能发电厂，从而为用户提供电力。间接方式，就是将这种"指标"以所有权证书的形式在市场上流通，最后得到这种"指标"的企业再兴建发电厂。在指标的市场流通中，我们假设只有两家企业参与，即卖方和买方。卖方把"指标"作为一种资产让渡给买方，从而马上把这种具有潜在价值的资产变现，获得了现实的收益；买方取得这种资产的所有

---

① 马克思. 资本论（第一卷）[M]. 北京：人民出版社，2004：874.

权证书后，可以立即兴建发电厂，以期待利用资产通过发电的方式创造价值。卖方是为买（收益）而卖（指标），买方是为卖（价值潜能）而买（指标），双方都是把这种资产（以所有权证书即指标的形式）转化为可以创造价值的资本了，而且在某种条件下可以完成这种所有权证书的"集中"，进而有可能出现若干"风电大王"或"太阳能大王"。这种资产集中的方式是市场流通和交换，而不是赤裸裸的"暴力"。我们且不淡这种买卖行为的合法合规性，仅就这种资产交换的现象进行分析，说明风力和太阳光这两种自然资源，在沙漠条件下（风力强大、日照时间长、用于建设项目的土地供应广阔）变成了无形资产（以指标即所有权证书为标志），进而把这种无形资产转化为能够持续创造价值的资本了。不论是对卖者还是对买者，获得项目"指标"的所有权证书并不是他们的目的，他们是为了最终创造价值。

赫尔南多·索托认为，西方国家在过去的某一阶段，都实现了从分散的、不正规的协议体制，向系统性的合法所有权制度的过渡。这种过渡的关键，在于调整法律，使之适应大多数公民的社会和经济需要。诞生于正规法律之外的社会契约，是法律的一个合法来源。因此，法律才能够推动普遍范围内资本的创造和经济的增长，进而为所有权制度注入活力。美国将法律加以改变，融入现有的不合法协议，使定居者和矿工的资产首先被转化为资本。美国把正规财产所有权授予定居者和不合法居民，这为扩大化市场环境下，资本的创造和交易活动奠定了基础，而这种做法也一向被视为一种政治策略，它可以推动美国的帝国梦想，帮助先驱者开发巨大的国家资源。[①]

有意思的是，当初到美国的移民定居者，设计出一种独特的非法所有权凭证，被称为"斧头权"、"小屋权"和"玉米权"。"斧头权"是把泉水源头附近的树木砍死，在一棵或几棵树上标上记号，以此表明他们对于附近土地的所有权。在美国独立战争结束之前，这种在树木上做记号来表明对某块土地拥有

---

① 赫尔南多·索托. 资本的秘密[M]. 于海生，译. 北京：华夏出版社，2017：86-89.

所有权的做法就已经非常流行，而且被认为是一种完善的所有权凭证。"小屋权"和"玉米权"，是指在土地上建起一座木头小屋或种植一片玉米，来为人们占据的土地划定界线。更为重要的是，这些不合法的权利可以购买、出售和转让，就像正规所有权凭证一样。后来，这些"不合法"的所有权凭证逐渐成为"坚强不屈的定居者的财产权"。美国国父华盛顿曾经哀叹说，那些"暴徒"侵占了他的土地。但在他的家乡弗吉尼亚州以外的其他地区，政治家们都尽可能保护移民不合法的所有权，对他们的行动给予鼓励和支持，而且演变成一种"优先购买权"的制度，就是政府测量移民开发的土地，发放合法所有权凭证，以此向移民收取费用，定居者可以优先购买已开发土地的权利。①

所有权不是财产的主要特性，而是对于资产形成一致意见的法律表述，法律是一种确认、固定和实现资本的工具，提供一种程序或原则，使全社会能够从这些资产中提取潜在的附加值。所有权不是资产本身，而是人们之间围绕财产的保存、使用和交换而达成的共识。创造一个国家的所有权社会契约，可以反映出人们的心理特征和社会认知——信仰、愿望、目标、习惯、原则。无法使用正规所有权制度去创造资本，是糟糕的法律和行政制度导致的结果。不合法生产者没有被纳入正规制度，就不可能通过出售股票吸引投资商，甚至因为不具备合法地址，所以无法获得低利率的正规贷款。美国的所有权制度，从一种保护旧有的经济秩序的手段，转变为建立新的经济秩序的一种强大的工具，由此导致的结果是扩大了市场，增加了资本，为经济的迅猛增长奠定了牢固基础。②

所有权制度的效应

法国历史学家费尔南德·布罗代尔发现了一种令人迷惑不解的现象，就是

---

① 赫尔南多·索托. 资本的秘密[M]. 于海生，译. 北京：华夏出版社，2017：95-99.
② 同上，125-126.

西方国家的资本主义在诞生之初，仅仅服务于极少数享有特权的人：

> 我们应该廓清一个关键问题：历史上所谓的资本主义，为什么仿佛活在一座封闭的"钟罩"里？它为什么不能继续扩张，乃至占据整个社会……（为什么）资本在当时形成的高速度，仅仅出现在某些社会部门，却没有出现在整个市场经济中……如果说，这一切都是因为缺少其他因素而造成的，这种说法也许过于荒谬——当然，也不可能是因为缺少货币……所以，在当时，穷人的土地被大量收购，气派的乡村住宅举目可见，高大的纪念碑拔地而起，文化上的铺张浪费获得了财政资助。（我们如何）解决饱受压抑的经济环境与洛伦佐①大公领导下的佛罗伦萨的辉煌成就之间的矛盾呢？②

对于布罗代尔的问题，赫尔南多·索托的研究认为，获得正规所有权的道路被设置了重重障碍。这座"钟罩"使资本主义制度成了一家私人俱乐部，只对享有特权的极少数人开放。少数投资者的资产进入了所有权体系，它们可以交换，形成了资产网络，而且受到正规所有权制度的保护。但是，获益的只是极少数人，绝大多数人却无法使他们的劳动成果通过正规所有权制度加以表述，他们只能生活在布罗代尔所说的"钟罩"之外。③

如果没有正规的所有权制度作为框架，就无法建立必要的规章制度，因而也就无法对资产的使用和转让进行管理。任何资产的经济和社会价值，如果没有在一种正规所有权制度中固定下来，就很难在市场上运转。因此，确立某种形式的所有权制度，就有条件把资产中所有相关而重要的信息进行管理，使一种资产的潜在价值变成一种概念化的产物，以便对资产加以控制，在所有权范

---

① 洛伦佐（1449—1492），文艺复兴时期的意大利政治家，佛罗伦萨共和国的实际控制者。马基雅维利在所著的《佛罗伦萨史》中称他为"伟大的洛伦佐"，这是当时佛罗伦萨人对他的称呼。

② 赫尔南多·索托.资本的秘密[M].于海生，译.北京：华夏出版社，2017：53，137.

③ 同上，53.

围内确认和开发资产，把它们加以组合，并与其他资产建立起联系。正规所有权制度就是资本的水电站，资本也由此而产生。

一种完善的合法所有权制度，本质上具备两种作用：首先，它以人们的感官能够迅速捕集到的方式对资产进行描述，这可以减少人们获取资产的经济特征所耗费的成本；其次，它有助于人们针对如何运作资产以创造出更多的价值、细化劳动分工达成一致意见。资产只有以合法所有权文件的形式进行表述，才能够获得创造剩余价值的力量。

当我们分析前文所述的那位家庭主妇从山脚下捡到的那块煤是如何由一种普通的物质转化为一块"通灵宝玉"①，就是研究在什么样的社会条件下才能使它由资产转化为资本。

首先，这块煤是一种经济资源，它也会为未来带来经济利益。因此，这块煤就是一种能源资产，而且满足有关资产的两个要义：一是经济属性，即它具有作为燃料的潜能，能够为使用者带来价值；二是法律属性，即只要有人拥有了它，就可以发挥出它作为资产的潜能。

其次，这块煤的归属即所有权问题是一个核心问题。我们撇开这块煤出现在山脚下的原因和过程不谈，仅就那位主妇捡到它时的所有权归属状态来看，假如无人向她声索这块煤的所有权，那么这位主妇就是这块煤的所有者，她有权对其进行处置。既然这块煤归她所有，那么她就拥有了处置权。

最后，在确认了这块煤的所有权问题之后，它就具备了由资产转化为资本的必要条件了。也就是说，它会产生赫尔南多·索托所述的六种效应，它们能够创造出资本。②

效应之一：确定资产的经济潜能。所有权并不是某种资产本身，而是关于资产的一种经济概念，它通过一种法律的表述加以体现，这就意味着，一种正

---

① 通灵宝玉，《红楼梦》中的神话物件，贾宝玉出生时嘴里衔来，家人把它当作命根子挂在他的脖子上。
② 赫尔南多·索托. 资本的秘密[M]. 于海生，译. 北京：华夏出版社，2017：37.

规所有权所表述的对象与它代表的资产是分离的（如可以抵押）。合法的所有权体制可以把人们从资产的自然属性空间引领到资本的概念化空间进而能够充分挖掘蕴藏的生产性潜能。这样，人们就可以掌握资产的经济含义，并最终使资本得以产生。这位主妇拥有了这块煤，用其烧水，一锅水会烧开；用其做饭，一锅饭会煮熟。这些就是这块煤为她提供的价值。作为一种资产，这块煤的经济潜能就被挖掘出来了。

效应之二：将分散的信息纳入一种制度。大量的事实，并不意味着大量的知识。为了使知识发挥作用，将有关所有权的分散而孤立的数据融入一种系统性、综合性的制度中，是十分必要的。信息完备的意义在于，某种资产的潜力变得更容易被评估和交换，从而可以大大促进资本的产出。若这块煤的所有权属于这位主妇，她就可以去政府的某个部门进行登记，将有关这块煤的数据统统录入某个信息系统之中。这样，其他人就可以通过查寻政府部门的信息系统，看到有关这块煤的全部信息，假如有人愿意获得这块煤，那么就可以通过评估价格，以包括货币在内的具有价值的凭证或其他实物与其进行交换，这块煤作为资本的流通就这样发生了。

效应之三：建立责任和信用体系。把全部所有权制度融合在一套正规的所有权法律体系之下，就使资产所有者权利的合法性得到了法律保证。正规所有权制度把享有所有权权益的人转变成承担责任的个体，使资产所有者个体从群体中分离出来，摆脱了原始的经济活动，同时也失去了匿名的可能性，转而进入公开的实名制，个人的责任感便可以得到巩固和增强。运用资产不仅可能带来潜在的报酬，也可能导致各种风险，这样就可以促使资产所有者承担起相应的义务，进而促进责任和信用体系的建立。在现实社会中，"每个人都一面提供信用，一面接受信用"①。假如有人通过某种方式与这位主妇交换这块煤，那么这位主妇就应该保证新的资产所有者了解这块煤的全部信息，并且能够利

---

① 马克思. 资本论（第三卷）[M]. 北京：人民出版社，2004：542.

用它的潜能。由于信用是互相的，"每一个人的支付能力同时就取决于另一个人的支付能力"①，因此，一旦这块煤的新主人发现它的经济潜能并不存在，或者没有像政府信息录入部门所说的那样好，那么这位主妇不仅要承担赔偿的责任，而且也要承担失去信用的风险。对于这位主妇来说，要想在她所处的环境中更好地生活，也许拥有一个好名声比拥有这块煤的价值更大。

效应之四：使资产具有可交换性。资产的表述与资产的自然状态不同，前者更容易组合、划分、调动，并推动商业交易过程。一种正规所有权制度最重要的方面之一，是它能够把资产从难以获取的状态转变为容易获取的状态，这样才有条件产生剩余价值。通过把资产的经济特性从固定的自然状态分离出来，确保通过资产的表述使资产具有可交换性，就能够使它在任何交易中得到方便使用。通过对这块煤进行资产表述，如它的成分、形状、大小、重量及其所提供的热量，可以使其他人方便地评估这块煤的价值，从而决定该如何利用这块煤，使其发挥出最大的效益。它的价值还可以被分割成股份，每一份都可以由不同的人所拥有，并享有不同的权利，发挥不同的功能，这正是股份公司制度具有强大经济力量的所有制因素。

效应之五：建立人际关系网。正规所有权对人类的贡献并不只是在于它保护了所有权，而在于它极大地改善了资产和资产潜能的交换性，提高了资产所有者的地位，使资产所有者能够转变为经济代理人，将资产在更广泛的范围内进行转化和交换。所有权制度使资产具有可交换性，为资产所有者与资产、资产与位置、所有权地位与执行机制建立起联系，也使资产及其所有者的历史信息更容易获得。只要正确地理解和规划一种所有权制度，就能够建立一个网络，通过这个网络，人们能够把他们的资产进行更有价值的整合、交换和转化。

效应之六：保护交易。正规所有权制度可以成为一种网络，一个重要的原

---

① 马克思. 资本论（第三卷）[M]. 北京：人民出版社，2004：543.

因在于，全部的所有权记录（用来描述资产的重要经济特性的所有权凭证、契约、有价证券和合同），在任何时间、任何场合，始终都可以被追踪并受到保护。国家通过制定一系列的制度来保护交易的安全性，而且侧重于建立交易行为中的信用体系。这样，人们才更有可能使资产衍生出作为资本而存在的一种平行实体。交易安全性得到确保后，人们就可以通过少量的交易行为调动大量的资产。这位主妇将她拥有的这块煤进行正规所有权登记后，她就如同获得了一柄安全交易的"尚方宝剑"，没有任何人、任何组织对她的市场交易行为构成阻碍或威胁。在这种情况下，她就有意愿去挖掘更多的煤资源，再通过登记而变成资产，然后通过某种途径和方式将资产转化为资本。这个过程周而复始，剩余价值就这样被源源不断地创造出来了。正如马克思所说："在这个过程中，它不断地变换货币形式和商品形式，改变着自己的量，作为剩余价值同作为原价值的自身分出来，自行增殖着。既然它生出剩余价值的运动是它自身的运动，它的增殖也就是自行增殖。它所以获得创造价值的奇能，是因为它是价值。它会产仔，或者说，它至少会生金蛋。"①

理解所有权问题的重要性，必须放在全球性的工业革命浪潮的大背景下，生产社会化的趋势已突破了家族、区域甚至国家的范围，正在向全球蔓延，人类生活范围由小到大、由封闭向开放，在更广阔的市场上相互依存。那种狭隘的以私人占有为标志的古典私有制，必须适应社会化大生产中资本全球配置的现实。市场化中的计划，不仅不是负担，而是一种必需，只不过这种计划的表征方式，不是僵化的小圈子，而是开放的大系统；不是凭个人经验和能力来制订，而是基于全球化对生产要素合理配置的反馈机制；不是政府的"专利权"，而是企业生产经营的"管理工具"；计划结果的承担者不是一国的政府，而是广大公众（包括政府管理者、企业经营者、普通劳动者和各类资本投资者）。

---

① 马克思. 资本论（第一卷）[M]. 北京：人民出版社，2004：180.

能源资本的"基因"

能源资本的 DNA 结构

中国传统哲学中有一个描述对立统一关系的命题，叫作"一分为二"，通常指事物内部的可分性和矛盾性。除了"一分为二"，中国明代思想家方以智还用"合二而一"来描述事物对立面的交感与同一。方以智认为，"合二而一"是以"一必有二"为前提，每一事物皆有对立的两个方面，相反相因，由此引起事物的运动变化。

在客观世界中，一分为二与合二而一的现象具有某种普遍性。物理学中最显著的例子就是原子核的裂变和聚变反应。核裂变是重元素（如铀 –235）的原子核经中子轰击而分裂成两个质量较小的原子核（裂变碎片），同时产生 2 ～ 3 个中子和 β 射线、γ 射线及中微子，并释放出约 200 兆电子伏特的能量。新产生的中子又去轰击另一个铀 –235 的原子核，再产生新的裂变。如此持续下去，形成链式反应。这是一分为二。核聚变是两个或两个以上的较轻原子核（如氢的两个同位素氘和氚），在超高温特定条件下聚合成一个较重的原子核（如氦），同时释放出巨大的能量（核裂变的 4 倍）。太阳就是一个核聚变反应的大火炉，地球上的光和热都来自太阳的核聚变。这是合二而一。生物学中的细胞经过分裂进行繁殖，也是一分为二的现象。动物和人类通过雌雄或男女交配繁衍后代，植物通过雌雄授粉结果，则是合二而一的现象。决定遗传的是 DNA，后代身体中有父母的各一半 DNA。动植物杂交育种，更是合二而一的显著现象。

马克思在《资本论》（第一卷）第一版的序言中，关于研究方法讲了一段很重要的话：

> 以货币形式为完成形态的价值形式，是极无内容和极其简单的。然

而，两千多年来人类智慧对这种形式进行探讨的努力，并未得到什么结果，① 而对更有内容和更复杂的形式的分析，却至少已接近于成功。为什么会这样呢？因为已经发育的身体比身体的细胞容易研究些。并且，分析经济形式，既不能用显微镜，也不能用化学试剂。二者都必须用抽象力来代替。而对资产阶级社会说来，劳动产品的商品形式，或者商品的价值形式，就是经济的细胞形式。在浅薄的人看来，分析这种形式好像是斤斤于一些琐事。这的确是琐事，但这是显微解剖学所要做的那种琐事。②

在研究过程中我们也面临同样的问题，如果从宏观层面看，所谓能源资本就是各种具体的能源形态，比如煤炭、石油和天然气等，就犹如我们看到的这个客观的物质世界中所包含的各种物质形态，石头是石头，牛马是牛马，河流是河流。如果从微观层面看，把这些我们看到的物质形态予以解剖，便会有新的发现。对能源资本的研究也是如此，只有对其进行解剖，才能发现能源资本的"细胞"构成，只有把这类"细胞"的构成研究清楚了，才能比较彻底地理解能源资本的属性。因此，我们在研究中将"一分为二"和"合二而一"两种思想方法有机结合，以便更准确、完整地描述能源资本的属性。除了充分运用抽象力之外，我们发现借用生物学 DNA 结构的概念来描述能源资本，竟然获得了意想不到的收获。

DNA 即脱氧核糖核酸，是分子结构复杂的有机化合物，作为染色体的一个成分而存在于细胞核内，由四种脱氧核苷酸组成，它们具有物种特异性，即四种含氮碱基的比例在同物种不同个体间是一致的，但在不同物种间则有差异。DNA 的四种含氮碱基比例具有奇特的规律性，它们的功能是贮存决定物

---

① 我们在前文"资产的价值潜能"一部分中，引述马克思对亚里士多德的评论。亚里士多德认为，构成商品交换的等同的东西"实际上是不可能存在的"。马克思认为，亚里士多德因"缺乏价值概念"而没有发现这种东西"就是人类劳动"。马克思. 资本论（第一卷）[M]. 北京：人民出版社，2004：75.

② 马克思. 资本论（第一卷）[M]. 北京：人民出版社，2004：8.

种的所有蛋白质和核糖核酸（RNA）结构的全部遗传信息；策划生物有次序地合成细胞和组织组分的时间和空间；确定生物生命周期自始至终的活性和确定生物的个性。生物体的形态特征、生理特征和行为方式叫作性状，它们都是由基因控制的。生物的性状传给后代的现象叫遗传，是指亲子间的相似性，它是亲代通过生殖细胞把基因传递给了子代；生物的亲代与子代之间以及子代的个体之间在性状上的差异叫变异，是指亲子间和子代个体间的差异性。遗传和变异在生物界普遍存在。

能源是一切社会化大生产过程的前提，没有这个前提，所有社会化大生产活动都不可能进行；反过来，仅仅具备这个前提，而没有实际的生产过程，能源产业也仅仅是一具没有灵魂的"躯壳"。在生产过程中执行职能的并不是各类具体的能源形态，而是由能源资产转化而来的资本所蕴藏着的抽象的价值。能源资产转化为资本的先决条件，就是要确立一种正规的所有权制度，在此基础上，还需要另外四个要素：货币资本的投入，人力资本的投入，技术平台的选择，以及适宜的市场环境。循着这个思路，我们惊奇地发现，能源资本的这四种组成要素与生物学中 DNA 结构的四种含氮碱基具有惊人的相似性。

如果把能源资本看作是一个 DNA 结构，那么，正规所有权制度就是这个DNA 结构所生长的环境——细胞，而由能源资产转化为资本的四种要素（货币资本、人力资本、技术平台和市场环境），就相当于构成能源资本 DNA 结构的四种脱氧核苷酸，即四种"基因"，它们的不同组合构成了能源资本独一无二的遗传特征，也就是具有持续创造价值的功能。由于能源资本是由各种不同形态的能源资产转化而来的，这些不同的能源资产形态具有差异性，说明构成它们的四种"基因"不同，表现在能源资本持续创造价值的这种"遗传特征"具有各自的个性。比如，由煤炭资产转化而来的能源资本与太阳能转化而来的能源资本的四种"基因"的构成比例不同，排列组合方式不同，它们对生态环境所造成的影响也就不同。这个现象可以看作是能源资本在"遗传"其持续创造价值功能过程中的"变异"。

在分析能源资本这个"细胞"的形成过程时，需要将这四种"基因"分开来讨论，就比如将构成 DNA 的四种含氮碱基分离出来，这是一分为四；能源资本的四种"基因"通过某种机制的组合，形成一个完整的能源资本 DNA 结构，类似于四种含氮碱基的不同排列组合，使得生物的遗传特征产生差异性，这是合四而一。按照"一分为二"与"合二而一"的辩证统一的哲学思想，我们破译了能源资本 DNA 结构的"基因密码"，它是由货币资本、人力资本、技术平台和市场环境这四个类似于含氮碱基的"基因"所构成的。

货币资本

能源资产转化为资本的过程，是一个商品生产和交换的过程，顺次经过购买、生产和销售三个阶段。在这个过程中，完成了被马克思称为"产业资本"的循环。货币资本、商品资本和生产资本，只是产业资本的特殊的职能形式。[1]

商品资本，是作为直接由生产过程本身产生的已经增值的资本价值的职能存在形式。生产资本，是购买劳动力和生产资料所预付的价值，具有创造价值和剩余价值的能力。货币资本，是处于货币状态或货币形式的资本价值。资本价值在它的流通阶段所采取的两种形式，是货币资本和商品资本；在生产阶段所采取的形式，是生产资本。在商品生产的总循环过程中采取而又抛弃这些形式并在每一个形式中执行相应职能的资本，就是产业资本。[2]

货币是一切商品的一般等价形式，一切商品都已经用它们的价格来表示出，它们在观念上代表一定的货币额，等待着向货币的转化，并且只有通过同货币的换位，它们才取得一种形式，使自己可以转化为自己的所有者的使用价值。[3] 只要货币资本的循环始终包含着预付价值的增值，它就始终是产业资本的一般表现，也就是说，不论是商品资本，还是生产资本，都是要以货币资本

---

[1] 马克思. 资本论（第二卷）[M]. 北京：人民出版社，2004：63.
[2] 同上，34-60.
[3] 同上，37.

为其表现形式的。

凡是能产生价值的形态，都具有资本的职能。广义的货币资本，包括股票、债券、金融衍生品、实物等，并不是单纯的"钞票"即"钱"。当马可·波罗从中国返回欧洲时，他带回了中国人使用的不是金币而是纸币的消息，这让欧洲人大为震惊，欧洲人很快将纸币指斥为炼金术。一直到 19 世纪，欧洲世界都在抑制表述性的货币。实际上，货币作为价值的载体，它只是资本的一种表述形式，与金币和贝壳没有什么两样。手里有货币的人，实际上就是持有了能够持续创造价值的资本，也就有了一种对于财富创造过程的控制力。随着社会的发展和进步，货币的表述形式也在发生着变化。现代社会里衍生出的一系列货币形式——电子货币、电子转账，还有如今无所不在的信用卡——也使人们花了一定的时间，才最终接受它们。① 委内瑞拉发行的"石油币"，也是一种货币形式。总统马杜罗将这种"石油币"称作"委内瑞拉的加密货币"，并称"石油币"的价值基于委内瑞拉石油在国际市场中的价格，每个"石油币"等同于委内瑞拉规格装一桶石油的价格（当时为 59 美元/桶）。这种"石油币"的物质基础是委内瑞拉的奥里诺科石油带上一座油田的全部石油储量，超过 50 亿桶。② 现代社会中，资本的表现形式，除了货币之外，还有设备、技术、知识产权甚至社会关系等各种"硬""软"形式和"直接""间接"形式。

价值与财富的创造与积累，总是与货币的积累相联系。正如马克思所说，"一切发放贷款的资本家进行的积累，总是直接以货币形式进行的积累"③。这种积累不是一次完成的，而是要经过反复多次的货币流通才能完成。这是因为，货币作为收入来花费的部分，是会逐渐消费掉的，但在消费以前的那段时间内，它会作为存款，构成银行家的借贷资本。甚至作为收入来花费的利润部分的增加，也表现为借贷资本的逐渐的不断反复的积累。因

---

① 赫尔南多·索托. 资本的秘密[M]. 于海生，译. 北京：华夏出版社，2017，17.
② 委内瑞拉发行"石油币"应对制裁[M]. 参考消息，2018-01-07.
③ 马克思. 资本论（第三卷）[M]. 北京：人民出版社，2004：568.

此，一切收入，不论是预定用于消费还是用于积累的，只要它存在于某种货币形式中，它就是商品资本转化为货币的价值部分，从而是现实积累的表现和结果，但不是生产资本本身。① 已经实现的剩余价值虽然要资本化，但往往要经过若干次循环的反复，才能增长到（也就是积累到）它能实际执行追加资本职能的规模，即能进入处在过程中的资本价值循环的规模。因此，这个剩余价值凝结为贮藏货币，并在这一形式上形成潜在的货币资本。这种货币资本所以是潜在的，因为它停留于货币形式时，不能作为资本发挥作用。②

货币就其本身的特性而言，总是与商品生产和商品流通相联系。一方面，与其说货币和商品是资本，不如说它们是创造和维护资本的手段，它们需要转化为资本；另一方面，货币作为独立的价值形式同商品相对立，或者说，交换价值必须在货币上取得独立形式。③ 资本的基本属性或职能，就是可以创造价值，这种创造的方式和过程，就是要有连续的生产，主要是扩大再生产。如果生产中断，资本就会以货币形式游离出来，就会作为过剩的货币资本从循环中排除出来，并转化为借贷货币资本。借贷资本起初总是以货币形式存在，后来却作为货币索取权而存在，因为它原来借以存在的货币，现在已经以现实货币的形式处于贷款人手中。对贷放人来说，它已经转化为货币索取权，转化为所有权证书了。④

当一个货币拥有者把货币"委托"于人的时候，或者说，当他把货币贷出去生息的时候，他就把货币转化为资本了。⑤ 这种"息"的来源，就是货币资本所参与创造的剩余价值。货币资本的积累是"由一群发了财并退出再生

---

① 马克思. 资本论（第三卷）[M]. 北京：人民出版社，2004：570.
② 马克思. 资本论（第二卷）[M]. 北京：人民出版社，2004：91.
③ 马克思. 资本论（第三卷）[M]. 北京：人民出版社，2004：584.
④ 同上，572. 576.
⑤ 同上，489.

产领域的人引起的，在产业周期过程中所获得的利润越多，这种人的人数就越多"①。货币作为价值的载体，它的拥有者与劳动发生了分离，从而与价值创造的主体——劳动相对立了。投资者作为货币的持有者，与社会化大生产系统内的生产系统相分离，就是这么产生的，这也就是为什么现代金融业成为众多社会精英争相涉足的原因。

我们以煤这种能源资产转化为电的生产过程为例，说明货币资本在产业资本的循环过程中是如何执行职能的。

第一阶段：购买阶段。煤的拥有者（或者原先拥有所有权者，或者是从其他资产所有者手中利用货币资本或其他交换手段获取所有权者）首先以购买者的身份，在市场上用货币支付的方式购买建设电厂所需要的生产要素，包括劳动力、各种原材料和机器设备等，从而完成了由货币资本转化为生产资本的形态变化。

第二阶段：生产阶段。煤的拥有者把买来的各种原材料、机器设备等生产资料和劳动力投入到建设电厂的生产过程，从而完成了由生产资本转化为商品资本的形态变化。生产阶段是资本循环中带有决定意义的阶段，在这一阶段，货币资本把劳动力和生产资料结合起来，建成了电厂，从而把煤转化成为电这种商品。新生产出来的电，不仅在物质形态上与当初的煤不同，而且价值量也增大了，因为其中包含了在把煤转化为电的过程中由货币资本和劳动相结合所创造的剩余价值。

第三阶段：销售阶段。煤的拥有者把生产出来并包含着剩余价值的电卖掉，完成由商品资本到货币资本的形态变化。从电转化为货币，本来是一般的商品流通行为，它之所以成为资本循环的第三阶段，是因为它和剩余价值的生产阶段紧密相连，这个阶段的电在进入流通过程之前已经包含了剩余价值。在产业资本循环的这个阶段结束后，资本价值又回到原来的货币形态上，不过终

① 马克思. 资本论（第三卷）[M]. 北京：人民出版社，2004：573.

点的货币价值大于预付的货币价值，增加的部分就是在从煤到电这个过程中资本所创造的剩余价值。资本循环返回到货币形态后，又重新开始新一轮的循环。

就产业资本的运动来看，货币资本是产业资本循环中的第一种形式，它执行的是货币的职能，即在流通中用作购买手段和支付手段，购买生产所需要的生产资料和劳动力。在这里，生产资料（煤）是剩余价值的吸收器，劳动力则是创造价值和剩余价值的源泉。这样，单纯的货币职能就转化为一种资本的职能，也就是说，货币转化为资本。

在上述资本循环过程中，我们看到，在再生产过程中的某个阶段，货币资本是由这个过程的前一阶段创造出来的，这种货币资本再转化为借贷资本，投入到能源资产转化为资本的下一阶段的再生产过程中。在此过程中，货币资本的投入成为这种转化的先决条件之一，并且在用货币资本所购买的劳动力和生产资料中，已经凝结了上一阶段所创造的货币资本的价值。能源资本投入到再生产过程的下一阶段之后创造了更大的价值，这意味着当初所投入的货币资本参与了这种剩余价值创造的过程。正是由于这种循环，货币资本才成为能源资产转化为资本的要素之一，它也就成了携带着能源资本持续创造价值的"遗传基因"了。

马克思说："货币没有臭味，无论它从哪里来。"① 货币的职能究竟如何发挥，全看货币拥有者的意愿。生物学告诉我们，物种在遗传的过程中会发生变异。能源资本也是这样，在"遗传"持续创造价值这种本质属性的同时，也会产生诸如污染生态环境之类的"变异"现象。只有从改造"遗传基因"入手，才能从根本上抑制这种"变异"。根据能源资本的双因子干涉理论（我们将在第三章中详细论述），把煤这种能源资产作为转化为资本的生产原料，它的"遗传基因"中就含有对生态环境造成污染和破坏的约束因子，比如由于

---

① 马克思. 资本论（第一卷）[M]. 北京：人民出版社，2004：132.

技术平台的局限性所导致的污染和破坏。为了消除或制约这种因子的影响，就需要引入"低碳"和"绿色"的"基因"，比如把煤换成风力、水力、太阳能或生物质能等对生态环境污染和破坏程度低的新能源形态。在能源形态转型的过程中，可将货币资本有意识地投入到清洁能源资产转化为资本的生产领域，从而发挥清洁能源价值发现和创造功能。在这里，货币资本的"颜色"由原来可能是"黑色"或"灰色"而变为"绿色"。这种"颜色"变化，是由货币资本所处的环境变化而引起的。这样，就通过改变货币资本的投入方向，有效地抑制了能源资本持续创造价值的"遗传基因"的"变异"。因此，货币既没有味道，也没有颜色，全看用在什么环境之中。

人力资本

美国"钢铁大王"卡内基曾经说过一句无比霸气的话："我的厂房、机器设备均可搬走，但只要把人员给我留下，几年之后我仍然是钢铁大王。"[①] 这句话，正是道出了人力具有资本的属性，可以从无到有、从小到大、从少到多地持续创造价值。

将资本与劳动进行分解，这对于研究问题是有意义的。在一个完整的生产过程中，单独的要素不能单独起作用。一群工人站在那里，若没有资本的参与，则无法生产或创造价值；反之，一大堆资本放在那里，若没有劳动力的投入，也无法进行生产或创造价值。正如人的生命维持需要不同的营养成分，而这些营养成分很少（或绝无）单独地被人体利用或吸收。因此，对于劳动和资本，既要看到它们相分离（各自执行职能）的一面，又要理解它们彼此结合才能创造价值的一面。一分为二之后，必须再合二而一。

古希腊哲学家苏格拉底说："当人们不航海的时候，舵手是无用的。"[②] 同

---

① 吴乐珺，丁玎. 美国关税敲诈背后的钢铁情结[N]. 环球时报，2018-03-24.
② 柏拉图. 理想国[M]. 郭斌和，张竹明，译. 北京：商务印书馆，1986：9.

样的道理，有了劳动力，货币才有了购买的对象，正如"有了奴隶制，货币才能用来购买奴隶。相反，买者手中的货币无论怎样充足，也不会使奴隶制成为可能。"① 一旦劳动力作为它的所有者的商品出现于市场，它的出卖采取劳动报酬的形式或工资的形式，那么，它的买卖和其他商品的买卖相比，就没有什么更引人注目的了。成为特征的，并不是劳动力这种商品能够买卖，而是劳动力成为商品。劳动力只有在通过出卖而和生产资料相结合的时候，才可能从事生产活动。在出卖之前，劳动力是和生产资料，和它的活动的物的条件相分离的。劳动力一经出卖而和生产资料相结合，它就同生产资料一样，成了它的买者的生产资本的一个组成部分。②

人的劳动，尤其是一些比较复杂的专业化劳动，不是人天生就会的，必须通过专门的培训，劳动过程也是一种培训，"劳动力的使用，劳动，只能在劳动过程中实现"③。现代社会对劳动力的要求更为专业化和技能化，因此，仅仅凭借劳动者在劳动过程中通过摸索而掌握劳动对象所需要的专业和技巧，是远远不够的。这就出现了一个对劳动者进行专门培训并将劳动力转化为人力资本的新课题。

人力资本，也称非物质资本，是指存在于人体之中的具有经济价值的知识、技能和体力（健康状况）等质量因素之和。人力资本的主要特点在于它与人身自由联系在一起，不随产品的出卖而转移。人力资本通过人力投资而形成，其中最重要的是教育投资，通过教育可以提高劳动力的质量、劳动者的工作能力和技术水平，从而提高劳动生产率。人力资本具有创新性和创造性，因此，人力资本比物质、货币等硬资本具有更大的增值空间。

1906 年，美国经济学家欧文·费希尔在其《资本的性质与收入》一文中，首次提出人力资本的概念。费希尔把传统的生产三要素理论改造成为单一的资

---

① 马克思. 资本论（第二卷）[M]. 北京：人民出版社，2004：39.
② 同上，37-38.
③ 同上，42.

本要素论，从而原来的多元分配公式，即劳动—工资、土地—地租、资本—利息、企业（管理）—利润，也就简化为资本—利息的一元公式了。这就必然将人力划入资本的范畴，从而形成人力资本的概念。费希尔将人力资本的概念及其价值决定问题纳入了一个严谨、系统的资本与利息理论的统一框架中，这是有关人力资本理论纳入经济分析框架的重大理论创新。

1960 年，美国经济学家西奥多·舒尔茨在美国经济学年会上的演说中系统阐述了人力资本的概念和性质。他指出，"人力包括人的知识和人的技能的形成是投资的结果，并非一切人力资源而是只有那些通过一定形式的投资、掌握了知识和技能的人力资源才是一切生产资源中最重要的资源。因此，我们把它称为人力资本"，"人力资本可以看作是对劳动者投资的一部分，这样可以提高劳动者在商品生产过程中的投入，增加劳动力的价值"，"人们获得了有用的技能和知识……但是，这些技能和知识是资本的一种形态，这种资本在很大程度上是慎重投资的结果，而且这种增加完全可能是经济体制最显著的特征。用于教育、卫生保健和旨在获得较好工作出路的国内迁移的直接开支就是明显的例证"。[1] 根据舒尔茨的观点，人力资本是体现在人身上的知识、技能、经历、经验和熟练程度等，这些资本通过后天投入才能形成。

舒尔茨运用人力资本的概念，分析了第二次世界大战后发达国家经济增长，尤其是日本和德国（联邦德国）的经济复兴中出现的用传统资本理论无法解释的三个事实。[2]

一是根据传统理论，资本－收入比率将随经济的增长而提高，但是统计资料都表明这个比率会下降。舒尔茨认为，这是因为没有把人力资本因素考虑在内。战争虽然破坏了日本和联邦德国的物质资本，但并未破坏其充裕的人力资本；再加上它们悠久的文化传统和重视教育的现代国策为经济发展提供了大量

---

[1]　西奥多·舒尔茨. 论人力资本投资［M］. 吴珠华，译. 北京：北京经济学院出版社，1990：1.
[2]　白永秀，惠宁. 论人力资本理论的三次飞跃［J］. 经济评论，2005 年第 2 期，63.

高素质的劳动力，这使它们的经济发展得以建立在高技术水平和高效益基础上。

二是根据传统理论，国民收入的增长与资源消耗的增长将同步进行，但统计资料显示的结果却表明，国民收入远远大于所投入的土地、物质资本和劳动等资源总量。舒尔茨认为，投入与产出的增长速度有差异，一部分是由于规模收益，另一部分是由于人力资本带来的技术进步。

三是二战后工人工资大幅度增长，它反映的内容是传统理论所无法解释的。舒尔茨指出，这个增长正是来自人力资本的投资。

舒尔茨还进一步研究了人力资本形成的方式与途径，并对教育投资的收益率以及教育对经济增长的贡献做了定量研究。他用收益率法计算了教育对美国1929—1957 年间经济增长的贡献，其研究结果表明，该期间整个美国教育投资的收益率为17.3%，教育在国民收入增长额中的贡献占33%。[①]

舒尔茨不仅第一次系统提出了人力资本理论，而且通过努力使其成为经济学的一门新分支，他也因此而被称为"人力资本之父"，并于1979 年获得诺贝尔经济学奖。

人力资本与人力资源之间既有区别又有联系。人力资本是指所投入的物质资本在人身上所凝结的人力资源，是可以投入经济活动并带来新价值的资本性人力资源。人力资本是人力资源的一部分，它们的区别有以下四个方面。

一是两者概念的范围不同。人力资源又称劳动力资源，是指能够推动整个经济和社会发展、具有劳动能力的人口总和。人力资源包括自然性人力资源和资本性人力资源，自然性人力资源是指未经过任何开发的遗传素质与个体，资本性人力资源是指经过教育、培训、健康与迁移等投资而形成的人力资源。人力资本是指存在于人体之中的具有经济价值的知识、技术能力与健康等质量因素之和。

---

① 西奥多·舒尔茨. 教育的经济价值[M]. 曹延亭，译. 吉林：吉林人民出版社，1982.

二是两者所关注的焦点不同。人力资源关注的是价值问题。作为资源，人人都想要最好的，钱越多越好，技术越先进越好，人越能干越好。人力资本关注的是收益问题。作为资本，人们就会更多地考虑投入与产出的关系，会在乎成本，会考虑利润。

三是两者的性质不同。人力资源所反映的是存量问题，人们更多地考虑寻求与拥有。人力资本所反映的是流量与增量问题，人们更多地考虑如何使其增值生利。

四是两者研究的角度不同。人力资源是将人力作为财富的源泉，是从人的潜能与财富关系来研究人的问题。人力资本是将人力作为投资对象，作为财富的一部分，是从投入与效益的关系来研究人的问题。

人力资本的核心是教育投资，换句话说，人力资本的形成和积累主要靠教育投资。同样，人力资源的质量优劣也主要是由教育好坏来决定的。没有教育，人力资源得不到合理开发，不能形成强大的人力资本。重视教育，就是在开发人力资源和积累人力资本。通过教育，可以将人力资源作为人力资本的源泉。

有学者认为，人力资本理论与劳动价值理论是两种截然不同的思想体系，二者的根本差别在于对价值本体的认识不同，"前者强调的是资本，后者是活劳动"，"前者的实质是价值本体决定于资本，后者的实质是价值本体取决于劳动"。① 实际上，劳动价值理论与人力资本理论并不是格格不入的，而是相通的。道理其实很简单，就像是一张窗户纸，一捅就破。根本原因在于，价值是劳动创造的，资本是以往劳动价值的积累。劳动本身是由劳动者即人来完成的。人力是一种资本，资本是可以创造价值的，人力资本是与劳动者紧密相联的，两者一刻也无法分开，也就是说，只要一个人不存在了，那么他身上所携

---

① 张风林. 人力资本思想的若干历史起源与发展[J]. 辽宁大学学报（哲学社会科学版），2004 年，第 32 卷第 1 期，125.

带着的资本属性也同时随之消失。从这个意义上来说，人力资本通过劳动创造价值，与劳动创造价值是同语反复，无非是劳动的过程包括许多因素，除了不变资本外，还包括可变资本，当然其中包括人力资本。还有一种推理，"马克思认为资本不创造价值，资本的收入范畴——利息不过是对于劳动创造的价值的剥削。因此，如果承认劳动者支付的教育与培训费用也可以带来利息收入，那不就等于工人剥削工人自己了吗?"① 其实，这种推理也是有漏洞的，主要是混淆了"劳动创造的价值"中的"价值"与"劳动力具有价值"中的"价值"，两者的含义是不同的，在整个社会化大生产循环中的切入点是不同的。前者是这个循环过程的结果，指的是以往劳动所创造价值的积累；后者是这个循环过程的开始，指的是劳动力的价值潜能。此"价值"非彼"价值"，犹如昨天已经领到的薪水与明天能够领到的薪水，虽然都是钱，但前者已经到手了，后者只是一种预期，二者具有一种"时差效应"。如果劳动力没有价值，那么它根本就不会被作为社会化大生产循环过程中创造价值的生产力要素而被投入其中。至于劳动者支付的教育与培训费用，完全可以作为可变资本的一部分，而马克思一直认为可变资本是创造剩余价值的主体。这样，就解释了利息收入的实质，它是劳动价值的一部分，也是人力资本价值的一部分，二者是完全融合的。

美国经济学家、1992 年诺贝尔经济学奖获得者加里·贝克尔说"马克思并没有注意人力资本理论"。② 这个观点是值得商榷的。马克思认为劳动创造价值，劳动是劳动者提供的，劳动者就是人力，"活劳动是创造价值的唯一源泉"，"创造价值的生产劳动就是一切加入商品生产的劳动（这里所说的生产，包括商品从首要生产者到消费者所必须经过的一切行为），不管这个劳动是体力劳动还是非体力劳动（科学方面的劳动）"，"一切依某种方法参加商品生产

① 张风林. 人力资本思想的若干历史起源与发展[J]. 辽宁大学学报（哲学社会科学版），2004 年，第 32 卷第 1 期，125.
② 经济学消息报社. 诺贝尔经济学奖得主专访录[M]. 北京：中国计划出版社，1995：125.

的人，从真正的体力劳动者，到经理、工程师（各种和资本家有别的人），当然都属于生产劳动者的范围"。① 从这些论述可以看出，马克思只是没有说出"人力是资本"这句话而已，并不能说他"没有注意人力资本理论"。事实上，马克思的鸿篇巨制《资本论》本身就是为工人阶级打造的理论武器，而工人阶级是最重要的人力资本，他们是价值的主要创造者。马克思还说："劳动力只是劳动者的财产（它将不断自行更新，自行再生产，而不是他的资本）。"② 在实际的经济生活中，财产与资本在很多情况下很难区分。当这种财产不使用时，便只是单纯的财产；当将其作为投资时，它就是资本。资本就是能带来价值的价值。劳动力一旦投入使用，是可以创造价值的，因而它就具备了资本的职能。③ 从这个逻辑推理来说，马克思本来就有了劳动力是资本，也就是人力是资本的思想。

由此说来，劳动价值理论与人力资本理论之间没有不可逾越的鸿沟，只是看问题的视角不同，就如同热力学第二定律的两种表述方式一样，其物理含义是完全等效的。

人力资本的价值是作为人力资本载体的人所具有的潜在的创造性劳动能力，这种能力的外在表现就是人在劳动中新创造出的价值。人力资本的价值通常包括三个部分：第一部分是人作为劳动者消耗的价值，这是用于补偿人力资本消耗的"补偿价值"；第二部分是人力资本投资资本化的价值，通过分摊逐步转移的"转移价值"，这两部分价值都可以通过成本核算的方法，从账面上取得；第三部分是通过人力资本的使用所创造出来的"创新价值"，也就是转移到劳动成果中物化的那一部分价值，其中包括经营者的管理贡献、决策贡献、科技人员的科技贡献以及所有劳动者的劳动贡献。这种贡献的量化显然是

---

① 马克思. 剩余价值学说史（第1卷）[M]. 郭大力，译. 北京：人民出版社，1975：147.
② 马克思. 资本论（第二卷）[M]. 北京：人民出版社，2004：491.
③ 殷雄. 经济学笔记[M]. 北京：新华出版社，2013：162.

一个难题，需要采用专门技术进行评估。①

我们在前文中引用过 19 世纪英国古典经济学的集大成者阿尔弗雷德·马歇尔说过的一句话："一个伟大的工业天才的经济价值，足以抵偿整个城市的教育费用。"中国地质学家李四光与科学家钱学森一样，也是这样一个"伟大的工业天才"。李四光运用自己所掌握的地质力学基本知识，提出了扭动构造体系控油理论，认为不论是在海洋还是在大陆，只要有适宜的地质条件就可以形成石油。他通过对华北平原彻底的勘测和排除工作，大胆提出中国石油开采重心东移的战略。在李四光理论的指导下，中国相继发现了大庆、胜利、大港等油量充足的油田。这一重大突破不仅是勘探实践上的重大进展，也是对石油地质理论的极大丰富和完善。更为重要的是，大庆油田的发现使中国甩掉了"中国贫油"的帽子，让人们感受到收获"黑色金子"之后的喜悦之情。李四光在科学理论上的突破和大型油田的发现，是他个人所拥有的人力资本所产生的乘数效应和跃迁效应，这种效应对中国发展的价值是不可估量的。

人力资本的核心要义，就是使人才发挥出最大的效益，这就需要尊重人的差异化和个性化。舒尔茨否定了古典经济学中劳动同质的观点，认为劳动和人力资本具有异质性。他说："劳动者所具有的生产能力也被看作是大致相等的。这种劳动概念，在古典经济学里就不正确，而现在，其错误就更加明显。"② 不论是人力资本，还是非人力资本，"这两类资本都不是同质性的；实际上两者都由多种不同的资本形态构成，因而都是非常异质性的"。③ 舒尔茨还认为，人力资本包括量与质两个方面，量的方面指一个社会中从事有用工作的人数及百分比、劳动时间，一定程度上代表着该社会人力资本的多少；质的方面指人的技艺、知识、熟练程度与其他类似可以影响人从事生产性工作能力的因素。在质的方面，每个劳动者是不一样的，就是同一个劳动者在受到一定

---

① http://www.wangxiao.cn/lunwen/6871465450.html.
② 西奥多·舒尔茨. 人力资本投资[M]. 蒋斌，张蘅，译. 北京：商务印书馆，1984：20-22.
③ 西奥多·舒尔茨. 论人力资本投资[M]. 吴珠华，译. 北京：北京经济学院出版社，1990：174.

教育和训练前后，他的劳动的质量或工作能力、技艺水平和熟练程度，也是有差别的。因此，舒尔茨认为，"应该把质量作为一种稀缺资源来对待"[①]。如果不承认人的先天资质不同，不承认人的后天贡献不同，而只是局限于肤浅的"公平"与"公正"，那就是不尊重知识，不尊重人才，不尊重劳动，不尊重创造，是对人力资本的无知。人力资本天然地具有个人的产权特性，个人是人力资本不可替代而又难以考察的所有者和控制者，从而决定了人力资本只可"激励"，不可"压榨"。[②] 如果没有像李四光这样的人力资本，那么能源资源和资产是无法转化为资本的，因此也就无法持续创造价值。

劳动创造价值，同时，创造价值的要素，除了劳动，还必须包括劳动的主体——劳动者本身在接受教育和培训过程中所形成的价值，也就是人力资本。人力资本体现的是劳动所创造的价值，它是可变资本与不变资本共同执行职能的结果。

技术平台

技术的普遍性定义，是人类为了满足自身的需求和愿望，遵循自然规律，在长期利用和改造自然的过程中，积累起来的知识、经验、技巧和手段，是人类利用自然、改造自然的方法、技能和手段的总和。技术平台，则是这类知识、经验、技巧和手段的有机组合，以解决某些特定的问题、取得预期的结果。

在人类漫长的进化过程中，最重要的进化，就是学会了使用工具，有了"技术"。技术源于人类生存和进化的需要，技术（工具）的获得，使人类区别于动物。可以这样说，人类历史就是一部技术发展史。我们通过梳理人类技术的发展历程，就可以更好地理解这一点。

---

① 西奥多·舒尔茨. 人力投资：人口质量经济学 [M]. 贾湛，施伟等，译. 北京：华夏出版社，1990：9.

② http://www. wangxiao. cn/lunwen/6871465450. html.

十多万年前的旧石器时代，人类学会了研磨石器，发展出"石刀技术"，以石头和兽骨为原材料，制造出诸如绳索、投石器、弩、弓箭等工具。

人类最重要的技术突破是学会了取火。火对于古人的意义，犹如电对于现代人一样。利用火，可以制造新工具，因而加快了人类的进化。

约1.2万年前，新石器时代开始，以制陶器技术为标志，人类发展出"火化技术"，后来发展出冶金技术，用天然粗铜加工制作了很多有用的工具。新石器时代晚期，人类有了专职的陶匠、编织匠、泥水匠、工具制作匠。

约6000年前，以青铜器（铜锡合金）的出现为标志，人类进入"青铜器时代"。较之石器，金属工具有更大的优点。金属制造涉及采矿、冶炼、锻造和铸造等复杂技术，需要熔炉风箱技术；金银加工、酿酒技术也随之出现。动物被用来牵引和运输，出现了车和船的制造技术。依靠新的灌溉技术和农业技术，生产力提高，人口增加，国家开始出现。为了分配剩余产品，人们需要把口头的和定量的信息记录下来，就出现了书写和计算。

青铜器时代后期，出现埃及、华夏、希腊、罗马等古文明。古罗马人是古代最伟大的工程师和技师，罗马文明就是技术的文明。技术铸就了所向无敌的古罗马军团。四通八达的道路网和供水系统提供了至关重要的基础设施。

公元前100年，古罗马人发明了水泥，这是创造世界的一项关键技术。它改变了建筑工程，成为构筑古罗马文明的砌块。公元476年，古罗马帝国灭亡，先进的知识和技术，包括水泥制造技术都失传了。

在此后的1000多年里，中国成为技术输出的中心，向欧亚大陆输送了众多的发明，如雕版印刷术、活字印刷术、金属活字印刷术、造纸术、火药、磁罗盘、磁针罗盘、航海磁罗盘、船尾舵、铸铁、瓷器、方板链、轮式研磨机、水力研磨机、水力冶金鼓风机械、叶片式旋转风选机、活塞风箱、拉式纺机、手摇纺丝机械、独轮车、航海运输法、轼式研磨机、胸带挽具、轭、石弓、风筝、螺旋桨、活动连环画转筒（靠热气流转动）、深钻孔法、悬架、平面拱桥、铁索桥、运河船闸闸门、航海制图法，等等。

　　中国古代科技体系在宋朝之前就已形成并得到巩固和发展，宋朝更是达到一个新的高度，在许多科学技术领域都取得了很大成就，其中最具影响力的当数四大发明中的三项：火药、活字印刷术和指南针。英国哲学家弗朗西斯·培根这样评价这些技术发明："印刷术、火药、指南针这三大发明在文学、战争、航海方面改变了整个世界的许多事物的面貌和状态，并由此引起了无数变化，以至似乎没有任何帝国、任何派别、任何星球，能比这些技术发明对人类事务产生更大的动力和影响。"① 马克思这样评价这些技术发明："火药、罗盘、印刷术——这是预兆资产阶级社会到来的三项伟大发明。火药把骑士阶层炸得粉碎，罗盘打开了世界市场并建立了殖民地，而印刷术却变成了宗教的工具，并且一般地说变成科学复兴的手段，变成创造精神发展的必要前提的最强大的推动力。"②

　　中世纪的"黑暗"促成了欧洲的一系列技术创新，包括农业技术、军事技术及风力水力技术，一跃而成为一种生机勃勃、具有侵略性的高度文明。欧洲农业革命的两大技术创新，一是采用重犁深耕，二是用马代替牛作为挽畜。中国人的胸带挽具传入欧洲，这种像项圈一样的挽具将着力点移到马的肩部，不会压迫气管，使马的牵引力增加 4～5 倍。马替代牛，降低了运输成本，扩大了人的活动范围，使社会生活更加丰富多彩。

　　马镫由中国传入欧洲，有利于骑兵的冲刺，这种新型技术使骑士成为职业军人。

　　在此期间，欧洲的工程师们发明了新机械，找到了新能源，最突出的是改进和完善了水车、风车和一些其他机械，利用风力驱动风车，利用潮汐力驱动水轮。机械的使用节省了劳力，奴隶制度随之逐渐消失。

　　9 世纪中国人发明的火药，于 13 世纪传到欧洲，14 世纪初欧洲人造出大

---

①　弗朗西斯·培根. 新工具[M]. 许宝骙，译. 北京：商务印书馆，1984：103.

②　马克思恩格斯全集（第 47 卷）[M]. 北京：人民出版社，1956：427.

炮。到了 16 世纪，欧洲制造枪炮成为十分普遍的技术，由此引发了一场"火药革命"。在枪炮面前，弓箭、大刀、骑兵、长枪退出战场。葡萄牙人发明了风力驱动的多桅帆船，取代老式的有桨划船，装上大炮，就成为炮舰，最终产生了全球性的影响，"船坚炮利"为重商主义和殖民主义开辟了道路。

18 世纪 60 年代，蒸汽机的发明和改良，促推了第一次工业革命。蒸汽机带动了新的能源（煤）的开采和使用，此前的动力和热力获取（包括炼铁），主要靠燃烧木材。

炼铁局面的改观，使世界进入一个新的铁器和机器时代。随着高压蒸汽机用于铁路，1814 年第一台蒸汽机车出现，1830 年迎来铁路时代。1886 年，世界上第一辆汽车问世。这一系列的技术革命带来了从手工劳动向动力机械和工厂化生产的重大飞跃。此次工业革命后出现的工厂，发展出高度集中的规模生产，标准化部件的制造模式（源于英国，在美国得到更广泛应用），由美国汽车大王亨利·福特发展成为生产流水线，极大地提高了生产力。

从火到电，人类走了 10 万年。1821 年，英国科学家迈克尔·法拉第发现了电磁感应现象，奠定了电磁学的基础；总结了电解定律，构成了电化学的基础。1870 年，英国科学家詹姆斯·麦克斯韦在法拉第的基础上总结出了电磁理论方程，统一了电、磁、光学原理。法拉第之前，夜幕降临，世界陷入黑暗。法拉第因此而被称为"点亮世界的人"。爱因斯坦的书房墙壁上，悬挂着法拉第、麦克斯韦和牛顿三人的画像。

19 世纪，电动力带来了第二次工业革命。此次革命以物理学和物质科学为基础，科学不再是纯理论，而是在实验的基础上发展起来的。机械和物质成了人们赖以理解自然力和悟出科学定律的模型基础，进而又利用这些定律发展出更为精良的技术和工艺，科学和技术终于开始携手，相互促进。

20 世纪以后，科学与技术的联合使社会出现革命性进步，技术创新永无休止，而且越来越密集，重塑了人类的生活方式，创造了一种快捷而高效的文化。人脑借助电脑发现和思考，互联网将地球裹入囊中，机器人进入生产流水线，人工智能设备的学习能力超过人类，新材料纳米管已经上路，利用3D技术打印出航空发动机，生命遗传密码被破解，宇宙和物质奥秘被渐次揭开，基因技术被用来改造生命和物种，人类快速穿越信息时代、移动互联网时代、智能制造时代。人类越来越依赖技术，或者说，技术越来越支配人类。

通过以上的梳理，我们深刻地感知到，技术一直伴随着人类走到今天，还会继续走下去。从火的利用技术到今天最前沿的技术，技术的发展有一个历史积累的过程，每一次技术发明和创新都会在原有价值积累的基础上创造出新的价值。技术进步与创新是由投资推动的，技术既是不变资本的产物，更是劳动即人力资本所创造的价值积累。因此，从本质上说，技术是一种资本形态。"科学技术是第一生产力"的本质含义，体现了"劳动是第一生产力"，技术是劳动的价值积累，也就是人力资本的价值积累。

上述所有技术发明和技术创新的驱动力，都来源于各种形态的能源；反过来，任何一种能源形态的广泛应用，也都离不开某种技术或技术平台。在人类日常生活中，除了把洗完的衣服和被褥直接拿到太阳底下去晒之外，其他所有能源资源的大规模工业化开发利用，都需要技术平台。人类首先需要火，燃料可以产生火，如何点火就是一种技术；利用煤炭转化获得蒸汽，需要锅炉；石油转化为汽油、柴油和其他物品，需要石油炼化技术；太阳能发电，需要太阳光的吸收、转换和传输技术；日常家庭生活中，需要各种电器把电能转换以获得热气、热水，等等。

石油从原油到用户消费的各种产品的全过程，经历了勘探、开采、运输、提炼和储存五个主要环节[1]，每个环节都需要大量的设施，每一个设施的设计、建造、维护和更换都需要相应的技术平台。如果没有这些技术平台，石油这种能源形态就不会转化为资本，从而也不可能持续地创造价值。石油本身是

---

[1] 尼克拉·艾莫里，文思卓·巴尔扎尼. 可持续世界的能源：从石油时代到太阳能将来[M]. 陈军，李岱昕，译. 北京：化学工业出版社，2014：35-42.

能源，这些技术平台的建造和维护也需要消耗大量的能源。比如，各种设施中必不可少的钢材，需要从矿石里提炼出铁等金属并加工成各种钢材制品，这个过程与石油产品的生产过程几乎是一样的，需要消耗大量的能源。从资本循环的角度来分析，制造钢材产品所形成的技术平台，已经转化为资本并投入到石油产品的制造过程。因此，对于石油产业来说，钢材制造的技术平台是输入端，石油产品是商品资本；钢材生产过程中，需要石油等能源资本的投入，石油产品又是生产资本。在各自不同的生产循环中，钢材和石油扮演着不同的资本角色，相互渗透、交织在一起，共同创造价值。

技术平台的搭建不仅需要能源资本，还需要货币资本和人力资本的投入。这样，在能源资产转化为资本的整个生产循环过程中，货币资本、人力资本与技术平台是"三位一体"的关系，缺少了哪个要素，再生产的循环都无法进行下去，因而无法持续创造价值。

技术平台之所以能够成为能源资产转化为资本的要素之一，主要是由于技术平台形成过程中就已经凝结了货币资本和人力资本的价值，这种价值的直接表现之一便是知识产权。由于知识产权能够为拥有或使用这种权利的人带来价值，因此它具有资本的属性。知识产权在能源资产转化为资本的过程中，发挥着其他要素不可替代的独特作用。

人类不是需要能源形态本身，而是需要由消耗能源所产生的各种效用。通过各种技术平台，结合货币资本和人力资本的投入，把能源资产转化为资本，才是各个利益集团、各个国家乃至全人类对能源效用的共同追求。

市场环境

市场是社会分工和商品生产的产物，哪里有社会分工和商品交换，哪里就有市场。商品，就是在市场上用来交换的产品。没有市场，就没有交换，也就没有商品。

市场环境，是指影响企业经营活动的一系列外部因素，许多因素常常是不可控的。这些因素主要包括政治法律、经济技术、社会文化、自然地理和合作竞争等方面。按照系统论和生态学的观点，企业与其所处的外部环境共同形成一个大系统。企业内部与外部环境是这一大系统中的两个子系统，两者必须相互配合，才能产生系统效应。

市场经济，其实是一种古老而普遍的传统，并非为西方世界所独有。早在两千年前，基督耶稣就曾把商人逐出了神庙；早在哥伦布到达美洲的多年以前，墨西哥人就把产品带到市场上进行交易。① 邓小平曾说："计划经济不等于社会主义，资本主义也有计划；市场经济不等于资本主义，社会主义也有市场。计划和市场都是经济手段。"② 由此可见，我们不能从意识形态和政治制度等角度来看待计划与市场。中国的改革与开放，就是对计划经济的一种扬弃，所遵循的科学原理就是两条热力学的基本定律。③

热力学第二定律认为，在封闭的系统中，熵趋于无限大，也就是说，在这样的系统中无论你如何努力，无效的能量将会越积越多，而有效的能量代谢必然越来越少。中国曾经闭关锁国的社会环境，造成内部的自耗能量越来越大，中国不得不寻求新的发展动力，开放系统，直接获取外部的能量。通过开放，向外部世界打开封闭的系统，使中国能够不断地从外部世界吸取资金、知识、经验、技术和能量。中国巨大的经济市场，勤奋好学的人民，完整的工业基础，以及举国求变和百年积蓄的强国意愿，使中国远离了外部世界的平衡态，形成了巨大的能量差，使外部系统的能量和信息迅速补给了中国。

资本的价值，必须通过市场的交易才能实现。能源资产要转化为资本，除了货币资本、人力资本和技术平台这三个要素外，必须有一个能够使这三个要素协调地执行职能的环境，这就是市场环境。比如，对能源需求信号传导的强弱，是构成市场环境的一个重要因素。这种市场需求信号的传导如果及时、准

---

① 赫尔南多·索托. 资本的秘密[M]. 于海生，译. 北京：华夏出版社，2017：4.
② 邓小平文选（第三卷）[M]. 北京：人民出版社，2001：373.
③ 韩晓平. 美丽中国的能源之战[M]. 北京：石油工业出版社，2014：196-199.

确和完整，那么就会直接影响货币资本、人力资本在能源资产转化为资本过程中的投入方向和强度，同时也对技术平台的建设起着巨大的推动或制约作用。也就是说，市场需求引导技术创新，技术创新创造市场需求。

近年来，中国能源行业出现了不同程度的"弃水、弃风、弃光、弃火"现象，把宝贵的风、光、水、煤等能源资源和资产白白浪费，因而无法转化为资本，这是一种能源上下游市场需求信号反馈失灵的现象，它会造成三个方面的问题：

一是能源资产转化为资本的方式和途径不够多元。发的电除了上网，并没有发挥其他效用，比如就地消化，为当地居民的生活提供热水等能源资产的效用；或者利用相关储能技术将多余的电量储存起来。

二是能源资本的供应相对过剩。由于市场需求信号反馈不及时、不准确和不完整，因此盲目增加货币资本和人力资本投入，导致电力生产过剩。2017年，中国一些经济欠发达地区弃风严重，无法就地消化全部所生产电力，只能依靠上网外送，从能源资本供应的角度来看就是相对过剩。

三是能源资本的流通不够通畅。这主要涉及两个问题：一是技术性的障碍。外送通道建设不够，无法把某些地区过剩的电力输送到其他需要电力的地区。二是利益之争。国调水电优先使用，省调水电利用剩余空间外送，双方利益有冲突。这是由水电资源所有权归属而导致的水电资产转化为资本的先决条件不具备而引起的问题。

看一个行业、一个领域是不是兴盛，不能只看上马多少项目，而是要看项目建成后有什么样的效益，包括经济效益和社会效益，否则，就是盲目发展、无序发展，是对宝贵的能源资源与能源资本的浪费。"四弃"（弃风、弃光、弃水、弃煤）不仅是对既有能源资本的极大浪费，而且也是对为了将这些能源资产转化为资本而投入的货币资本、人力资本和能源资本的极大浪费。这涉及将能源资产转化为资本的体制阻碍问题。

为了从根本上解决浪费问题，还是要从能源资本的有效利用分析问题，也就是任何时候都不能忘记能源资本作为经济增长的驱动力这个最基本的职能，充分发挥能源资本驱动因子的职能。如果没有产业，能源资本就失去了执行职能的载体。因此，合理的产业布局是合理配置资源尤其是有效利用能源资本的必要条件。如果一个地区的产业没有增长的空间，那么在火力发电、水力发电甚至光伏发电都已经出现过剩的情况下，企业和投资者仅仅是为了得到政策优惠而上马风力项目，最终的结局只能是"项目建成之时，就是效益亏损之日"。

能源资本与货币资本和人力资本的功能是类似的，如何使用才会产生最大的价值，只有交给企业家，让他们在市场中进行衡量，因为企业家在市场中可以不断地发现、创造、加工信息。如果能源资本不交给企业家，不放在市场中，那么充其量只是一种资源，或是一种具有价值潜能的资产，而不能变成持续创造价值的资本。企业家的两项基本职能就是应对不确定性与推动创新，而这也正是能源资产转化为资本过程中的题中应有之义。从这个意义上来说，企业家精神的培育是能源资产转化为资本的最迫切需求，同时也是最重要的因素。

综上所述，能源资源和资产转化为资本，需要有一个市场经济环境，它的核心要义是：

  ——在市场经济环境中，只认正规所有权制度下的资产凭证，以便于交易。在正规所有权制度下，非法所得无法转化为资本（如洗钱）。

  ——在市场经济环境中，可以更好地发挥资本逐利性的本质特征。创造价值最大化，正是市场经济的核心要义，也是资本持续创造价值的指标。

  ——在市场经济环境中，可以确保资本流通、使用的合法性、透明性和公正性，因为市场本身就是一个透明的存在体，而这种存在只有通过资本交易才能触摸得到。

  ——在市场经济环境中，市场以法制体系为其"基因"，具有法治社会的内生性特点。不合法经营与竞争，不能产生良好的法治环境。

——只有在市场经济环境下才能产生企业家精神，它是以竞争为前提的。

在市场经济环境中，决策是分散决策，资源也分散在众多的所有者手里。市场配置资源的含义，就是信息反馈的准确性和及时性。政府计划也是基于对信息的分析和决策，只不过是间接的、失真的、延误的信息反馈，中间环节的滞后效应和权力寻租的腐败特征，导致了"看得见的手"乱作为，"隐形的眼睛"不睁开。在市场环境中将资产转化为资本，才能体现资本的逐利性，也就是持续创造价值。政府"看得见的手"的实质是权力，让市场"看不见的手"发挥作用，就是把权力关进"笼子"的一个根本性措施。公开化是市场的一个特征，这一特征可以解决许多不在阳光下的问题。

资本的逐利性决定了它只以是否能获取最大价值来做出自己的选择，因此较少顾忌社会公益的需求，正如哈佛大学教授安德鲁·施莱弗和芝加哥大学教授罗伯特·维什尼所说："市场的不理性比你的财力要强大得多。"[1] 从资源的终极配置来看，不管什么资源，只要有稀缺性，就必须计划分配，这是不以人的意志为转移的。市场与计划都是资源配置的手段，市场经济不是万能的，计划经济也不是万恶的。就像经典力学是量子力学的一个特例一样，市场经济乃是计划经济的一个特例，前者的决定因素是物体的运动速度，后者的决定因素是可供配置资源的稀缺程度。当物体运动的速度远远小于光速时，它符合经典力学的规律；当运动速度接近光速时，经典力学的规律就逐渐失效了，它就符合量子力学的规律。在经济领域中也是这样，当社会资源（尤其是自然资源）还可以容忍以自由竞争的方式所造成的"浪费"时，市场经济的运作模式显得更有活力、更有效率、更有效益；当资源趋于枯竭或已经表现出枯竭的迹象

---

① 保罗·克鲁格曼. 经济学家们怎么错得如此离谱？[N]. 纽约时报，2009-09-02.

时，以自由竞争为表现形式的市场经济的运作模式就是奢侈的、浪费的、不道德的，这时就需要计划经济运作模式来更加有效、人道地配置本已极其有限的资源。

结　语

人类社会在漫长的历史演进过程中，逐渐形成了三大核心资本形态：一是货币资本。以货币为具体形态，它是产业资本在其循环过程中所采取的一种职能形式。它的职能是购买生产资料和劳动力，为生产剩余价值准备条件。二是人力资本。劳动者通过教育、培训、实践经验、迁移、保健等方面的投资而获得的知识和技能的积累，也称非物质资本。由于这种知识与技能可以为其所有者带来工资等收益，因此形成了一种特殊的资本形态。三是能源资本。它是人类生产活动的物质推动力，是人类文明进步的能量源泉。由于能源可以为人类的经济和社会活动提供动力并且创造剩余价值，因此具有一般资本的基本属性。这三大核心资本形态的形成，都是通过把某种资产（商品、智力和各种能源形态）的价值潜能挖掘并固定下来，然后通过诸如商品交换的形式或过程而转化为资本。因此，三种资本形态不是相互独立的，而是通过价值基因而内生性地融合在一起的。人力资本是人类的能力与智慧的表征，它是劳动的产物，也就是劳动创造了具有资本属性的价值。能源资本是推动人类一切生产活动的物质力量，它是劳动创造价值的前提和条件。货币资本并不是简单的钞票（即价值表征的形态），而是凝结了人力资本和能源资本的价值潜能（即价值创造的根源）。

德国著名经济学家冈纳·海因索恩和奥托·斯坦格尔提出："货币并不是无缘无故地从所有权的角度而产生的。所有权永远先于货币而存在。"① 换句

---

① 赫尔南多·索托. 资本的秘密[M]. 于海生，译. 北京：华夏出版社，2017：50.

话说，没有所有权制度，我们就不可能理解利息和货币，甚至货币都无法产生。在亚当·斯密乃至马克思所处的时代，所有权制度仍旧处于被限制的状态，发展相当落后，它们的重要性难以得到衡量。资本并不是由货币产生的，它是人类创造的产物。马克思在《资本论》（第一卷）第一版的序言中指出："以货币形式为完成形态的价值形式，是极无内容和极其简单的。"[①] 理解资本的唯一方式，就是建立一种所有权制度，它能够把所有权的经济特征记录在案，使它们与特定的场所、位置和所有者联系起来。所有权制度帮助人们彼此合作，深入思考如何使他们的资产得到应用，以创造更多的剩余价值。从这个意义上来说，所有权制度是将能源资产转化为资本的必要社会条件，是"纲"。

能源资产转化为资本的条件，除了所有权制度这个"纲"之外，还有"四目"：货币资本、人力资本、技术平台和市场环境。这"四目"可以看作是能源资本的四种"基因"，具有把能源资本持续创造价值的属性遗传下去的功能。从这个意义来说，本书破译了能源资本之所以具有持续创造价值的"基因密码"。

在能源资产转化为资本之后，并不是在所有权制度之下就可以直接凭借一纸所有权证书而创造剩余价值，而是必须把这种能源资本投入到社会生活中的各个领域，在某种生产关系融洽的行业领域和社会氛围中，结合人类的一般社会劳动，才能创造出剩余价值，而且每个领域的能源资本执行职能的方式和所产生的效应都是各不相同的。我们在以后的章节中，将会逐一讨论。

---

① 马克思. 资本论（第一卷）[M]. 北京：人民出版社，2004：8.

| 第三章 |

能源资本与经济增长的干涉效应

在物理学中，两列波相遇时，在某种条件下会产生合成波的振幅大于（或小于）成分波的振幅现象，叫作干涉效应。能源资本与经济增长之间也存在着明显的干涉效应，这种干涉效应是由能源资本的双因子即驱动因子和约束因子分别形成的。驱动因子反映了能源供应的强度，主要影响经济增长的速度；约束因子反映了能源利用的效率即技术进步的水平，主要影响经济运行的效益。只有双因子协调地执行职能，经济才能够健康快速地增长。

引言　干涉效应

物理学中的干涉效应，是指两个或两个以上频率相同的波相遇时，在一定条件下会相互影响，某些区域的振动加强，某些区域的振动减弱，也就是说，在干涉区域内振动强度有稳定的空间分布。两波重叠时，如果合成波的振幅大于成分波的振幅，称为"相长干涉"或"建设性干涉"。若两波刚好同相干涉，会产生最大的振幅，称为"完全相长干涉"或"完全建设性干涉"。两波重叠时，如果合成波的振幅小于成分波的振幅，称为"相消干涉"或"摧毁性干涉"。若两波刚好反相干涉，会产生最小的振幅，称为"完全相消干涉"或"完全摧毁性干涉"。

物理学研究中所观察到的现象，是自然界事物之间相互联系的具体反映。任何事物也都不是孤立地存在着的，而是与其他事物之间具有某种相互联系的规律，能源资本与经济增长之间也存在着某种关联性。对于不同的经济体和经济发展的不同阶段，能源资本 DNA 结构的四种"基因"，对能源资本创造价值的遗传特性的作用和影响程度不同，体现在能源资本与经济增长之间的关联性有着种种表现。许多研究表明，不同的经济体或者同一个国家在不同时期，经济增长与能源消费呈现不同的关系。[①] 有的国家能源消费和经济增长之间不存在因果关系，有的国家存在单向因果关系，有的国家存在双向因果关系。中国在 1996—2016 年的 20 年间，能源消费总量与 GDP，电力生产总量与 GDP 之间呈现强烈的双向因果关系。[②] 我们将能源资本与经济增长之间的关联性称为干涉效应。

统计学中的因子分析，是一种降低变量维度的多元分析方法，目的就是要在变量的相关性模式中发现更为简单的模式，特别是要探求是否能够用很少的几个变量（称为因子）在很大程度上乃至完全解释被观察变量。构成能源资本 DNA 结构的四种"基因"是货币资本、人力资本、技术平台和市场环境，它们是用来解释能源资本这个被观察变量的一组变量。这四个变量之间是存在相关性的，也就是说，它们彼此之间具有共同的成分。比如，人力资本、技术平台的形成离不开货币资本的投入，技术平台的形成也离不开人力资本的投入，货币资本、人力资本和技术平台必须在某种市场环境中才能起相应作用。这四种"基因"无一例外地都包含促进或制约经济增长的成分，只是表现方式、表现条件和对结果的影响程度不同而已。比如，货币资本的多少影响能源资产转化为资本的数量；再比如，技术平台的选择影响能源资产转化为资本的效率，等等。按照因子分析的方法，可以从这四个变量中提取出两个公共因

---

① 鄢琼伟，陈浩. GDP 与能源消费之间的关系研究[J]. 中国人口、资源与环境，2011 年第 21 卷第 7 期.

② 高晨晨. 过去 20 年统计公报中的电力数据分析[OL]. 公众号《壹条能》，2017-03-04.

子，一个因子是促进经济增长的，另一个因子是制约经济增长的。由于这两个公共因子在经济增长中发挥着完全不同的作用，因此它们是彼此完全不相关的，可以作为新的变量来解释能源资本这个被观察变量。我们将这两个完全不相关的公共因子分别命名为驱动因子和约束因子，能源资本与经济增长的干涉效应，就是由这两个公共因子所导致的，其中，驱动因子对经济增长具有促进作用，相当于两列波的"相长干涉"或"建设性干涉"；约束因子对经济增长具有制约作用，相当于两列波的"相消干涉"或"摧毁性干涉"。由此，我们发展出一个能够解释能源资本与经济增长之间关联性机制的双因子干涉理论。

能源资本的双因子干涉理论

经济增长理论综述

美国经济学家、1971 年诺贝尔经济学奖获得者西蒙·库兹涅茨给经济增长下了一个定义："一个国家的经济增长，可以定义为给它的居民提供各类日益增多的经济产品的能力长期上升。这种不断增长的能力是建立在先进技术以及所需要的制度和思想意识之相应的调整的基础之上的。这个定义的三个组成部分都是重要的。"① 按照这个定义来理解经济增长，具有三层含义：一是经济增长就是商品和劳务生产能力的增加，即潜在的国民生产总值的增加；二是技术进步是实现经济增长的必要条件；三是经济增长的充分条件是制度与意识形态的相应调整。经济增长有两个显著特征：一是产业结构优化升级，它是由劳动生产率的提高和需求方面的变化所引起的；二是伴随城市化的发展为工业发展提供了所需要的聚集效应和规模效应，也就是市场环境得到了某种改善。

经济发展，是指在经济增长的基础上，一个国家经济与社会结构的现代化

---

① 西蒙·库兹涅茨. 现代经济增长：发现与思考[M]. 戴睿，易诚，译. 北京：北京经济学院出版社，1989：57.

演进过程，即一个国家经济、政治、社会文化、自然环境和结构变化等方面的均衡、持续和协调发展。1957 年，瑞典经济学家缪尔达尔就曾经指出："经济发展作为一种主要政策目标的共同要求在不发达国家出现，把提高普通人的生活水平作为发展的定义，认同经济发展是政府的一项任务——所有这些成为历史中全新的重要事情。"①

美国经济学家、1981 年诺贝尔经济学奖获得者詹姆斯·托宾说："增长问题并没有什么新东西，只不过是为古老的问题穿上了一件新衣，增长是一个永远使经济学家着迷和神往的问题，无论是现在还是未来。"② 另一位美国经济学家、1995 年诺贝尔经济学奖获得者罗伯特·卢卡斯说："一旦一个人开始思考经济增长问题，他就不会再考虑其他任何问题。"③ 增长问题不仅仅使经济学家着迷和神往，更是政治家所追求的目标。中国宋代王安石实行变法的根本目的是要改善国家的财政状况，实现"富国强兵"。在要不要变法以及如何变法的问题上，王安石与司马光产生了严重的分歧。王安石认为，造成国家财政状况不好的原因，是没有善于理财的人。只要善于理财，就可以不增加捐税而使国库充盈。在王安石看来，只要政策恰当，可以通过增加生产来增加财政收入，从而在根本上解决财政不足的问题。司马光则认为，天地所生的钱财万物，不在老百姓手里，就在官府手里。设法从老百姓那里巧取豪夺，比增加田赋还要坏。在司马光看来，天下的财富是一定的，饼就是那么大，你分多了，我就分少了，因此不管怎么变法，都不会增加天下的财富。④

1000 多年过去了，经济增长仍然是摆在我们面前的现实问题。经济增长理论是研究长期经济增长动力的理论，其中心课题是：哪些因素决定了国民生

---

① 文华. 经济发展与经济增长的理论综述[J]. 延边大学学报（社会科学版），2011 年 10 月第 44 卷第 5 期，63.

② http：//www. docin. com/p-99352936. html.

③ http：//blog. sina. com. cn/s/blog_ 4d35de5f01000ale. html.

④ 《宋史·司马光》有记载："安石曰：'不然，善理财者，不加赋而国用足。'光曰：'天下安有此理？天地所生财货百物，不在民，则在官，彼设法夺民，其害乃甚于加赋。'"

产总值的增长？换句话说，经济学家需要进一步探究是什么因素驱动了进步，进而驱动了经济增长。在这个问题上，出现了许许多多的理论和模型。

亚当·斯密在《国富论》中论述了分工引起的劳动生产率的提高，以及资本积累使劳动者人数增加，是一国真实财富与收入增加的途径。他认为，分工协作和资本积累可以促进劳动效率的提高，是经济增长的基本动因；同时人口数量的增加会引起劳动数量的增长，从而引起经济增长。

托马斯·马尔萨斯认为，增长的人口是一国幸福和繁荣的表现或结果，增长的人口是经济增长的重大约束条件。经济增长存在极限，不可能无限制地增长下去。

大卫·李嘉图强调资本积累在经济增长中的重要性，认为长期的经济增长趋势会在收益递减的作用下停止。

约翰·穆勒把生产要素概括为四种：人口增长、资本积累、技术进步和自然资源。

马克思认为，影响经济增长的因素有三个：人口（劳动力）、资本积累和劳动生产力。他还认为，竞争促进了技术进步。

阿尔弗雷德·马歇尔强调资本家的投资和企业家的经营管理对经济增长的作用，认为经济增长是渐进的、和谐的，是经济利益逐步分配到社会全体的过程。

约瑟夫·熊彼特论述了创新与企业家的重要性，提出了"创造性毁灭的动态过程"。

罗伊·哈罗德－埃弗塞·多玛经济增长模型，是当代西方经济增长理论的先驱模型。该模型主要考虑劳动和资本两种要素，它们不可相互替代；没有考虑技术进步在经济增长中的作用；政府干预的结论带有浓厚的凯恩斯主义的色彩，对市场机制的作用有所忽视。

新古典经济增长理论的创立者是美国经济学家、1987 年诺贝尔经济学奖获得者罗伯特·索洛和澳大利亚经济学家特里沃·斯旺，后来英国经济学家詹姆斯·米德做了进一步的发展。

在索洛模型中，资金投入量、劳动投入量和技术进步被看作是影响经济增长的三大要素，而且其中的技术进步被认为是通过两大生产要素——劳动和资金的有机结合体现出来的。该模型假定，资本和劳动是可以相互替代的，经济处于完全竞争的条件之下，两种要素都可以得到充分利用，不存在劳动和资本的闲置问题，储蓄将全部转化为投资。在市场机制作用下，经济将自动实现充分就业下的均衡增长，此时，经济增长将决定于要素供给的增加和技术的进步。技术进步既能从物质资本上体现出来，也能从人力资本上体现出来，因而对于经济增长来说，对物质的投资和对人力的投资同样是必要的。在自然资源供给上，随着经济增长和技术进步，资源的利用率会不断提高，而资源的消耗率则会不断降低。

20 世纪 80 年代中后期以来逐渐兴起的一些经济增长理论，被称为新经济增长理论。

肯尼斯·阿罗的边干边学模型。其将新古典经济增长模型中的外生技术进步内生化，提出技术进步是知识的产物、学习的结果，是投资的副产品，经验的积累体现于技术进步之中。因此，技术进步是经济增长的内生变量。经济增长模式分析都以一般均衡论作为分析方法，阿罗因其在一般均衡论和社会福利经济学方面的成就而与英国经济学家约翰·希克斯共同获得 1972 年诺贝尔经济学奖。

保罗·罗默的知识溢出模型。知识和技术是私人厂商进行意愿投资的产物，与物质资本投资一样，知识投资也将导致知识资本的边际收益递减。知识溢出是经济增长的必要条件，内生的技术进步是经济增长的主要原因，只要知识积累过程不中断，经济就能实现长期增长。罗默因其确立了技术创新影响经济增长的新理论而获得 2018 年诺贝尔经济学奖。

罗伯特·卢卡斯增长理论。其用人力资本的溢出效应解释技术进步，说明经济增长是人力资本不断积累的结果。把技术进步具体化为体现在生产中的一般知识和表现为劳动者劳动技能的人力资本，将人力资本进一步具体化为社会共同拥有的一般知识形式的人力资本和表现为劳动者劳动技能的特殊的人力资本，从而把技术进步和人力资本结合起来并且更为具体化。只有特殊的、专业化的、表现为劳动者劳动技能的人力资本，才是经济增长的真正源泉。这是劳动价值理论的反映。

罗伯特·巴罗的增长理论。技术进步表现为政府提供服务所带来的私人厂商生产率和社会生产率的提高，因此，政府是推动经济增长的决定力量。政府提供公共产品，政府活动具有外部溢出效应。

从以上模型可以看出，决定经济增长的核心要素是劳动与资本，有些模型加入了技术进步和市场机制。劳动，可以看作是人力资本的体现形式，它是经济增长的人的因素，也是"活"的生产力要素。在这些模型中，资本一般指的是货币资本及物质资本（如厂房、机器、设备、自然资源等）。技术进步作为一个促进经济增长的新动力，越来越受到人们的关注，事实上它的作用也越来越明显。

我们从这些模型中发现，没有一个模型把能源资本作为一个单独的要素来分析它对于经济增长的作用，有些模型只是把能源作为物质资本中的自然资源而一笔带过，这是对能源资本作为经济增长动能的根本属性的严重忽视，因而，这些模型都是有缺陷的。事实上，能源资本作为经济增长的动能，是任何情况下都不可缺少的，不考虑能源资本的经济增长模型，都是无源之水、无本之木。

罗伯特·索洛把影响经济增长的因素分解为资本、劳动以及资本、劳动之外的余值（被称为"索洛余值"[①]）。经济学家利用索洛模型分析美国和其他工业化国家实际经济增长率的时候发现，人均资本投入只能解释经济增长的14%，而剩余的86%（"索洛余值"）却无法解释。索洛将这个余值称为"对

---

① 索洛余值：技术进步的贡献是产出增长率扣除要素投入量增长率的余额。

我们无知的一个度量"。他用理论模型将增长的源泉分解为资本、劳动力和技术进步,而且认为技术进步而非资本积累才是长期增长的主要源泉。"技术变革剩余"这个术语表明,有一部分增长无法用特定的因素(比如资本积累或劳动力增长)来解释。德国维尔茨堡大学物理学家莱纳·屈梅尔建立了一个涵盖能源、资本和劳动力投入的增长模型,并对美国、英国和德国在1945—2000年间的经济增长进行了研究,最终发现能源就是解释经济增长剩余部分的"缺失因素"。[①]

除了物理学家莱纳·屈梅尔,欧洲工商管理学院另外一名拥有物理学专业背景的环境和管理学教授罗伯特·艾尔斯,与其研究助手一道建立了一个包含能源、资本和劳动力的经济投入模型。他们在对美国整个20世纪的经济增长曲线进行研究之后,对英国、日本和澳大利亚的经济也一并加以分析,结果表明,将能源加入模型之后,这四个国家在20世纪的经济增长几乎都是能源带动的结果。他们的经济增长模型清楚地表明了"日益提高的将能源和原材料转化为有用功的热力学效率"是生产率提高和工业社会经济增长的主要原因。[②]

值得指出的是,一方面,莱纳·屈梅尔和罗伯特·艾尔斯的物理学背景,使得他们对能源这种能量源泉的理解比一般经济学家要深刻一些;另一方面,他们的模型中把能源与资本并列,说明他们对于能源本质属性的认识还有片面性,只是将其简单地归为自然资源禀赋(如离海岸河流的远近,石油、各种矿产的储藏情况,等等)。实际上,如果不把能源当作资本看待,那么还是无法解释经济增长的内在机制,也就说不清楚经济增长所创造的价值的来源。这是因为,我们在上一章的研究结果表明,能源资本的 DNA 结构是由货币资本、人力资本、技术平台和市场环境这四种"基因"组成的,其中任何一种"基

---

① 杰里米·里夫金. 第三次工业革命[M]. 张体伟, 孙豫宁, 译. 北京:中信出版社, 2012:214.
② 同上.

因"都是经济增长所必需的。能源资本就是经济增长的动能，没有这个动能，任何经济增长模型都会由于缺少这个"无知的度量"而继续"无知"下去。

在现实生活中，主要矛盾与次要矛盾的转化是经常发生的现象。用数学模型研究经济现象和经济问题，对于学者们来说，既是一项创造性的劳动，同时也是一件勉为其难的差事。经济生活中的复杂因素太多，以至于经济学家们常常忽视它的异质性，而总是从同一性的角度思考并提出理论模型。这就免不了设置一些假设条件，而这样就难免出现"智者千虑，必有一失"的情况。实际上，只有抓住了异质性，才能抓住事物的本质属性。在研究某些特殊问题时，异质性成为主要矛盾，同一性反而成为次要矛盾。事实上，用数学模型来研究经济生活中的异质性确实有许多无能为力之处，因为许多该考虑的因素没有考虑、一些并不重要的因素却被当作重要因素而纳入模型之中；同时，模型发生作用的环境也受到许多假设条件的限制，这样就会使分析结果与实际情况发生较大的偏差。有些看起来很不起眼的因素，在有些情况下也可能会产生颠覆性的影响，蝴蝶效应就反映了这种现象。经济的增长最起码要有动能，也就是能源资本。但如果数学模型中没有这个因素，那么这样的数学模型是不可能计算出真实的结果的，因为在缺少能源资本这个"引擎"和"燃料"的环境下，经济增长这辆"车"是无论如何也启动不了的。

商品具有价值和使用价值的二重性，能源作为一种特殊的商品也具有二重性。能源行业自身是一种产业，同时它又是其他产业的"粮食"和"动力"。能源行业已经成为整个社会经济的一个有机组成部分了，因此，能够解释能源行业发展的一些变量或要素，也都是经济增长的解释变量或要素。

能源资本的生产力属性

从亚当·斯密的《国富论》到保罗·萨缪尔森的《经济学》，从马克思的《资本论》到托马斯·皮凯蒂的《21 世纪资本论》，这些学者的著作，都是探讨财富的来源及其分配问题的。财富的增长，必须通过经济的增长来实现。经济的增长，即人类社会物质生产和服务水平的增长，离不开生产力的发展。生产力是人类利用自然、改造自然、从自然界获取物质资料的能力，这种能力的发展，离不开决定生产力的要素投入。

马克思是系统、深刻、科学地阐述生产力理论的第一人，他曾经两次对生产力下定义。早在 1845 年，马克思与恩格斯就论述了生产力的问题："一定的生产方式或一定的工业阶段始终是与一定的共同活动的方式或一定的社会阶段联系着的，而这种共同活动方式本身就是生产力。由此可见，人类所达到的生产力的总和决定着社会状况。"① 马克思在《资本论》（第一卷）中，又一次论述了生产力："劳动生产力，即由于生产条件发展程度不同，等量的劳动在同样时间内会提供较多或较少的产品量。"② 关于决定生产力的要素，马克思指出："劳动生产力是由多种情况决定的，其中包括：工人的平均熟练程度，科学的发展水平和它在工艺上应用的程度，生产过程的社会结合，生产资料的规模和效能，以及自然条件。"③ 马克思认为，构成生产力的要素是具有层次的，"劳动过程的简单要素是：有目的的活动或劳动本身，劳动对象和劳动资料"。④ 马克思是以开放和发展的眼光看待生产力的构成要素的，"机器生产的发展要求自觉地应用自然科学，生产力中也包括科学。劳动生产力是随着科学和技术的不断进步而不断发展的。"⑤ "生产力的这种发展，归根到底总是来源于发挥着作用的劳动的社会性质，来源于社会内部的分工，来源于智力劳动特别是自然科学的发展。"⑥ 这个论述也正是邓小平所提出的"科学技术是第一生产力"的来源。马克思还认为，自然环境是生产力存在、运行和发展的必不可少的条件，"没有自然界，没有感性的外部世界，工人就什么也不能创

---

① 马克思恩格斯选集（第一卷）[M]. 北京：人民出版社，1995：34.
② 马克思. 资本论（第一卷）[M]. 北京：人民出版社，2004：594.
③ 同上，53.
④ 同上，208.
⑤ 马克思恩格斯全集（第 46 卷）（上）[M]. 北京：人民出版社，1979：122.
⑥ 马克思恩格斯全集（第 23 卷）[M]. 北京：人民出版社，1980：420.

造"①;"如果把不同的人的天然特征和他们的生产技能上的区别撇开不谈,那么劳动生产力主要应当取决于:劳动的自然条件,如土地的肥沃程度、矿山的丰富程度等等"②。这些论述也说明,单凭劳动时间这一个指标,是不能衡量价值量的。

在马克思看来,生产力包括三个基本要素:劳动者、劳动资料和劳动对象。劳动者是指具有一定生产经验和劳动技能而从事物质生产的人。劳动资料是指在劳动过程中用以改变和影响劳动对象的物质资料和物质手段,它是一个结构复杂、范围广泛的庞大物质系统,其中居于首要地位的是生产工具。劳动对象是指劳动者在劳动过程中使用劳动工具所加工的一切对象。劳动资料和劳动对象结合起来就构成生产资料,这是生产力中"物"的要素,而劳动者则是生产力中"人"的要素。在这三个要素中,劳动者是决定性的要素,因为劳动者是生产活动的主体,生产工具是劳动者创造出来的,劳动资料只有在劳动者的掌握和运用下,才能发挥它应有的作用。劳动资料在生产力中是十分重要的因素,特别是其中的生产工具,它是人类改造自然能力的物质标志。

在马克思的生产力三要素中,劳动资料和劳动对象究竟包括哪些具体的内容,仍然是一个值得研究的问题。劳动资料既然包括物质资料和物质手段,那么,作为物质的各类能源形态显然应该包括在其中。石油、天然气、煤和各种生物质都具有经济潜能,在一定条件下都可以转化为能源资本。物质手段的含义更为广泛,其中居于首要地位的是生产工具。生产工具的生产本身,除了人的劳动之外,还需要能源作为动能。比如,铁器的生产,首先要冶炼矿石,而要熔化矿石,就需要强大的热量的注入,也就是需要能源资本的投入。因此,劳动资料当中就包括了能源资本。

劳动对象是指劳动者在劳动过程中使用生产工具所加工的一切对象。生产

---

① 马克思恩格斯全集(第42卷)[M]. 北京:人民出版社,1979:92.
② 马克思恩格斯选集(第一卷)[M]. 北京:人民出版社,1995:99.

工具的生产，已经注入了能源资本。生产工具所加工的对象，比如某件商品，构成这件商品的原材料在变成零部件的过程中，也需要能源资本的投入。因此，生产工具所加工的对象也包括了能源资本。由于能源资本具有二重性，除了它本身所蕴含的价值（各种能源形态所具有的经济潜能）之外，还具有使用价值，即能源资本是一切商品生产的动能。

劳动者本身在技能与经验形成过程中能源资本投入是不可缺少的，劳动资料和劳动对象这两个生产力的要素中也已经包括了能源资本。因此，在马克思所说的生产力三要素中，能源资本成为它们的有机组成部分。

马克思认为，生产力本身并不神秘，它"当然始终是有用的具体的劳动的生产力，它事实上只决定有目的的生产活动在一定时期内的效率"[1]；"任何生产力都是一种既得的力量，以往的活动的产物"[2]；生产力所反映的是"人以自身的活动来中介、调整和控制人和自然之间的物质变换的过程"[3]。马克思所说的生产力，始终是有用的具体的劳动生产力，但是，如果没有价值的载体——资本的投入，那么这种"具体的劳动生产力"就没有创造价值的动能。因此，从马克思的生产力三要素中，我们可以看出，能源资本成为三要素创造价值的动能，它与其他要素是血与肉的关系，密不可分，能源资本持续创造价值的"遗传基因"已经深深地嵌入和融入生产力这个"细胞"之中了。

萨缪尔森认为，自然资源（包括土地）与劳动、资本一样，也是一种生产要素，这是因为"我们从它们的服务中能够获得产出或满足"[4]。在萨缪尔森看来，自然资源包括土地、水和大气，地表下蕴藏着石油和矿藏。石油和天然气这样的资源，属于典型的能源资产，人们在长期的生产和生活中发现了它

---

① 马克思恩格斯文集（第5卷）[M]. 北京：人民出版社，2009：59.
② 马克思恩格斯全集（第3卷）[M]. 北京：人民出版社，1979：321.
③ 马克思. 资本论（第一卷）[M]. 北京：人民出版社，2004：207-208.
④ 保罗·萨缪尔森，威廉·诺德豪斯. 经济学（第19版）[M]. 萧琛等，译. 北京：商务印书馆，2013：246.

们的经济潜能，其所有者可以在市场上出售而获得经济价值，再加上人力资本和技术平台的投入，在某种特定的市场环境中它们便可以转化为资本。

萨缪尔森认为，资本既是一种投入又是一种产出。他所说的资本，早期主要包括三种重要的有形资产：建筑（如工厂和住宅）、设备（耐用消费品，如汽车；耐用生产设备，如机床和卡车）以及投入和产出的存货（如经销商的汽车存货）。这些有形资产是经济的重要组成部分，因为它们可以提高其他要素的生产率。在知识经济时代，资本还包括越来越重要的无形资产，例如软件（如计算机操作系统）、专利（如微处理器）和品牌（如可口可乐）等。①

从马克思和萨缪尔森有关生产力要素的论述可以看出，在目前通行的生产力要素理论中，除土地之外，自然资源和资本两个要素，都包括了作为自然资源的能源形态及由能源资产转化而来的能源资本。根据托马斯·皮凯蒂的观点，国民收入＝国内产值＋国外净收入＝资本收入＋劳动收入。② 国民收入与国内生产总值的概念密切相关，后者是一年内一国境内生产的商品和服务的总量。商品是凝结了一般社会劳动和资本价值的产品，它也凝结了能源资本的价值。这样，在"自然资源、土地和资本"这三个生产力要素中，都为能源资本留出了位置，尤其在以制造业为核心的现代经济结构中，能源资本在生产力要素中更是居于核心的位置。如果没有能源资本，其他生产力要素就缺少执行职能的动能。鉴于能源资本对人类经济社会发展的重要性，我们有必要把它作为生产力的一个专门要素来对待。

能源资本的驱动因子与约束因子

我们在前文中已经分析过，可以从能源资本 DNA 结构的四种"基因"中，提取出两个完全不相关的公共因子，一个是促进经济增长的因子，我们称

---

① 保罗·萨缪尔森，威廉·诺德豪斯. 经济学（第 19 版）[M]. 萧琛等，译. 北京：商务印书馆，2013：259-260.

② 托马斯·皮凯蒂. 21 世纪资本论[M]. 巴曙松等，译. 北京：中信出版社，2014：46-49.

其为驱动因子；另一个是制约经济增长的因子，我们称其为约束因子。

能源资本的驱动因子，是指各种能源形态所含有的能量值及其价值潜能，决定着经济增长的速度，因此会产生能源资本与经济增长的相互促进效应。驱动因子主要以能源资本投入数量的多少来表征，所反映的是货币资本和人力资本投入的强度。

能源资本的约束因子，是指把各种能源形态的能量值及其价值潜能释放出来的水平和效率，决定着经济运行的质量和效益，因此会产生能源资本与经济增长的相互制约效应。约束因子主要以能源资本使用效率的高低来表征，所反映的是技术创新和技术进步的水平。

为了理解驱动因子和约束因子的本质，我们还是要从它们的构成"基因"中找答案。

能源资本的 DNA 结构是由货币资本、人力资本、技术平台和市场环境这四种"基因"构成的，每一种"基因"中既有作为资本持续创造价值进而驱动经济增长的"遗传"功能，同时也有阻碍资本的价值创造能力进而约束经济增长的"变异"功能。

第一，货币资本的投入是经济增长的先决条件。我们在前面论述过，能源资产转化为资本的过程，就是商品生产和交换的过程，顺次经过购买、生产和销售三个阶段。在这个过程中，完成了被马克思称为"产业资本"的循环，而货币资本与商品资本和生产资本一样，只是产业资本的特殊职能形式，不论是商品资本，还是生产资本，都要以货币资本为表现形态。用货币资本所购买的劳动力和生产资料（包括各种能源形态）中，已经凝结了上一个生产循环中所创造的货币资本的价值。能源资产转化为资本后，投入到其他经济活动之中，其价值凝结在生产过程中所形成的商品中了，由此完成了一个产业资本的循环。正是由于这种循环，货币资本才成为能源资产转化为资本的要素之一，它也就成了携带着能源资本持续创造价值的"遗传基因"。

第二，人力资本是所有经济活动的发动者、参与者与直接的价值创造者。

人力资本的构成要素是存在于人体之中的具有经济价值的知识、技能和体力（健康状况）等质量因素之和。在经济活动中，劳动者发挥作用，实际上是指构成人力资本的这些要素在发挥作用。作为"活资本"和"软资本"的人力资本，具有创新性和创造性，因此，它比货币资本以及由货币资本购买的生产资料（如机器、设备、厂房、建筑物、交通运输设施等）这类"死资本"和"硬资本"具有更大的增值空间。在知识经济时代，人力资本不论是在数量上还是在收益上都远远超过了物质资本，从而取代了在经济增长中物质资本所一度占据的主导地位。如今，企业的组织形式取决于物质资本和人力资本的合作关系。随着市场规模的扩大、专业化分工程度的深化、金融市场效率的提高，物质资本越来越容易被复制，而人力资本的重要性则越来越凸显，这是因为它携带了能源资本持续创造价值的"遗传基因"，因而具有独特性。

第三，在许多经济增长理论中，都把技术进步看作是影响经济增长的要素之一。纵观整个能源发展史，能源资产转化为资本的技术手段经历了一个由简单到复杂、由低级到高级、由单一到综合的发展和进步的过程。这种技术进步既能从物质资本上体现出来，如各种能源形态的加工和利用装置的改进，也能从人力资本上体现出来，如从事能源技术的人的素质越来越高、他们的价值创造能力越来越强、他们的收入也越来越多。技术平台涉及不同形态的能源资产转化为资本的各种技术手段，因此也就成为能源资本持续创造价值的"遗传基因"的"孵化器"了。

第四，市场环境是商品交换和经济运行的时空条件。能源资产只有在市场环境中，才具备转化为资本的必要时间和空间，比如商品总要在工厂里、花一定的时间才能生产出来，动植物总要在空气环境中才能生长。在构成能源资本的四种"基因"中，市场环境是最为复杂的因素，它涉及政治、社会、历史、法律、地理、人文等方方面面，决定着不同地区、不同时期的经济发展状况的异质性，是索洛所说的"无知的度量"的"筐"，只要与上述三个要素不同的要素，都可以纳入这个范畴。

从上面构成能源资本 DNA 结构的四种"基因"的内禀特征来看，它们对经济增长都具有驱动和约束两种作用。货币资本和人力资本供给充足时，能源资产转化为资本过程中所需要的生产资料和人力资源的供给就会充足，能源资本的供给也同样充足，对经济增长具有驱动作用；反之，既没有资金，又缺少人力，当然就无法及时、足够地把能源资产转化为经济增长所必需的能源资本，对经济增长就具有约束作用。在能源资产转化为资本的过程中，随着技术的进步，能源资源的利用率会不断提高，而资源的消耗率则会不断降低。也就是说，不同的技术手段所产生的能源资产转化为资本的效率和效益是不同的，这种转化效率和效益会对经济增长产生不同的作用。

通过以上分析，我们可以这样认为，能源资本 DNA 结构的四种"基因"的成分不同、它们的排列组合方式不同、在不同的时间和空间的职能表现不同，就会对经济增长产生不同的作用，起促进作用的因子就是驱动因子，起制约作用的因子就是约束因子。驱动因子主要影响经济发展的数量和速度，约束因子主要影响经济运行的质量和效益。两种因子的作用虽然不同，但又不能截然分开，而是类似于生物学中 DNA 的双螺旋结构，正是这种双螺旋分子结构才具有内部的稳定性。

双因子的 "齿轮效应"

经济增长总是处于速度和效益、数量和质量的动态平衡过程，最理想的情况就是经济增长的规模大、速度快、质量好、效益高，也就是我们平常所理解的"多、快、好、省"，这需要能源资本的驱动因子和约束因子协调执行职能，即在驱动因子促进经济增长的同时，约束因子促进了经济质量的提高；当约束因子促进经济质量的提高时，驱动因子也在促进经济的增长。但是，在很多情况下，能源资本的两个因子对经济增长的干涉效应不是同步的，即不完全是"相长干涉"，甚至在很多情况下是相反的，即有可能是"相消干涉"。如果能源资本的投入强度大，那么，经济增长速度就快，产生"相长干涉"；如果经济结构中粗放型的高耗能产业居多，那么就有可能造成能源资本的浪费，导致能源资本的使用效率低下，经济增长的质量不高，生态环境遭到破坏，产生"相消干涉"。

驱动因子是对能源资本数量的规定性，约束因子是对能源资本质量的规定性。双因子会产生一种相互制约的"齿轮效应"[①]，就是一个因子发挥作用，是以另一个因子发挥作用为条件的，在这个过程中，两个因子还会产生一种相互放大的效应。这正是能源资本双因子干涉理论的运行机制。我们以中国为例进行具体分析。

2018年9月25日，彭博新闻社网站报道，汇丰银行控股公司的经济学家发表的一份涉及75个国家的研究报告预测，到2030年，中国的GDP将达到26万亿美元，远高于当时的14.1万亿美元；与此同时，美国的GDP将从20.4万亿美元增至25.21万亿美元。[②] 在更早的2011年，芝加哥大学经济学教授、1993年诺贝尔经济学奖获得者罗伯特·福格尔预测，到2040年，中国经济总量将达到123万亿美元，相当于2000年世界总量的三倍。人均GDP达到85 000美元，相当于欧盟的两倍，远远超过日本和印度。换句话说，2040年，普通中国人的生活水平将超出法国人一倍。虽然中国人均生活水平不会超过美国，但是根据福格尔的预测，届时中国GDP占世界比重将达到40%，美国则是14%，欧盟为5%。[③]

过去20年中国是世界最大的能源消费国，也是全球能源增长的最主要来源。预计到2040年，中国能源需求平均每年仅增长1.5%，比过去20年间年均增长率低1/4。中国的能源结构也发生了显著变化，为其经济结构转型和向

---

① 齿轮效应，是指一个齿轮转动时会带动下一个齿轮转动，下一个会继续带动下下一个……当一个齿轮不转动时，所有的转动就都停止了。齿轮转动过程中，还有放大转速的效果，就像汽车的不同挡位，会产生不同的转速。

② 汇丰预测2030年中国经济超美[N]. 参考消息，2018-09-28.

③ 罗伯特·福格尔. 123万亿美元. 美国《外交政策》（双月刊），2011年1/2月.

清洁、低碳能源转变的意愿所驱动。中国煤炭消费下降，与过去 20 年煤炭为中国快速工业化提供绝大部分能源形成鲜明对比，中国煤炭消费达到峰值的可能性日益提升。可再生能源和核能、水电合计占中国能源需求增长的 80%，可再生能源将接替石油成为中国第二大能源来源。需求增长下降和向低碳能源的转型，导致中国能源消费所产生的碳排放在 2025 年左右达到峰值。①

能源资本驱动因子的主要职能是促进能源消费和经济增长。到 2040 年，能源消费的全部增长均来自快速增长的发展中经济体，由这些经济体的日益繁荣驱动，中国、印度和其他新兴亚洲国家新增能源消费约占全球的 2/3，其中，中国和印度约占一半。世界经济增长与能源消费的这种关联性，正是能源资本的驱动因子执行职能的结果。

理想很丰满，现实很骨感。通过英国石油公司发布的《世界能源统计年鉴》（2018 年）和 2018 年《财富》世界 500 强榜单，结合中美两国政府的能源统计数据，从反映国家经济效率的单位 GDP 能耗和反映社会大众生活水平的人均能耗这两个最重要的指标看，中美两国经济社会发展水平至少存在二至三个数量级的差距。②

2017 年，中国的 GDP 为 82.0754 万亿元人民币，按人民币对美元 6.75 的平均汇率计算，折合 12.1593 万亿美元，2017 年年末中国人口总数为 13.9008 亿，人均 GDP 约为 8747 美元。同年，美国 GDP 为 19.3868 万亿美元，人口为 3.2446 亿，人均 GDP 约为 59 751 美元。中国 GDP 约是美国的 63%，美国的人均 GDP 约是中国的 6.83 倍。

2000 年，中国能源消费为 10.1 亿吨标准油，2017 年为 31.322 亿吨标准油，占世界的 23.2%。18 年间增长了 2.1 倍，同期 GDP 由 1.2 万亿美元增长到 12.1593 万亿美元，增长了 9.1 倍。18 年间中国能源消费以低于 GDP 增长

① 源自《世界能源统计年鉴》（2018 年）.
② 王能全. 中国全面超越美国了吗？从能源数据看中美真实差距[J]. 财经, 2018-08-06.

的速度支撑了经济的高速增长，但经济增长仍要靠能源消费增长来拉动。换句话说，中国经济增长与能源消耗尚未脱钩。2000 年，美国的一次能源消费总量为 22.596 亿吨标准油，2017 年为 22.349 亿吨标准油，占世界的 16.5%。18 年间美国的一次能源消费下降了 0.247 亿吨标准油，而同期美国 GDP 由 10.29 万亿美元增长到 19.39 万亿美元，增长了 88.5%。这就是说，美国经济增长已经摆脱了依赖能源消费增长，转而靠效率改善来驱动，美国经济已经进入了节约型发展的阶段。

2000 年，中国能源对外依存度为 5.71%，2010 年上升到 13.45%，2015 年上升到 15.92%。2017 年，中国一次能源消费总量为 44.9 亿吨标准煤，其中 9 亿吨标准煤依赖进口，能源对外依存度为 20.04%。同年，美国一次能源消费总量为 97.728 万亿英制热量单位（BTU）①，进口的数量为 7.437 万亿英制热量单位，能源对外依存度仅为 7.61%。2017 年美国的能源净进口量下降到 1982 年以来的最低水平；中国石油净进口量为 4.19 亿吨，超越美国成为世界第一大石油进口国，石油对外依存度约为 68%。中国天然气对外依存度为 39.61%，其中进口液化天然气（LNG）超越韩国，仅次于日本。2011 年，美国就已成为石油产品的净出口国，2017 年又成为天然气的净出口国。

能源效率是指单位能源消耗所能产生的 GDP，反映一个国家的整体经济竞争力。能源效率是由技术水平决定的，它属于能源资本的约束因子。2017 年，中国单位标准油产生的 GDP 为 3911 美元，美国为 8675 美元，是中国的 2.22 倍，中国的能源效率至少比美国落后两个数量级。若以美国同等的能源效率计算，2017 年中国的 GDP 就不是 12.1593 万亿美元，而是 27.17 万亿美元，世界第一经济大国就是中国。即使在未来的某一时刻，中国 GDP 从数量上超越了美国，但如果能源效率仍然大幅落后于美国，中国的综合国力和市场竞争能

---

① BTU（British Thermal Unit），英制热量单位，其含义是，将 1 磅水的温度升高 1 华氏度所需要的热量。1BTU = 1055.06 焦耳。

力也仍会落后于美国。中国目前还是以重化工业为主的产业结构，美国高附加值的高科技产业优于中国，中国的经营比美国粗放，能源浪费比较大。因此，对于中国来说，能源效率的持续提升更具战略意义。

人均能源消费反映一个国家社会大众生活的水平。2017年，中国人均能源消费为2.25吨标准油，美国为6.88吨标准油，美国是中国的3.05倍；中国人均用电量为4589千瓦时，美国为12365千瓦时，是中国的2.69倍。假如中国人均能源消费水平达到美国目前水平，中国的一次能源消费总量将占世界总量的一半以上，这将是一件不可思议的事情，整个世界将是无法承受的。

能源结构对生态环境的影响至关重要。从热当量来说，1吨标准油当量相当于1.4286吨标准煤，1立方米天然气相当于1.3300吨标准煤。从热效率来说，石油为65%左右，煤炭为40%~60%，天然气可达75%以上。因此，一国的能源消费结构中，油气占比高，能源效率就高；煤炭占比高，能源效率就低。2017年，中国的能源消费结构是：煤炭60.42%，石油19.42%，天然气6.60%，合计86.44%，说明以煤为主的传统能源仍是中国能源消费的主体。美国的能源消费结构是：煤炭14.86%，石油40.87%，天然气28.45%，合计84.18%，它虽同样严重依赖传统化石能源，但以油气为主，合计占比为69.32%，高于中国的煤炭比重。

2017年，中国发电总量为6.5万亿千瓦时，居世界第一，火力发电占比为71.79%（其中，煤电占比为64.67%）；水电占比约为18.30%，风电占比为4.54%，太阳能发电占比1.49%，核电占比3.82%。同年，美国发电总量为4.0186万亿千瓦时，居世界第二，其中天然气发电占比为31.7%，煤电占比为30.1%，核电占比为20.0%，非水可再生能源发电占比为9.6%。事实很清楚了，当前中国面临的严重环境问题，与能源消费结构尤其是电力结构有着极大的关联性，是能源资本的约束因子没有有效执行职能所造成的，说明双因子的"齿轮效应"发挥得不好。

2018年《财富》世界500强中，中国公司上榜120家，接近美国的126

家，远超第三位日本的 52 家。世界排名前十大公司中，中国的国家电网、中国石化和中国石油，分别排名第二、第三和第四。2017 年世界 500 强的前十大公司，五家是石油公司，分别为中国的中国石化、中国石油，荷兰的壳牌公司，英国石油公司和美国的埃克森 – 美孚公司。从企业最重要的利润指标来看，中国石化 2017 年利润为 15.37 亿美元，中国石油为 – 6.9 亿美元，壳牌公司为 129.77 亿美元，英国石油公司为 33.89 亿美元，埃克森 – 美孚公司为 197.1 亿美元。

当前，中美两国的经济不在同一发展阶段，社会大众的生活水准也不在同等水平，企业的盈利能力也不在同一个档次上。中国要赶上美国，必须在能源资本的数量和质量两个方面努力。在数量上需要强大的能源资本的驱动因子，必须对中国的能源产业持续进行改革，确保中国任何时候都有充足的能源资本供应，其中降低能源对外依存度是一个核心的问题，它是确保能源资本安全的根本性措施。在质量上需要有效的能源资本的约束因子，必须持续通过产业结构的转型、能源消费结构的调整，尤其要重视技术进步的作用，不断提高能源的转化和利用效率，使单位能源消耗产出更多的 GDP。只有能源资本的双因子协调执行职能，使"齿轮效应"得到良好的发挥，中国经济数量增长和效益提高这两个"轮子"才能更加协调有效地向前转动。只有能源资本 DNA 结构中的驱动因子和约束因子组成稳定的双螺旋结构，能源资本持续创造价值的"基因"才具有稳定的"遗传"性而更少"变异"性。

双因子干涉理论与经济增长

能源资源的现状与前景

能源资本的可持续供应之所以如此急迫和重要，是因为有一种声音一直在人类的耳际回荡：人类活动最终将把地球上的资源消耗殆尽。[①] 许多学者和研

---

① 赵宏图. 新能源观：从"战场"到"市场"的国际能源政治[M]. 北京：中信出版社，2016：3.

究机构都在不同的时间、针对不同的问题提出了相同的观点。我们按照时间次序，将相关材料综述如下。

1798 年，英国经济学家、人口学家托马斯·马尔萨斯发表了《关于影响未来社会进步的人口学原理》，认为人口增长将超过地球为人类提供生存资源的能力，社会是不可持续的。他强调，无论是资源的有限性还是经济上的稀缺性，都是绝对存在的。

1865 年，英国经济学家斯坦利·杰文斯出版了《煤炭问题》一书，指出英国即将进入能源短缺时代，未来将出现能源短缺、工业崩溃、国家衰退，而且这个问题没有解决的办法。

1874 年，美国宾夕法尼亚州的首席地质学家曾经预言，到 1878 年，美国的石油资源将开发殆尽。

1881 年，英国物理学家威廉·汤姆逊警告说，英国的能源基础十分薄弱，灾难就在眼前。英国的辉煌时期即将谢幕，因为"地下蕴藏的煤炭"行将枯竭，唯一的曙光将是"风车或风机以某种形式再次兴起"。

1885 年，美国宾夕法尼亚州州立地质局认为，石油的疯狂表现是暂时的现象，马上就会消失——现在的年轻人会看到这种现象将自然结束。

1916 年，美国参议院调查报告称，根据最乐观的看法，石油很可能在 25 年内枯竭。

1919 年，美国地质学家大卫·怀特预测，美国石油产量的顶峰期将很快过去，可能在 3 年之内。美国地质调查局预测，美国的石油将会在 9 年内用完。

1939 年，美国内政部预测，全球石油供应将会在 13 年内完全枯竭。

二战期间，时任美国战时石油行政官的哈洛德·伊克斯发表了一篇广为流传的文章《石油枯竭》，指出如果有第三次世界大战的话，一定是石油战争，因为美国将来没有石油。

1949 年，美国国务院预测，美国将在 20 年内面临石油短缺，除了从中东地区进口外别无他法。

1951 年，美国内政部修正了以前的预测，认为全球石油将会在下一个 13 年内枯竭。

1953 年，美国地质学家金·哈伯特预测，美国石油产量将于 20 世纪 60 年代或 70 年代初达到顶峰，而美国实际石油产量确实从 1970 年创下历史纪录后开始回落，形成一条"钟形曲线"。从此以后，石油专家把这种情形叫作"哈伯特顶点"。哈伯特的这一成功预测，使"资源枯竭论"在 20 世纪 70 年代风行一时。1978 年，哈伯特预言，1965 年出生的孩子将在有生之年见证世界石油的枯竭，人类将进入"一个无增长时代"。

1968 年，美国斯坦福大学昆虫学家埃利希出版《人口炸弹》一书，预测鉴于世界人口的爆炸性增长，在有限的空间内资源将耗尽，地球终将不能养活人类。1974 年，他再次预测，1985 年以前人类将进入资源匮乏时代，许多赖以生存的不可再生的矿产品将濒临枯竭，人类毁灭性地消耗地球上的矿物资源会造成灾难性的后果。

1972 年，罗马俱乐部发布了由美国麻省理工学院教授丹尼斯·梅多斯等人撰写的《增长的极限》的报告，认为人口的增长必然引起粮食需求的增长，工业化进程不可避免地会引起不可再生资源耗竭和环境污染程度的加深，这些增长都带有指数增长的特性，人类社会迟早会达到一个临界的"危机水平"。世界石油和天然气将分别于 1992 年和 1993 年之前耗尽。

在整个 20 世纪，至少出现过三轮石油枯竭论热潮：第一轮开始于一战期间，结束于大量石油充斥市场的 1930 年；第二轮开始于二战，后来随着石油生产逐渐增加，枯竭论渐渐被否定，并在 20 世纪 60 年代末被彻底否定；第三轮开始于 20 世纪 70 年代初，经历两次石油危机而达到顶峰，最后在 1986 年油价暴跌的反石油危机中戏剧性地戛然而止。

与"石油枯竭论"相对应的是"石油峰值论"，世界已经接近或者已经达到石油生产的顶点，并开始或即将出现无法阻挡的下降趋势，其中有以下几种预测。

2001 年，迈克尔·克莱尔出版《资源战争》一书，指出世界很可能从 21

世纪第二个或第三个 10 年起，开始面临石油的明显短缺。2008 年，他又出版《石油政治学》一书，强调虽然以往多次资源短缺都得以缓解，但这次性质不同于以往，能源和关键资源的消耗与需求达到前所未有的阶段，现有储量正明显地趋向枯竭，而且是许多资源同时枯竭。

2001 年，王家枢在《石油与国家安全》一书中指出，石油是一种天然储量有限、日渐枯竭的资源，（2010 年前后）石油生产的鼎盛时期即将结束，大多数油田的产量将下降，常规石油资源的枯竭已是世界面临的严峻现实。

2007 年，斯蒂芬·李柏等人撰写的《即将来临的能源崩溃》一书，强调人类面临的困境不仅仅是石油短缺，而是所有商品短缺都将加剧。金属及矿物、能源和水等之间存在相互依赖的关系，获取一种资源经常会以消耗其他资源为代价。人类缺乏足够石油来满足全球增长的贪婪需求，如果石油消耗维持在每年约 310 亿桶，到 2040 年石油就会枯竭。

2008 年，世界自然基金会发布的《地球生命力报告》指出，全球 3/4 的人口生活在过度消耗资源的国家，那里的资源消耗速度超过了环境再生水平。如果人类继续以目前速度向地球索取资源，那么，到 21 世纪 30 年代中期，人类将需要两个地球的资源才能维持当前的生活方式。

2011 年，柳润墨在《资源阴谋》一书中指出，在资源有限的前提下，我们正快速进入一个资源短缺的时代。就矿产资源来说，石油和天然气将在几十年内耗尽，乐观一点的估计也不会超过 100 年，而根据现在开采、消耗速度和全球已探明的储量，金矿将在 15 年内进入枯竭期，银矿将在 20 年内进入枯竭期，铀矿为 30 多年，镍矿 50 年。除铁矿以外，支撑现代社会和生活方式的大部分矿产资源都会在 21 世纪内耗尽。

全球石油开采峰值总有一天会到来，但把全球能源供应中石油占比的下降视为现代文明灭亡的标志，则是毫无根据的。[①] 石油只是一种能源形态，决定

---

① 瓦茨拉夫·斯米尔. 能源神话与现实[M]. 北京：机械工业出版社，2016：92.

人类社会文明进步的真正推动力是由各种能源形态转化而来的能源资本。具体的能源形态随着资源量的减少、技术的进步和人们的消费习惯等因素的变化，是会出现转型的，就如同农业文明时代由烧柴薪转变为烧煤，工业文明时代由石油替代煤等。人类要做的事情，就是将眼前的能源资产转化为资本，从而可以持续创造价值。

各种能源枯竭的预测，都是以当时的经济发展状况、技术水平和消费习惯等为基础，并非海阔天空式的瞎猜。随着能源技术领域的各种技术进步，尤其是石油勘探开发技术的不断进步，陆续发现了新的大型油气田，使得世界油气储量和产量基本处在增长的态势。30 多年前担任沙特石油和矿产资源大臣的艾哈迈德·扎基·亚马尼说过一句名言："石器时代之所以结束，并非因为缺乏石头。同样，石油时代的终结也绝非因为我们的石油枯竭。"[①] 通过两个途径可以做到这一点。

一是依赖技术的进步。以往的历史证明，依赖技术的不断进步是可以做到这一点的。因为此前位于哈伯特"钟形曲线"之外的非传统能源（未知能源，或者由于缺少相应的技术不可开采的能源；或者已知的、技术上可开采的但开发起来没有利润的能源），在现有技术日益完善和新技术不断涌现的条件下，正在变成传统能源，也就是开发起来可以盈利的能源。一个典型的例子，就是美国由于压裂技术的突破而使页岩油气的开采出现爆发性的增长，这是美国的油气产量一跃而超越沙特和俄罗斯的根本原因。另一个典型例子，由于李四光地质理论的创新，进而促使中国政府果断进行石油勘探的战略性转移，结果发现了以大庆油田为代表的若干大型油田。

二是寄希望于能源的转型。美国经济学家道格拉斯·诺斯和罗杰尔·米勒在《公共问题经济学》中，以鲸油为例论述了能源转型的问题。在历史上，人类曾经有过其他能源形态，曾几何时甚至鲸油也是一种重要的能源，在电力

---

① http://www.sohu.com/a/109614877_ 465501.

被广泛用于照明之前，欧洲各国和美国照明的主要能源是鲸油。由于当时还没有良好替代物，因此整个西方世界的照明燃料供给，除了太阳和月亮之外，几乎完全依赖捕鲸行业。由于它的供给不能永远与需求增长保持同步，人们担心会发生"鲸油能源危机"。美国内战就使鲸油价格上涨了大约 6 倍。但是，人们担心的这一"必将到来"的能源危机却从来没有出现。[①] 一方面，当鲸油的价格变得高昂时，人们的使用量开始减少，并且想出各种办法来储存鲸油。另一方面，当鲸油价格太高时，企业家们开发替代品的动力就大幅上升。1867年，煤油成为鲸油的一种廉价替代品，1896 年鲸油的价格跌入几十年来的最低谷，不久电力时代就来临了，随后不久石油时代也来临了，鲸油退出了历史舞台。这就印证了前述亚马尼的话，一种能源被另一种能源取代，从来不会等到旧有能源用完的那一天。这就是中国居安思危和未雨绸缪的哲学观念。

2018 年 7 月，英国石油公司发布了《世界能源统计年鉴》（2018 年），2017 年的全球能源状况具有以下几个主要特点。

一是世界石油和天然气储量增长。截至 2017 年底，全球石油探明储量达到 1.6966 万亿桶（按照每桶 130 公斤折算，约为 2210 亿吨，比 2000 年的1700 亿吨增加了 510 亿吨），虽然出现轻微下跌，仍然保持了较高的水平。其中，世界石油输出国组织（欧佩克，OPEC）成员国仍是世界石油探明储量的主力，占据了 71.8% 的份额。按照 2017 年 338 亿桶（44 亿吨）的产量水平，这一储量能够满足世界 50.2 年的使用。[②] 全球天然气探明储量为 193.5 万亿

---

① 吴琪. 石油终结？[J]. 三联生活周刊，2016（9）.

② BP 石油公司从 1952 年起就开始发布年度的《世界能源统计年鉴》。1980 年，世界正处于第二次石油危机的冲击之下，那一年公布的常规石油探明储量为 930 亿吨，全球原油产量为 30.92 亿吨，由此推算出当时开采年限为 30 年左右。1990 年，探明石油储量为 1400 亿吨，相比 1980 年增加了50%。当年原油产量为 31.75 亿吨，折合储采比开采年限约为 44 年，相比 1980 年预估的开采年限已经多出了 14 年。2000 年，探明石油储量为 1700 亿吨，相比 1990 年又增加了 20%。当年原油产量为 36.20 亿吨，折合储采比开采年限约为 47 年。由此，我们可以意识到，所谓"开采年限"，其实是一个动态数字，所谓"世界石油储量只够开采 50.2 年"，绝不意味着 50 年之后的石油探明储量归零。随着勘探技术的进步，到那时依然会再有 N 年的开采年限。

立方米，出现轻微上涨。其中，中东地区拥有世界上最大的天然气储量，约为 79.1 万亿立方米，占比 40.9%，其次为独联体国家。雄厚的资源储量也预示着，石油行业还拥有长期存在和发展的基础，石油行业仍是前途光明的。

二是世界石油和天然气产量增长。2017 年，世界石油产量达到 9265 万桶/天，比 2016 年增长了 60 万桶/天，增速为 0.7%。其中，美国是产量增长最多的国家。受益于技术水平的提高，在过去几年中，美国页岩油气迎来了爆发式的增长，影响全球油价。尽管美国石油储量位居世界第九，但石油产量却位居榜首。由此可见，技术在石油行业发展中起到了关键作用。2017 年，世界天然气产量呈现出爆发式增长，为 3.68 万亿立方米，同比增长 4%，几乎是之前十年平均增速的两倍。2017 年，全球炼油业迎来新的复苏，炼油厂开工率飙升至九年来的最高点，原油加工量达到 8191.4 万桶/天，增长 160 万桶/天，增幅是过去十年平均水平的两倍多。

三是油气消费量增长仍然强劲。2017 年，全球石油消费量增长了 1.8%，即 170 万桶/天，高于十年平均值 110 万桶/天，这已经是连续第三年超过十年平均增长值（1.2%）。从石油消费结构来看，石油在世界一次能源消费中的占比一直处于非常稳定的水平，2017 年为 34%，十年前的 2007 年为 36%，差别并不是特别明显。2017 年，世界天然气消费量为 3.67 万亿立方米，相比2016 年增加了 960 亿立方米，即同比增长 3%。其中，中国受"煤改气"等政策影响成为消费增长的主力，增加 310 亿立方米，其次是中东和欧洲。随着各国对清洁能源的倡导，天然气消费量还将进一步提升。2017 年，液化天然气（LNG）需求增长超过 10%，是 2010 年以来的最高增速，LNG 的扩张成为一股不容忽视的力量。

四是煤炭的消费量和产量明显增长。一直被认为出现明显衰退的煤炭行业，在全球消费量和产量都出现了明显的增长。2017 年，全球煤炭产量同比增长了 3.2%，消费量同比增长了 1%。由此可见，人类对化石能源的依赖仍然需要一个漫长的过程才能逐渐摆脱。

五是可再生能源出现了有史以来最大幅度的增长。2017 年，可再生能源发电量增长了 17%，达到 6900 万吨油当量，高于过去十年的平均增速。其中，可再生能源增长的一半以上由风能贡献，太阳能也贡献了 1/3 的增量。2017 年，全球核电增长了 1.1%；水电增长较慢，低于过去十年 2.9% 的平均水平。可再生能源发展空间仍然很大，一些石油公司正在对可再生能源进行布局，积极谋求新的能源转型。

六是新兴经济体的能源消费量增长最快。2017 年，世界经济 80% 的增长由新兴经济体驱动。全球 GDP 预计年均增长约 3.25%（基于购买力平价），与过去 25 年间的增长率大致持平。经济增长的主要驱动力是生产率（即人均 GDP）的提高，占全球经济增长的 3/4，并使 25 亿人脱离低收入状况。

七是中国仍然是世界上最大的能源消费国。2017 年，中国占全球能源消费量的 23.2% 和全球能源消费增长的 33.6%。首先，从中国第一大能源的煤炭消费情况来看，尽管煤炭消费出现反弹，但在 2017 年，煤炭在中国能源结构中的占比已经降至 60.4%，创历史新低。其次，石油仍然是中国第二大能源，在能源消费结构中的占比几乎与往年持平。值得注意的是，2017 年，中国石油对外依存度仍然在上升，达到 68%，为历史最高值。再次，中国成为全球天然气消费的最大驱动力，天然气消费增长占全球的 32.6%。最后，中国可再生能源发展迅速，引领了全球可再生能源消费，消费增长占全球的 36.0%。2017 年，在可再生能源中，太阳能消费增长最快，达 76%；核电增长 17%，高于过于十年平均增速（15%）；水电增长 0.5%，为 2012 年以来最低增速。近年来，由于中国在天然气、可再生能源等方面的快速发展，在全球低碳转型中扮演着关键角色。

上述情况表明，世界能源增长与经济增长是同步的，其中新兴经济体的增长最快、最多。这两个事实说明，经济增长与能源消耗具有显著的相关性，说明能源资本的双因子共同促进了经济的增长和能源效率的提升。

两种发展观与经济模式进化趋势

对于地球上有可能出现能源资源枯竭的观点，存在着两种不同的发展观。

观点一：地球资源是有限的，人类应该通过自律来节省使用。20 世纪 40 年代印度独立时，有人问圣雄甘地，印度能不能过上英国人的生活？甘地说不能，因为英国人消耗了半个地球的资源才过上那种生活，印度需要两个地球才够用。这种观点是"缺油派"的代表观点，其理论基础是石油成因学说的"气宗"——石油有机成因假说①。其代表人物是美国地质学家金·哈伯特，于 20 世纪 50 年代提出的石油峰值理论，是所有关于石油枯竭话题的理论依据。

观点二：即使石油资源有限，但人类生活方式的转变自有其逻辑。1972 年，罗马俱乐部发布了报告《增长的极限》，模拟了人类人口增长和自然资源枯竭的关系。前文中所引述的沙特石油和矿产资源大臣艾哈迈德·扎基·亚马尼的那句"石器时代之所以结束，并非因为缺乏石头。同样，石油时代的终结也绝非因为我们的石油枯竭"的名言，就是针对这个报告而说的。这种观点是"富油派"的代表观点，其理论基础是石油成因学说的"剑宗"——石油无机成因假说②。其代表人物是俄国化学家门捷列夫，他于 1876 年提出石油无机成因的"碳化物说"，认为地球上分布最广的碳和铁在地球形成时有可能形成金属碳化物——碳化铁，当它与沿着裂缝渗入到地壳深处的炽热的水相遇

---

① 石油有机成因假说，认为石油是在地质时期中生物死亡后，有机物分解而形成的。这个假说的主要依据是：一是石油馏分具有旋光性，生物有机质普遍具有这种旋光性，而无机质则普遍不具有这种旋光性；二是现代沉积物及古代沉积物中都含有构成石油的各种烃类化合物（由碳氢两种元素构成的有机化合物，也称碳氢化合物）。

② 石油无机成因假说，认为石油是由自然界的无机碳和氢经过化学作用而形成的。这个假说有两种。一种是地深成因说，认为烃类起源于地球深处。其依据是：在火山喷出的气体及熔岩流中含烃，在来自地下深处的岩浆岩中发现有 C1 ~ C2 的烷烃及可供生成烃类的化学元素；变质岩、岩浆岩及穿入前寒武系结晶基岩的伟晶岩中也有含油显示，甚至在结晶基岩中发现可供开采的工业油气流。另一种是宇宙成因说，认为烃类在宇宙形成阶段即已生成。其依据是：在天体中常有碳、氢、氧诸元素及其化合物的存在。例如，彗星头部的气圈中含有一氧化碳、二氧化碳和甲烷等，在太阳系行星的大气圈中也存在一定浓度的甲烷，在陨石中也已鉴定出烃类化合物。

时，就可以生成碳氢化合物。

不论是缺油派，还是富油派，都是对能源资源前景的一种描述。能源资源不论短缺还是富裕，要想持续不断地创造价值，就必须先将其转化为能源资产，然后通过投入货币资本和人力资本，结合技术平台的选择，在特定的市场环境中将能源资产转化为资本。人类不论处于哪个发展阶段，只要进行社会化的生产活动，就必须保障能源资本的可持续供应，在驱动因子推动经济增长的同时，还要发挥约束因子的作用，促使经济运行保持"资源节约、环境友好"的可持续发展状态。

不同经济结构与产业行业对能源形态的需求不同，但从运行机制上看，都是把能源资产转化为资本的过程。在面包生产中，需要烧煤或木柴，这两种能源形态的资本潜能就表现出来了。在汽车生产中，原材料（钢铁等）或半成品（轮胎等）的制造都需要能源资本的投入，无非是提供能源效用的能源形态不同而已。在这两种生产活动中，工人付出的时间与精力不可比拟，但都需要智力和经验，这就需要人力培训，因而是一种人力资本。这两种生产活动创造的价值各不相同（以货币量的多少而论），但工人投入的劳动时间相差无几，因而是能源资本在价值创造中发挥了主要的作用。

经济增长、技术创新和产业结构调整是经济系统运行的不同侧面，三者存在一定程度的关联，其协同机制相对比较复杂，难以简单判断相互之间的影响结果。从运行机制上看，经济增长从需求总量上对能源消费的影响比较模糊。技术创新从供给结构上节约能源消费，产业结构升级和优化则从需求结构上减少能源消费。这就需要人类对经济模式进行深刻的反思。

2009 年 5 月，日本智库智慧银行代表田坂广志在日本月刊《呼声》上发表文章，指出世界经济面临五大进化趋势。[①]

复杂型经济。它是指企业、市场和社会等都高度"复杂"的经济体系。

---

① 世界经济面临五大进化趋势[N]. 参考消息，2009-05-31.

这种经济中的一个很大问题是蝴蝶效应。随着该特征的凸显，社会某个角落里的一个细微变化就可能引发整个社会的大变动。信息革命、放松管制和全球化这三大因素提高了经济系统内部的关联度和复杂性，使得原本就复杂的经济系统变得更加复杂。处理复杂型经济的方法并不是要从"管理"和"放任"中选择一个，不应该忘记还有"自律"这一解决方案，必须确立企业和个人的伦理准则和行为规范，促进自我约束。

知识经济。知识资本是一种"看不见的资本"，具有"不能所有"、"自然增长"和"形态改变"这三大特征。知识资本通过改变形态，经历知识资本—关系资本—信誉资本—声望资本—文化资本这些形态后成为"广义的知识资本"。在知识经济时代，不仅专利和知识产权、公司员工的知识和智慧很重要，而且同其他企业和消费者的关系、对外的信誉和声望以及企业内部文化等因素也非常重要。随着知识社会的成熟，信誉资本、声望资本和文化资本较之知识资本变得更加重要。

融和经济。当代资本主义社会的最大陷阱，就是单纯地认为只有"货币经济"才是经济，有意无意地把以"获得货币"为目的进行的活动看成了唯一的经济活动。实际上，追求"精神满足"的人们所从事的经济活动（也就是"自发经济"）也发挥了极其重要的作用。比如，做家务、家庭教育、看护老人、地区治安维护和清扫工作等"自发经济"被摆放在了"幕后经济"的位置，因为它无法通过货币等客观尺度来衡量，是"看不见的经济活动"。

直接参与经济。随着"融和经济"的兴起，资本主义将会实现"经济直接民主主义"，即"直接参与经济"。过去，企业作为消费者的提供商，通过调查和分析消费者的需求，来开发并销售能最大限度满足其需求的商品和服务。随着网络革命的推进，今后消费者也将能够直接参与到商品和服务的开发、生产甚至销售中去。

地球环境经济。确切地说，这是从"无限经济"向"有限经济"的思维模式转换。地球环境问题让我们意识到了地球空间的有限性以及能源和其他资源的有限性。然而，尽管如此，现在的经济学仍然没有诞生以"有限"为前提的经济活动的理论和方法。无论哪个企业经营者都在追求"增收增利"，无论哪个国家都在追求"GDP 增长"。实际上，"国民幸福指数"（GNH）才是我们应该追求的目标，"从 GDP 到 GNH"才是方向，人类已经到了必须认真思考 GNH 这个概念的时刻了。

面对上述经济模式进化趋势，能源资本双因子尤须协调执行职能，使"齿轮效应"得到充分发挥。一方面，驱动因子继续促进经济增长；另一方面，约束因子促进能源转化和利用效率的提高，从而有效遏制碳排放量的上升。

"绿色经济"是人类对世界能源资源日益枯竭的直接回应，更是转换生产方式和消费方式以重振经济的现实选择。在这种经济模式下，能源资本的驱动因子促进经济总量的增长，约束因子促进经济运行质量和效益的提升，它们将能源消费保持在一个合理的范围之内。绿色经济与互联网相结合，形成一种产品消费者与产品生产者紧密结合的"直接参与经济"模式，它的现实意义是，改变过去那种单纯地认为只有"货币经济"才是经济，进而有意无意地把以"获得货币"为目的所进行的活动看成唯一的经济活动，转而追求"精神满足"。发展可持续的、消费者直接参与的绿色经济，减少能源资本需求、提高经济运行效率，就成为未来的发展方向。

能源消费与经济增长的脱钩

有学者将中国的产能过剩形容为"黑色生产力"[1]，因为这是一种高耗能、高污染的生产力。如果未来能被绿色生产力代替，那么取而代之的将是节能减排和节能减碳的"绿色经济"，反映在能源资本上就是双因子所构成的 DNA

---

[1] 杨正莲. 绿色经济：引领世界经济复苏的新引擎？[J]. 中国新闻周刊，2009 年第 35 期（总第 437 期），76.

双螺旋结构不发生破缺。

所谓"绿色经济"，一般是指，以市场为导向、以传统产业经济为基础、以经济与环境的和谐为目的而发展起来的一种新的经济形式，是产业经济为适应人类环保与健康需要而产生并表现出来的一种发展状态。简单地说，就是以最小的能源资本投入，创造出最多的产品和服务，在这个过程中，能源资本双因子所构成的 DNA 双螺旋结构保持良好的稳定性而不发生破缺。"绿色经济"是对世界能源资源日益枯竭的直接回应，也是在经济危机和环境危机双重压力之下，转换生产方式和消费方式以重振经济的现实选择。通过发展"绿色生产力"而建立"绿色经济"的新模式，或许能为打破周期性经济危机的"魔咒"找到一条新路。

从能源资本与经济增长之间的干涉效应来看，能源消费与经济增长的脱钩，其含义是商品的价值中凝结了越来越少的能源资本，说明能源资本的使用效益正在逐渐提高，相同单位的能源资本投入可以产生更多的经济效益，也就是能够为人类提供更多的商品和服务。能源消费与经济增长的脱钩方式主要有三种：一是强脱钩，在能源消费增速低于经济增速的同时，能源消费量有所下降；二是弱脱钩，能源消费增长减缓，但能源消费总量仍在上升；三是衰退性脱钩，即能源消费负增长伴随着经济负增长。①

随着科技进步和能源效率的提升，以及产业结构和能源结构不断变化，经济增长与能源消费逐渐脱钩是可以实现的。2015 年中国能源消费量负增长，全社会用电量同比仅增长 0.5%，但全年经济增速达到 6.9%；2016 年全社会用电量同比增长 5.0%，但经济增速为 6.7%。这种经济增长与能源消费的波动幅度之间存在的明显差异恰恰说明，在经济发展新常态下，经济增长与能源消费已不存在明显的相关性，二者是可以脱钩的。

知识密集型和技术密集型产业使经济增长和能源消费脱钩，能源消费的增

---

① 史丹. 经济增长和能源消费正逐渐脱钩[OL]. 人民网, 2017-07-03.

加或减少不会对产出和就业造成影响，能源资本作为一种生产要素对 GDP 的贡献逐渐下降，高耗能行业不再是工业的主导部门。根据世界银行的数据，美国、英国、日本等发达国家在 2000 年以前实现了弱脱钩，2000 年之后出现了强脱钩的趋势。美国于 2008 年金融危机之后出现衰退性脱钩，经济增速和能源消费同时有所下降；2012 年经济增速由 2011 年的 1.6% 上升到 2.3%，而能源消费量同比减少了 2.7%。美国也有例外情况发生，2013 年经济增速又下降到 2.2%，但能源消费量不降反升。[①] 总体来看，美国已步入后工业化时代，知识密集型产业成为经济的主导部门，经济增长和能源消费脱钩，GDP 总量规模的扩张不会引起能源需求和消费大规模的增加。美国技术对 GDP 的贡献率达 70%，其他要素只占 30%。[②]

　　能源资本消费与经济增长脱钩的另一个标志，就是能源需求呈现下降态势。2018 年 6 月 22 日，中国社会科学研究院发布的研究报告《中国能源前景 2018—2050》指出，目前中国的能源需求总体已经达到峰值，并将呈现下降态势。[③] 该报告预测，到 2020 年，中国的能源需求总量将下降至 44.7 亿吨标准煤；到 2030 年，将下降至 41.8 亿吨标准煤；到 2050 年，将进一步下降至 38.7 亿吨标准煤，并基本稳定下来。就电力消费而言，该报告预测，未来 30 年，随着工业化、城市化进程的结束，高耗能商品需求下降，电力需求也将呈现下降趋势，预计将从 2017 年的约 6.4 万亿千瓦时下降到 2050 年的 4.47 万亿千瓦时。在这种情况下，中国无疑将出现电力产能过剩。

　　能源资本与经济增长的脱钩，取决于两个因素：一是经济增长方式的转变，二是能源资产转化为资本的技术平台的改进。2018 年 4 月 20 日，美国《华盛顿邮报》网站报道，人类社会很可能史无前例地打破了"生产更多就会

① 史丹. 经济增长和能源消费正逐渐脱钩[OL]. 人民网，2017-07-03.
② 鄢琼伟，陈浩. GDP 与能源消费之间的关系研究[J]. 中国人口、资源与环境，2011 年第 21 卷第 7 期，17.
③ 社科院：我国能源需求总体已达峰，电力进一步过剩已成定局[OL]. 中国能源网，2018-06-22.

消耗更多"的铁律，持续的经济增长并不依赖于更多的能源消耗。取而代之的是，美国已经取得了接近创纪录的连续 9 年的经济增长，而同期能源消耗总量则保持不变。① 美国能源信息局称，1990 年美国经济每实际增长 1 美元所消耗的能源相当于 9000 多英制热量单位（BTU）。2017 年，每 1 美元实际增长消耗不到 6000BTU。该机构预测，到 2050 年，每 1 美元实际增长消耗的能源将下降到大约 3000BTU。根据英国石油公司发布的《世界能源统计年鉴》（2018年）的数据，2007 年，美国的能源消费达到了最高值，为 101.015 万亿 BTU，直到 2017 年都没有超过这个数字。2000 年，美国的一次能源消费总量为 22.596亿吨标准油，2017 年为 22.349 亿吨标准油，18 年间美国的一次能源年消费总量下降了 0.247 亿吨标准油，而同期美国 GDP 由 10.29 万亿美元增长到 19.39 万亿美元，增长了 88.5%。这就是说，美国经济增长已经摆脱了依赖能源消费增长，转而靠效率改善来驱动，美国经济已经进入了节约型发展的阶段。

但是，美国的节约型经济模式并不意味着，美国经济与能源供应完全脱钩。事实上，能源资本仍然是美国经济的强大驱动力。2018 年以来，美国大举挺进能源输出国行列，试图通过页岩油革命助推下的产能提升，扩大对全球市场石油和天然气的出口。在这一过程中，美国动用美元打压委内瑞拉和伊朗等石油生产国，抢占原油和天然气市场。然而，美国的这一做法引起了油价的上涨，从而有可能引发美国经济的衰退。美国在过去六次经济衰退中，有五次是以油价上涨为前奏的。2018 年的油价一直处于上行趋势，瑞士投资银行瑞银集团经济学家团队指出，"在各种因素的影响之下，油价有可能在 2018 年年内飙升至每桶 100 美元"，对经济产生立竿见影的影响，"美国 GDP 出现收缩可能的迹象是不容置疑的"。②

值得指出的是，经济增长必须解决就业问题，不能只谈经济增长与能源消

---

① 美媒称能源革命已经开始[N]. 参考消息，2018-04-24.
② 油价若飙升至 100 美元，或引发美国经济衰退[OL]. 公众号《环球外汇》，2018-08-09.

费的脱钩，否则，能源资本持续创造价值的属性就不能得到体现，经济发展"以人为本"就是空中楼阁而不接地气。如果不解决就业，不为人的发展谋出路，经济增长就没有意义。况且，假如没有充分就业，经济也不可能增长，从而也不可能持续创造社会财富。正如凯恩斯说的那样："一个社会之所以比较贫穷，是因为就业不足。"[①] 2018 年 8 月 17 日，美国《新闻周刊》的封面人物是声称要用电动车拯救地球的"硅谷英雄"埃隆·马斯克。该周刊的一篇文章称，马斯克的汽车产业计划正在加速推进，而与此同时，这将让数百万人失业，彻底改变美国持续一个多世纪的社会经济生活的基础。[②] 该文章还称，纵观历史，科技创新会增加财富，但财富将会集中到越来越少的人手中。因此，人们对未来所担心的不是马斯克的失败，而是他的成功。就像亚马逊的崛起对1200 万美国零售业的工人来说是个灾难，特斯拉的突破也将大大影响美国制造业，而不仅仅只是影响拥有 700 万工人以及支持数百万人生活的美国汽车工业。马斯克已经明确表示，他的目标就是抛开工人，利用更多的机器人来完成复杂的工作。如果马斯克成功了，他将扩大成果，在半拖车生产以及大容量的电池、太阳能电池板和空间探险上采取相同方案。特斯拉研发、生产无人驾驶汽车还意味着驾驶员下岗，目前驾驶员占据美国工人人口的 3%。

从 1895 年直到 2010 年，美国已经在制造业世界第一的"宝座"上稳坐了115 年。进入 21 世纪以来，经济全球化进程加速，美国的中产阶级，尤其是以制造业工人为代表的中低阶层，并没有从国际贸易中得到实惠，社会矛盾随之激增。自 2001 年以来，美国制造业就业人数减少了 25%。2010 年世界制造业总产值为 10 万亿美元，其中，中国占世界制造业产出为 19.8%，略高于美国的 19.4%。如果用联合国的统计数字，按 2011 年初的汇率计算，中国制造业产值为 2.05 万亿美元，而美国制造业为 1.78 万亿美元，那么中国制造业产

---

① 约翰·凯恩斯. 就业、利息和货币通论 [M]. 宋韵声，译. 北京：华夏出版社，2005：97.
② 马斯克彻底改变制造业？[N]. 参考消息，2018-08-13.

值高出美国就不只是 0.4% ，而是高达 15.2% 。[①] 美国医疗、养老等方面的社会负担日趋加重，总体负债率已经相当高。如何增加就业、刺激经济增长成了摆在特朗普面前的首要难题。特朗普自上台以来，美国采取贸易保护措施，其中的手段之一就是提高关税。关于特朗普的动机，撇开遏制中国和其他国家的科技和综合国力上升不谈，单就经济领域而言，他的目的就是想降低贸易赤字，让制造业回归美国本土，提高美国本身的硬实力，让实体经济不再空心化。

2010 年，中国超过美国成为全球制造业第一大国。目前，在世界 500 种主要工业品中，中国有 220 种产品产量位居全球第一。中国拥有 39 个工业大类、191 个中类和 525 个小类，是全世界唯一拥有联合国产业分类中全部工业门类的国家，从而形成了一个举世无双、行业齐全的工业体系，能够生产从服装鞋袜到航空航天、从原料矿产到工业母机的一切工业产品，这成为中国竞争力的重要源泉，也是进一步升级产业所必须的基础和动力。如此庞大的工业体系孕育了巨大的制造能力，比如，2013 年中国生铁产量居世界第一，占全球产量的 59%；粗钢产量超过第 2 至第 20 名的总和，难怪有了"世界钢产量第一是中国、第二是河北、第三是唐山"的段子。中国今日的制造业在产值上不仅超过了美国，而且几乎等于排在后面的美日德三国之和，更是俄罗斯的 13 倍。中国制造业占 GDP 的 36.9%，美国仅占 12.4%，且美国 GDP 中 78.1% 的比重都是服务业。[②] 人们想象中生活优越的美国人民，一直面临制造业流失、产业空心化、过于依赖金融服务业的问题。

解决就业问题的根本措施，就是促进经济增长。强调稳增长，就要发挥能源资本驱动因子的作用，大力发展对经济增长贡献较大的产业特别是制造业，而这要消耗较多的能源资本，排放较多的污染物，不利于环保；强调保环境，

---

① http：//bbs. tianya. cn/post-worldlook-1503703-1. shtml.

② https：//baijiahao. baidu. com/s？ id = 1569822525897883&wfr = spider&for = pc.

就要发挥能源资本约束因子的作用，提高环保标准，尽可能少地发展能源消耗多、排放大的产业，而这会影响经济增长。能源资本的双因子协调执行职能，也就是依靠技术进步而提高能源利用的效率，将"制造"转变为"智造"，才是解决这一问题的治本之策。

经济模式和经济增长，总是与 GDP 这个指标联系在一起。2018 年 2 月 4 日，美国《华尔街日报》网站报道，戴维·皮林的《增长的错觉》一书，就衡量经济成绩的替代标准提出了一些建设性的观点。① 国内生产总值和国民核算框架源自 20 世纪"大萧条"和世界战争期间的需要，当时，各国政府第一次有了掌握总体经济生产能力的需求。事实上，从一开始就有人强调，GDP 不能体现经济增长的环境成本，亦不能体现人们在家庭中创造的经济价值。GDP 或其他任何可以替代它的总体衡量标准，旨在概括由市场经济中的竞争所推动的持续创新和生活改善，单独一个数字无法圆满完成这个任务。特别是对于国民生活幸福指数，GDP 不是唯一的衡量指标。2010 年 2 月 14 日，日本政府发布的名义 GDP 为 54 742 亿美元，比中国 1 月公布的 58 786 亿美元少 4044 亿美元，被中国超越而排名全球第三。日本经济财政大臣与谢野馨在同日的记者会上表示："日本将不会与中国竞争 GDP 排名，我们搞经济不是为了争排名，而是为了使日本国民过上幸福的生活。"日本内阁官房长官枝野幸男表示："邻国经济的大发展是很值得欢迎的事。重要的是，我们要借助于近邻的经济发展，让我们的下一代也过上现在这样富裕的生活。"日本野村证券金融经济研究所首席经济学家木内登英表示，虽然日本的名义 GDP 已被中国超越，但也只是形式上的，日本今后的目标应当是提高人均 GDP，在"质"的方面成为富裕国家。②

有一种观点认为，GDP 是以市场价格衡量产出的一种总体指标，它并未

---

① GDP 衡量标准已经过时了？［N］. 参考消息，2018-02-21.
② 王欢. 中国 GDP 超越日，日本政界一致表示欢迎［OL］. 环球网，2010-02-15.

体现所有的创新价值，比如，无法反映新技术在越来越数字化的经济中所扮演的角色，因此，GDP 排名的意义有限。另有一种观点则认为，从长期来看，GDP 增长是创新的结果，因此，反对增长就是支持停止创新。从这个角度来说，GDP 仍然是衡量一个国家宏观经济状况的指标，只是需要在统计和运用这个指标时，恰当地把其他影响经济生活的一些重要变量（比如前面提到的家庭工作和技术创新）纳入其中。这正是我们在前文提到的经济增长模式的进化过程中出现的新课题。就中国而言，虽然 GDP 总量超过日本，但人均却比日本低得多。2008 年日本的人均 GDP 是 42 480 美元，中国为 3260 美元，日本是中国的 13 倍多，要缩短这个距离，还有很长的路要走。① 2003 年 12 月，温家宝总理在访问美国期间接受《华盛顿邮报》总编辑采访时，做了一道著名的"乘除法"算术题："多么小的问题乘以 13 亿，都会变得很大；多么大的经济总量，除以 13 亿，都会变得很小。"② 中国不能因为 GDP 超过日本而自我膨胀，应该把日本财政大臣"不争排名，只图国民幸福"的话拿过来，作为自己的口号和行动，从一次分配、二次分配等诸方面努力，让全体国民从 GDP 增加中得到获得感和幸福感。

不管从哪个角度看，GDP 这个指标总是存在着局限性。2018 年 12 月 4 日，西班牙《经济学家报》网站报道，丹麦盛宝银行的专家列出了该机构传统的"黑天鹅"事件年度预测清单，其中一只"黑天鹅"是"弃用 GDP，聚集生产力"。③ 国际货币基金组织和世界银行可能不会再将 GDP 作为衡量各国经济活动的主要标准，因为 GDP 并不能反映技术的真正影响及其降低成本的能力，也不能反映环境问题的负面影响，而是将专注于生产力水平，其衡量体系将以每小时工作量为基础，同时包括其他更多的横向参数。新时代的内涵表明，生产力可以更好地评估一个国家的经济状况。生产力的提高，意味着人们

---

① 王欢. 中国 GDP 超越日本，日本政界一致表示欢迎 [OL]. 环球网，2010-02-15.
② 张天蔚. 如何解读温家宝总理的"乘除法" [OL]. 人民网，2003-12-10.
③ 2019 年十只"黑天鹅"或震动市场 [N]. 参考消息，2018-12-10.

的幸福感和健康水平提升。

经济运行失调的双因子干涉机制

产能过剩与经济危机

严冬时节，一个煤矿工人家庭的母亲与儿子之间有这样一段对话：

> 儿子：妈妈，天好冷，为什么不生火？
>
> 妈妈：因为咱家没煤了。
>
> 儿子：为什么没煤了？
>
> 妈妈：你爸爸失业了，没钱买。
>
> 儿子：爸爸为什么失业呢？
>
> 妈妈：因为矿上生产的煤太多了。[①]

这段简单的对话真实地揭示了1929年美国"大萧条"和世界经济危机的现象及其发生的本质。家里"没有煤"与煤矿生产的"煤太多"，看似矛盾，实则现实存在，这就是煤这种能源形态的产能过剩而引发煤矿工人失业的结果，即由于产能过剩而导致了经济危机。

产能，是指生产产品的能力。产能过剩，是指生产出来的产品超出社会的需求。经济危机，是指比例的严重失衡或产生剧烈震荡，通俗地讲，就是生产相对过剩的危机，它在某种意义上说也是对于经济增长周期性的量度。之所以说是"相对过剩"，是因为在危机中，一方面生产出的某种产品卖不出去，出现了"过剩"；另一方面需要这种产品的人却因缺乏货币而无力购买，并不是社会上真正缺乏这种产品。两者的此消彼长，就出现了"相对过剩"。煤矿工人家庭缺煤，是与煤矿生产了过多的煤相对的，两者对照便出现了"相对过

剩"的情境。同样，牛奶过剩时，资本家可以把牛奶倒掉，因为"过剩"的牛奶在他们手中已经不能产生剩余价值了；贫穷人却只能忍饥挨饿，因为尽管牛奶在他们眼里是"紧缺"食品，但他们手里因没有钞票而只能"望牛奶兴叹"。

1803 年，法国古典学派经济学家萨伊宣称，从本质上说，不可能出现生产过剩。这种观点被称为萨伊市场定律，有时被表述为："供给自动创造对其自身的需求。"大卫·李嘉图和阿尔弗雷德·马歇尔等古典学派经济学家都持有这种宏观经济观点，认为经济会自动回到其充分就业的均衡状态，货币供给、财政政策、投资或者其他支出因素不会对产出和就业产生持久的影响，价格和工资的灵活变动能够维持充分就业。[①] 但是，上述母子之间的对话，证明这些"大腕"经济学家实实在在地错了，而且在此前后发生的一系列经济危机一而再再而三地证明他们错了。他们错在当时还没有"能源资本"这个概念，不可能充分认识到能源资本这一要素是生产的动能，一旦能源资本的供给过剩，生产能力就会过剩。就像厨房的面粉堆积得多了，厨师就有可能烤制过量的面包，从而导致顾客消费不了或者无钱消费而不得不浪费掉。这种现象就是面包的产能过剩，直接原因是厨师烤制多了，根本原因则是烤制面包的面粉供应过量了。

经济危机早在简单商品生产的时代就已经存在，它是同货币作为流通手段和支付手段相联系的，而货币资本又是能源资本 DNA 结构的"基因"之一，因此，经济危机与能源资本的供应有着内在的关联性。

在经济社会中，能源的供应与需求是一个相互适应的动态过程。能源的供应，是指各种具体的能源形态；能源的需求，在很多情况下并不是能源形态本身，而是由各种能源形态所提供的不同效用，根据经济社会发展的阶段而分为

---

① 保罗·萨缪尔森，威廉·诺德豪斯. 经济学（第 19 版）[M]. 萧琛等，译. 北京：商务印书馆，2013：579.

热力、电力及交通运输工具的燃料，三大"精英能源"（煤炭、石油和天然气）也可以作为其他化工行业的原材料。在由能源资产转化为资本的过程中，能源政策调控起着中枢的作用，既要保证能源供应充足化，又要鼓励能源需求减量化。能源调控受两个因素即能源环境约束和能源技术进步的限制。能源环境约束一方面要求能源供应清洁化，另一方面又要限制需求的增长；能源技术进步一方面可以提高能源开发利用的能力，另一方面在需求端可以提高能效、减少污染。

经济增长理论表明，总产出的不断增长，必然伴随生产要素投入的增加。能源资本作为生产活动的动力和燃料，是生产力的核心要素。从输入端（供给侧）来看，正是由于能源资本的投入，才能够启动并拉动经济总量的增长；从输出端（需求侧）来看，经济规模的扩张势必会拉动对能源资本的强劲需求，特别是以制造业为核心的工业部门对能源资本的需求更为强劲。因此，经济总量的增长对能源资本具有一种内生性的需求增加。

马克思指出，资本一旦由于回流延迟，市场商品过剩，价格下降而出现停滞，产业资本就会过剩，不过这种过剩是在产业资本不能执行自己的各种职能的形式上表现出来的，由于再生产过程的停滞，已经投入的资本实际上大量地闲置不用，所导致的结果就是工厂停工，原料堆积，制成的产品作为商品充斥市场，因此，如果把这种情况归因于生产资本的缺乏，那就大错特错了。正好在这个时候，生产资本是过剩了。① 马克思所说的情况，恰恰是产能过剩的根本原因，就是生产资本过剩，它是一种周期性经济危机的表现。生产资本过剩，是由市场的无序竞争引起的。盲目扩大再生产，生产能力超过市场的真实需求，加之投机者在资本市场的兴风作浪，导致周期性的危机不可避免。资本表面的增值由于严重背离劳动价值，因此，这种"泡沫"一定会破裂。

"产能过剩"是经济高速发展所留下的后遗症，其形成机制十分复杂。撇

---

① 马克思. 资本论（第三卷）[M]. 北京：人民出版社，2004：546-547.

开对需求侧预测不准和市场无序竞争的因素不谈，导致产能过剩的根本原因是生产要素投入过剩，其中包括能源资本投入的过剩。能源资本与经济增长之间保持着一种既相互促进又相互制约的关系，也就是"齿轮效应"。在市场处于饱和的状态下，能源资本的供需基本平衡，既没有新的需求，也没有新的供给。在这种情况下，如果供给侧打破平衡，也就是由于能源资本的供给充足而提高了生产能力，那就意味着产能过剩，市场对能源资本的配置就无法达到帕雷托最优状态。[①] 这种状况，是由经济增长的高速度所导致的。世界各国经济发展的经验告诉我们，高速度不是常态。[②] 世界上许多国家都经历过高速发展的阶段，但只能是暂时的，急功近利是不能长久维持的，到头来只能是欲速而不达。在产能过剩表现出来之前，市场往往出现阶段性的繁荣，正如马克思所指出的那样："在崩溃一下子到来之前，营业总是非常稳定，特别兴旺。"[③] 产能过剩的发生，往往与人们的心理预期相关，身处表面或一时的繁荣环境中，往往忘记了即将到来的风险，此所谓"却是平流无石处，时时闻说有沉沦"[④]。能够提前嗅出危机来临的人，往往是局外人，所谓"当局者迷，旁观者清"。

能源作为一个单独的行业，它的发展离不开商品生产，也就是说，能源作为一种生产要素，它不会孤立地存在，而是必须注入商品生产过程的这个"内核"中，才会有其"灵魂"。我们经常所说的对能源领域的投资，其实质就是通过货币资本和人力资本的投入，通过合适的技术平台，把能源资源转变

---

① 帕累托最优，也称为帕累托效率，是指资源分配的一种理想状态。假定固有的一群人和可分配的资源，从一种分配状态到另一种状态的变化中，在没有使任何人境况变坏的前提下，使得至少一个人变得更好，这就是帕累托改进。帕累托最优状态就是不可能再有更多的帕累托改进的余地，换句话说，帕累托改进是达到帕累托最优的路径和方法。帕累托最优是公平与效率的"理想王国"。意大利经济学家维弗雷多·帕累托在关于经济效率和收入分配的研究中最早发现了这个现象，后来人们就用他的名字来命名这个概念。

② 2017 年 12 月 17 日，北京大学百周年纪念讲堂举办题为"新时代、新思想——致敬改革开放 40 年，庆祝北大建校 120 周年"的第十九届北大光华新年论坛，北京大学光华管理学院名誉院长厉以宁先生在讲话中提出这一观点。

③ 马克思. 资本论（第三卷）[M]. 北京：人民出版社，2004：549.

④ （唐）杜荀鹤. 泾溪.

为能源资产；这种能源资产在市场上出售，便成为能源商品。能源商品不会脱离其他商品生产活动而独立产生价值，只有把能源资产与其他商品生产结合起来，能源资产的经济潜能才能发挥出来，这时候，能源资产才有条件转化为资本。因此，人们投资能源领域的过程，就是把能源资产转化为资本的过程。产能过剩，说明能源资本的驱动因子太过强大，阻碍了约束因子执行职能，"齿轮效应"出现中断，导致经济结构失衡，经济运行的效率和效益低下，不仅生产出超过社会需求的产品数量，而且缺乏被广大消费者所喜爱的产品种类。

产能过剩，是一种能源资本的浪费。如果能源资本的驱动因子用力过猛，势必促使生产活动加速，从而生产出超过社会需求的产品；如果能源资本的约束因子不能有效地执行职能，会导致经济布局与结构不合理，无法生产出被消费者喜爱的产品。因此，产能过剩也说明能源资本的双因子对经济增长形成了"相消干涉"，其中涉及如何确保能源资本安全性的重大经济和社会问题，也就是要确保能源资本的可持续供应。

能源资本可持续供应的理论基础是经济增长的极限理论。① 可持续，是指可以把某种模式或者状态在时间上延续下去，并且没有间断。能源资本供应的可持续，就是要求能源资本的供应总量要与经济增长（其本质是消费者对商品和服务的需求）的规模和速度相适应，实际上还是能源资本的驱动因子与约束因子协调执行职能、确保"齿轮效应"充分发挥的问题。驱动因子发力过猛，对于以煤炭、石油、天然气为主的一次能源的消耗加快，不仅会带来这些资源的枯竭，而且还会对生态环境造成无法挽回的污染和破坏。因此，只有使能源资本双因子协调执行职能才能确保能源资本的供应具有可持续性，既能

---

① 美国麻省理工学院教授丹尼斯·梅多斯在其《增长的极限》一文中提出有关可持续发展的理论：运用系统动力学的方法，将支配世界系统的物质关系、经济关系和社会关系进行综合，人口不断增长、消费日益提高，而资源则不断减少、污染日益严重，制约了生产的增长；虽然科技不断进步能起到促进生产的作用，但这种作用是有一定限度的，因此生产的增长是有限的。

满足当代的需要，又能满足后代的需要。

纵观历史，人类从第一次工业革命到 1933 年美国经济"大萧条"期间，共出现了 17 次经济危机；第二次世界大战之后到 2008 年世界金融危机爆发期间，共出现了 6 次经济危机①，每一次危机都会有能源资本的影子。以 1816 年的第五次经济危机为例，英美战争结束，英国商品对美国输出额从 1814 年的 8000 英镑激增至 1330 万英镑。但过了几个月，北美市场也饱和了。1816 年，英国对美国商品输出额下降了 28%。同时，由于军事订单下降，黑色冶金业和煤炭工业第一次生产过剩。

能源资本是由各种能源形态转化而来的，能源资本 DNA 结构中的货币资本、人力资本、技术平台和市场环境这四种"基因"，又经过不同的排列组合形成了驱动因子和约束因子，这两种因子遗传了能源资本持续创造价值的"基因"，当这种"基因"在经济活动中发生"变异"即不能相互协调地执行职能时，能源资本 DNA 的双螺旋结构就会发生破缺而失去稳定性，驱动因子过分强大而约束因子过分弱小时，就出现了产能过剩。为了克服危机，1817 年，英国第一次提出了旨在减少失业、增加需求的公共工程拨款法案，资助建设运河、港口、道路和桥梁。这是市场经济国家用财政手段缓和经济危机的最早尝试，比凯恩斯主义的提出早了 100 多年。② 在这种情况下，能源资本的双因子所构成的 DNA 双螺旋结构的破缺得到修复，在这些大型工程的建设和运营中双因子协调执行职能，因而又成为经济增长的"引擎"和"燃料"，这次周期性的经济危机因此而告一段落，但与此同时，又埋下了发生下一次经济危机的"种子"。

经济危机有能源资本的因素，反过来，能源资本 DNA 双螺旋结构的破缺也会同时引发经济危机。历史上三次著名的石油危机，就是鲜活的例子。这三

---

① 海宁犀牛. 1788—2000 年世界经济危机简史（上）[OL]. 公众号《扑克投资家》，2016-10-08.
② 同上.

次石油危机表现出三个共同的特征。

一是每次石油危机都使石油产量急剧下降。第一次石油危机，中东阿拉伯产油国决定减少石油生产，并对西方发达资本主义国家实行石油禁运。美国政府不得不宣布全国处于"紧急状态"，并采取了一系列节省石油和电力的紧急措施，其中包括：减少航班次数，限制车速，对取暖用油实行配给，星期天关闭全国加油站，限制或禁止户外灯光广告等，甚至连白宫顶上和联合国大厦周围的电灯也限时关闭。尼克松总统还下令降低总统专机飞行的正常速度，取消了他周末旅行的护航飞机。美国国会则通过法案，授权总统对所有石油产品实行全国配给。美国国防部的正常石油供应几乎有一半中断，美国在欧洲的驻军和地中海的第六舰队不得不动用战时石油储备。第二次石油危机期间，从1978年底至1979年3月初，伊朗停止输出石油60天，导致石油市场每天短缺500万桶，约占世界总消费量的1/10，致使石油供应紧张。两伊战争爆发后，全球石油产量受到影响，从580万桶/天骤降到100万桶/天以下。第三次石油危机，伊拉克因遭受国际经济制裁使得原油的供应中断，国际能源署启动了紧急计划，每天将250万桶的储备原油投放市场。

二是每次石油危机都导致石油价格大幅度上涨。第一次石油危机的原油价格从3.011美元/桶上涨到10.651美元/桶，涨幅为两倍多。第二次石油危机的原油价格从13美元/桶猛增至34美元/桶，涨幅也超过了一倍。第三次石油危机的原油价格从14美元/桶猛增至42美元/桶，涨幅达到两倍。

三是每次石油危机都对经济增长造成了重大打击。第一次石油危机使得美国的工业生产下降了14%，日本的工业生产下降了20%以上，所有工业化国家的经济增长都明显放慢。1974年主要工业化国家都出现了经济的负增长，其中英国为-0.5%，美国为-1.75%，日本为-3.25%。第二次石油危机，随着石油产量的剧减，从而触发了第二次世界大战之后最严重的全球经济危机。第三次石油危机，美国经济于1990年第三季度加速陷入衰退，拖累全球GDP增长率在1991年跌破2%。

上述三个特点非常明显地反映了能源资本双因子无法协调执行职能的机制，使得 DNA 双螺旋结构发生了破缺。石油产量减少，说明供给侧的市场投放量少了，需求侧就要支付更高的价格，这就使得石油资产转化为资本的成本升高了，导致能源资本的驱动因子无法有效执行职能，约束因子的作用出现了"放大效应"，从而制约了经济的正常增长，甚至还使部分国家的经济出现负增长。

能源资本 DNA 结构的四种"基因"中，市场环境非常重要，其所包含的地缘政治因素在某些情况下的作用会非常突出。2018 年 5 月 8 日，美国宣布退出伊朗核协议（JCPOA）之后不久，又对伊朗进行"极限施压"，敦促伊朗原油进口国于 2018 年 11 月 4 日前将伊朗原油进口量削减至零。面对美国这种咄咄逼人的制裁大棒和特朗普的强势作风，伊朗及其原油进口国都感到压力空前。伊朗在遭受上一轮制裁期间（2012—2015 年），原油产量减少约 100 万桶/天，出口量减少约 120 万桶/天。预计此次伊朗原油出口受影响程度可能大于上一轮制裁，不排除出口量骤减 200 万桶/天（1 亿吨/年），甚至更多。面对这种险恶的局势，伊朗也放出"狠话"，如果该国石油出口被清零，将封锁霍尔木兹海峡。目前，每天约有 1800 万桶原油通过霍尔木兹海峡流向国际市场，一旦该海峡遭封锁，全球约 30% 的海运原油贸易量将中断。[①] 加上委内瑞拉、利比亚、尼日利亚、安哥拉等全球重点石油出口国地缘政治风险持续高企，原油供应侧的"黑天鹅"事件极有可能发生。随着市场恐慌情绪的弥漫和其他不确定性因素的增加，国际油价会呈现上涨趋势，甚至有可能超过 100美元/桶。瑞士投资银行瑞银集团的经济学家团队认为，如果油价升至 100 美元/桶，经济前景将出现无法补救的改变，届时全球经济产值将缩减 1000 亿美元左右，全球 GDP 增长将停留在 3.8%，而任何低于 3% 的增长都将被视为全

---

① 尚艳丽，王恒亮，曾彦榕，张剑，王莹. 美国重启对伊朗制裁相关影响分析[J]. 国际石油经济，2018 年第 6 期，68-74.

球性经济衰退。[1] 这显然埋下了爆发全球性经济危机的"种子"。

价格是商品的交换价值在流通过程中所取得的转化形式，它承担了反映社会劳动耗费的职能，成为从观念上反映商品价值量大小的货币标记。价值是价格的基础，价格是价值的表现形式。由于商品的价格和价值经常存在不相一致的情况，价格的每一次变动都会引起交换双方利益关系的转换。在第一次石油危机中，仅石油提价一项，就使阿拉伯国家的石油收入由1973年的300亿美元猛增到1974年的1100亿美元。[2] 当然，从另一方面来说，对于能源价格而言，并不是越低就越好。比如，对于产油国来说，油价如果过低就会影响其收入，从而对未来石油生产的预算安排产生不利影响，特别是会影响到促进技术进步的货币资本和人力资本的投入，反过来又会影响石油的产量和对市场的供应。在市场供需机制的作用下，无法维持低油价，就会反过来再次推高油价，从而有可能引起正常经济秩序的动荡，再一次引发经济危机。因此，对于能源资本的双因子来说，不能强调一个因子而忽视另一个因子，而是要努力使双因子协调执行职能，也就是确保DNA双螺旋结构不发生破缺，使能源资本持续创造价值的"基因"能够在经济增长过程中得到"遗传"。

各种能源形态之所以有价格，是因为具有价值潜能。能源资本如果不为经济增长提供动力，它就没有价值和使用价值，也就不会有具体能源形态的价格。能源资产转化为资本的四个要素中，货币资本和人力资本常常以价格的形式体现，技术平台和市场环境则会影响价格波动。经济危机与能源资本之间有着很强的关联性，这是由能源资本DNA结构中的四种"基因"所决定的。一旦这些"基因"在"遗传"过程中发生"变异"，不论是经济增长，还是能源资本供应，都会连带发生危机，"齿轮效应"会马上中断。这就是能源资本的双因子对经济增长的干涉效应。

① 油价飙升或为经济衰退前奏[N]. 参考消息，2018-08-09.
② https://baike.baidu.com/item/.

"资源诅咒" 与 "荷兰病"

从一个较长的时间范围来看，资源丰裕国家经济增长的速度是缓慢的，甚至是停滞的。1965—1998 年全世界中低收入国家人均 GDP 以年均 2.2% 的速度递增，而 OPEC 国家同期却下降了 1.3%。在全球 65 个资源相对丰裕的国家中，只有四个国家（印度尼西亚、马来西亚、泰国、博茨瓦纳）人均 GDP 年均增速达到 4%（1970—1998 年），而一些东亚资源稀缺的经济体（中国香港、台湾及新加坡、韩国），经济增长却超过了发达国家的平均水平。

1993 年，美国经济学家奥蒂在研究产矿国经济发展问题时第一次提出了"资源诅咒"这个概念，即丰裕的资源对一些国家的经济增长并不是充分的有利条件，反而是一种限制。在此之后，杰夫·萨克斯和安德鲁·华纳对"资源诅咒"这一假说进行了开创性的实证检验。他们选取 95 个发展中国家作为样本，测算自 1970—1989 年这些国家 GDP 的年增长率，结果发现仅有两个资源丰裕型国家年增长速度超过 2%。回归检验表明，自然资源禀赋与经济增长之间有着显著的负相关性，资源型产品（农产品、矿产品和燃料）出口占 GDP 中的比重每提高 16%，经济增长速度将下降一个百分点。即使将更多的解释变量纳入回归方程，比如制度安排、区域效果、价格波动性等，负相关性依然存在。①

纵观世界不同区域和国家经济增长历史，"资源诅咒"现象似乎具有某种普遍性。在中国不同的地区也能发现非常相似的情况，如山西省等资源丰富的地区，其经济增长要低于东南沿海地区的省份；大庆这样的资源性地区，面临着自然资源枯竭后经济增长停滞甚至倒退的窘境。

对于导致这种"资源诅咒"现象的原因，经济学家们进行了大量的研究，一般认为有三个原因：一是贸易条件的恶化，二是人力资本的投资不足，三是过分依赖某种相对丰富的资源。应该说，这些因素都是存在的。但是，从能源

---

① https：//www.sohu.com/a/217864922_ 516458.

资产转化为资本的机制和双因子干涉理论来分析和解释这一现象，可以深化我们对这个现象以及能源资本作为生产力要素的重要性的认识。

对于能源资源充沛的国家（如盛产石油的 OPEC 成员国），因为能源行业本身并不是劳动密集型行业，而是资金密集型行业，能源资产的所有者不需要鼓励很多国民参与生产，只要雇用少量人员、引进外国资本开发石油等能源资源，然后在国际市场上转手出售就能获取丰厚的收入。这一现象说明，这类国家只是把能源资产作为一种普通的原材料出售，并没有将这种宝贵的能源资产转化为资本。由于没有货币资本、人力资本、技术平台的投入，就没有获得能源资本持续创造价值的"遗传基因"。因此，能源资本的驱动因子和约束因子都没有发挥作用。也就是说，既没有利用能源资本的驱动因子促进本国经济的增长，又没有利用能源资本的约束因子提高本国经济运行的效益，这两个因子所构成的能源资本 DNA 双螺旋结构是破缺的。由于缺乏把能源资产转化为资本的动机和机制，因此，即使能源资产在市场上可以卖个高价钱，也只能是一次性获利，而不能像资本那样持续不断地创造价值。

实际上，单纯以出售能源资源而获取收入的国家，根本就没有形成有效、健康的经济体系，无非是躺在能源资源上面寅吃卯粮、竭泽而渔。当有限的能源资源枯竭之后，国家和国民就会陷入贫困的境地。沙特阿拉伯是世界上名副其实的"石油王国"，在很长一段时间内，石油储量和产量均居世界首位，90% 的收入来自石油，使其成为世界上最富裕的国家之一。但是，从 2014 年下半年开始，石油市场变成买方市场，供大于求，而且这种状况可能持续 10 年，这对沙特财政经济造成了极大压力。时代变了，再也没有当年躺在油罐上数钱的好日子了。沙特政府已经认识到了这一问题的严重性，因此决心改变这种状况。2016 年 4 月 25 日，沙特颁布了《愿景 2030》，国王萨勒曼在当天的电视讲话中宣称："到 2030 年，我们将不再依赖石油。"① 同年 6 月 7 日，沙

---

① https://baijiahao.baidu.com/s? id = 1597249250634239719.

特通过了"2020 年国家转型计划",希望通过经济结构性改革以实现收入多元化和振兴经济,发展非石油产业(采矿、制造、旅游休闲、金融投资等),大幅提高非石油经济方面的收入。这个计划就是要重塑本国经济结构,建立一个把能源资产转化为资本的机制,使能源资本的双因子构成稳定的 DNA 双螺旋结构,协调稳定地执行职能,从而持续不断地创造价值。

对于能源资源匮乏的国家,政府和国民获取财富的唯一渠道就是发展经济,尤其需要发展作为现代经济结构支柱的工业。发展工业就是发展经济,而发展工业就必须有能源资本的投入。由于本国缺乏能源资源,因此需要从国外进口。通过国际市场获取的能源资源,只是一种资产,还要通过本国的经济运行体系将其转化为资本,并将其注入国民经济体系的其他行业之中,生产出的商品就自然凝结了能源资本的价值,通过国内外的商品交换获得比原来的能源资本价值高得多的剩余价值。这样,就自然把从国际市场购买的能源资产转化为可以为本国带来源源不断的财富的能源资本了。出现这种经济现象的内在机制,就是能源资本的驱动因子促进了本国经济的增长;由于本国缺乏能源资源,因此在将能源资产转化为资本的过程中,就会千方百计地通过技术进步而提高能源资产的转化和利用效率,这样,能源资本的约束因子就能促进本国经济运行效益的提高。

能源资源匮乏而经济增长良好的典型例子是日本,其成功之处就是建立了一个可以把能源资产转化为资本的有效机制,通过大量出口凝结了能源资本的商品而持续获取利润,进而创造出惊人的剩余价值。但是,也有许多能源资源匮乏的国家没有发展起来,比如亚洲和非洲的一些国家,为了早日摆脱贫困状态,它们大量引进外资,盲目扩大生产。这样虽然经济增长率提高了,人均GDP 增长了,但经济运行的效益不高。究其原因,就是缺乏把资产(包括能源资产)转化为资本的市场环境,因而不能持续创造价值。

能源资源包括各种各样的形态,并不是每一种形态都会产生"资源诅咒"现象。有学者对中国进行实证研究后得出这样的结论:天然气生产具有福利效应，石油生产具有相对诅咒效应，煤炭生产具有绝对诅咒效应。[①] 对于这个现象，完全可以用能源资产转化为资本的周期长短和各种能源形态的热效率来解释。

天然气、石油和煤炭都是现代人类社会不可缺少的"精英能源"，其所产生的"诅咒"效应如此不同，这是由它们的内禀特征所决定的。一般来说，天然气由管道运输最为经济，它与电一样，生产、传输与使用几乎同时发生。因此，天然气作为能源资产，从它被开采出来的较短时间内就转化为了资本，能够很快产生剩余价值，即具有福利效应。石油的运输方法多，相对天然气而言，可以作为资产储存较长时间，转化为资本的周期就会长一些，因此产生价值的周期也就长一些，即具有相对资源诅咒效应。煤炭作为能源资产，比石油储存的时间更长，转化为资本的周期更长，因此具有绝对资源诅咒效应。从热效率来说，煤炭为 40%～60%，石油为 65% 左右，天然气可达 75% 以上。热效率越高，说明由资产转化为资本的单位成本越低，能源利用效率就越高，对整个经济增长的促进作用就越大，因此，"资源诅咒"的程度就会越低。

之所以发生"资源诅咒"现象，其根本原因在于资源转化为资本的过程与周期对经济结构的影响，资源本身的特征（如三种"精英能源"的热效率不同）并不是决定性的因素。就能源而言，由于能源资产转化为资本的周期长，有些国家甚至根本没有形成能源资产转化为资本所必需的机制，也就是不具备这种转化所需要的技术平台和市场环境。因此，丰富的能源资源没有给本国人们带来财富，"资源诅咒"现象的出现就不可避免了。

"资源诅咒"理论的实证研究还表明，人力资本对相对资源诅咒具有一种阈值效应，即：居民平均受教育年限能够提高收入水平及其增长速度，并减小已有的居民收入差距。[②] 从能源资产转化为资本的机制，也可以解释这种"阈

---

① 赵伟伟. 相对资源诅咒理论及其中国的实证研究［M］. 北京：中国经济出版社，2012.

② 同上.

值效应"。能源资产转化为资本的条件之一，就是要有人力资本的投入，现代经济运行也需要一支高素质的人才队伍。为了将能源资产转化为资本，必须加强对人才队伍的培养和训练，也就是促进人力资本的增长；高素质的人才队伍对经济增长的贡献大，在分配所创造的价值时，所获得的份额自然也就高。这样，通过提高居民平均受教育的年限，就能够在其他变量恒定的前提下抵消能源资源开发对居民收入增长率的副作用。因此，从本质上讲，这种"阈值效应"还是能源资本 DNA 结构的四种"基因"所形成的双因子具有稳定的双螺旋结构所产生的结果。

作为"资源诅咒"现象的一个实例——产业链，也是可以用能源资产转化为资本过程和能源资本的双因子干涉理论来解释的。产业链的实质是一条财富链，每个区域都处于这个财富链上的一个节点，每个地区所处的位置决定了该地区所能创造的价值和获取财富的多少。以纺织服装的产业链为例，新疆的棉花先运到山东做成纱线，再运到江浙地区做成面料，再运到广东做成服装，然后再贴上各大品牌的标签，许多衣服都是这样做出来的。从"棉花"到"纱线"是初级加工，这是劳动密集型生产；从"纱线"到"面料"是深度加工，需要染色和漂洗等技术手段；而从"面料"到"服装"则需要设计师的创意，然后才能成为一件衣服；最后就是"品牌"运作，经过品牌方不断地营销和宣传，最终成为各类人群所喜爱的品牌服装。这样，就形成了一个服装产业链的区域经济格局：从区域来说，是"新疆—山东—江浙—广东—北京—上海"；从经济价值创造来说，是"材料—加工—成品—品牌—资本"。所有的商业模式发展到最后，就是钱如何生钱的问题，这就是资本的本质，它位于食物链的最高端。江浙和广东往往都是土地和能源资源相对贫瘠的地区，它们只有从事商业活动，即只有想办法通过商品生产和市场交换的机制，把能源资产转化为资本才能维持生活。这就好比一个人天生拥有坐享其成的老本，往往不思进取；而一个人如果生下来就一无所有，必然会产生强烈的进取欲望。从这个角度来说，服装产业链就是一个包括棉花等原材料资源和生产加工所需要的能源资源的获取、投入，最后转化为资本的链条，谁处于这个产业链条的终端，谁就是最大利益的获得者。资本逐利性的"残酷"之处，也就表现在这个产业链条之中。

"资源诅咒"的一种特殊表现形式——"荷兰病"，是指一国特别是中小国家经济的某一初级产品部门异常繁荣而导致其他部门衰落的现象。20世纪50年代，已是制成品出口主要国家的荷兰，发现了大量的石油和天然气，于是荷兰政府大力发展石油、天然气产业，由此导致出口剧增，国际收支出现顺差，经济日益繁荣。蓬勃发展的天然气产业却严重打击了荷兰的农业和其他工业部门，削弱了出口行业的国际竞争力。到20世纪80年代初期，荷兰遭受通货膨胀上升、制成品出口下降、收入增长率降低、失业率增加的困扰，国际上称之为"荷兰病"。

"荷兰病"的经典模型是麦克斯·科登和彼得·尼瑞于1982年提出的。[①]他们认为，一个国家的经济结构可分为三个部门，即可贸易的制造业部门、可贸易的资源出口部门和不可贸易的部门（主要是一国内部的建筑业零售贸易和服务业部门）。假设该国经济起初处于充分就业状态，如果突然发现了某种自然资源或者自然资源的价格意外上升，将产生两种效应：

一是资源转移效应。劳动和资本转向资源出口部门，则可贸易的制造业部门不得不付出更大的代价来吸引劳动力，制造业劳动力成本上升首先打击制造业的竞争力。同时，由于出口自然资源带来外汇收入的增加使得本币升值，也会再次打击制造业的出口竞争力。这被称为资源转移效应。

二是制造业挤出效应。自然资源出口带来的收入增加，会增加对制造业和不可贸易部门的产品需求。但这时对制造业产品需求的增加，却是通过进口国

---

① 李军林，王麒棋，姚东旻. 产业结构与经验风险：来自"荷兰病"的模型分析[J]. 人文杂志，2016年第2期，26.

外同类价格相对便宜的制成品来满足的，使本国出现了"去工业化"①，从而影响国家的可持续发展能力，这对本国的制造业来说又是一个灾难。这被称为挤出效应。

"荷兰病"的特点和危害主要表现为"去工业化"，即对制造业的"挤出效应"。制造业的衰落将损害一国的长期增长能力、创新能力等核心经济能力，原因在于制造业的附加值高、可持续性发展并且对人力资本要求较高。②由于制造业具有能源资本密集型的特点，因此最有利于将能源资产转化为资本。从能源资源来看，资源转移效应与制造业挤出效应的产生机制，虽然把大量的货币资本和人力资本转移到资源出口部门，但由于"去工业化"而造成了缺少把所拥有的能源资产转化为资本的技术平台和市场环境，因此只能把能源资产当作一种普通资产或商品在市场上出售，进而失去了持续创造价值的能力。由于能源资产没有转化为资本，因此也就无法发挥能源资本的驱动因子和约束因子对本国经济增长的作用。能源资本双因子所构成的 DNA 双螺旋结构的破缺，是导致"荷兰病"的主要原因。

结　语

本章提出一个能源资本与经济发展之间的双因子干涉理论，即从能源资本 DNA 结构的四种"基因"中可以提取出两个不相干的公共因子：驱动因子与

---

① 去工业化，指制造业就业比重持续下降。去工业化现象最早始于美国，其制造业劳动力占总劳动者的比例，从 1965 年最高值的 28% 下降至 1994 年的 16%。在日本，制造业就业比重的最高值是 27%（1973 年，比美国出现峰值迟 8 年），而到 1994 年则下降到 23%。在欧盟的 15 个国家中，制造业就业比例的最高值是 30%（1970 年），到 1994 年则迅速下降到 20%。与此同时，发达国家服务业就业人数的比重均在上升。美国服务业的就业人数占劳动者总数的比重，则从 1960 年的 56% 上升至 1994 年的 73%。从 1960 年开始，其他发达国家均出现类似现象。

② 冯宗宪，姜昕，赵驰. 资源诅咒传导机制之"荷兰病"——理论模型与实证研究[J]. 当代经济科学，2010 年第 4 期.

约束因子。能源资本与经济增长之间存在着强烈的干涉效应，这种干涉效应是通过能源资本的驱动因子和约束因子在不同情况下执行各自职能而表现出来的。从能源资本的驱动因子来说，能源是经济增长的充要条件，经济增长的速度取决于能源供应的强度；从能源资本的约束因子来说，能源的利用效率反映了经济运行的效益，经济结构对能源转型具有反作用力。运用能源资本的双因子干涉理论，可以解释"资源诅咒"、"荷兰病"和"产能过剩"等经济学现象。

在运用能源资本双因子干涉理论指导能源行业和经济的发展过程中，应注意解决好以下三个问题。

一是能源资本的驱动因子执行职能的前提条件：能源资本供应要实现充足化和多元化。所谓充足化，就是通过强化能源资本驱动因子的作用，积极开发新的能源形态，提供充足的能源，为经济社会的健康持续发展提供充足的燃料和动力，使人类彻底摆脱能源短缺的状态。所谓多元化，就是为了避免某种能源形态单一发展而导致的"荷兰病"的传染，要逐步改变煤炭在能源结构中占比过大的局面，大力开发非煤能源形态，形成多轮驱动的能源资本供应体系。

二是能源资本的约束因子执行职能的前提条件：能源资本消费要实现减量化和清洁化。所谓减量化，就是通过强化能源资本约束因子的职能，抑制不合理能源消费，控制能源消费总量；提高能源利用效率，调整能源战略，实施能源保护和节能政策。所谓清洁化，就是推动高碳能源低碳化、低碳能源无碳化以及能源开发利用过程的高效清洁无害化，实现低碳发展，使能源资本的效益与生态环境相适应。煤炭、石油、天然气等自然不可再生能源不够用，就要开发可再生能源。事实上，可再生能源本身就是构成经济增长的一个有机部分。

三是要通过能源资本双因子协调执行职能，驱动经济尤其是制造业这类充分吸纳就业、创造工作岗位的产业的健康发展。这就是说，能源资本双因子所构成的 DNA 双螺旋结构的稳定，是能源资本持续创造价值的"基因"得以"遗传"的先决条件。

资本有着无法被阻挡的力量，它会冲破国家和地区的界域，流向世界的每个角落。它将给人类社会带来生产方式的巨大变革，将重构生产关系和交换关系。任何人为的忽视或者不承认，都无法改变客观的事实。[①] 能源资本作为人类文明进步的能量源泉，其冲击力更是无比巨大，所产生的影响也会更为广泛和深远。随着能源互联网的发展，经济增长所必需的能源资本的供需方式将出现多样化、便捷化和去中心化的革命性变化。借鉴银行这种人类社会已经十分成熟和完善的金融手段，将全球的能源资源和资产联结起来，规模化地转化为资本，进而最大限度、最高效率地实现能源资本的最大价值，是人类社会的美好愿景。2014 年 7 月 15 日，俄罗斯总统普京在金砖国家[②]峰会上倡议建立金砖国家能源联盟，并在该组织框架下成立金砖国家能源政策研究所和燃料储备银行。他认为，建立金砖国家能源联盟，将有助于巩固金砖国家的能源安全。金砖国家的国土占世界总面积的 29.6%，人口占世界总人口的 42.6%，拥有全球增长潜力最大的市场——中国和印度，俄罗斯和巴西则是资源大国。金砖国家的能源合作潜力巨大，未来将在一定程度上改变世界能源供给格局，因此，普京的建议具有可行性。鉴于能源资本金融属性的进一步显现和全球能源互联网功能的日益强大，作为构成"人类命运共同体"的具体举措，对普京的建议可以做进一步的延伸。具体地说，就是借鉴"世界银行"和"国际货币基金组织"的做法，设立全球性的能源资本机构，一个是"世界能源资本银行"，另一个是"国际能源资本基金组织"，可以为世界各国充分利用能源资本来促进本国经济增长提供强大的动力。我们相信，只要各国充分认识到能源资本具有持续创造价值的属性，在此共识基础上真诚合作、共同努力，这两个能源资本的国际组织的设立，不仅是必要的、可行的，而且一定会取得预期的效果。

---

① 陈培永. 感悟《资本论》之二：马克思的对手是谁？[OL]. 非菩提者的博客，2016-04-21.

② 金砖国家（BRICS），指巴西（Brazil）、俄罗斯（Russia）、印度（India）、中国（China）和南非（South Africa）五个国家。2001 年，美国高盛公司首席经济师吉姆·奥尼尔根据前四个国家英文首字母所组成的英文单词砖（Brick），提出"金砖四国"的概念，特指世界新兴市场。2009 年，相关国家举行系列会谈和建立峰会机制，拓展为国际政治实体。2010 年南非加入后，其英文单词变为"BRICS"，并改称为"金砖国家"。

第四章

能源资本与生态环境的蝴蝶效应

本章在洛伦茨蝴蝶效应的基础上提出了叠加蝴蝶效应和逆蝴蝶效应的概念，前者可以解释由于能源资本的双因子不能协调有效地执行职能而加剧生态环境遭受破坏的机制，后者可以解释由于能源资本的双因子在一定条件下的矛盾转化而使生态环境得到改善。人类需要利用能源资本双因子干涉理论来指导"能源重塑"行为，从而促进能源形态的转型和低碳经济的发展。

引言　蝴蝶效应

1963 年，美国气象学家爱德华·洛伦茨在提交给纽约科学院的一篇论文中提出："一只南美洲亚马孙河流域热带雨林中的蝴蝶，偶尔扇动几下翅膀，可以在两周以后引起美国得克萨斯州的一场龙卷风。"洛伦茨制作了一个电脑程序来模拟气候的变化，他发现图像是混沌的，而且十分像一只张开双翅的蝴蝶，因而他形象地将这一图形以"蝴蝶扇动翅膀"的方式进行阐释。洛伦茨认为，蝴蝶扇动翅膀的运动，导致其身边的空气系统发生变化，并产生微弱的气流，而微弱气流的产生又会引起四周空气或其他系统产生相应的变化，由此引起一个连锁反应，最终导致其他系统的极大变化。这种现象被称为蝴蝶效应。

任何事物发展均存在定数与变数。事物在发展过程中的发展轨迹有规律可循，这是"定数"；但往往会因为一个微小的变化就影响事物的发展趋势，这是"变数"。人类自第一次工业革命以来，大气环境中的二氧化碳确确实实处于上升过程之中，著名的"基林曲线"可以证明这种蝴蝶效应的客观存在。

二氧化碳的分子结构非常稳定，即使大气圈一年就可以完全混合一次，它也会在数十年内保持含量稳定。因此，全球范围内的二氧化碳浓度基本一致。1958年，美国海洋研究所的查里斯·基林带着一个研究小组，在位于美国夏威夷岛的莫纳罗亚活火山站开展大气二氧化碳含量的首次直接监测。此地由于远离陆地，城市污染或者大面积森林对夏威夷的干扰十分微弱，因此成为测量二氧化碳水平的理想场所。持续50年的监测表明，虽然二氧化碳含量呈现季节性的震荡，但年平均排放量持续增长却是一个不争的事实。从20世纪50年代末记录下的第一组数据开始，截至2010年，二氧化碳浓度已经增长了超过20%，达到390ppm（百万分之一）的水平。基林小组绘制了一条曲线，向人们提供了最为关键和令人信服的证据，后来人们把这条曲线称为"基林曲线"。2002年，基林成为当年美国国家科学奖的获得者。他所绘制的描述二氧化碳变化的"基林曲线"，成为20世纪气候变化的标志图。

2018年，全球二氧化碳排放量达到了有记录以来的最高水平，达到371亿吨，同比增幅为2.7%，超过了2017年的1.6%；美国的排放量同比增长了2.5%，欧盟排放量减少不到1%。这是体现国际社会抗击气候变化的目标与各国正在采取的行动之间差距的最新证据。"基林曲线"不断上升，真实地反映着人类对自然不断膨胀的需求，这样的曲线如何画下去，是值得越来越多的地球人不断思考的问题。联合国秘书长安东尼奥·古特雷斯在第24届联合国气候大会开幕式上再次为世人敲响了警钟："我们在气候变化的问题上面临着大麻烦……当前局势的紧迫性怎么强调都不为过。在我们目睹毁灭性的气候影响在世界各地造成严重破坏的同时，我们仍然没有为防止不可逆转的灾难性气候破坏采取足够的行动，也没有迅速做出反应。"①

地球大气中二氧化碳浓度的持续上升，不能用气候自然变化来解释，而是人类行为影响的结果。"基林曲线"无可争辩地证明，大气中的二氧化碳含量在逐年上升，这不是单独的蝴蝶效应形成的，而是无数个蝴蝶效应所形成的叠加蝴蝶效应。人类要做的事情，就是在生产生活中努力降低碳排放，形成一种产生逆蝴蝶效应的机制，进而改善生态环境。

穹顶之下的迷思

逃离雾霾

人类进入工业革命之后，由于能源的开采及其在各行各业中的广泛应用，乃至现代奢华的生活领域，能耗已经达到惊人的、不可持续的地步。② 人们面对的是这样一个严酷的现实：穹顶之下，是浓烈的雾霾。只要是生活在这个穹顶之下的人，都不会没有责任，都不可能置身事外。不论职位高低，不论财富多寡，不论健康状况好坏，雾霾是公平的，它会笼罩在每一个人的周围。

几年前，中国的空气污染属于世界最严重之列，在多个城市，浓密的雾霾是习以为常的景象。2018 年 12 月 1 日，《香港南华早报》网站报道，中国 79 个城市将被严重雾霾笼罩，受影响的地区包括北京、天津、河北、山西、江苏、安徽、山东、河南、陕西以及长三角。③ 中国环境监测总站称，在高湿和静稳的天气条件下，污染物可能需要 4 天才能散去。生态环境部新闻发言人称，仅在 2018 年 11 月，北京、天津、河北及周边地区就出现了 4 次重污染天气过程，"根本原因在于当前污染物排放量还远超环境容量"。

在政府和专家没有找到根本解决办法之前，普通民众除了无奈和期盼之

---

① 全球碳排放 2018 年再创新高[N]. 参考消息，2018-12-10.
② 杜祥琬. 中国能源战略研究[M]. 北京：科学出版社，2016.
③ 严重雾霾笼罩中国 79 个城市[N]. 参考消息，2018-12-03.

外，只有一条路可走，那就是在有条件时选择离开。2017 年网上有一篇文章写道："2017 年的第四天，霾压北京。雾霾灼心，尤其灼的是年幼孩子父母的心。燃烧在心头的无奈，迫使一些父母带娃离开北京。留下来不容易，逃离其实更难。一边是故土、奋斗数年的事业和熟悉的生活圈，一边是对孩子的愧疚和远离雾霾的憧憬。这样的逃离，无论对孩子还是大人，都是一场难以言尽的撕扯。无论扯下哪一块，无疑都是疼的。"

父母准备带着孩子去一个没有雾霾的地方，享受山清水秀的自然风光，这个愿望是良好的。但是，在环境没有发生根本好转之前，哪里又有这样的理想环境呢？雾霾绝不仅仅是北京的事情，也不仅仅是中国的事情，而是地球的事情、整个人类的事情。看看中国的近邻韩国，再看看曾经的"日不落帝国"英国的情景，我们就会明白，远离雾霾，绝不是一走了之那么简单。

新浪财经频道引述英国《金融时报》的报道，韩国已加入全球污染最严重国家行列。[①] 2017 年前几个月的空气污染程度飙升至创纪录的水平，韩国当局已发布 85 次超细粉尘警告，较 2016 年同期的 41 次增加一倍以上。世界经济合作与发展组织（OECD）的一份报告预测，到 2060 年有多达 900 万韩国人可能因为这种程度的空气污染而早逝。据估计，空气污染每年给韩国造成的经济损失高达 90 亿美元。

2017 年 1 月 23 日，罕见重度雾霾突袭全欧洲，伦敦空气污染指数达到了173，而以往伦敦市中心 70 都算很高了，大部分地方维持在 40 左右。[②] 英国环境、食品、农村事务部门根据全英 155 个观测点的数据显示，英国南部"千里江山一片红"，一些区域的空气状况更是"红得发紫"。伦敦市长萨迪克·汗根据监测数据，首次发布了一个专门警告："今天伦敦的毒空气达到令人羞愧的程度，意味着我被迫发布我上任以来第一个'非常高'水平空气污染警

---

① 韩国加入污染最重国家行列，不能怪中国［OL］. 新浪财经，2017-03-29.
② https://www.sohu.com/a/125121854_ 359863.

告。"① 伦敦的雾霾,并不是 2017 年才出现的,其有长期化的趋势。2018 年 1 月 30 日,英国《新科学家》周刊网站报道,伦敦已经达到 2018 年空气污染上限。伦敦大部分的二氧化氮来自道路交通,尤其是柴油。在英国,空气污染被认为每年导致约 4 万人早逝,并引起心脏病、肺病和哮喘等疾病。②

如果说北京人还可以逃离北京,到中国的南方,那么,作为朝鲜半岛和英伦三岛的岛国居民,韩国人和英国人又能逃到哪里去呢?换句话说,哪里的"终风且霾"才可以吸引他们"惠然肯来"呢?

历史上的六大雾霾事件

地球环境污染已经成为需要全人类共同面对的问题,而不是哪一个城市、哪一个地区甚至哪一个国家所能独自解决的。事实上,地球上很多灿烂文明的诞生与消亡,都与气候密切相关:曾经喧闹的庞贝古城,一朝被淹没在厚厚的火山灰中;孕育了两河文明的美索不达米亚平原,如今只剩下荒漠;古西域的许多城市,都埋在了漠漠黄沙之中。如果说,这些是由于神秘的宇宙天文和地球物理在主导自然界,人类只能无辜兴叹的话,那么,第一次工业革命以来,随着生产力水平的大幅提高,人类自身的活动开始影响气候,世界上六起著名的雾霾事件就是极好的例证。

比利时马斯河谷雾霾事件。1930 年 12 月 1—15 日,比利时马斯河谷工业区内 13 个工厂排放的大量烟雾弥漫在河谷上空无法扩散。在二氧化硫等有害气体及粉尘污染的综合作用下,河谷工业区有上千人出现胸疼、咳嗽、流泪、咽痛、声嘶、恶心、呕吐、呼吸困难等症状。据不完全统计,一个星期内就有 60 多人死亡,是同期正常死亡人数的十多倍。

美国洛杉矶光化学雾霾事件。1943 年 7 月 26 日清晨,美国洛杉矶走在路

---

① http://static.nfapp.southcn.com/content/201701/25/c263873.html.
② 伦敦一月空气污染触全年上限[N].参考消息,2018-02-01.

上的人们闻到了刺鼻的气味，很多人不停地流泪。这是洛杉矶有史以来第一次遭受到雾霾的攻击，随后十几年，光化学雾霾在洛杉矶成为常态。在 1952 年 12 月的光化学烟雾事件中，洛杉矶市 65 岁以上的老人死亡 400 多人。1955 年 9 月，短短两天之内，65 岁以上的老人死亡 400 余人，许多人出现眼睛痛、头痛、呼吸困难等症状。

美国多诺拉雾霾事件。1948 年 10 月 26—31 日，持续雾天的多诺拉小镇，出现逆温现象[①]。工厂排出的大量烟雾，被封闭在山谷中，除了烟囱之外，一切都消失在烟雾中，空气中散发着刺鼻的二氧化硫气味，令人作呕。小镇中 6000 人出现呼吸道疾病，症状为眼睛痛、咽喉痛、流鼻涕、咳嗽、头痛、胸闷、呕吐等，其中有 20 人很快死亡。死者的年龄多在 65 岁以上，大都原来就患有心脏病或呼吸系统疾病。

英国伦敦雾霾事件。1952 年 12 月 5—8 日，伦敦城市上空连续四五天烟雾弥漫，能见度极低。由于大气中的污染物不断聚积，无法扩散，许多人都感到呼吸困难，眼睛刺痛，流泪不止，伦敦城内到处都可以听到咳嗽声。仅仅四天时间，死亡人数就达 4000 多人。两个月后又有 8000 多人陆续丧生。就连当时在伦敦参加展览中的 350 头牛也惨遭劫难，1 头牛当场死亡，52 头严重中毒，其中 14 头奄奄一息。这就是骇人听闻的"伦敦烟雾事件"。

墨西哥波萨里卡事件。1959 年，由于石油和采矿工业所排放的烟雾，造成墨西哥波萨里卡市的大气污染公害事件。

日本四日市哮喘事件。1955 年以来，日本四日市石油冶炼和工业燃油产生的废气，严重污染城市空气。1961 年全市工厂粉尘、二氧化硫年排放量达 13 万吨，500 米厚的烟雾中飘浮着多种有毒气体和有毒金属粉尘。1964 年，该市连续三天烟雾不散，气喘病患者开始死亡。1967 年，一些患者因

[①] 一般情况下，大气温度随着高度增加而下降，可是在某些天气条件下，地面上空的大气结构会出现气温随高度增加而升高的反常现象，气象学上称之为"逆温"，发生逆温现象的大气层称为"逆温层"。大气污染越严重，逆温层厚度越大，逆温现象也就越严重。

不堪忍受折磨而自杀。1970 年，患者达 500 多人。1972 年，全市哮喘病患者 871 人，其中死亡 11 人。后来，由于日本各大城市普遍烧用高硫重油，致使四日市哮喘病蔓延至全国，如千叶、川崎、横滨、名古屋、水岛、岩国、大分等几十个城市都有哮喘病在蔓延。据日本环境厅统计，截至 1972 年，日本全国患四日市哮喘病的患者多达 6376 人。20 世纪 80 年代中期以后，大气污染公害事件受害人数激增，特别是在东京，还出现了新增发病的患者。

上述六次重大环境事件，都与人类大量燃烧煤炭、石油等各种化石燃料有关，由此产生了巨量的废气。比如，伦敦当时冬季主要依靠燃煤采暖，市区内还分布着许多以煤为主要能源的火力发电站，煤炭燃烧产生的二氧化碳、一氧化碳、二氧化硫、粉尘等气体或污染物被厚厚的云层盖住，引发了连续数日的大雾天气。加州理工学院的荷兰科学家阿里·哈根－斯米特通过分析空气中的成分发现，洛杉矶光化学雾霾事件的罪魁祸首实际上是汽车尾气，其中的烯烃类碳氢化合物和二氧化氮被排放到大气中，在吸收了太阳光的能量后，会变得不稳定起来，原有的化学链遭到破坏，形成新的物质。这种化学反应被称为光化学反应，其产物为含剧毒的光化学烟雾。当时的情况是，太平洋战争的爆发让洛杉矶及其周边变得空前繁荣，大量工厂和人口的涌入让这座城市成为全美拥有汽车数量最多的地区，20 世纪 40 年代它就拥有 250 万辆汽车，每天大约消耗 1100 吨汽油，排出 1000 多吨碳氢化合物、300 多吨氮氧化物和 700 多吨一氧化碳。另外，还有炼油厂、供油站等因石油燃烧排放污染物，这些化合物被排放到阳光明媚的洛杉矶上空，不啻制造了一个毒烟雾工厂。

现在人们一般用 PM2.5 这个指标来评价空气污染的严重程度。关于 PM2.5 的成分和来源，虽然世界上各研究团队发表的结果有些不同，但有一个明确的、共同的宏观结论：源于煤炭和石油燃烧的颗粒物（包括一次颗粒物和二次颗粒物）占 PM2.5 总量的 2/3 以上。[1] 根据中国与美国的一个联合研究团队于 2016 年所做的一项调查，在中国导致与空气污染相关死亡的头号因素是煤炭的燃烧。[2] 韩国导致雾霾严重的主要原因，除了汽车排放以及建筑或工业场所外，主要是本国的能源结构发生了变化。2016 年，韩国政府运营着 53 座燃煤发电厂，并计划未来 5 年再建设 20 座，10 座老旧电厂则将于 2025 年之前关闭。2005—2016 年，韩国的煤电产能增加了近 95%，约 40% 的能源供给来自化石燃料。与此同时，由于安全方面的担忧和一系列的丑闻，核电份额从 2005 年的 40% 降至 2016 年的 30%。[3]

"诗意的生活" 哪儿去了

除了上述雾霾事件之外，我们所生存的这个地球，确实出现了越来越多的不确定性气候灾害，而且有愈来愈加剧的趋势，极寒、极热、干旱、水涝等恶劣天气频频发生。自第一次工业革命以来，人类已经燃烧了巨量的化石能源，累计向大气排放了 3650 亿吨的碳；加上"去森林化"（毁林垦荒及乱砍滥伐）又给大气层添加了 1800 亿吨的碳；目前各国每年排放碳总计达 90 亿吨，致使空气中二氧化碳的浓度已经高于 0.04%，超过了过去 80 万年间任何时期的水平，其直接后果是可能导致气温上升了 2℃～4℃。[4] 由于人类向大气中排放二氧化碳等吸热性强的温室气体逐年增加，大气的温室效应也随之增强，会对环境产生重大影响。

2018 年 2 月 1 日，英国首相特蕾莎·梅在访问中国期间，送给习近平主席一件特殊的礼物：英国 BBC（英国广播公司）制作的纪录片《蓝色星球 2》。[5] 这是 BBC 历经 4 年拍摄制作的一部海洋生物纪录片，除了用镜头展示令人惊

[1] 杜祥琬. 中国能源战略研究[M]. 北京：科学出版社，2016：314.

[2] 中国"向污染开战"折射发展新理念[N]. 参考消息，2018-01-31.

[3] 韩国加入污染最重国家行列，不能怪中国[OL]. 新浪财经，2017-03-29.

[4] 杜祥琬. 中国能源战略研究[M]. 北京：科学出版社，2016.

[5] 孙微，王盼盼. 梅首相将"蓝色星球"送给习主席[N]. 环球时报，2018-02-02.

异的海底景观和新生物，更重要的是旨在提醒人们关注人类活动尤其是塑料垃圾对海洋的污染，2017 年 10 月在英国首播，震撼观众。英国《独立报》评论称，这个礼物的意义在于中国在全球环境事务中越来越重要的影响，尤其是在美国退出《巴黎气候协定》之后。不论是从供给侧还是从需求侧来看，塑料制品都是能源资本投入的产物，它作为商品凝结了能源资本的价值。要想减少塑料制品，就需要能源资本的约束因子执行职能，在这类产品的制造方面少投入能源资本。在这方面，除了能源资本所有者的意愿之外，政府的决心和政策更为重要。比如，英国首相访华期间，在武汉附近的长江之行中登上了一艘专门用于清理塑料垃圾的船只，目睹了中国开创性的清理国内河流里微小塑料颗粒的技术。

2018 年 3 月 22 日，美国《华盛顿邮报》网站报道，在美国加利福尼亚州与夏威夷之间的太平洋海面上，目前有 7.9 万吨塑料碎片占据着相当于三个法国面积大小的水域，这些塑料碎片数量达 1.8 万亿块。[①] 这项研究由海洋清理基金会以及新西兰、美国、英国、法国、德国和丹麦有关机构的研究人员共同开展，在英国《科学报告》杂志上发表了观测结果。过去曾有调查人员对太平洋垃圾带进行过测绘，此次新调查估计，该区域漂浮的塑料碎片比此前认定的数量多 3～15 倍，而且还在呈指数级增加，原因是洋流的作用以及人们的漠视。这项研究发现，这些塑料碎片包括从微小碎屑到巨大的废弃渔网等各种塑料垃圾，其中渔网占全部碎片的 46%。美国佐治亚大学环境工程师詹纳·詹贝克在 2015 年的一项研究中发现，人类每年倾倒至海洋的塑料垃圾估计达 800 万吨，到 2025 年这一数字预计将增长 22%。

大量垃圾到达了它们本不该出现的地方，许多塑料垃圾将会下沉，对海底或深海造成破坏。更为严重的是，塑料制品在光照下释放温室气体，从而直接对大气环境造成破坏。2018 年 8 月 7 日，美国《趣味科学》网站报道，美国

---

① 太平洋漂浮骇人塑料垃圾岛[N]. 参考消息，2018-03-24.

夏威夷大学马诺分校的最新研究发现，塑料在暴露于光照之下后会立即释放温室气体。[①] 光照不仅会分解塑料，而且会释放甲烷和乙烯，这是两种最具有危险性的温室气体。研究发现，低密度聚乙烯（LDEP）暴露在阳光下的时间越长，释放的甲烷和乙烯就越多。塑料老化后会分解，指甲盖大小的塑料碎片最终会漂浮在海洋中。较小的碎片意味着受光照破坏的表面积更大，LDEP 粉末释放的甲烷是 LDEP 颗粒的 500 倍。即使塑料产生的气体目前还不多，但不断增加的降解塑料表面积可以解释为什么问题很可能只会恶化，因为自 1950 年以来生产的所有塑料都还在地球上，降解一刻也没有停止，所以会产生越来越多的甲烷。

塑料制品对环境的危害，已经成为不争的事实。更为严重的是，塑料已经对人类的饮食健康产生负面影响。2018 年 9 月 3 日，日本共同社报道，美国明尼苏达大学公共健康学院的研究团队，分析了在美国、英国、古巴和印度等 14 个国家采集的 159 份自来水样本。除意大利之外，13 个国家的样本中都发现了"微塑料"[②]，占 81%。从美国的样本中，每升自来水检出约 60 个微塑料，数量最多。研究还发现，从欧洲、亚洲和美国等标明产地的食盐以及美国用五大湖湖水酿造的啤酒中，全部检出微塑料。[③] 2018 年 10 月 16 日，美国《环境科学与技术》月刊发表的一篇研究报告显示，商店里出售的袋装食盐中，有超过 90% 含有微塑料。[④] 韩国仁川国立大学和绿色和平组织东亚分部的研究团队对来自澳大利亚、白俄罗斯、巴西、保加利亚、中国、克罗地亚、法国、德国、匈牙利、印度、印度尼西亚、意大利、韩国、巴基斯坦、菲律宾、塞内加尔、中国台湾、泰国、英国、美国和越南等 21 个国家和地区的 39 份食盐进行了取样分析。这 39 份食盐样品中，28 份样品是海盐，9 份是岩盐，2

---

① 塑料在光照下释放温室气体[N]. 参考消息，2018-08-09.
② 一般认为，粒径小于 5 毫米的塑料纤维、颗粒或者薄膜便为微塑料。
③ 震惊！13 国自来水中检出塑料微粒[N]. 环球时报，2018-09-04.
④ 成人年均从食盐摄入 2000 粒塑料[N]. 参考消息，2018-10-20.

份是湖盐。只有 3 份食盐样品中不含微塑料，它们是来自中国台湾的精制食盐、来自中国的精制岩盐和来自法国的未提炼的海盐。亚洲生产的食盐到目前为止是所有样品中含微塑料最多的，10 种微塑料含量最高的食盐中，有 9 种都来自亚洲。这与塑料通常流入大海有关，表明海盐微塑料含量是衡量周边海洋环境微塑料污染程度的一个很好的指针。研究人员估计，一个成年人平均每年从食盐里就吃进约 2000 粒微塑料，这可能只占微塑料摄入量的很小一部分。

面对气候的急剧变化，人们不仅面临着生活质量不高的问题，更为严重的是，它会使贫者更贫。[①] 饥荒和水资源供应紧张，受冲击最大的就是最贫困的人群。20 世纪 70 年代至今，气候变化使得每年有 15 万人丧生，其中半数在亚洲。2017 年印度死于空气污染的人数高达 124 万人，占总死亡人数的 12.5%。[②] 到 2015 年，气候变化引起的灾难波及 3.75 亿人；到 2020 年，全球玉米产量将下跌 15%，非洲将为此每年损失 20 亿美元；到 2050 年，每年会有 2 亿人因为饥饿、环境破坏和土地减少而迁移。2018 年 7 月 22 日，日本《每日新闻》报道，日本、美国和中国的一个三国研究小组的研究结果表明，如果大气中二氧化碳浓度上升，大米中的营养素就会减少。[③] 研究人员在稻子周围喷二氧化碳，对二氧化碳浓度达到 568ppm 后收割的大米中的营养素进行了检测，结果发现，与在普通水田种植的大米相比，试验大米中的蛋白质平均减少了 10.3%，铁和锌分别减少了 8% 和 5.1%。在维生素 B 群中，B_1 减少了 17.1%，B_2 减少了 16.6%，B_5 减少了 12.7%，B_9 减少了 30.3%。导致这种结果的原因在于，碳的摄入量增加，而营养素合成所需的氮摄入量不足。这可能至少会对主要生活在亚洲地区的人口摄取营养产生影响。据美国华盛顿大学的柯蒂斯·多伊奇估计，昆虫每年已经损害了全世界 8% 的玉米和小麦，以及

---

① 熊焰. 低碳之路：重新定义世界和我们的生活[M]. 北京：中国经济出版社，2010：15.
② 印度去年百万人死于空气污染[N]. 参考消息，2018-12-09.
③ CO_2 浓度越高，大米营养素越少[N]. 参考消息，2018-07-23.

14% 的水稻。如果全球平均气温仅比工业化前升高 2℃，那么每年玉米、小麦和水稻的减产幅度可能分别达到 10%、12% 和 17%。这三种谷物的总损失约为 2.13 亿吨。因此，气候问题已经不是一个单纯的环境问题了，而是一个经济问题，最后会演变成一个涉及人类公平与发展的政治伦理问题。

气候变化不仅对人类的生活有影响，就连动物也深受其害。2009 年 11 月 24 日，法新社发布的一份研究报告称，埃及开罗大学的研究人员阿迈勒·基纳维让三组老鼠分别吸入清新空气、含铅汽油尾气和无铅汽油尾气。解剖结果表明，那些吸入汽油尾气的老鼠脑内三个区域的一组关键神经物质，即在神经元之间传递信息的化学物质的水平出现大幅波动。有迹象表明，吸入无铅汽油尾气的老鼠的神经系统也发生了变化，它们的脑细胞看上去像是遭到了一种被称为自由基的变态原子团的破坏。同样令人惊讶的是，与吸入清新空气的那组老鼠相比，其他两组老鼠都变得更具攻击性。基纳维推测，在城市生活中，如果长期吸入受污染的空气，人的攻击性可能也会增强，因为"无数人每天在给车加油的同时也都在吸入汽车尾气"。

如果说不招人喜欢的老鼠只是变得好斗，那么，生活在地球的南极、对人类毫无威胁的国王企鹅①的数量锐减，则令人心痛。2018 年 7 月 30 日，法新社报道，《南极科学》杂志发表的一项研究报告称，最近的卫星图像和直升机拍摄的照片显示，法属科雄岛（位于非洲南端和南极洲中间）上的国王企鹅数量已经大大减少，只剩下约 20 万只，而上一次科学家到该岛考察时，还有 200 万只。② 除了企鹅，气候变化可能导致鸟类数量的骤减。2018 年 8 月 20 日，美联社报道，美国《国家科学院学报》月刊上刊登了一篇加利福尼亚大学伯克利分校的研究报告，在比纽约州还大的调查区域内，过去一个世纪以来

---

① 国王企鹅（King Penguin），也称"帝企鹅"。法国导演吕克·雅克执导过一部叫作《帝企鹅日记》的生态纪录片，于 2005 年 1 月 26 日在法国上映。影片以纪实并辅之以旁白的手法，描绘了帝企鹅在南极气候条件极度恶劣的情况下，靠着强大的意志力，为了生存和繁衍而进行的艰苦旅程。
② 气候变化或致国王企鹅锐减[N]. 参考消息，2018-08-01.

不同种类的鸟类数量平均下降了43%。[①] 由于气候变化，加州沙漠已经经历了相当程度变干、变暖的过程，这可能足以将鸟类推向死亡边缘。该校生物学家约瑟夫·格林内尔及其同事在1908—1947年间就曾经考察过这些地点。该研究报告的作者之一凯莉·伊克纳扬说："在沙漠中，除了普通的乌鸦，我们看不到任何种类的鸟类有所增加。在这个生态系统中没有气候变化的赢家。"

2018年10月10日，联合国发表了一份与比利时鲁汶大学共同撰写的报告，1998—2017年的20年间里，自然灾害造成的经济损失约为2.9万亿美元，其中各种气候灾害造成的经济损失约占77%，为2.24万亿美元，增长了151%。最近20年来，与气候相关的灾害（其中很大一部分与全球变暖相关）在灾害总数中占据主要部分，在有统计的7255次灾害中占91%，其中洪水和风暴是最常见的灾害，分别在气候灾害中占43%和28%。这种情况导致在有统计数据的20年间，130万人因此丧失生命，44亿人受灾。经济损失最严重的国家是美国，其次是中国和日本。这也很好理解，因为这三个国家的经济总量大，碳排放量相对较大，对气候造成的影响也大，因此受灾害影响的程度也较强。

德国诗人荷尔德林有一首题为《人，诗意地栖居》的诗，发出这样的疑问："大地之上可有尺规？"然后又自己回答："绝无！"没有"尺规"的大地，还是接纳了人类在其上生存栖息。最近几年流传着这样一句话："生活不止眼前的苟且，还应该有诗及远方。"遗憾的是，人类发展史上非理性行为导致了严重的雾霾，污染了美丽的地球，穹顶之下的人们失去了栖居的诗意，产生了对未来的迷思。诗意的恢复和迷思的消除，在于寻找到已经失去的大地的"尺规"。

---

① 气候变化或致鸟类数量聚减[N]. 参考消息, 2018-08-21.

能源资本的驱动因子与叠加蝴蝶效应

日益严重的温室效应

由于气候和环境问题的复杂性，不同的认识仍会继续存在。但是，气候变暖和雾霾事件频繁发生已经成为不争的事实。大气能使太阳短波辐射到达地面，但地表受热后向外放出的大量长波热辐射却被大气吸收，这样就使地表与低层大气层之间形成类似于栽培农作物的温室，故其效应称"温室效应"，又称"花房效应"。

温室效应的表现之一：海洋温度升高。2018 年 1 月 28 日，英国《独立报》网站报道，2017 年全球海洋水温上升到有记录以来的最高温度。一组中国专家的研究表明，2017 年海洋上层 2000 米的水温远远超过此前最热的 2015 年，升温的热量是中国年均发电量的 699 倍。地球上超过 90% 与全球变暖有关的多余热量被海洋吸收，这一记录"强力释放出全球变暖的信号"，人类活动所导致的地球长期变暖趋势将持续不变。2018 年 2 月 12 日，德国《明镜》周刊网站报道，海平面上升越来越快。根据气候学家援引的卫星数据，未来 80 年海平面上升的幅度将扩大至先前预测的两倍以上。自 1993 年以来，全世界海平面平均每年上升大约 3 毫米。研究海平面上升需要考虑两个因素：由自然事件导致的年度小幅升降，以及与人为因素导致的气候变化有关的长期趋势。2014 年，联合国政府间气候变化专门委员会在其第五次评估报告中预测，到 2100 年海平面将上升 28 ～ 98 厘米，结果取决于较低或较高的温室气体排放量导致全球变暖的程度。在过去 25 年，海平面上升了 7.5 厘米，其中大约 55% 归因于水温升高以后体积的膨胀，其他归因于冰的融化。按照目前的速度，到 21 世纪末，全球海平面将比现在至少高 61 厘米。[①] 2018 年 8 月 16 日，

---

① 全球变暖致海平面加速上升[N]. 参考消息，2018-02-10.

英国《每日电讯报》网站报道，美国《科学进展》杂志发表了一篇研究报告，海平面上升会大大增加发生海啸的危险，沿海城市被毁灭的风险将大大增加。

温室效应的表现之二：冰川持续融化。2018 年 8 月 1 日，法新社从斯德哥尔摩发回报道，由于北极地区的温度创新高，瑞典最高峰凯布讷山南峰上的冰川正在融化，该峰将不再是该国最高峰。[①] 凯布讷山是位于瑞典北部的热门旅游胜地，由两个主峰组成，其中南峰被冰川覆盖，而北峰上则没有冰。斯德哥尔摩大学地理学教授贡希尔德·罗斯奎斯特说，2018 年 7 月 2 日至 7 月 31 日，南峰的雪层厚度减少了 4 米。这意味着，南峰每天平均有 14 厘米厚的冰川融化。创纪录的高温在瑞典全国引发了多场山火，甚至出现在了北极圈内。夏季酷热的结果是，山区消失的积雪和冰层规模创了纪录。根据最新测量结果，南峰海拔 2097 米，仅比北峰的 2096.8 米高出 20 厘米，而 2017 年两峰的海拔差为 2 米。过去的 20 年间，南峰的冰川一直在以每年一米的速度融化。

温室效应的表现之三：某些地区不再适合人类居住。2018 年 8 月 1 日，香港《南华早报》报道，美国麻省理工学院的科学家发表的一项研究报告表明，致命热浪可能导致中国主要粮食产区不适于居住。[②] 广袤的华北平原目前拥有大约 4 亿人口，生产中国 20% 的谷物。由于降雨不多，农民在种植季要依赖灌溉系统培育庄稼。由于灌溉用水的蒸发加大了湿度，而水蒸气本身就是一种强效的温室气体，因此，灌溉达到一定规模时，可能导致"湿球"温度[③]再上升约 0.5℃。华北平原经历了极端热浪数量的大幅增长，2013 年就出现了持续 50 天的高温。研究指出，1951—2006 年，中国的平均地表温度上升了约 1.35℃，是全世界相应数字的近两倍。气候变化是导致该问题的主要推手，中国

① 瑞典最高峰将因冰川融化"让位"[N]. 参考消息，2018-08-03.
② "致命热浪"或令华北地区不宜居[N]. 参考消息，2018-08-03.
③ "湿球"温度的命名来自科学家们测量温度的方式，指将一块湿布盖在温度计上测量出的温度。当这种温度达到 35℃ 时，即使阴凉处也会让身体无法感觉凉爽。这样一来，即使非常健康的人，也可能在 6 小时内死亡。

目前是最大的温室气体排放国，加上灌溉规模的扩大，于是产生了严重的问题。

2018 年 7 月，美国《科学》杂志发表了美国的一个科学家小组的研究成果。该小组分析了 38 年的卫星观测数据，研究了几种描述工业革命前后气候状况的理论模型，发现自然原因导致的季节性气温变化有其特定模式，北半球中纬度地区的冬夏温差最大，回归线的温差小得多，温差最小的是南极。研究人员认为，这种剧烈的变暖现象不能用自然因素来解释，冬夏温差扩大的原因是人类活动引起的温室效应。

两种对立的气候观点

关于全球气候变化原因的争议，存在着两种极端相反的观点。

观点一：气候变暖是由于温室气体（如二氧化碳等）排放过多所造成的，换言之，是人类的活动，尤其是工业化造成全球气候变暖。持有这种观点的代表人物是美国克林顿政府时期的副总统阿尔·戈尔和世界银行前高级副行长兼首席经济学家尼古拉斯·斯特恩。

阿尔·戈尔在进入美国国会后，成为第一位关注全球变暖的议员。他提出了有关美国"信息高速公路"的法案和"数字地球"的概念，都产生了世界性影响。1992 年戈尔推出《濒危的地球》一书，登上《纽约时报》畅销书排行榜。戈尔在 2000 年美国大选中惜败于小布什，从此从一名美国政治人物转变为一个全球环保名人。2006 年，他主持拍摄了纪录片《不可忽视的真相》，获得奥斯卡最佳纪录片奖，2007 年他获得诺贝尔和平奖。为了解释全球变暖现象，纪录片引用了对南极洲冰层中心样本在过去 60 万年间的温度和二氧化碳含量数值的检测。格陵兰岛和南极的冰川溶解，可能使全球海平面升高近 6 米，沿海地区将被淹没，1 亿人口将成为环境难民。冰川融化后，大洋盐分含量降低可能会使墨西哥湾流中断，并造成北欧地区气温骤降。戈尔在纪录片的最后提到，若是尽快采取适当的行动，例如减少日常生活中的二氧化碳排放量并种植更多植物，将能阻止全球变暖带来的影响。

2005 年 7 月，时任英国财政大臣的戈登·布朗要求尼古拉斯·斯特恩提交一份研究报告，分析气候变化造成的经济损失，以及减排的成本和收益。2006 年 10 月 30 日，英国政府正式发布了斯特恩主持完成的研究报告《斯特恩回顾：从经济角度看气候变化》，这份著名的斯特恩报告一经发布，便在全球范围内激起了爆炸性的反响。该报告论证了欧盟倡导的全球升温不超过 2℃ 的长期目标的科学性、可行性和紧迫性。该报告认为，气候变化是不争的事实，"科学证据现在不容置疑，气候变化是对全球的严重威胁，急需做出全球反应"，"如果我们不采取行动，气候变化的代价将相当于使全球每年至少损失 5% 的 GDP，贫穷国家则会超过 10%，而且年年如此。如果考虑到更广泛的风险和影响，估计损失将上升到 GDP 的 20% 或者更多"。该报告还认为，这些损失的规模，只有两次世界大战和经济大萧条可与其相比，而且这些变化很难甚至根本不可能逆转。该报告建议的举措是，要稳定大气中的温室气体当量，必须把每年排放量降低到现有水平的 80% 以内，减排的成本大约仅占 GDP 的 1%。该报告提出，要建立长期稳定的碳价格政策、低碳技术发展政策，消除阻碍减排行动的障碍因素，保证温室气体减排行动的有效实施，这些措施"必须建立在共识之上，既有共同的长期目标愿景，也有在今后十年中加快行动的框架；而且必须在国家、地区和国际层面之间继续采取相互支持的做法"。英国《独立报》编辑迈克·麦卡锡认为，该报告用无可辩驳的事实、数据和逻辑"击碎了所有用来拒绝采取行动的借口"，无论这些借口是科学的、政治的、经济的还是道德的。[①]

观点二：气候变暖是由于太阳黑子的活动引起的，与人类排放温室气体无关。持有这种观点的代表人物是英国 BBC 电视节目制作人马丁·德金。

2007 年 8 月，马丁·德金拍摄了一部题为《全球变暖的大骗局》的纪录片，用列举数据和采访科学家的方式，试图说明全球变暖是由于太阳黑子的活

---

① 熊焰. 低碳之路：重新定义世界和我们的生活[M]. 北京：中国经济出版社，2010：27.

动引起的，与人类排放温室气体无关，而且指责环保主义者以此名义干扰发展中国家的发展。这个片子的主要观点是，二氧化碳不是温度升高的原因，水蒸气才是导致气候变化的一个关键因素，"全球变暖的警告被披上科学的外衣，但是它不是科学，而是宣传。人为因素引起地球变暖，不再是一个气候理论，而是一桩政治生意"。

马丁·德金的观点并不是孤立的。2017 年 2 月 22 日，俄罗斯《消息报》报道，英国科学家对太阳活动周期进行了模拟实验并得出结论，人类在 10 ～ 15 年后可能将面临全球变冷的情况。[①] 太阳活动强度将在 2022—2040 年间达到最低值，而其近几年的活动强度会降至 16—17 世纪的最低水平。届时，地球上将出现短暂的冰期，将持续 30 年。上一次太阳活动极小期出现在 370 年前的 1646—1715 年，当时被称为"迷你冰河时期"，甚至导致伦敦泰晤士河河水冻结，荷兰的运河上可以滑冰。该报道还说，在过去的 7500 年中，类似的寒冷时期出现过 18 次，人类即将面临的是第 19 次。起初，降温过程非常缓慢，10 年后将日趋显著。全球大洋温度预计将降低 1℃，这足以使格陵兰岛形成新的冰川。

对于地球某些局部地区在某些年份偶尔变冷的现象感到最得意的人，恐怕非美国总统特朗普莫属了。[②] 自 2011 年以来，特朗普在推特上发表的气候相关言论已经超过 100 条。早在 2012 年，特朗普便在推特上表示"纽约正在下雪，好冷，我们需要全球变暖"。一年之后，他又在洛杉矶喊冷，指责全球变暖是彻头彻尾的骗局。2017 年 12 月 29 日，美国有线电视新闻网（CNN）报道，正在佛罗里达州私人度假区享受圣诞假期的特朗普依然闲不住，又发推文怼了一回"全球变暖"的观点："在东部，这可能是有史以来最冷的跨年夜。或许我们美国可以利用全球变暖得到一点儿好处，但其他支付数万亿美元减缓全球变暖的国家就不行了。穿暖和点儿！"对于特朗普的说法，《纽约时报》表示，总统先生

---

① 十年后地球将进入冰川期，四季或出现更迭错乱［OL］. 环球网，2017-02-22.
② http://www.myzaker.com/article/.

恐怕没有分清"气候"和"天气"的差别。虽然东海岸部分地区在新年前夕的低温可能会打破纪录，但当地天气并不能代表气候。为了让商人出身的特朗普能够更明白，《纽约时报》用了这样一个类比："天气"相当于这一天你兜里揣的钱，而"气候"则是你的净资产，是长时间的总和。对于气候变化这样严肃的科学问题，《纽约时报》的这种"扫盲"课程，特朗普不知听懂了没有。

不幸的是，气候变化对美国的冲击几乎超过任何其他国家。2018 年 9 月 24 日，英国《独立报》网站报道，一份基于对"碳排放社会成本"（SCC）进行衡量的最新研究报告指出，美国经济实际上会因为气候变化而蒙受巨大损失，"我们通过数百种不确定情境模拟得出的结论表明，从国家层面看，美国承受的碳排放社会成本一直位居全球前列"。特朗普政府一直在积极废除各种环保法规，包括让美国退出具有里程碑意义的《巴黎气候协定》，因为他相信，全球变暖是中国为惩罚美国而制造的骗局。对于这种说法，2018 年诺贝尔经济学奖获得者、"碳排放税"的倡导者、美国耶鲁大学教授威廉·诺德豪斯，在 2018 年 10 月 8 日的记者会上予以反驳："考虑到有关气候变化的科学早在 19 世纪就已确立，这种观点极其愚蠢。"[1]

大量的研究和数据表明，能源是温室气体排放的最大来源，占排放量的 40%。70 亿人每年燃烧约 170 亿吨标准煤的化石能源，全球每年新增约 350 亿吨二氧化碳排放。[2] 目前，全世界每年向大气排放的二氧化碳约为 230 亿吨，每秒二氧化碳排放量约为 700 吨。国际能源署（IEA）的研究表明，超过 99% 的二氧化硫与氮氧化物、85% 的 PM2.5 颗粒物、92% 的一氧化碳以及 66% 的挥发性有机化合物排放来自能源，包括在电力、工业、居民生活、交通源、农业源等领域的排放。[3]

根据能量守恒定律，能量既不会凭空产生，也不会凭空消失。宇宙中能量

---

① 诺贝尔经济学奖得主齐批特朗普[N]. 参考消息，2018-10-10.
② 杜祥琬. 中国能源战略研究[M]. 北京：科学出版社，2016：531.
③ 国际能源智汇，"雾霾治理：路漫漫其修远"[N]. 中国能源报，2017-02-20.

的总额自始至终都是一定的，它只能从一种形式转化为另一种形式，或者从一个物体转移到另一个物体。能量的转换也是有方向的，总是由可利用转向不可利用。一块燃烧着的煤炭，在燃烧过程中所蕴含的能量并没有消失，而是被转化到了二氧化碳、二氧化硫和其他气体，并排放到大气层中。尽管能量仍然存在，但这些分散在大气层中的能量不能重新还原成煤炭的形态并被加以利用。更重要的是，每一次能量从一个温度转化到另一个温度，都意味着下一次可以做功的能量减少了。能量既然是从高温的地方向低温的地方传递、转移，由一种有序和集中的形态向混乱和分散的形态转化，那么自然界的发展过程就是从有序到无序、从复杂到简单，最后达到宇宙"热寂"的退化过程。能源资本作为一种物质形态的价值表征，其运动的演化过程也是如此。某种能源形态转化为能源效用（比如通过燃烧煤炭而获得热水）的过程，就是将能源所蕴含着的能量转化为有经济价值、暂时性的商品与服务的过程，在转化的过程中，散失到生态环境中的能量比生产出的生产性资本所蕴含的能量大得多。[1] 这种能源资本消耗过程中的能量转化的不可逆性，是导致气候变化的根本原因。换句话说，气候变化已经是一个事实，它主要是人为因素导致的。

叠加蝴蝶效应的概念及其形成机制

气候变化对地球生态环境的影响明显，而且直接与能源消费相关联。能源资本的价值会凝结在其他商品之中，在商品的生产过程中消耗掉的能源所排放的二氧化碳逐渐增长，这个排放的过程是不可逆的，而且由于物质不灭定律而不断地产生积累效应，这样，就会使各个局部的蝴蝶效应叠加起来，使得地球生态环境不断恶化。我们把这种效应称为叠加蝴蝶效应。

叠加蝴蝶效应是量变质变规律在能源资本与生态环境关联性上的具体体现。能源资本的驱动因子在促进经济增长方面，具有质的规定性，它决定着经

---

[1] 郭兆晖，能源转型与经济转型关系探析[J]. 学习与探索，2015(10)，101.

济增长的规模和速度。在驱动因子执行职能的过程中，由于在能源资产转化为资本的过程中会消耗各种能源形态，并产生排放，因此对生态环境会产生不利影响，只不过这种影响还只停留在蝴蝶效应的量变阶段。人类对生产和流通速度的追求，最终是以消耗额外的能量为代价的，能源使用越多意味着浪费越多，自然界中的熵也在不断增加。由于各地区经济结构不同，它们对能源资本的需求也不同，导致有的地区环境污染更严重，产生比其他地区更为严重的雾霾天气。随着这种量变的逐渐发展，便会产生积累效应，也就是当达到一定的界限时，事物的性质就会发生变化，生态环境会被明显破坏，人们感受不到过去的绿水青山所带来的满足和幸福了。于是，随着叠加蝴蝶效应的逐步形成，生态环境就遭受到了根本性的破坏。当人们认识到问题的严重性后，就要想办法消除产生这种叠加蝴蝶效应的根源，于是，在新质的基础上，能源资本的驱动因子在执行职能的过程中受到制约，约束因子开始有效执行职能，新的量变又开始了，直到在能源资本这个因素上发生消除叠加蝴蝶效应的新的质变。这个过程会交替循环地进行下去。

叠加蝴蝶效应的形成原因极其复杂，我们仅从能源资本驱动因子的作用机制来进行探讨。

一是经济增长必然伴随能源资本投入总量的增长，使得能源消费的总量增加，由此导致温室气体排放量的增加。从输入端（供给侧）来看，正是由于能源资本的投入，才能够启动并拉动经济总量的增长。自从第一次工业革命以来，人类对能源的需求呈指数级增长。不管是何种类型的能源形态，在驱动人类经济增长的过程中，必然伴随二氧化碳等温室气体的排放。煤炭、石油、天然气这类"精英能源"的排放相对比较高；即使像太阳能、风能、水能和核能等清洁能源，也有排放。比如，在制造太阳能发电的光伏电池板过程中会产生排放；在生产、运输和安装调试风机的过程中会产生排放；在制造水电和核电设备过程中也会产生排放。美国哈佛大学的一项研究表明，用风能为全美国供电，将导致风力发电机所在地区的地面气温上升 0.54℃，整个美国大陆的地面气温将上升 0.24℃。[①] 在能量转化率相同的情况下，安装太阳能电池板所产生的影响仅为风力发电机的一成左右。风力发电对气候的直接影响是立竿见影的，而益处则需要慢慢积累。如果着眼于未来 10 年，那么风能在某些方面对气候的影响实际上比煤炭或天然气还要大。但如果着眼于未来 1000 年，那么风能要比煤炭或天然气清洁得多。因此，不管是什么能源形态，在满足人们需求的过程中，排放是绝对的，排放多少则是相对的。由于能源资本总量的增加，而且涉及地球各个区域的能源资本需求，使得排放总量增加，排放同时扩散到世界各个区域。

二是能源资本的驱动因子助推高耗能产业的发展，使得局部区域的温室气体排放量增加。从输出端（需求侧）来看，经济规模的扩张势必会拉动对能源资本的需求，特别是以制造业为核心的工业部门对能源资本的需求更为强劲。在经济结构中，类似于钢铁、水泥、冶金、玻璃等行业，能源资本消耗强度大，排放也最为集中。由于全球变暖和中产阶层壮大，到 21 世纪中叶，冷气需求将超过暖气，空调和其他制冷机器的销售额将从现在的 1400 亿美元增长至 2050 年的 2600 亿美元。如果制冷设备所消耗能源由化石燃料提供，那么到 21 世纪中叶碳排放量将增加 25 亿吨。[②]

三是能源资产转化为资本的过程中，技术手段的限制也会存在污染环境的因素。人类在日常生活中，往往并不需要各种能源形态，而是需要由能源形态转化而来的各种效用，比如，需要电力、热力以及交通运输工具的燃料。这就涉及能源资产向资本的转化，不同的能源形态转化为资本的途径和方式是不同的。以煤炭资产转化为资本的过程为例，涉及两个转化的途径与方法。一是直接燃烧发电。煤炭是一种很宝贵的工业原料，但如果用燃烧煤炭的方式发电，就会产生大量的污染气体和有害粉尘，从而导致环境污染。二是采用清洁方式

---

① 风力发电也会造成气候变化[N]. 参考消息，2018-10-06.
② 2050 年全球冷气需求将超暖气[N]. 参考消息，2018-04-20.

发电。使用煤炭发电时，假如采取一些先进的技术，如加装除尘脱硫装置和先进清洁的煤炭运输方式，就会大大减少有害气体和粉尘的排放。

蝴蝶效应是由一个局部向另一个局部扩散的过程，由不平衡到平衡，由局部受益或受害转化为全局受益或受害。众多的蝴蝶扇动翅膀时，假如在某个区域形成叠加效应，在环境领域就表现为这个区域的污染变得严重，然后，随着污染严重程度的增加，就会向其他区域扩散；如果单个蝴蝶效应的强度不太大，而且数量有限，就不会形成局部的叠加效应，因此区域性的环境污染也不会向更大的范围扩散。单独的蝴蝶效应，自身就会衰减。前述六大环境事件，并没有涉及更大的范围，《雾都孤儿》也仅限于伦敦，这些局部的、单独的蝴蝶效应并不能够形成更为严重的叠加效应。只有达到一定数量的"蝴蝶"共同扇动翅膀，也就是人类整体上的能源资本的开发、传输和消费行为，才能改变人类生存的生态环境。因此，导致叠加蝴蝶效应的最主要的因素，还是人类自身。人既是能源的开发者，又是消费者，只有重视人类精神层面的因素，把人的理性行为作为"重塑能源"的第一动力和社会共识，才是消除叠加蝴蝶效应的治本之道。

能源资本的约束因子与逆蝴蝶效应

逆蝴蝶效应的概念及其形成机制

能源资本的驱动因子，一方面促进经济增长，另一方面也促进能源行业本身的发展，就是在经济增长的带动下，能源资本具有增长的内生需求。但是，能源资本的驱动因子也会导致能源资本消耗强度大而出现环境污染严重，产生叠加蝴蝶效应。如果在经济增长过程中有意识地制约能源资本驱动因子执行职能，加强约束因子执行职能，也就是说，保持能源资本双因子所构成的 DNA 双螺旋结构的稳定性，那么，叠加蝴蝶效应就会受到制约甚至消除，我们称这种现象为逆蝴蝶效应。

逆蝴蝶效应是否定之否定规律在能源资本与生态环境关联性上的具体体

现。能源资本的驱动因子在执行职能的过程中产生大量的排放，根据物质不灭定律而产生积累效应，进而形成叠加蝴蝶效应，这对原来良好的生态环境是一种否定。当能源资本的约束因子有效执行其职能时，便会消除产生叠加蝴蝶效应的根源，对叠加蝴蝶效应是一种新的否定。因此，为了缓解能源资本消耗强度大而造成的环境污染，就要持续发挥能源资本约束因子的职能，进而形成逆蝴蝶效应。要想充分发挥能源资本约束因子的职能，首先要充分挖掘各种能源形态污染生态环境的"基因"，然后进行"基因"改造，也就是推进能源形态的转型，使能源资本约束因子中污染生态环境的"基因"得到制约，同时植入有利于生态环境保护的新"基因"，进而产生逆蝴蝶效应。从蝴蝶效应到叠加蝴蝶效应再到逆蝴蝶效应，恰好构成了一个否定之否定的辩证运动过程。从没有层次的混乱状态前进到具有层次的清晰状态，这就是否定之否定规律自身具有的特点，起点和终点虽然重合了，但是二者之间却发生了质的转变，也就是在这个否定之否定的过程中，人们不仅得到了经济增长所带来的好处，而且更加深刻地认识到了生态环境的重要性，从而使适应自然、利用自然、改造自然的主观能动性得到质的提升。

不同化石能源产生的污染物排放种类不同，排放方式也不同，对环境的影响有较大差别。燃煤排放的主要污染物有二氧化硫、氮氧化物和烟尘。使用原油排放的污染物则包括碳氢化合物、氮氧化物、颗粒物以及二氧化硫等，天然气相对清洁，其使用排放的主要污染物仅为氮氧化物。

气候变化与雾霾污染同根同源，从能源资本投入的角度来看，应该进一步促使能源资本的约束因子有效地执行职能，从而遏制或缓解由于能源资本的驱动因子过于强大而导致的对生态环境的破坏。2018 年 10 月 8 日，联合国政府间气候变化专门委员会发布报告，如果气候变暖以目前的速度持续下去，预计全球气温在 2030 年会比工业化之前水平升高 1.5℃。[1] 这对自然和人类的影响

① 白云怡. 气温升高 1.5 度，到底有多可怕[N]. 环球时报，2018-10-10.

有天壤之别。能否守住"1.5℃"这条温控线，对今后数十年的地球生态系统而言可谓"生死攸关"。联合国的报告显示，陆地上极端温度的变化幅度要高于全球地表平均温度的变化幅度，例如高纬度地区的极端低温在全球气温升高1.5℃时会上升4.5℃，在全球气温升高2℃时会上升6℃，这意味着极端天气出现的频率会更高。

大量的研究已经在警告人类，如果不扭转生产生活方式，地球温度有极大可能上升超过2℃。在2009年的哥本哈根世界气候大会上，温控2℃的愿景都差点儿没有通过。升温1.5℃的地球，将比升温2℃的地球具有更强的抵御气候灾难的能力，但必须依赖于人类生产生活方式的巨大变革，常规方式是不可能实现温控1.5℃的。[①] 要达到这个目标，需要采取三条重要的措施：一是提高能源利用效率，减少化石能源的消费比例；二是实现能源形态的根本转型，发展清洁、低碳能源；三是发展低碳经济，改变能源的消费结构，在消费终端实现电力化。

从煤炭燃料出现开始，空气污染便被视为经济增长不可避免的副产品。旧的逻辑认为，污染是进步的代价。现在，即使在发展中国家，这种观念也已经发生了变化。在仍然依赖煤炭的国家，解决空气污染需要极大的政治意愿与大量资金。关闭制造污染的工厂、调整经济结构、转向可再生能源，这些举措最初可能会抬高生产成本，阻碍经济增长，但从长远来看，污染对经济增长的阻力可能更大。污染不仅损害国家形象，还会降低吸引人才、游客和投资者的能力；空气污染会导致卫生支出严重增加、劳动力遭受损失、农业活动受损和人口过早死亡。世界卫生组织估计，印度和中国的空气污染每年分别造成数十万人死亡。中国的污染危机是在高度追求经济增长的过程中形成的，重复建设导致经济结构严重雷同，各个地区竞相发展高能耗、高污染的所谓"大项目"，结果就导致了严重的叠加蝴蝶效应。中国在2014年宣布"向污染开战"，除

---

① 1.5℃温控目标：中国专家怎么看[OL]. 公众号《全民光伏》，2018-04-16.

了缘于有毒的雾霾之外，还有其他一些因素：经济放缓，对煤炭依赖造成严重后果，以及大众强烈要求提高生活环境质量的呼声。最重要的还是经济因素，据中国环保部估计，2010 年的污染造成了约 2270 亿美元的经济损失，约占 GDP 的 3.5% 。[①]

不同的能源形态只是能源资本价值的不同载体，就像货币一样。比如，古代用贝壳作为商品交换的货币，后来用金属币，再后来是纸币，现在则是数字货币。但这些形态的本质是资本。因此，在比较各种能源形态的价值时，必须把关注点放在资本层面，而不能被能源形态本身束缚。不同的能源形态对环境的影响不同。比如，煤炭与天然气和太阳能就有很大的不同。在将这些能源资产转化为资本的过程中，要有选择性地决定货币资本和人力资本的投入力度。相同能源形态使用方式不同，对环境的影响不同。比如，燃煤发电与把煤当作化工原料使用，有很大的不同。能源资产转化为资本的技术平台不同，对环境的影响就不同。比如，煤炭的运输方式不同对环境的影响就有很大的不同。因此，为了消除或缓解能源资本对生态环境的破坏，必须从构成能源资本 DNA 结构的四种"基因"入手，只有改造了"基因"的性状，才能从根本上改变其"遗传"特性。能源转型的本质，就是改造货币资本、人力资本、技术平台和市场环境这四种"基因"的性状，使双因子所构成的 DNA 双螺旋结构保持稳定，进而促进能源资本的驱动因子和约束因子协调执行职能，达到既促进经济增长，又减少对生态环境的污染，也就是更好地发挥双因子的"齿轮效应"。

能源形态转型的现实选择

在人类发展历程中，从柴薪到煤炭，再由煤炭到石油，由一种高效的能源形态替代低效的能源形态，是自然选择的过程。化石能源的开发利用在为人类带来巨大财富的同时，也给环境造成了巨大的污染，二氧化碳等温室气体排放引

---

① 中国"向污染开战"折射发展新理念[N]. 参考消息，2018-01-31.

发的生态危机与社会危机逐步显现并加深，人类不得不面对新的一轮能源转型。因此，现在的能源转型更多的驱动力是环境因素，甚至是低碳化道德因素，这需要比上述两次能源转型加入更多的人为干预，意味着会比自然转型更加艰难。

能源转型的过程，是对庞大的社会工业体系、生产方式、经济结构重塑的过程，这关系到许多行业的生死存亡以及对人民生活方式与消费观念的颠覆。这对所有国家都是巨大的挑战，尤其是对于尚未完成工业化进程的发展中国家来说，如果不在经济上有所牺牲，就很难在环境约束和成本约束中达成平衡。因此，能源转型不是单纯地用一种能源形态替代另一种能源形态，而需要整个社会的综合转型，意味着能源资本供应体系的重塑，也就是对能源资本 DNA 结构的四种"基因"进行一场艰苦卓绝的"基因改造工程"。

能源变革既有漫长的量的积累，也有飞跃式的质的革命。推动能源转型、能源革命，是人类社会生产力发展和文明进步的重要动力。一个清洁的社会不能过度依赖能源资源的消耗，其能源转型不能被 GDP 的增长捆绑。在积极推进低碳和新能源替代的同时，高效清洁利用煤炭也是能源转型的一部分。也就是说，除了能源形态的变换外，能源资产转化为资本的技术平台的创新与进步也属于能源转型的有机组成部分。通过能源转型，使能源资本的约束因子高效地执行职能，从而消除产生叠加蝴蝶效应的能源资本因素，使之产生逆蝴蝶效应，这是能源转型的根本目标。

人类对能源的利用，最初是从火开始的。火原本是一种自然现象，如火山爆发引起的大火，雷电使树木等燃烧产生的天然野火，等等。曾有人类学家断言，人类祖先之所以能从诸多类人猿种群中脱颖而出，进化成为今天地球上生物的主宰，是与人类先祖首先掌握了"用火"有很大关系的。自人类在约 8 万年前学会了控制火这种自然力后，树枝和杂草是主要的能源。在悠长的岁月中，柴薪占据着第一代主体能源的位置。那时的用火还谈不上污染，即使袅袅炊烟有时会使人产生呛鼻的感觉，但更多的是一种充满诗情画意的田园景象。

煤炭的利用，开创了人类的新纪元，把人类社会带进了第一次工业革命。

蒸汽机的发明及其广泛使用，使煤炭一跃而成为人类社会的第二代主体能源，纺织、冶金、采矿、机械加工、蒸汽机车、轮船和火车等工业获得迅速发展。英国于1846年的煤炭产量已经达到4400万吨，成为欧洲乃至世界第一大产煤国。从此，英国到处建立起大工厂，那些高耸入云的烟囱喷出缕缕烟雾，庞大的厂房发出隆隆的轰鸣，打破了原来中世纪田园生活的恬静。那时候，煤炭是工业的血液。

然而，使用煤炭也有许多不便之处，主要是繁重的运输、笨重的锅炉、恼人的噪声和飞扬的煤渣。因此，自从大规模开采石油以后，煤炭的地位就相对下降了。早在公元前250年，中国人就发现石油是一种可燃的液体。到了宋代，沈括更是做出了"此物必大行于世，自余始为之"① 的预言。人类进入石油时代的标志，是埃德温·德雷克于1859年8月29日在美国宾夕法尼亚州泰斯维尔小镇打出了一口深为21.69米的油井，被美国称为"世界第一口现代油井"。俄国人认为，谢苗诺夫于1848年在里海阿普歇伦半岛开凿的油井才是世界第一口现代油井。后者最早使用了井架钻井技术，并在1861年建成了世界第一座炼油厂。此后，随着内燃机的发明，汽车、飞机、柴油机轮船、内燃机车、石油发电等产业得到迅速发展，将人类推入现代工业文明时代。第一次世界大战后，石油取代煤炭，成为绝大多数车辆的主燃料，而航空时代的开启，更是让石油的地位陡升。

随着全球人口的激增，人类的能源消费大幅度增长，整个工业就是靠以煤炭、石油、天然气为主的碳基能源支撑的。煤炭、石油均是古生物在地下历经数亿年沉积变迁而形成的，储量极为有限且不可再生。由于化石能源的有限性和对环境的危害性，使其具有不可持续性，因此，20世纪60年代以来，包括水电、生物质能、太阳能、风能、地热能、潮汐能、核能、氢能等新兴和可再生能源形态被陆续开发出来，开始部分取代碳基能源，由此开始了第三次能源形态的转型。

能源形态转型的重点是煤炭，难点也是煤炭。长期来看，煤炭工业的生存

---

① （宋）沈括. 梦溪笔谈.

与发展受到清洁能源技术的制约。世界范围内，各个国家和地区都把减少煤炭的使用作为主要的政策取向。① 欧洲地区将逐步淘汰煤炭使用，例如，英国将在 2025 年前逐步淘汰煤炭使用，德国于 2050 年前燃煤电厂将全部停止运行，芬兰承诺于 2020 年淘汰燃煤电厂，葡萄牙承诺到 2030 年不再使用煤炭。美洲地区继续快速脱离煤炭，美国没有新增燃煤电厂的计划，加拿大将于 2050 年前逐步淘汰煤炭使用。世界经合组织成员减少了对燃煤电厂的政府资助。2015 年 11 月，34 个经合组织成员达成协议，限制对燃煤电厂技术出口的补贴。欧盟计划 2018 年结束煤炭补贴，经合组织成员国对煤炭行业融资将会在 4 年内进一步收紧。亚洲地区的煤炭需求相对旺盛。日本设定煤炭发电占比（2030 年为 26%），同时推出新建燃煤电厂的计划。韩国煤炭依存度加深（2015 年煤炭发电占比为 40%），亟待制定相关对策。印度确定产量翻番目标，拟向民企开放煤矿开采权。新一期电力计划带动国内煤炭需求，2019 年的消费量约为 2018 年的 3 倍。越南计划振兴本国煤炭业，应对煤炭短缺窘境。

尽管世界各国都在实施"减煤炭化、去煤炭化"的政策，但从全球来看，煤炭仍是电力市场主角，煤炭提供了全球约 30% 的一次能源和 40% 以上的电力。中国能源消费量庞大、"以煤为主"的能源禀赋、能源生产地与供应地背离以及体制、机制等各种特点，决定了中国无法在短期内实现以清洁能源为主导的能源结构。有专家认为，以煤为主是符合中国资源禀赋的不可变化的事实，其他替代能源只能是辅助能源，但不能成为主力。

能源资本的结构改善是一个复杂而漫长的过程，需要考虑资源禀赋、能源供应安全、经济性、技术成熟度和可靠性等诸多条件。能源转型是一场革命，应该分两步走：第一步，低碳取代高碳（油气取代煤炭）；第二步，无碳取代有碳（非化石能源取代化石能源）。从国际上的一些实践来看，这是可以做到的。德国的太阳能和风能于 2016 年 5 月 15 日达到峰值，可再生能源满足了

---

① 国际能源署. 煤炭市场中期报告（2017 年）.

87.6% 的能源需求，创下了历史纪录，也意味着人类有可能放弃以化石能源和核能为基础的能源供应体系，转向以可再生能源为基础的能源体系。欧盟国家的电力行业在 2017 年向绿色生产迈出了很大的一步，可再生能源的发电量首次超过了燃煤电站，而在 2012 年以前，燃煤电站的发电量还是可再生能源发电量的两倍多。2017 年，欧盟国家约 1/3 的电能来自绿色能源，包括风能（11.2%）、太阳能（3.7%）、生物能源（6.0%）和水力（9.1%），其中风能发电量增长了 19%。当然，即使在欧盟国家内部，各国在可再生能源领域的努力差异也很大，发展极不平衡。德国和英国进展最快，2014—2016 年仅这两个国家就贡献了可再生能源增量的 56%。东欧国家依然严重依赖温室气体排放量最大的煤炭。化石能源发电量依旧在欧盟国家总发电量中占 45%。[①] 这说明，能源形态转型是一项十分艰巨的伟大事业，需要各国共同付出长期的努力。

人们一般认为，德国是能源转型的典范。尽管过去十几年，德国可再生能源发展迅速，但并没有让这个工业强国摆脱对煤炭的依赖，特别是伴随着核电机组逐渐关停，德国对于煤炭的依赖还有加大之势，甚至出现了"煤炭的复兴"现象。[②] 德国是世界上煤炭储量最大的国家之一，地质蕴藏量约 2300 亿吨，可开采储量约为 240 亿吨。虽然其硬煤开采基本退出了历史舞台，但依然没有放弃对于褐煤的开发和生产，大部分煤炭用于附近的坑口电站。自 2005 年以来，褐煤发电总量的贡献基本稳定在 23%～24%，褐煤仍然是德国电力第二大能源来源。根据气候组织 Sandbag 对欧盟排放交易体系（ETS）数据的分析，德国褐煤电厂占欧洲 10 个最大的污染者中的 7 个。2016 年德国的温室气体排放量不减反增，其中的 55.3% 来自燃煤电厂。作为能源转型的先行者，褐煤的开采给德国"绿色转型"标签蒙上了一层阴影，能源转型和煤炭产业转型双重压力摆在德国政府面前。2018 年夏季，德国经历了历史上罕见的高温天气，导致

---

① 欧盟绿色能源发电量首超煤炭[N]. 参考消息，2018-02-02.
② 范珊珊. 德国弃煤的烦恼[J]. 能源，2017(12).

河水温度过高，煤电和核电机组冷却水用量受到限制，让电力系统压力倍增。电力供应紧张带来的直接结果，就是引发了德国批发电价的一轮暴涨。毫无疑问，电价大幅提高是受到季节性影响的，但在很多业内人士看来，除了季节性的因素，德国的退煤计划以及碳交易价格的上涨，都将继续推高德国电价。① 当然，在完全开放的电力市场中，价格不是衡量能源转型成功的唯一标准。电力价格会伴随着储能技术发展、能源效率提高、可再生能源投资下降等，在达到峰值后降到一个更为合理的范围之内。但不管怎么说，对于德国政府来说，关闭煤电厂并非易事，煤炭的未来利用是德国政府关于能源转型和气候变化的核心议题。

根据中国的实际情况，以煤炭为主的能源结构短期内难以改变。煤炭是"黑金"，不仅无罪，反而是中国经济发展和社会进步的最大"功臣"，支撑整个国民经济的持续增长，为中国的发展提供了最基础的动力。与过去的几十年相比，煤炭的分子结构并没有发生变化，其所含有的碳氢氧氮等成分与以往也没有任何区别。煤炭的经济性和易取得性，决定了它的作用不仅当下无可替代，20、30 年后依然举足轻重。当前煤炭的利用方式并没有随着使用量的增加而改变，传统分散式的烧煤方式使得污染加重，成为雾霾形成的重要原因。煤炭本身无罪，是煤炭开采者为使用者背"黑锅"。在煤炭消耗结构中，一半用于发电，一半消耗在了钢铁、化工、建材和取暖等领域。前者在政策紧箍咒下大都进行了脱硫脱硝和除尘的处理，后者则几乎未采取任何环保措施，因此后者才是雾霾形成的真正罪魁祸首。煤炭并不一定是"肮脏"的能源，煤炭的清洁化利用完全可以实现，以下三条途径可供选择。

一是高效燃煤发电。超临界、超超临界②火电机组具有明显的节能和环保

---

① 范珊珊. 德国：电价上涨的背后逻辑[J]. 能源，2018（10）.
② 锅炉内的工质都是水，其临界压力是 22.115MPa（兆帕），临界温度是 374.15℃；在这个压力和温度下，水和蒸汽的密度是相同的，叫作水的临界点，炉内工质压力低于这个压力就叫作亚临界锅炉，大于这个压力就是超临界锅炉，炉内蒸汽温度不低于 593℃或蒸汽压力不低于 31MPa，则被称为超超临界。在工程上，也常常将 25MPa 以上的情况称为超超临界。

效果，超超临界机组与超临界机组相比，热效率只要提高 1.2%，一年就可节约 6000 吨优质煤。

二是煤制油。煤制油作为一个新生事物，一直饱受质疑，目前该产业正在步入有序发展的阶段。通过运用最新技术成果，例如采用某种催化剂，使转化效率提高了很多倍。在此过程中，还可以探索碳捕集与封存的可行性。

三是煤制氢。氢是最清洁的能源，煤制氢是目前成本最低的大规模制氢方式，采用先进的技术，可以实现能源生产和利用全过程的二氧化碳近零排放。利用弃风弃光来为煤制氢提供能源，可以大幅降低现代煤化工行业的二氧化碳排放。

从理论上来说，"煤改气"是"去煤化"的一条重要途径。最近几年，北京和华北其他地区实施"煤改气"，在取得经验的基础上，也出现了一些值得重视的问题。[①]

首先是缓解大气污染的效果并不理想。天然气也是化石能源，也有清洁燃烧的问题，主要是燃烧过程中会产生大量氮氧化物。雾霾的主要成分是 PM2.5，生成 PM2.5 的罪魁祸首又是氮氧化物，目前大规模"煤改气"中使用的天然气锅炉，对控制氮氧化物没有任何优势可言。有专家做过测算，热电厂"煤改气"后，氮氧化物排放不但不会减少，反而会增加，进而会使雾霾状况恶化。煤改气后，京津冀及周边地区的大气环境形势依然严峻，2017年，13 个城市平均超标天数比例为 44.0%，2017—2018 年秋冬季，"2 + 26"城市的 PM2.5 平均浓度为 78 微克/立方米，部分城市重污染天数高达 30 天。[②]

其次是天然气的供应出现了"气紧"的情况。2017 年天然气对外依存度

① 陶光远. 煤改气是条万劫不复的邪路[OL]. 华夏能源网，2014-07-21.
② 李丽辉. 保蓝天，也要保温暖[N]. 人民日报，2018-08-29.

是 38%，2018 年上半年提高到 43.3%，加上农村地区电网条件有限，清洁能源供需矛盾日益凸显。2017 年冬天，一些地区为缓解治理大气污染的压力，盲目扩大"煤改气"的规模，京津冀等区域都在争抢气源，结果人为造成天然气供应缺口。有一些地方觉得"煤改气"简单易行，于是放弃了其他可行的清洁能源取暖路径，一哄而上搞"煤改气"，不仅失去了试点意义，也激化了天然气供需矛盾。

治世不一道，便国不法古。① 任何问题的解决，都不能只依靠一个方案。比如，有的地方气不够，但电还比较充沛，在这种情况下，气可以供老百姓做饭，电可以用于供暖。再比如，中国每年秸秆的产收量为 7 ~ 8 亿吨，如果把秸秆做成颗粒而用作冬季采暖的能源，可以缓解很大的天然气供应压力，而且这样的举措既解决了秸秆焚烧的问题，又可以替代一些煤，是一举两得的好事。立足本地资源禀赋，统筹利用天然气、电、地热、生物质、太阳能和工业余热等各类清洁能源，宜电则电，宜气则气，宜煤则煤，宜热则热，这才是解决问题的恰当思路和办法。②

能源形态转型，主要是由传统能源向可再生能源的转变。传统能源与可再生能源之间存在着三个不同：第一个不同是前者有限的可用性与后者永久的可用性；第二个不同是前者有排放物与后者零排放；第三个不同是它们的体系存在差异。能源转型的难度或障碍，主要是如何克服第三个不同，也就是打通传统能源与可再生能源之间的体系转换通道。能源转型的主要内容包括七个转变：

——在能源需要进口的国家（世界上大多数国家），从进口能源向本地生产能源转变；

——从商品一次能源向非商品一次能源（非商品一次能源既不需要

---

① （汉）司马迁. 史记·商君列传.
② 李丽辉. 保蓝天，也要保温暖[N]. 人民日报，2018-08-29.

萃取，也不需要加工，而且还是免费的）转变；

　　——从需要运输一次能源的基础设施（管道、船舶、火车、油罐车，这其中一部分延展到了半个地球）向不需要任何运输一次能源的基础设施转变；

　　——从常规储能系统向新的存储可再生能源（已经转化为电力和热力）的方式转变；

　　——从少数大型发电站向无数遍布众多位置的发电站转变，这样可以避免出现少数供应商和资本集中现象，实现供应商的批量化、分散式的资本积累和价值创造；

　　——从许多源于大型发电站的高压输电线路向区域层面、基于分布式发电单元的电网结构转变；

　　——从现有电力供应行业向获得、转换和使用可再生能源的技术生产转变。①

　　历史的经验表明，能源系统作为现代社会最复杂、资本集中并且体量庞大的基础设施，具有强大的内在惯性。人类的决策可以加速能源系统的转变，但并不能从本质上改变能源发展的自然属性，因此需要减少能源使用、提高转化效率，逐步推广新的治理方式以及使用多样化的非化石能源。②

能源资本双因子的矛盾转化

双因子的不同职能

　　当能源资本的约束因子代替驱动因子成为能源资本供应的主要矛盾时，这

---

① 赫尔曼·希尔. 能源变革：最终的挑战[M]. 王乾坤，译. 北京：人民邮电出版社，2013：45.
② 瓦茨拉夫·斯米尔. 能源神话与现实[M]. 北京：机械工业出版社，2016：70.

时会发生一个现象，就是能源资本的利用效率提高了，经济增长对能源资本供应的依赖性降低了，人类所共同居住的环境有了改善。这种现象实际上就抵消了由于能源资本驱动因子所导致的环境污染的叠加蝴蝶效应，形成了逆蝴蝶效应。这种效应产生的机制是，由于能源资产转化为资本的技术平台的创新和进步，使得能源资本的约束因子取代驱动因子，成为能源资本执行职能的主要矛盾，可以将叠加蝴蝶效应所产生的污染环境的后果逐步加以消除。对立统一规律是产生逆蝴蝶效应的哲学原理。

在复杂的事物发展过程中，有许多的矛盾存在，其中必有一种是主要矛盾，它的存在和发展，会规定或影响其他矛盾的存在和发展。换句话说，一个事物的内禀特征，一定是由主要矛盾决定的，这是"质"的规定性，是事物的"定数"。比如，鸡蛋里面存在的遗传基因决定着它具有能够在一定的条件下孵化出小鸡的内禀特征，而一块石头则不具备这样的内禀特征。但是，在很多情况下恰恰是次要矛盾与矛盾的次要方面对事物的发展方向产生决定性的影响。鸡蛋虽然具备孵出小鸡的内禀特征，但如果没有合适的温度等客观条件，它是不能自然而然地孵出小鸡的。这就是所谓的"内因是变化的根据，外因是变化的条件，外因通过内因起作用"。与鸡蛋这个"质"的规定性相比，其他外在的条件就是次要矛盾，是事物的"变数"，而能否孵出小鸡，往往是由次要矛盾决定的，比如环境温度是否适宜。

西汉著名的政论家贾谊说："凡人之智，能见已然，不能见将然。"① 这里的"已然"，除了有"已经出现的事物"的意思外，还包括事物的主要矛盾，即事物的"定数"；"将然"除了有"未出现的事物"的意思外，还包括事物的次要矛盾，即事物的"变数"。当人们认识了次要矛盾的基本特点和转化规律，也就能够"见"了。通过分析能源资本双因子的矛盾转化机制，进一步验证了这样一个哲学命题：主要矛盾决定着事物的内禀特征，次要矛盾影响着

---

① （汉）贾谊. 治安策.

事物的发展方向。①

人们之所以常常忽视或轻视次要矛盾，主要源于人的思维与行为的局限性。如果我们能够正确认识这些局限性，那么对于认识事物的次要矛盾，相当于握有显微镜或放大镜，也就能够见微知著了。事物的运动发展不是孤立进行的，而是互相联系的。中国古代"祸兮福所倚，福兮祸所伏"的哲学思想就是对事物间这种相互联系、相互转化规律的精辟概括。每天我们都会遇到一些问题，也可以说矛盾存在于一切过程中，并贯穿于一切过程的始终。有时候我们有幸能够在错综复杂的矛盾之中梳理出一些脉络，仔细辨识它们，也许能够看清问题从而解决问题。

在经济增长的过程中，能源资本的驱动因子是主要矛盾。没有能源资本的驱动因子执行职能，便没有经济的快速增长。在这个过程中，能源资本的驱动因子这一主要矛盾决定着经济能否增长以及增长的速度。也就是说，能源资本的驱动因子决定着经济增长的内禀特征，这个特征的主要表现形式，就是经济的增长与能源资本的投入呈现某种相关性，在很多情况下是双向因果关系。在这个时候，环境问题居于次要矛盾，并不会引起人们的足够重视。

当经济增长到一定的程度，环境污染也会达到相当的程度。这就是我们在前文所说的叠加蝴蝶效应开始出现。这个时候，经济如何增长的问题就逐渐由原来的次要矛盾变为主要矛盾了。也就是说，在能源资本这个主要矛盾决定着经济增长的速度和走向到一定程度的时候，环境污染的问题逐渐显现出来，以至于对经济增长的方式和走向产生了影响。原来属于次要矛盾的环境问题开始决定或者影响事物发展变化的方向。

能源资本的驱动因子决定着经济增长的速度，约束因子影响着经济增长的效益。在经济发展的初期，能源资本的驱动因子是促进经济发展的主要矛盾。当环境问题越来越严重时，原来处于次要矛盾地位的能源资本的约束因子逐渐

---

① 殷雄. 知与行：核电站大修管理思辨录[M]. 北京：原子能出版社，2007：25.

成了主要矛盾。这个时候，两种因子发生了矛盾转化，原来处于主要矛盾地位的驱动因子变为次要矛盾了，而原来处于次要矛盾地位的约束因子变为主要矛盾了。这两种矛盾的转化，是要有一定条件的，也就是说，在次要矛盾发挥作用的先决条件没有具备之前，它不会发生作用；主要矛盾的解决过程中，也就在为次要矛盾即将发挥作用创造条件。在能源资本驱动因子的作用之下，经济处于高速增长阶段，在人们享受经济增长的种种好处时，环境问题渐渐显露出来了，它慢慢就变成了对经济增长的制约因素，这个时候，能源资本的约束因子不仅影响着经济增长的速度，甚至会对以往经济增长所取得的成果以及经济增长的方式和走向产生颠覆性的影响。

双因子的矛盾特征

能源资本的驱动因子与约束因子在某些条件下会发生矛盾的转化，这是由约束因子所具有的基本特点决定的。

一是约束因子在能源资本的主体方面表现为从属性。这是能源资本约束因子的基本特征，表达了三层含义：一是约束因子是存在的、是有地位的；二是约束因子在促进经济增长方面不占主导地位；三是约束因子只能通过驱动因子才能执行职能。在促进经济增长方面，能源资本的约束因子也同时存在，但它处于从属地位，只有主要矛盾即能源资本的驱动因子发挥作用时，约束因子才有发挥作用的可能性。

二是约束因子在能源资本的体现方面表现为隐蔽性。从约束因子作为能源资本的次要矛盾的从属性可以看出，约束因子发挥作用时离不开驱动因子这个主要矛盾，但这种作用往往被驱动因子这个主要矛盾掩盖，因此，即使约束因子起了作用，人们并不容易觉察到这种作用的结果。正是由于这种次要矛盾的隐蔽性，人们在关注能源资本的驱动因子执行促进经济增长的职能的时候，往往会忽视约束因子这个次要矛盾的作用，这是因为它在这个时候具有某种隐蔽性。

三是约束因子在能源资本的发展方面表现为延迟性。约束因子作为次要矛盾发挥作用，不像驱动因子这一主要矛盾那样立竿见影，而是有某种程度的延迟，这个特点实际上是次要矛盾从属性与隐蔽性的反映。有时它的作用与驱动因子这个主要矛盾是同时发生的，但人们认识的局限性造成了它的延迟性。当人们沉浸在经济增长所带来的好处中时，都在大声赞扬能源资本驱动因子的作用，却忘记了约束因子已在悄悄向人们发出警示，这就是由于驱动因子的用力过猛已经造成了环境污染，但这种变化不是与驱动因子执行职能同时出现的，而是有一个延迟性。

四是约束因子在能源资本的矛盾转化方面表现为渐近性。这个特点是延迟性的表现形式，它一般不会发生突变，而是遵循量变到质变的规律，常常是渐变的，而且这种渐变性常常因为其从属性和隐蔽性而不易被人们察觉。正如"罗马不是一天建成的"，环境污染也不是一天形成的，而是伴随着能源资本驱动因子执行职能的全过程，这个主要矛盾向能源资本约束因子的转化也在进行着，只不过是以一种渐进的形式进行着转化。

五是约束因子在能源资本的作用方面表现为偏转性。如果次要矛盾与主要矛盾发挥一样的作用，同时推动事物沿着既定的方向发展，那就无所谓次要和主要了。次要矛盾之所以重要，往往体现在它能够使事物发展的方向发生偏转，这也是我们需要对它进行研究的根本原因。当环境污染达到一定的程度，超过了人们能够容忍的限度时，能源资本约束因子这个次要矛盾就会从影响经济增长的走向转化为决定经济效益和环境效益的主要矛盾了。

能源资本双因子的矛盾转化，可以很好地解释导致逆蝴蝶效应的内在机制。经济增长是一个比较完整的社会动力系统，某些初始条件的微小变化，会带动整个系统长期巨大的连锁反应。人类在第一次工业革命初期，拼命地把煤炭资产转化为能源资本，并将这个资本广泛地运用于以制造业为核心的工业体系之中，也因此而创造了极大的剩余价值。但是，我们在此前曾经指出，能源资产转化为资本，除了要有正规的所有权制度这个社会必要条件之外，还需要四个因素：货币资本、人力资本、技术平台和市场环境。第一次工业革命初期将煤炭资产转化为资本的技术平台主要是两种：发电和作为各种机车运行的燃料。当初人们对这两种技术平台的利弊得失就已经有了不同的认识和看法。

在早期人类发展史上，每次提到动力，指的就是肌肉力，而运用肌肉力的最有效方式就是集中农奴和奴隶。第一次工业革命的标志是蒸汽机的广泛使用，通过蒸汽力解放了肌肉力。然而，虽然蒸汽力代替了肌肉力，但这种变化给劳动者带来的并不都是幸福，而相反，有时甚至是更多的痛苦。英国作家查尔斯·狄更斯在小说《艰难时世》中对"焦炭城"的描写虽说是小说情节，但却是早期工业革命城市的缩影：

> 这个小镇到处都是机械与高耸的烟囱，它们永不停歇地冒着黑烟，不断萦绕的烟雾有如幽幽阴魂，永远没有散去之日。小镇内有一条黑色运河，还有一条被恶臭染料染成紫色的河流，另外还有众多以窗户为帷幕的建筑物，那里整天发出轰轰隆隆的声音，不停震动，里面的蒸汽机活塞单调地上下移动，有如精神陷入抑郁状态的大象头部。[1]

恩格斯记录下了工业革命早期人类所付出的代价：

> 无论在哪里，我们看到的都是匮乏、长期或短期的生病，不人道的工作环境；无论身在何处，人类的生理和心理都缓缓地走向崩溃，终至完全毁灭。[2]

马克思看穿了资本具有一种原始的"血腥"性，"资本来到世间，从头到脚，每个毛孔都滴着血和肮脏的东西"[3]。他在《资本论》（第一卷）中关于

---

① 阿尔弗雷德·克劳士比. 人类能源史[M]. 王正林，王权，译. 北京：中国青年出版社，2009：104.
② 同上.
③ 马克思. 资本论（第一卷）[M]. 北京：人民出版社，2004：871.

这个说法的注释中，引述别人的话：

> 资本逃避动乱和纷争，它的本性是胆怯的。这是真的，但还不是全部真理。资本害怕没有利润或利润太少，就像自然界害怕真空一样。一旦有适当的利润，资本就胆大起来。如果有 10% 的利润，它就保证到处被使用；有 20% 的利润，它就活跃起来；有 50% 的利润，它就铤而走险；为了 100% 的利润，它就敢践踏一切人间法律；有 300% 的利润，它就敢犯任何罪行，甚至冒绞首的危险。如果动乱和纷争能带来利润，它就会鼓励动乱和纷争。[①]

造成这种状况的内在机制，正是资本的这种追求超额剩余价值而忽视环境效应和社会效应的隐性"基因"的显性化。能源资产转化为资本，需要货币资本与人力资本的投入，同时需要合适的技术平台和市场环境。首先，所有权制度规定了谁是能源资产的所有者。其次，所有者会投入多大规模的货币资本和人力资本将能源资产转化为资本。再次，所有者会选择什么样的转化技术手段。最后，当时的市场环境是否适合进行这样的转化。在第一次工业革命初期，从技术的角度来看，火车、轮船和蒸汽机就是当时最先进的技术了，它驱动了英国经济的腾飞，但与此同时也开始出现环境污染。对于遭受环境污染侵害的人们来说，这种资本的"恶"的一面就充分暴露了。查尔斯·狄更斯对早期工业革命城市情境的描写，便是对资本"血腥"本性的真实记录。由此看出，资本的逐利性，决定了它只从获取最大价值角度来做出自己的选择，因此较少顾忌社会公益的需求。

能源资本双因子的内禀特征，决定了它们之间在一定的条件下必然会发生矛盾转化。能源资本的驱动因子反映能源资本数量的规定性，约束因子反映能源资本质量的规定性。任何事物都存在着"定数"与"变数"。在经济正常有

---

① 马克思. 资本论（第一卷）[M]. 北京：人民出版社，2004：871.

序增长的过程中，能源资本的驱动因子是"定数"，它是决定能源资本与经济增长之间干涉效应的主要矛盾；与此同时，能源资本的约束因子是"变数"，与驱动因子这个主要矛盾相比，它是次要矛盾。当能源资本的双因子之间的矛盾运动达到一定的程度时，就会发生矛盾的转化，"定数"转化为"变数"，"变数"转化为"定数"，根据量变质变规律，主要矛盾与次要矛盾的位置交换了。这种能源资本双因子互易位置的转化，是由能源资本双因子的矛盾斗争力量的增减程度决定的。

双因子矛盾转化的效应

既然能源资本双因子的主要矛盾或矛盾的主要方面与次要矛盾或矛盾的次要方面是共存的，那就存在一个如何处理这两类矛盾的地位问题。在保证能源资本供应、促进经济增长方面，能源资本的驱动因子是主要矛盾；在促进节能减排和改善环境方面，能源资本的约束因子是主要矛盾。在处理能源资本双因子矛盾转化过程中，需要把握三个关键点。

一是在经济增长的初期或需要经济保持一定的增长速度时，要抓能源资本驱动因子这个主要矛盾。在这个阶段，如果不能够抓住驱动因子这个主要矛盾，就无法驱动经济保持一定的增长速度。也就是说，如果抓住能源资本驱动因子在经济增长过程中这个阶段的"质"的规定性，就是有充足能源资本的投入，那么就能够正确处理经济增长与能源资本投入这一对矛盾运动，也就找到了促进经济增长的"钥匙"。

二是在经济增长到一定的阶段，需要提高经济运行的效益并致力于解决环境污染问题时，要抓住能源资本约束因子这个次要矛盾。在这个阶段，能源资本的驱动因子在促进经济增长过程中居于次要矛盾的地位了，能源资本的约束因子开始规定或影响着经济效益和环境效益与能源资本投入这一对矛盾运动的方向了。这时，要创造使约束因子执行职能的各种条件，就是要更加注重技术进步和技术创新，提高能源资产转化为资本的技术水平（包括节能减排的技术手段），也就找到了提高经济运行效益和环境效益的"钥匙"。

三是经济增长与能源资本这一对矛盾运动发展变化的方向是由偶然性和必然性共同决定的。马克思说："应该承认偶然，而不是像众人所认为的那样承认神。"他还说："在必然中生活，是不幸的事，但是在必然中生活，并不是一种必然性。通向自由的道路到处都敞开着，这种道路很多，它们是便捷易行的。因此，我们感谢上帝，因为在生活中谁也不会被束缚住。控制住必然性本身倒是许可的。"① 看似偶然性的事物，它的背后隐藏着必然性，即次要矛盾的作用显现出来了，而且在一定的条件下会转化为主要矛盾。能源资本驱动因子虽然可以促进经济的增长，这是一种必然性；但在这种必然性的运动过程中，也会存在某种偶然性，就是在能源资本投入的初期，或许会产生一些对环境的微小影响，这时充其量不过是像一只蝴蝶扇动了一下翅膀所产生的作用。但是，当这种看似偶然性的微小影响积累到一定的程度时，也就是说，当大量的蝴蝶不停地扇动翅膀时，就会对环境产生叠加蝴蝶效应。这样看来，能源资本对环境的负面影响的偶然性背后，就存在着一定会影响环境的必然性，也就是说，能源资本的过度供应，必然会导致对环境的影响。这种必然性，实际上就是构成能源资本 DNA 结构的四种"基因"的遗传性，而偶然性就是这四种"基因"的变异性。由于这种"基因"的遗传性和变异性的相互影响和转化，因此，能源资本的双因子之间在某种条件下也会发生转化。也就是说，双因子所构成的 DNA 双螺旋结构会发生破缺。在这种情况下，有些所谓的"规律"就不起作用了。事物发展变化过程中的一些"奇点"，其背后的原因就是由次要矛盾决定的偶然性起了主导作用。因此，世界上并不存在必然的"必然性"，而是众多偶然性的表现形式体现为一种必然性即规律性。

能源资本双因子的矛盾转化说明，即使存在蝴蝶效应和"基林曲线"，也不能说明地球环境是不可逆的。事实上，环境的多样性在任何时候和任何地方

---

① 马克思. 论德谟克里特的自然哲学与伊壁鸠鲁的自然哲学的差别（博士论文，1841 年）.

都显著地存在着。除了自然的变化之外，人为的干预行为也是很有效果的。对于雾霾天气和空气污染而言，通过人类的努力也是可以得到缓解的，其中最重要的措施就是实现能源形态的转型和进行严格的管理。2017 年底，北京市的空气质量已得到改善，美国驻华大使馆每小时发布的数据也佐证了这种改善趋势：2017 年 10 月至 12 月底，同比下降 50% 。北京市居民也感受到这种改善，一位留学生对英国广播公司表示，在街上就能看到相关变化，"过去你几乎在街上看不到任何'脸'——它们都被捂起来了，但现在戴口罩的人少了"。①中国环保部在官网发布的文章称，北京居民正迎接"新现实"。数据显示，北京市 2017 年 11 月份的 PM2.5 平均浓度已降至 5 年来的新低，比 2013 年降低了 35% ，使其 2000 万居民的平均寿命延长了 3.3 年。2015 年中国污染最严重城市之一的河北省保定市，其污染水平比 2013 年下降了 38% ，使其居民的平均寿命延长了 4.5 年。通过对中国 2013—2017 年 200 多个监测站的每日数据分析显示，短短 4 年内，中国城市 PM2.5 的平均水平下降了 32% ，这样的趋势如果持续下去，将使中国公民的平均寿命增加 2.4 年。②

促进空气质量改善的原因，一方面是整体有利的气象条件，相对频繁的冷空气有助于驱散污染物；另一方面，政府机构精心设计的治污方案和做出的积极努力也在发挥作用。环保部在京津冀和其他 20 多个周边城市实行更严格的治污措施，敦促水泥和钢铁等重工业工厂关停或减产，家庭使用天然气和电力等更清洁的能源来取代煤炭。作为世界上最大温室气体来源国，中国公布其中有关 31 个省、市、自治区加快发展非化石能源、降低农业温室气体排放并提高其森林覆盖率的计划。为了改善空气质量，中国计划在 2020 年前对包括太阳能、风能在内的可再生能源投资 3600 亿美元，并新增 300 万个可再生能源领域的就业岗位。目前，中国已经是世界上最大的诸如太阳能、风能和水电等

---

① 大卫·斯坦威.今冬雾霾消散，北京人不再捂口罩[N].环球时报，2018-01-10.
② 中国正打赢空气污染治理战[N].参考消息，2018-03-16.

替代能源的投资国。[①] 2017 年，中国可再生能源发电装机达 6.5 亿千瓦，占全部电力装机的 36.6%；发电量 1.7 万亿千瓦时，占全部发电量的 26.4%。具体来看，水电装机 3.41 亿千瓦，同比增长 2.7%；发电量 11 945 亿千瓦时，同比增长 1.7%。风电装机 1.64 亿千瓦，同比增长 10.5%；发电量 3057 亿千瓦时，同比增长 26.3%。光伏发电装机 1.3 亿千瓦，同比增长 68.7%；发电量 1182 亿千瓦时，同比增长 78.6%。生物质发电装机 1488 万千瓦，同比增长 22.6%；发电量 794 亿千瓦时，同比增长 22.7%。[②]

实施能源形态的转型和严格的管理措施，有助于实现中国计划的在 2030 年左右达到二氧化碳排放峰值的目标。能源形态的转型，必然涉及能源资产转化为资本的途径和技术平台的选择。能源转型需要把握两个关键环节：一是能源开发实施清洁替代，即以清洁能源替代化石能源，推进主体能源更替，提高非化石能源在一次能源中的比重。二是能源消费实施电能替代，即以电代煤、以电代油，推动再电气化，提高电力在终端能源消费中的比重。[③]

能源资本双因子的矛盾转化说明，如果对一个坏的微小机制不加以及时引导和调节，会给社会带来像"龙卷风"或"风暴"那样的严重危害；一个好的微小机制，只要正确指引，经过一段时间的努力，将会产生轰动效应，或称为"革命"。叠加蝴蝶效应就是由于人们在经济运行的常态中只是一味地发挥能源资本驱动因子的作用而忽视了约束因子的作用所致。当叠加蝴蝶效应所导致的环境污染达到一定的严重程度时，不得不反过来重视能源资本约束因子这个原来的变量或次要矛盾，将其转化为定数或主要矛盾，充分发挥其对叠加蝴蝶效应的遏制作用，并逐渐产生逆蝴蝶效应，使受到严重污染的生态环境得到恢复并保持。

---

① 中国"向污染开战"折射发展新理念[N]. 参考消息，2018-01-31.
② 2017 年中国可再生能源装机占全部电力装机的 36.6%[OL]. 中国新闻网，2018-01-25.
③ 王志轩. 推动能源利用方式的转变，关键在电力[J]. 能源思考，2017（9）.

能源资本的双因子共同驱动低碳发展

低碳发展的含义

爱因斯坦说："为维持全部人类的生活和健康所必需的资料，应当由总劳动量中尽可能少的部分来生产。"[①] 对于能源资本的消费来说也是如此，尽量做到少的能源资本投入、少的消费、少的排放，在满足维持全部人类的生活和健康的基本能源需求基础上，尽可能做到低碳化发展。

碳是一种化学元素，有两个基本特点：一是在常温下具有稳定性，不易反应，因此古代名画一直到现代都能保存下来，书写档案要用碳素墨水；二是作为生命之源，对于现有已知的所有生命系统都是不可或缺的，没有碳，生命不可能存在。在现代工业体系中，碳是铸铁和钢的重要组成部分，也是化学工业的重要原料。

低碳，主要是指能源的生产和消费过程中最大限度地减少碳排放。实现化石能源的清洁高效转化、高碳能源的低碳化利用和提高非化石能源的比重，是实现能源低碳化的三条根本措施。低碳经济这个概念，最早见诸政府文件是在2003 年的英国能源白皮书《我们能源的未来：创建低碳经济》。系统地谈论低碳经济，则应追溯至 1992 年的《联合国气候变化框架公约》和 1997 年的《京都议定书》。随着全球人口和经济规模的不断增长，能源使用带来的环境问题不断地为人们所认识。低碳经济指以低能耗、低污染、低排放为基础的经济模式，是人类社会继农业文明、工业文明之后的又一次重大进步。低碳经济的实质，就是能源高效利用、开发清洁能源、追求绿色 GDP，核心是能源技术创新、制度创新和人类生存发展观念的根本性转变。[②]

---

① 爱因斯坦文集（第 3 卷）[M]. 许良英等，译. 北京：商务印书馆，1979：135.
② 什么是低碳经济[J]. 求是，2009 年第 19 期，50.

煤、石油和天然气是目前人类所使用的主要能源，它们的主要成分是碳氢化合物或其衍生物，因此也被称为化石能源或碳基能源。自第一次工业革命起200多年来，化石能源的开发利用为人类带来巨大财富的同时也给环境造成了巨大的污染，二氧化碳和二氧化硫等温室气体排放引发的生态危机与社会危机逐步显现并加深；大部分碳基能源将在 21 世纪内被开采殆尽，人类不得不面对新的一次能源转型。[①] 第三次工业革命要求对能源形态进行转型，这就意味着要引入以新能源为主的新型能源形态，其核心就是减少碳基能源的需求与供给。根据历史的经验，只有从供给侧和需求侧同时进行转型才会取得明显的效果。

能源新业态与现代文明

经济增长方式的转变，涉及很多领域，其中清洁能源产业既是新能源产业，同时它本身又是一个极具增长潜力的新产业。苹果公司与清洁能源的"联姻"，就是这种能源新业态和经济新模式的典型例子。[②]

2018 年 7 月 12 日，美国《消费者新闻与商业频道》网站报道，苹果公司宣布在中国成立 3 亿美元清洁能源基金。美国哥伦比亚大学全球能源政策中心首席研究员戴维·桑达洛说，随着中国能源需求飙升，中国政府大力推动清洁能源，成立清洁能源基金既是为了帮助净化中国城市的空气质量，也是为了投资未来的产业。中国 2017 年安装的太阳能电池板比世界其他国家加起来还要多，并在风能和水力发电方面领先世界。2018 年，清洁能源基金宣布，计划在未来 4 年通过完全可再生能源的方式，生产至少 1000 兆瓦的能源，足够为大约 100 万户家庭供电。事实上，可再生能源一直是苹果公司企业基因的一部分。早在 10 年前，苹果公司就已经在为其北卡罗来纳州数据中心寻找可再生能源。苹果公司已委托湾区的一个太阳能承包商为该中心建造一个太阳能专用

---

① 熊焰. 低碳之路：重新定义世界和我们的生活[M]. 北京：中国经济出版社，2010：16.
② 苹果在华设立清洁能源基金[N]. 参考消息，2018-07-14.

设施，安装了三个本地太阳能场和一个生物气体燃料电池。2018 年 4 月，苹果公司宣布在全球 43 个国家的设施都由 100% 的清洁能源提供电力。最近，苹果公司将重点转向供应链，与美国和加拿大的铝供应商合作，减少温室气体排放。中国清洁能源基金将继续做出这些努力，如果成功，或许可以成为其他市场可复制的模式。

2018 年 4 月 9 日，伊朗《金融论坛》网站报道，中国以 1260 亿美元领跑 2017 年全球可再生能源投资。[①] 这个投资额创下历史新高，约占全球绿色能源投资的 45%。2017 年全球可再生能源投资额同比增长 2%，达到 2798 亿美元，使得自 2010 年以来的累计投资额达到 2.2 万亿美元，而自 2004 年以来的累计投资额达到 2.9 万亿美元。资本支出的增长是在风能和太阳能的成本进一步下降的背景下发生的，这使得购买相关设备的价格变得比以往任何时候都更加便宜。风能、太阳能和电池使用成本的大幅度下降，正在压缩化石燃料作为发电来源的空间。2017 年，在全球范围内，太阳能吸引的投资远远超过其他技术，达到了 1608 亿美元，同比增长 18%，而中国是其背后的"推动力"。美国的可再生能源投资额远远低于中国，同比减少 6% 至 405 亿美元。美国"面对政策的不确定性，它相对具有弹性，不过商业战略的变化对小规模太阳能造成了影响"。欧洲的可再生能源投资额同比减少 36% 至 409 亿美元，主要是因为英国的投资额减少了 65%，这缘于对在岸风能和公用事业规模太阳能的补贴终止以及离岸风能项目拍卖价格的大幅下降。德国的投资也下降了 35%，原因是离岸风电的单位成本降低以及转向在岸风电拍卖机制的不确定性。

可再生能源与产业相结合，会取得意想不到的效益。在日本，出现了一种受到农户欢迎的"农业共享型太阳能电站"，其机制就是出租农地有租金、电力销售有分成、农业收入归自己。[②] 这是一种由中国国家电力投资集团上海电

---

① 中国领跑全球可再生能源投资［N］. 参考消息，2018-04-10.
② 王鹏."农业共享太阳能电站"扎根日本［N］. 环球时报，2018-04-11.

力日本株式会社推广的太阳能产业新模式，在清洁发电的同时还能发展生态农业，让日本农户获得超出以往数倍的收入，在日本掀起一场产业模式革命，被日本经济界称为"中国企业的新智慧"。上海电力日本株式会社从农业合作社租借农地，当地农民不仅可以获得相当于普通农地 10 倍的出租收入，还可以从电力销售收入中分成，并在出租农地上发展种植业，收入一下翻了好几倍。这种一举多得的产业模式正在日本各地推广，形成全新的产业形态。这是一种"地域共生"的持续发展的共享型经济模式，将经济增长与能源资本结合起来，已经初步显示出强大的生命力。

能源资本如果不与产业结合，就不能为人类生活谋福利，那么它所创造的价值仅仅限于人们一般理解的"赚钱"即货币资本方面，其意义就大打折扣了。因此，在努力形成生态环境的逆蝴蝶效应过程中，要本着"以人为本"的理念，从人类生产生活的实际需要出发，选择具有环保效益的产业和区域来推动真正的低碳发展，这是从需求侧角度来促进能源形态的转型。以人类现代文明的标志——汽车为例，"新能源＋电动汽车"具有较好的发展前景。

电动汽车的能源利用效率比传统燃油汽车高出 46% 以上，并具有 13% ~ 68% 的二氧化碳减排潜力。借助先进的汽车与电网通信（V2G）技术，电动汽车在大规模替代传统汽车的情况下，一方面能够直接降低使用周期内的二氧化碳以及其他污染物排放，有效缓解目前城市空气污染问题；另一方面也能够通过平衡电网峰谷负荷，提高电力资源利用率，实现二氧化碳的间接减排。[1]

中国对新能源汽车的研发和产业化高度重视，推出了"节能和新能源汽车"战略，实行新能源汽车补贴政策、税收优惠等，使中国紧跟世界新能源汽车的发展步伐。从 2019 年起，汽车制造商将必须通过出售电动汽车来获得信任积分，否则就要从竞争对手那里购买。更严格的燃油效率标准将要求各品牌汽车的销售额中有很大一部分来自非燃油车型。全球主要汽车制造商表示，

---

① 樊纲，马蔚华. 低碳城市在行动：政策与实践[M]. 北京：中国经济出版社，2011：31.

到 2025 年，电动汽车在对华销量中所占的比例应该会达到 35% 到 50% 。[1]

根据目前的技术水平，新能源汽车主要包括三类。

一是电动汽车。广义的电动汽车主要可以分为三种类型：混合动力电动汽车（HEV）、纯电动汽车（BEV）和燃料电池电动汽车（FCEV）。其中，燃料电池电动汽车作为未来电动汽车的理想解决方案之一，实现商业化尚需时日，相比之下，混合动力电动汽车和纯电动汽车是中短期内实现产业化的主流电动汽车解决方案。[2] 2018 年 5 月 19 日，德国《商报》报道，中国汽车制造商在创新上快速超越。德国汽车管理中心报告显示，中国汽车制造在技术创新发展方面只落后于德国。该研究调查了全球 35 家汽车公司的 1223 项创新成果，结果显示，戴姆勒、宝马和大众共占了 32%，中国车商则以 18% 排名第二，是 2015 年的两倍。日本和美国分别以 17% 和 11% 名列第三、第四。2018 年 5 月 20 日，德国《明镜》周刊报道，在电动汽车领域，德国与中国正争夺技术领导地位。2017 年底，中国新能源汽车累计保有量达到 180 万辆，占全世界新能源汽车保有量的一半以上。[3] 2019 年，中国新能源汽车占比要达到 8%，2020 年要达到 10%。结合中国汽车目前产销数据估算，新能源汽车在 2019 年的生产目标为 220 万辆，2020 年为 290 万辆。

二是智能汽车。智能网联汽车是解决交通安全、道路拥堵、能源消耗、环境污染等问题的重要手段，正在成为许多创新领域的交汇点。人工智能、工业互联网、5G、智能制造、新能源的使用、智能交通以及智能城市管理等领域的发展，都在等待汽车行业成为一个突破口，智能网联汽车将成为这些创新的共同载体。[4] 中国力图在开发具有自动驾驶功能和互联网联通性的下一代汽车方面成为全球领导者。2018 年 10 月 18 日，百度董事长李彦宏在北京举行的世界智能网

---

① 北京车展彰显中国电动车雄心[N]. 参考消息，2018-04-25.
② 樊纲，马蔚华. 低碳城市在行动：政策与实践[M]. 北京：中国经济出版社，2011：31.
③ 中国理性引导电动汽车发展[M]. 参考消息，2018-10-22.
④ 中国瞄准智能网联汽车制高点[N]. 参考消息，2018-10-22.

联汽车大会上说，百度开发的首辆全自动驾驶巴士的行驶里程已经超过 1 万公里，没有发生任何事故。2020 年，中国智能汽车新车占比将达到 50%。美国麦肯锡咨询公司预测，中国到 2030 年无人驾驶市场规模将超过 5000 亿美元。[①] 从能源新业态和经济新模式的角度来看，智能汽车是一个非常有潜力的发展方向。

三是高速列车。2018 年 4 月 26 日，香港《南华早报》网站报道，中日联合研制"鹈鹕"高铁，时速高达 500 公里。高速气动悬浮列车第一代、第二代样式试制及实车试验已经在日本完成。日本"希望"号新干线是现在运营的三类子弹头列车中速度最快的一类，目前东京与大阪之间单程需要 2.5 小时，如果新款悬浮列车投入商业运营，时间可以缩短到一小时。这种列车的设计方案以飞机为灵感，采用气动悬浮方式，利用短粗的 U 型翼和快速流动的空气，紧贴地面飞行。设计还受到鹈鹕的启发，利用变动翱翔技术，在不同速度的气团之间获得升力。上海悬浮列车采用磁悬浮方式，理应实现同样的效果，但车厢底部与铁轨之间形成传统的风阻，导致列车效率降低，造价攀升。中国把高速列车当作与美日欧进行科技竞争并取得优势的下一个排头兵。这个只用自然能源驱动的零污染项目，离老百姓的生活很近了。[②]

确保净能源的递增特征

所谓净能源，就是一次能源生产过程中能源产出与能源投入之差（净能源 = 能源产出 − 能源投入），是能源在生产时刨除自身所消耗的能源投入后，最终能提供给经济社会使用的能源。其中能源投入包括一次能源和二次能源的直接能源投入和以非能源形式呈现出来的间接能源投入。为了促进经济增长，净能源产出应该保持正值，理想的情况是表现出递增特征。如果净能源的产出总是递减，那么，全社会的储蓄率就会减少，生产力的增长及资本积累就会放

---

① 中国无人驾驶技术将引领世界[N]. 参考消息，2018-10-22.
② 中日联合研制高速气动悬浮列车[N]. 参考消息. 2018-04-27.

缓，进而拖累经济增长。①

判断一种能源形态的经济性和环保性，就看净能源是否能够保持递增特征。以电动汽车为例，在其发展的初期，有可能存在净能源为负值的情况。网上流传着一个视频，一位美国的"学霸"指出了电动汽车的一些不足，尽管他所罗列的数据不一定准确，但其基本观点是值得思考和重视的。

首先，电动汽车是"以煤为动力"的汽车。电动汽车虽然使用的是电，似乎是"零排放"，但是通常电是利用一种化石燃料——煤所生产出来的。电动汽车越多，用的电也越多，就需要消耗越多的煤来发电，结果造成更多的空气污染。

其次，电动汽车的制造需要消耗能源。当一辆电动汽车从生产线上下来时，制造它已经排放了超过 25 000 磅（1 磅≈0.45 千克）的二氧化碳，而同样制造一辆普通汽车只需排放 16 000 磅。比起一般汽车而言，一辆电动汽车在其整个使用年限内，仅仅少排放了 3 到 5 吨的二氧化碳。在欧洲贸易体系中，为了减少 1 吨的二氧化碳，目前的成本是 7 美元。因此，一辆电动汽车的气候效益约为 35 美元，而美国联邦政府为电动汽车购买者提供的补贴却高达 7500 美元。为一个只需要 35 美元就可以获得的东西去支付 7500 美元，这真是一笔非常糟糕的交易。

最后，新能源在可预见的未来无法取代煤炭。如果利用太阳能和风能所发的电为电动汽车提供动力，那么的确不会产生二氧化碳。不幸的是，这种想法太过于理想化。现在，美国有 14% 的电力来自可再生能源，奥巴马政府时期，美国能源信息管理局估计，到 2040 年，这个数字将仅仅上升 3 个百分点，也就是 17%。与此同时，那些提供了现在美国电力 65% 的化石燃料，到 2040 年仍将提供约 64% 的电力。

位于美国华盛顿的战略与国际研究中心的中国问题专家甘思德说："从本质上说，转向电动车并不能完全消除化石燃料的使用，为电动车提供动力的电

---

① 曹高航，冯连勇. 净能源危机：特朗普的贸易战与全球化的终结[J]. 能源，2018(6).

力可能来自化石燃料，在中国也就是煤炭。电动车也许只是将空气污染从中国的一个地方转到另一个地方。"清华大学的科学家也发现，新能源汽车（包括纯电动汽车、插电式油电混合动力汽车和燃料电池汽车）比内燃机汽车生产的温室气体排放量高出 50% 。另外一个问题是，电动汽车虽然不产生尾气，却有细微颗粒排放之忧。电动汽车通常比传统汽车要重，而较重的车辆往往伴随着更高水平的非消耗性排放。电动汽车的大扭矩进一步增添了纤尘问题，因为它造成的轮胎磨损和尘埃颗粒弥散更严重。2017 年 11 月，中国石油天然气集团的一份研究报告指出，虽然燃油车排放的二氧化碳多于电动车，但后者排放的 PM2.5 颗粒是前者的两倍多。[①]

有鉴于此，新能源汽车的目标是，不仅在能源使用环节要环保，而且在制造环节和行驶环节都要环保才行。新能源汽车的零部件和整车生产等环节，与环保要求有差距。只有真正把可再生能源作为电动汽车的动力源，也就是实施"新能源 + 电动汽车"的战略，电动汽车的环保效益才能发挥出来，而这也只能在产业发展的过程中逐步实现。

作为新能源的主要形态之一的氢能，与电动汽车有着同样的"悖论"，就是"汽车燃料清洁了，但发电厂上空排放的温室气体更多了"。与化石能源的利用相比，氢在燃烧或在完成燃料电池产生电能的反应后不会排放导致全球变暖的二氧化碳气体，而只有无污染的水。但是，氢在地球上不是一种单独存在的自然资源，而是像电一样，要从水、天然气或生物质中分解后才能得到的一种二次能源。目前，人们主要通过甲烷来获得氢气，但这种方法在产生氢气的过程中排放了二氧化碳。采用电解水的方式获得氢，需要大量的电力供应，而现在大量的电力仍然出自消耗化石燃料的发电厂。每获得 1 个单位氢能（电解水）需投入约 1.5 个单位的电能，或 3 个单位的原煤。[②] 如此看来，使用电解

① 中国发展电动车产业原因复杂[N]. 参考消息，2018-05-22.
② 石元春. 决胜生物质[M]. 北京：中国农业大学出版社，2011：49-50.

水方式获得的氢能源也许让城市变得更干净，但城外电厂的负担却在增加，人类温室效应气体的排放并没有减少。因此，英国华威大学经济学家安德钱·奥斯沃尔德认为，"氢能不是免费的午餐，它仍然不是清洁、绿色的燃料"。伦敦政策研究所能源经济学家保尔·埃金斯十分赞同奥斯沃尔德的观点，认为氢能源不是人类近期的目标，人们首先需要的是技术上的根本突破。①

对于氢能来说，如果获得 1 个单位的能量，真的需要投入 1.5 个单位的电能或 3 个单位的原煤，那么，净能源就是负值，这种氢能在能量效用和经济成本方面都是不划算的。如果制造出来的氢能多于消耗的电能，那么这部分多出来的能量是从哪里来的？所谓技术上的根本突破，就是要解决这一涉及能量守恒定律及多余能量来源的重大问题，确保净能源以及所蕴含的净能量是正值，并且表现出递增特征。如果不解决这个问题，那么氢能"从水到水"的情境真的就是"一种十分迷惑人的说法"②。

无论有多少技术难题，氢能仍然是人类未来重要的能源消费方式选择。在这方面，已经取得一定的进展。2018 年 9 月 17 日，英国《每日邮报》网站报道，在德国，世界首辆氢动力列车投入运营，标志着向污染环境的柴油机车的权威发起挑战的运动拉开了帷幕。由法国阿尔斯通公司制造的两列蓝色氢燃料电池列车 CoradiaiLint，于 2017 年 12 月在连接德国北部的库克斯港—不来梅港—布雷梅尔弗尔德—布克斯特胡德的一条长 100 公里的线路上试运行。法国政府已经表示希望第一列氢动力列车在 2022 年前投入使用。目前，氢动力列车比柴油列车价格贵一些，但运营成本更低，一箱氢可以行驶约 1000 公里，在一天内可跑遍该地区的整个铁路网。任何新技术都是如此，一开始的成本总会高一些，其净能源投入也许为负值，但随着技术的进步和市场的进一步开拓，净能源会逐渐变为正值，并且表现出递增特征。这是事物发展的一般规

---

① 毛黎. 英学者给氢能源经济泼冷：水障碍巨大，前景黯淡[N]. 科技日报，2004-10-16.
② 倪维斗. 我国的能源现状与战略对策[N]. 科技日报，2007-01-25.

律，电动汽车和氢能列车也不例外。

节能减排的四种发展模式

城市化和轿车进入家庭，分别是现代文明的宏观标志和微观标志。早在原始社会向奴隶社会转变的时期，就出现了城市。但是，在相当长的历史时期，城市的发展和城市人口的增加极其缓慢。直到 1800 年，全世界的城市人口只占总人口的 3%。只是到了近代，随着一次次工业革命的兴起，机器大工业和社会化大生产的出现，才涌现出许多新兴的工业城市和商业城市，使得城市人口迅速增长，城市人口比例不断上升。从 1800—1950 年，地球上的总人口增加了 1.6 倍，而城市人口却增加了 23 倍。①

城市是人类文明的标志，是人们经济、政治和社会生活的中心。城市化的程度是衡量一个国家和地区经济、社会、文化、科技水平的重要标志，也是衡量一个国家和地区社会组织程度和管理水平的重要标志。2018 年 8 月 29 日，捷克《世界报业辛迪加》报道，自 2000 年以来，中国的发展在很大程度上都依靠创新与城市化的和谐进步。中国希望建立绿色和高效的城市群，里面住着拥有长期消费水平、受教育程度越来越高的劳动者。2010 年，中国确立了长三角、珠三角和京津冀三大城市群作为发起智能城市化的平台。到 2025 年，这三个城市群的 GDP 相加将占全国的 45%。目前，中国在打造 19 个"超级城市群"，加强不同城市之间的纽带连接。汇丰银行预测，到 2030 年，这些城市群将占到中国 GDP 总值的 80%。② 这是城市化和生产力空间布局所产生的结果。

城市一般分布在沿海地区或河流入海口，独特的地理位置决定了城市存在着巨大的气候变化敏感性。OECD 研究了 2005 年全球 136 个港口城市，其中有 4000 万人口面临着海平面上升的危险，其财产总额占当年全球 GDP 的 5%。

---

① https://www.wenkwl.com/news/CCBD76C60975945F.html.
② 捷媒：城市如何救中国，环球时报，2018-08-31.

城市是人类活动的主要聚集地，是温室气体排放的主体。挪威科技大学的研究人员研究了全球 1.3 万座城市的碳排放足迹，结果显示，城市是能源消耗的主要区域。占全球总人口 54% 的城市地区，消耗了全球 70% 的能源。[①] OECD 和国际能源署（IEA）预测，到 2030 年，美国的城市将消耗全国 87% 的能源，这一比例在欧洲、澳大利亚和新西兰将分别是 75%、78% 和 80%，中国的城市到 2030 年这一比例将达到 83%。[②] 城市也是经济增长的核心地区，全球 60% 的 GDP 是由全球 600 个最大的城市群创造的。[③]

全球碳足迹排名前 100 位的大城市，碳排放量合计占到了全球的近 20%。在大部分国家中，三个最大的城市群几乎都占到了各自国家全部大气污染排放的 1/4。英国东英吉利大学的一个科学家团队研究了中国 2007—2016 年碳排放的来源，主要针对 182 个大城市。研究发现，与向高科技和服务业转型的城市相比，工业化城市和能源城市的温室气体排放量更大，哪怕只是"对现有基础设施的很小一部分进行现代化改造"，都能将温室气体的排放量减少 31% 左右。挪威大学的研究人员认为，只要对每个城市最大的五个污染源采取措施，就能将该国总的碳排放量减少 30%。同时，这也可以避免在经济增长的必要性、社会经济的稳定性以及环境保护之间制造冲突。

截至目前，大城市的节能减排出现了四种发展模式。

一是以电动大巴为代表的"深圳模式"。[④] 中国改革开放的先驱城市深圳，尽管公交车仅占城市车辆的 0.5%，却造成了 20% 的空气污染，使整座城市深陷柴油污染之中。有鉴于此，中国大力发展不会排放污染物的清洁能源产品——电动大巴。另外，公共汽车在固定且可预测的路线上行驶，因此是电气化的良好候选者。2013 年，中国仅拥有 1700 辆电动大巴。此后，中国为超过

① 城市可作遏制气候变化先锋[N]. 参考消息，2018-08-09.
② 樊纲，马蔚华. 低碳城市在行动：政策与实践[M]. 北京：中国经济出版社，2011：23.
③ 城市可作遏制气候变化先锋[N]. 参考消息，2018-08-09.
④ 中国发展电动公交缓解污染[N]. 参考消息，2018-04-19.

35 万辆电动大巴的购买提供补贴。电动大巴（包括混合动力电动大巴）从
2013 年全国每年公交销售额的 0.6% 上升到 2017 年的 22%，现在占全国公交
车队总数的 17%。深圳将公交车电气化，共计 1.6 万辆，成为世界上最大的
电动公交车队。据彭博新能源财经估计，全球城市运营着大约 38.5 万辆电动
大巴（占全球公交车队的 13%），其中 99% 都在中国。

二是以太阳能的使用为代表的"日照模式"。[①] 2009 年 7 月 26 日，西班牙
《先锋报》报道，在拥有近 300 万人口的中国中等城市山东省日照市，覆盖在
各建筑物屋顶和墙面的太阳能热水器安装面积超过 50 万平方米，99% 的市区
家庭使用太阳能热水器。另外，交通信号灯、街道和公园照明设施用电也来自
太阳能光伏电池。在农村地区，太阳能热水器普及率达 30%，超过 6000 个家
庭正在使用太阳能灶。此外，城郊农民还拥有 6 万个太阳能温室。

从 2001 年起，中国开始鼓励在城市规划中发展和应用可再生能源。由于
没有足够的财政能力，资助终端用户并不现实，因此，日照市政府转而集中力
量帮助当地企业进行技术研发，使太阳能光伏电池板等设备能够以统一的合理
价格进入当地市场。日照市政府以法规形式要求新建筑必须安装太阳能设备，
并通过学习班、媒体等渠道进行宣传推广，说服居民使用这些设备。一些公共
机构和企业还提供免费安装。城市文化最终发生了改变，现在选择太阳能已经
成为一种共识。据报道称，很多情况下，我们缺少的并不是取得改变所需的资
源，而是缺少能把共识付诸实践、富有远见的领导者。凭借大量减少煤炭使用取
得的成果，日照成为第一座加入联合国环境规划署气候中和网络的中国城市。

三是以打造绿色、高效、智慧城市能源体系为代表的"富平模式"。[②] 空
气污染不是煤出了问题，而是粗放式的开发利用方式造成的，这就要求煤炭行
业进行自我革命，寻找未来新的发展机遇。中国煤炭"富平模式"是以陕西

---

① 阳光之城——日照[N].参考消息，2009-07-29.
② 宋世恩，孙广见.神华集团"富平模式"为能源革命提供新的视角[OL].新华网，2016-10-18.

富平高新区为平台和市场，以清洁煤电为能源供应主要来源，协同发展分布式可再生能源，实现了以煤炭为基础的能源开发梯级综合利用，将综合能源利用效率由传统煤电模式的不足 40% 大幅提升到 70% 以上。通过在能源消费侧使用清洁电力和电厂余热对传统终端消费的散煤、石油和天然气等传统能源进行全面替代，实现了污染物和二氧化碳的近零排放。将"电、汽、冷、热"统一、智能化调配至用户，实现能源的一体化、集约化、智能化供应。通过能源互联网，实现能源供应模式和能源服务观念的转变、能源利用效率和设备利用效率的提高，提升能源的综合价值。"富平模式"的启示是，在经济不发达地区，照样可以创造出具有时代特征的发展模式；传统的煤炭能源，在科技创新的条件下，可以焕发出更大的活力。

四是以产业转型为代表的"匹兹堡模式"。① 匹兹堡素有美国"钢铁之城"的美名，钢铁产量曾经占到了美国总产量的一半。第二次世界大战期间，匹兹堡为美国提供了上亿吨的钢铁。钢铁业为匹兹堡带来经济效益的同时，也带来了严重的空气污染。整个城市淹没在炼钢厂的烟雾之中，甚至白天也要开路灯，成为"黑烟之城"。二战后，匹兹堡兴起了一场保护环境的运动。从 20 世纪七八十年代开始，钢铁厂相继关闭。钢铁业颓废了，但生物科技、旅游业及机器人科技工业等有了很大的发展。如今匹兹堡污染全无，河水清清，还被评为"最适合居住的美国城市"。"匹兹堡模式"给人类的启示是：依靠科技的力量和思维的转变，资源型城市实现发展转型是有可能的。

上述四种模式都说明了低碳城市化发展的有效性。此外，在技术可以实现和成本可以承受的情况下，人为改善空气质量，也是一种有益的尝试。2018 年 1 月 16 日，香港《南华早报》网站报道，西安建造了一座 100 多米高的"全球最大空气净化器"。② 由于西安的供暖主要依靠煤炭，在冬季经常出现重

① 郑洪涛. 匹兹堡堪称美国"绰号之城"[N]. 环球时报，2009-09-24.
② 西安空气净化塔测试效果良好[N]. 参考消息，2018-01-17.

污染天气状况。该系统通过塔基周围占地约半个足球场大的温室来运行，污染空气被吸进温室中，然后由太阳能加热，热空气通过塔身上升，经过多层过滤网把污染物过滤掉。该系统在寒冷的冬季也能照常工作，因为温室的覆盖层使得玻璃可以非常高效地吸收太阳的辐射，白天时，基本不需要用电。通过对该市 10 平方公里范围内的空气质量改善情况进行观测，该系统每天可制造超过 1000 万立方米的清洁空气。在污染最严重的日子，该塔可使雾霾水平降至接近正常值的水平，在重污染天气条件下，PM2.5 浓度可平均减少 15%。距净化塔几百米远的陕西师范大学一位研究环境科学的学生说，空气改善非常明显。当然，也有不同的评价。这个 10 平方公里区域边缘地带的一所幼儿园的一位教师说，她感觉没有变化，"跟其他地方一样糟糕"。无论如何，这是一件新鲜事物，应该给予足够的时间进行实践检验。

"今天，你低碳了吗？"

2009 年 11 月，美国上映了一部关于全球毁灭的灾难电影《2012》。影片故事发生在 2012 年 12 月，杰克逊一家人正在度假。但令他们没有想到的是，根据玛雅预言①，2012 年 12 月 21 日，正是世界末日，玛雅人的日历也到那天为止，再没有下一页。电影讲述了主人公以及世界各国人民挣扎求生的经历，面对灾难，来自不同国家的人民做出了最重要的抉择："所有人都是平等的，都有平等的生存机会！"最后，人类终于找到了挪亚方舟，度过了这一全球性的灾害，获得了继续繁衍和发展的希望。现在，2012 年已经远远地被我们甩在身后了，但是，这部电影仍然让人类感到气候变化所带来巨大灾难的威胁。

---

① 玛雅预言，是指根据玛雅历法的预言传说，我们所生存的世界，共有五次毁灭和重生周期，每一周期就是一个"太阳纪"，为 2.6 万年。按照这一传说，2012 年进入"秋季"，北半球的生命将枯竭凋亡，文明也将瓦解，人类只剩下修成正果的真人回到低纬度过天人合一的迁徙生活。就像我们知道明年会有秋天，有些植物会凋零一样，玛雅预言的是岁差周期。2012 年不是终止，而是新循环的开始。

人类唯一的出路，就是善待自己的生存环境，走低碳发展的道路。

当"低碳"这个词语成为评价城市及国家实力的新标准时，低碳生活也受到越来越多人的追捧。转向低碳经济、低碳生活方式的重要途径之一是戒除以高耗能源为代价的"便利消费"嗜好。中国人今后见面相互打招呼时，可能不会再问"你吃了吗？"而有可能变为"今天，你低碳了吗？"

节能减排最重要的途径还是要减少对能源的消耗。每个人日常生活中衣、食、住、行方面的低碳行为，将对整个地球能源减少消耗起到极大的作用，产生使人意想不到的效果。

衣篇。毛皮或化纤的衣物在制造过程中使用的化学药品，不仅使衣物不易降解，同时对环境也会造成污染。因此，在选择服装面料时，尽量选择棉麻自然材质。一件衣服在使用过程中76%的碳排放来自洗涤、烘干、熨烫等环节，其洗涤过程不仅耗费大量的水和电，而且洗涤剂和干洗溶剂还会造成环境污染。因此，减少洗涤次数也是一种环保行为。提高衣服的使用率也可以降低碳排放。按腈纶衣服的能耗标准，每吨衣服消耗5吨标准煤计算，少买一件0.5千克的衣服能够减少5.7千克的二氧化碳排放。最好的办法就是"旧衣改造"，这不仅是一种环保行为，也逐渐成为一种时尚趋势。

食篇。少吃或不吃牛肉。牛肉在反刍和打嗝的消化过程中会排放一氧化二氮和甲烷，这两种物质的温室效应分别是二氧化碳的296倍和23倍。购买应季蔬菜和水果，尽量选择产地较近的产品，减少生产反季节蔬果所耗费大量的能源，节省运输中消耗的能源，减少运输排放的污染物。自家准备凉杯凉白开水，出行时用便携水杯或水瓶自带白开水，减少购买矿泉水或纯净水等于节约了很多资源。减少使用快餐盒、吸管、一次性勺子等塑料制品，避免难以降解的塑料制品造成的环境污染。

住篇。夏天，房间室温特别高时，可按1:6的比例将医用酒精和水混合，然后在屋内喷洒一遍，酒精挥发后不留任何痕迹，房间里顿时变得清凉。购买使用节水型淋浴头，不但每分钟会节省10升的水，而且能将洗3分钟热水澡造成的二氧化碳排放量减少一半。用传统的发条式闹钟替代电子钟，可以每天减少大约48克的二氧化碳排放。用传统牙刷替代电动牙刷，每天可以减少48克二氧化碳排放。

行篇。几十年前，数以百万计的中国人都以自行车为代步工具，只有极少数人能坐小轿车。现在的中国人更愿坐在有空调的汽车里，不愿一边消耗卡路里骑车一边吸入肮脏的城市空气。人类必须从重工业时代迈向低能耗、低排放的电动车时代，迈向轻工业、有机农场和自行车时代。

现代社会中，有两项与人类日常生活息息相关的物品：汽车与空调。前者是燃油大户，后者是耗电大户。它们的使用都对生态环境造成了巨大的破坏。

汽车作为现代文明的标志，一直处于发展阶段，中国、美国和欧洲市场的销售增长尤为强劲。2018年上半年，中国汽车累计产销量分别达到1405.8万辆和1406.6万辆，同比分别增长4.2%和5.6%；美国汽车产量虽然下降2.6%，但销量上升5.4%，达到825.48万辆；欧洲市场汽车销量增长2.0%，达到844.92万辆。① 这些数据对汽车业及汽车消费者来说是好事情，但对于能源资本的消耗和生态环境的保护来说，则并不是"福音"。2018年10月10日，欧盟各国环境部长就2021—2030年减少35%的汽车二氧化碳排放量达成共识，其产生的后果之一，就是大众汽车将失去10万个工作岗位。② 人类在充满矛盾的世界中穿行，只能走一条折中的道路，重要的是确保自己行驶在正确的车道内。车开得慢一些，可能会更加平稳。

在全球范围内，空调设备每年的能源消耗量约占人类每年总耗电量的10%。③ 美国在空调设备上的能源消耗最高，截至2016年，全球所有空调总装机功率的40%在美国境内，美国3.28亿居民在制冷上的能源消耗高于非洲、拉丁美洲和亚洲（不包括中国）等44亿居民的制冷能耗总和。中国目前用于制冷的电能是1990年的68倍，这一数字还在以快于其他地方的速度继续增

---

① 中国汽车业延续良好发展势头[N]. 参考消息，2018-08-20.
② 欧盟减排方案或重创汽车业[N]. 参考消息，2018-10-16.
③ 中国空调"大跃进"存环保隐忧[N]. 参考消息，2018-05-25.

长。国际能源署称，自 1990 年以来，制冷造成的碳排放量增加了两倍，2016 年全年达到 11.3 亿吨，接近日本当年的碳排放总量。如果任由全球制冷热潮继续下去而不加以控制，到 2050 年，上述数字可能增加两倍。届时，全球空调能耗将等于中国当前的总电力需求量。国际能源署称，如果不采取措施提升空调效率或更多地采用可再生能源发电，事实可能证明这对全球碳排放具有灾难性影响。

撇开各国政府的政治决策和行政控制措施不谈，人类如果在日常生活中坚持一些小习惯，对节能减排也会产生很好的效果。[①]

> 少搭乘 1 次电梯，就减少 0.218 千克的碳排放量；少开冷气 1 小时，就减少 0.621 千克的碳排放量；少吹电扇 1 小时，就减少 0.045 千克的碳排放量；少看电视 1 小时，就减少 0.096 千克的碳排放量；少用灯泡 1 小时，就减少 0.041 千克的碳排放量；少开车 1 公里，就减少 0.22 千克的碳排放量；少吃 1 次快餐，就减少 0.48 千克的碳排放量；少烧 1 千克纸钱，就减少 1.46 千克的碳排放量；少丢 1 千克垃圾，就减少 2.06 千克的碳排放量；少吃 1 千克牛肉，就减少 13 千克的碳排放量；省 1 度电，就减少 0.638 千克的碳排放量；省 1 吨水，就减少 0.194 千克的碳排放量；省 1 立方米天然气，就减少 2.1 千克的碳排放量。

如果一天做到每一项，那么可以每天减少 21.173 千克的碳排放量。如果全中国每人每天做到其中一项，那么每天可以减少 296.422 亿千克的碳排放量。如果全世界每人每天都能做到其中一项，那么每天可以减少 10 586.5 亿千克的碳排放量。

中国现代文学奠基人鲁迅先生说："无穷的远方，无数的人们，都和我有关。"[②] 地球是你的，是我的，也是他的，是我们大家的，关乎地球生态环境

---

① https://www.douban.com/group/topic/13616810/.
② 鲁迅.这也是生活.且介亭杂文末编（1936 年）.

的事情，都与我们大家有关。

结　语

恩格斯在《自然辩证法》中有一段关于人与自然的论述："我们不要过分陶醉于我们对自然界的胜利，对于每一次这样的胜利，自然界都对我们进行报复。每一次胜利，起初确实取得了我们预期的结果，但是往后和再往后却发生完全不同的、出乎预料的影响，常常把最初的结果又消除了……我们每走一步都要记住：我们统治自然界，决不像征服者统治异族人那样，决不是像站在自然界之外的人似的，——相反地，我们连同我们的肉、血和头脑都是属于自然界和存在于自然之中的；我们对自然界的全部统治力量，就在于我们比其他一切生物强，能够认识和正确运用自然规律。"① 随着经济的增长，出现了对人类的诗意生活构成严重威胁的环境污染，这不正是自然界对人类经济增长所取得的所谓"胜利"的"报复"吗？

能源资本的过度投入，不仅导致了产能过剩，出现了"资源诅咒"现象，而且造成了严重的环境问题。出现环境污染的根由之一就是能源资本的双因子不能协调执行职能，也就是能源资本的 DNA 双螺旋结构发生了破缺。面对日益严重的环境污染和一次能源紧缺，人类必须进行反思：生活中到底有多少东西是我们所必需的？我们到底应该留给后代些什么？

现代社会中每项经济活动都离不开能源资本的驱动。每当我们使用额外的能源资本加速经济增长进程时，必须将所获得的商品和服务的价值与散失到生态环境中的熵进行衡量。工业文明在带来巨大社会进步的同时，也带来了"黑色"困惑。地球不堪重负、金融危机、能源战争、气候变化等全球性问题尖锐地引申

---

① 马克思恩格斯全集（第20卷）[M]. 北京：人民出版社，1985：519.

出了发展方式的问题，气候变化问题实质上乃是发展方式的问题。[①]

能源资本双因子干涉理论的核心就是驱动因子与约束因子协调执行职能，二者在一定的条件下会发生矛盾的转化。当能源资本的驱动因子发挥主要作用时，叠加蝴蝶效应便会被成倍地放大，环境问题就会更加恶化；当能源资本的约束因子发挥主要作用时，可以逐步抵消叠加蝴蝶效应所产生的恶果，生态环境会逐步恢复和改善，这时就会产生逆蝴蝶效应。叠加蝴蝶效应与逆蝴蝶效应是能源资本的双因子矛盾转化的基本特征，它是能源形态转型过程中正负反馈效应的集中体现。

蝴蝶效应、叠加蝴蝶效应和逆蝴蝶效应，体现了四大自然与哲学原理：物质不灭定律，量变质变规律，对立统一规律即矛盾规律，否定之否定规律。随着能源资本的不断投入，人类消耗了太多的化石燃料，这些化石燃料在转化为人类所需要的各种效用的过程中所产生的排放物并没有消失，而是以另外的形式存在于大气之中，于是形成了对生态环境具有破坏作用的蝴蝶效应。当各种局部的蝴蝶效应越来越明显，由区域性的环境污染转化为全局性的环境污染，说明能源资本投入与经济增长之间的矛盾运动从量变到质变，对原来良好的环境是一种否定，于是形成了叠加蝴蝶效应。当叠加蝴蝶效应对环境的破坏超出了人类所能忍受的程度时，能源资本的约束因子将逐渐发挥越来越大的作用，成为主要矛盾，对叠加蝴蝶效应是一种新的否定，说明能源资本的驱动因子与约束因子之间的矛盾发生了转化，于是又发生了反方向的量变质变，在消除蝴蝶效应和叠加蝴蝶效应根源的同时，产生了新的逆蝴蝶效应，完成了一个否定之否定的运动过程。

能源转型，表面上是能源形态的转型，实质上是能源资产转化为资本的要素转型。货币资本与人力资本的投入，就是要带来剩余价值，而诸如煤炭、石油和天然气这类传统能源形态受到环境的制约，无法带来更大的剩余价值。在

[①] 杜祥琬. 中国能源战略研究[M]. 北京：科学出版社，2016：539.

这种情况下，能源形态和技术平台的选择，就会对能源资产转化为资本的效益和成败产生决定性的影响。面向 2050 年的中国乃至世界，应有"能源重塑"的意识，而"能源重塑"需要能源资本双因子干涉理论的指导，就是要通过发挥能源资本约束因子的作用，遏制蝴蝶效应和叠加蝴蝶效应，产生逆蝴蝶效应；在这个过程中，要使能源资本的驱动因子和约束因子协调执行职能，既保持经济社会的健康持续发展，以满足人类过上美好生活的愿望，同时要保证生态环境少受到污染，使人类与自然环境和谐相处，唯一的出路就是低碳发展。这既是对前述四大哲学原理的诠释，更是构建"人类命运共同体"的题中应有之义。

人类只要有足够的智慧，大自然尤其是肥沃的土地会源源不断、生生不息地为我们产出维持我们生活的必需品。严峻的现实要求各国不能再做无谓的争论，而是应该立即行动起来，按照《巴黎气候协定》所确定的路径，承担起每个国家应该承担的责任，让我们共同的家园——地球再度恢复生机和活力，使天更蓝、草更绿、水更清。

第五章

能源资本与技术创新的乘数效应

本章通过对人类能源发展史的考察发现，每一次能源形态的转型都伴随着重大的技术创新，而每次重大技术创新都离不开能源资本的驱动，因此，能源资本是技术进步和技术创新的主要驱动力。另外，在经济学乘数效应的基础上，提出了双向乘数效应和搭车乘数效应的概念，前者代表了能源资本与技术创新之间的关联性，后者代表了能源技术创新与其他技术创新之间的关联性。

引言　乘数效应

英国经济学家约翰·凯恩斯在研究贸易差额与国民经济盛衰的关系时发现，一个部门的新增投资，不仅会使该部门的收入增加，而且会通过连锁反应，引起其他有关部门的收入增加，并使其追加投资以获得新收入，致使国民收入总量的增长若干倍于最初的那笔投资。凯恩斯认为，"当投资量增加时，不论其增加量有多么微小，都能使有效需求做累积增加，一直到充分就业为止。相反，当投资量减少时，有效需求将做累积减少，直到所有的人都失业为止。"① 政府支出具有一种大于原始支出数额的连锁效应，一笔政府支出可以

---

① 约翰·凯恩斯. 就业、利息和货币通论[M]. 宋韵声，译. 北京：华夏出版社，2005：193.

使整体取得几倍于原始支出额的收入水平。这种现象被称为乘数效应。凯恩斯用一个"挖坑理论"来阐述他的思想：

> "举债支出"虽然是"浪费"，但在得失相抵消之后可使一个社会致富。如果我们的政治家们由于受到古典学派经济学的影响太大，想不出更好的办法，那么建造金字塔、地震甚至战争都可以起增加财富的作用……如果财政部把用过的瓶子塞满钞票，而把塞满钞票的瓶子放在已开采过的矿井中，然后，用城市垃圾把矿井填平，并且听任私有企业根据自由放任的原则把钞票再挖出来（当然，要通过投标来取得在填平的钞票区开采的权利），那么，失业问题便不会存在，而且在受到由此而造成的反响的推动下，社会的实际收入和资本财富很可能要比现在多出很多。确实，建造房屋或类似的东西会是更加有意义的办法，但如果这样做会遇到政治和实际上的困难，那么，上面说的挖钞票瓶子总比什么都不做要好。①

这种"挖坑理论"就是凯恩斯主张"国家干预经济"思想的基础，他对这种扩大投资能够为社会带来好处的观点深信不疑："我个人深信增加资本数量能给社会带来巨大的利益，从而应予增加，一直增加到资本不再稀缺为止。"他还说："在没有更好的办法的情况下，战争和开采金矿都对人类进步发挥了作用。"② 众所周知，20 世纪 30 年代，为了医治美国经济的"大萧条"病症，罗斯福根据凯恩斯的"国家干预"理论实施了"新政"③，为美国在第二次世界大战后的崛起奠定了雄厚的经济和技术基础，乘数效应得到了充分的显现。

---

① 约翰·凯恩斯. 就业、利息和货币通论[M]. 宋韵声，译. 北京：华夏出版社，2005：199.
② 同上，100，249.
③ 罗斯福"新政"的主要内容可以用"3R"来概括，即复兴（Recovery）、救济（Relief）和改革（Reform）。在维护资本主义制度的前提下，对资本主义生产关系进行局部调整，加强国家对经济的干预。新政的实质，就是通过政府行政力量，将集中起来的社会财富向社会底层人员分散，从而使经济逐渐恢复平衡。

在社会经济生活中，这种乘数效应的表现是多方面的。随着电子技术和半导体工业的兴起与发展，先后出现了摩尔定律与库兹韦尔定律（又称"加速回报定律"），它们体现了技术进步的乘数效应。

1965年，英特尔公司的创始人之一、时任硅谷仙童半导体公司研发主管的戈登·摩尔发现了一个惊人的规律："最低元件价格下的复杂性每年大约增加一倍。可以确信，短期内即便不是有所加快的话，这一增长率会继续保持。而在更长时期内的增长率应是略有波动，尽管没有充分的理由来证明，这一增长率至少在未来十年内几乎是一个常数。"后来，人们将他的观点归纳为摩尔定律：计算机芯片上集成的晶体管数目将每年增加一倍而芯片成本维持不变。[①] 这个定律也被称为"计算机第一定律"。摩尔定律揭示了信息技术进步的速度。20世纪50年代末至60年代初，半导体制造工业的高速发展促使了摩尔定律的诞生。

在摩尔定律问世40年后的2005年，美国发明家雷·库兹韦尔在《奇点临近》一书中写道："在科技的早期阶段——轮子、火、石器——费时数万年才慢慢演进、普及。一千年前，诸如印刷术等典范转移，也耗费约莫一个世纪的时间，才为世人所普遍采用。今日，重大的典范转移，例如移动电话及全球信息网，则只消数年的时间就普遍大行其道。""19世纪那100年所发生的科技变革，比之前900年的变化还大。接下来，在20世纪初的20年，我们目睹的科技进步比整个19世纪还多。"他考察了许多技术进步的情况，例如晶体管制造成本的降低、微处理器时钟频率的增加和随机存储器（RAM）价格的暴跌等；他甚至将眼界拓宽至生物技术和其他领域的发展趋势，譬如DNA测序和无线数据服务成本的降低，互联网主机和纳米技术专利数量的增加。在这些发展趋势中，库兹韦尔发现了相同的规律：指数方式的加速发展。库兹韦尔将这种情形命名为加速回报定律："技术的力量正以指数级的速度迅速向外扩充。

---

① https：//wenku. baidu. com/view/a12a8fd6cc175527062208ad. html.

人类正处于加速变化的浪尖上，这超过了我们历史的任何时刻。更多的、更加超乎我们想象的极端事物将会出现。"人们将其称为库兹韦尔定律。

摩尔定律与库兹韦尔定律的相似性，在于它们所描述的技术进步都是以指数的形式在增长。这是一种特殊形式的乘数效应，只是这个乘数的值特别大而已。按照摩尔定律与库兹韦尔定律，文明演进的时间只会越来越短，而且会呈现出指数式的缩短。人类文明自诞生以来，先后经历了几个阶段，每一个阶段文明的养成，都需要一个漫长的历史培养过程。从自然文明转向农业文明，人类用了几百万年；从农业文明过渡到工业文明，人类用了数千年时间；从工业文明转向信息文明，人类只用了几百年；从信息文明发展到下一个文明，究竟需要多久，我们将翘首以待。①推动人类文明向前发展的能量源泉，是从各种形态的能源资产转化而来的能源资本，其 DNA 结构的四种"基因"中，技术平台发挥着非常重要的作用，它是决定能源资本的驱动因子和约束因子能否协调执行职能的关键因素。本章通过分析各种文明演进的历史进程，发现能源资本与技术创新之间呈现出一种乘数效应，而且这种效应是双向的，我们称其为双向乘数效应。

能源资本是技术创新的主要驱动力

科学技术是第一生产力

美国加州大学伯克利分校经济学教授布拉德福德·德隆的研究表明："人类 97% 的财富，是在过去 250 年的时间里创造的。"② 250 年前正好是英国工业革命发生的时期，其标志就是蒸汽机的广泛应用。蒸汽机的驱动力是煤炭这种在当时来说新的能源形态。撇开社会政治经济制度变迁的因素不谈，能源资本

---

① 水木然. 工业 4.0 大革命[M]. 北京：电子工业出版社，2015：190.
② http://blog.sina.com.cn/s/blog_ 713ad21f01016cim.html.

驱动技术创新，应当是这种结果的重要原因之一。

在农业社会，科学技术的发展缓慢，其作用也有限。比如，在 19 世纪初期，李嘉图没有办法预测未来技术进步的重要性或工业的发展，这是因为同时代的经济学家们不能想象人类会从食物需求中完全解放出来。①经过工业革命的洗礼后，科学技术的强大力量才被人们逐步认识。马克思和恩格斯在《共产党宣言》中提道：

> 资产阶级在它的不到一百年的阶级统治中所创造的生产力，比过去一切时代创造的全部生产力还要多，还要大。自然力的征服、机器的采用、化学在工业和农业中的应用……电报的使用，整个大陆的开垦，河川的通航，仿佛用法术从地下呼唤出来的大量人口——过去哪一个世纪料想到在社会劳动中蕴藏这样的生产力呢？

这就是科学技术在生产力中所产生的乘数效应，它说明"科学是一种在历史上起推动作用的、革命的力量"②；"机器生产的发展要求自觉地应用自然科学，生产力中也包括科学。劳动生产力是随着科学和技术的不断进步而不断发展的"③；"生产力的这种发展，归根到底总是来源于发挥着作用的劳动的社会性质，来源于社会内部的分工，来源于智力劳动特别是自然科学的发展"④。

能源资本 DNA 结构是由四种"基因"构成的，其中包括技术平台。也就是说，技术已经是一种嵌入到能源资本中的"基因"了，它会"遗传"能源资本持续创造价值的特性。能源资本是由能源资产转化而来的，而能源资产总是以各种能源物质形态即生产资料表现出来，因此，能源资本具有固定资本的属性。"固定资本的发展表明，一般社会知识，已经在多么大的程度上变成了

---

① 托马斯·皮凯蒂. 21 世纪资本论［M］. 巴曙松等，译. 北京：中信出版社，2014：6.
② 马克思恩格斯文集（第 3 卷）［M］. 北京：人民出版社，2009：602.
③ 马克思恩格斯全集（第 46 卷）（上）［M］. 北京：人民出版社，1979：122.
④ 马克思恩格斯全集（第 23 卷）［M］. 北京：人民出版社，1980：420.

直接的生产力。"① 能源资本中既然嵌入了各种能源物质形态的"基因",那么它也具有不变资本的属性,不变资本的"这种再生产到处都以固定资本、原料和科学力量的作用为前提,而后者既包括科学力量本身,也包括为生产所占有的并且已经在生产中实现的科学力量"②。因此,"提高劳动生产力的主要形式是:协作、分工和机器或科学的力量的应用等等"③。

马克思曾经直截了当地认为科学力量是"一种不费资本分文的生产力"④,邓小平提出"科学技术是第一生产力","第一"两个字具有"决定意义"的意思。1978 年 3 月 18 日,邓小平在全国科学大会开幕式上的讲话中指出:"四个现代化,关键是科学技术的现代化。没有科学技术,就不可能建设现代农业、现代工业、现代国防。没有现代科学技术的高速度发展,也就不可能有国民经济的高速度发展。"⑤这就意味着,科学技术尤其是高科技,是现代化的动力源,是国家综合国力的重要标志,是生产力发展的倍增器,是社会进步的杠杆,也是人类生存与发展的根本力量。⑥ 这种倍增器的作用就是产生乘数效应。

人们常常把历史上不同的文明时代划分为旧石器时代、新石器时代、农耕时代、工业时代、电力时代、信息时代等,就是以科学技术尤其是技术的进步与发展为划分标志的。这种划分方式不仅体现在工具上,而且体现在生产和生活设施、生产方式和生活方式上。科学技术之所以在生产力诸要素中占据第一的位置,就是因为它在发展过程中一直在不断地进行创新,人类社会的发展受惠于这种技术创新。正是因为创新,技术才具有极强的生命力,才能够持续创造价值。

---

① 马克思恩格斯全集(第 2 版第 31 卷)[M]. 北京:人民出版社,1995:166.
② 同上.
③ 马克思恩格斯全集(第 2 版第 32 卷)[M]. 北京:人民出版社,1995:288-289.
④ 马克思恩格斯全集(第 2 版第 31 卷)[M]. 北京:人民出版社,1995:168.
⑤ 邓小平文选(第 2 卷)[M]. 北京:人民出版社,1994:86.
⑥ 王士舫,董自励. 科学技术发展简史(第四版)[M]. 北京:北京大学出版社,2016:1.

科学是人类发展最根本的推动力，因为宏大、先进的技术背后都有着非常深刻的科学道理。火箭和卫星发射，需要根据牛顿的力学理论来计算轨道，进行各种力学的设计。技术的重要性体现在两个方面：首先，技术可以使科学成果造福人类，造福社会；其次，技术往往反过来可以促进新的科学发现。这种科学与技术相互促进的过程，就是一种人类的创新活动，它们之间的相互促进往往表现出一种双向乘数效应。

人们最早主要是从技术与经济相结合的角度理解创新概念，探讨技术创新在经济发展过程中的作用。现代创新理论的提出者约瑟夫·熊彼特认为，所谓创新就是要"建立一种新的生产函数"，即"生产要素的重新组合"，就是要把一种从来没有的关于生产要素和生产条件的"新组合"引进生产体系中去，以实现对生产要素或生产条件的"新组合"；所谓"经济发展"就是指整个社会不断实现这种"新组合"，并进一步获得潜在的利润，即最大限度地获取超额利润。他提出，"创新"是资本主义经济增长和发展的动力，没有"创新"就没有资本主义的发展。熊彼特有关创新内容的论述，被后人归纳为五个方面：产品创新、技术创新、市场创新、资源配置创新和组织创新。这五种创新各有用途，但最核心、最本质的创新是技术创新，其他创新都是以技术创新为前提的。技术创新必须有能源资本的投入，或者说，能源资本是技术创新得以开展和实现的驱动力。没有能源资本的投入，就没有技术创新。

杰里米·里夫金说："每一个伟大的经济时代都是以新型能源机制的引入为标志。初期，新能源的开采、加工和运输的成本较高。随着科技的进步和经济规模的扩大，成本将会不断降低，熵流动不断增强，直至最后，丰富的资源开始变得稀缺，长期以来不断积累的熵值变得难以承受，经济便开始衰落。石油经济时代在 20 世纪的发展也正是遵循这一曲线，并在 2006 年达到顶峰，开始衰落。"①我们来考察人类能源发展史的四个重大阶段可以发现，每一阶段都

---

① 杰里米·里夫金. 第三次工业革命[M]. 张体伟，孙豫宁，译. 北京：中信出版社，2012：217.

伴随着重大的技术创新，而每次重大技术创新都离不开能源资本的驱动，这种驱动的效果都表现出一种乘数效应。

火的利用技术使人类摆脱了蛮荒时代

人类学会控制火具有革命性的意义，它促进了人类利用自然力的能力，人类摆脱蛮荒时代开始进入文明时代。恩格斯说："就世界性的解放作用而言，摩擦生火还是超过了蒸汽机，因为摩擦生火第一次使人支配了一种自然力，从而最终把人同动物界分开。"① 人类逐渐学会了烹煮食物。烹煮这种技术是当时最重大的技术创新，所产生的乘数效应超过任何一种人为的或自然的力量。它不仅使人类获得了足够的热量，而且使人类智力得到有效开发。这种智力的进化，使人类获得了能够进行发明创造的物质力量，旧石器时代晚期人类制造和使用的工具种类，猛增到了约 100 种。② 这种乘数效应的显著性不仅仅是"乘数"，还是"指数"式的增长。

制陶技术是人类利用火进行的一项最具有典型意义的技术创新。到了新石器时代后期，逐渐形成了一套比较完整、合理的制陶工艺。烧制陶器的窑中温度接近1000℃。如果没有能源作为能量来源，人类是无法烧制出精美的陶器和精致的瓷器的。在加工陶器的过程中，人类还发明了陶轮，就是一个装有直立转轴的圆盘。陶轮的发明是科技史上的一件大事，它是人类最早的加工机械，也是当今一切旋转切削机具的始祖。③ 在这个时期，人类在生产生活中通过长期的实践，获得了一些诸如杠杆、轴、齿轮、滑轮与螺丝等方面的知识，并将这些知识转化为技术手段运用于生产生活实践之中。

人类建筑技术的创新与发展，也是由能源作为推动力的。建筑技术中最能体现人类创造性劳动的是烧砖技术，用砖建造的房屋比木制房屋更为坚固和耐

① 马克思恩格斯全集（第 3 卷）[M]. 北京：人民出版社，1995：456.
② 阿尔弗雷德·克劳士比. 人类能源史[M]. 王正林，王权，译. 北京：中国青年出版社，2009：29.
③ 王士舫，董自励. 科学技术发展简史（第四版）[M]. 北京：北京大学出版社，2016：14.

用。烧砖，意味着人类再一次把火这种能源的利用与自身的居住结合起来，并且创造出这个地球上所有生物中最独特、最具有技术含量的居住环境，人类从此就不用再住在山洞中了。在改善居住环境的同时，人类还发明了取暖技术，从最原始的火堆过渡到火炉，再到现代社会采用新型能源形态作为热源的各种取暖设备，无一不是能源驱动的技术创新成果，而且都表现出明显的乘数效应。

人类在远古时期充分驾驭能源的集中体现就是青铜器的铸造。人类较早认识的金属是黄金和铜，因为这两种金属能够以纯度较高的自然形态出现，又都具有光泽和延展性，可以敲打成形，因而备受人们的青睐。一般认为，冶铜技术开始于公元前4000年的原始社会晚期，其冶炼方法是将孔雀石和木炭同放于陶器内燃烧。为了使灶台下的火烧得更旺一些，人类发明了风箱这种鼓风设备。风箱的发明，是一项典型的技术创新，应该说是人类在把能源资产转化为资本的第一个较有意义的实用性"专利发明"，而且表现出明显的乘数效应。15世纪后半期，在德、法、意大利等国已出现了高10英尺以上、直径5英尺的大型熔铁炉和鼓风炉炼铁法。[①] 这种新技术，对于提高金属冶炼效率非常明显。

总之，人类通过利用火这种自然力，逐渐发明了制陶术、烧砖术和冶金术，而这几项技术创新的直接推动力无一不是火这种自然的能源形态。除火之外，无论是人力、水力和风力，都不是利用太阳能量的最有效方法。[②] 人力是人吃进食物后转化而来的能量，食量有限，这种能量就有限。水在冬天时会结冰，夏季有时又会雨量不足，并非随时可用，其能量潜能也极其有限。1682年，"太阳王"路易十四下令，在凡尔赛宫附近建造14个直径为12米的水车，目的是将塞纳河的水抽到喷泉设施中。这些水车名列"世界八大奇迹"之一，不过最多只能提供124匹马力，通常不会超过75匹马力。现代人根本看不起这样的装置，但在三个世纪之前，马力这么小的机器却受到无比的尊崇。风力

① 王士舫，董自励. 科学技术发展简史（第四版）[M]. 北京：北京大学出版社，2016：60.
② 阿尔弗雷德·克劳士比. 人类能源史[M]. 王正林，王权，译. 北京：中国青年出版社，2009：88.

更是时有时无，使得风车有时转而有时不转。在人类还没有办法取得进一步技术突破，以获取大量太阳能量之前，仍有必要寻求其他提供能量的方法，使之得以超越人力、水力、风力提供的能量，仍然必须求得效率更高的燃料，发明更强大的自然力。① 这种自然力的获得，只能通过科学规律的应用，从而在技术创新方面取得某种突破而实现，正如马克思所说的那样："劳动资料取得机器这种物质存在方式，要求以自然力来代替人力，以自觉应用自然科学来代替从经验中得出的成规。"②

第一次工业革命使人类进入"蒸汽时代"

从风箱开始，人类开创了能源技术革命的先河，经过几千年的发展，人类进入蒸汽时代，此过程不仅表现为能源形态发生了变化，从树枝草木变为煤炭，而且能源资产转化为资本的技术手段更是发生了革命性的变化。发明蒸汽机的先驱者约翰·斯密顿说：

> 即使经过长期的努力，每人产生的功率也只有90到100瓦特，种植农场的主人或经营者只好募集更多的人。然而，即使是鞭挞雇工或者改善他们的饮食，也无法要每个人持续地产出500瓦特的功率。人类使用太阳能源的能力（肌力）已遇到瓶颈。即便集中百万奴隶的力量，将西印度群岛或巴西生产的蔗糖运回欧洲，其速度也比不上帆船。即使用100万的罗马人来集体进行蜡烛制造，也无法生产出足以满足竞技场夜间表演的灯光需求的无数根蜡烛。人类可以创造出伊斯兰教和佛教、代数和微积分，孕育出莎士比亚与帕莱斯特里纳③这样的人，但是却只能制造出少量像样

---

① 阿尔弗雷德·克劳士比. 人类能源史[M]. 王正林，王权，译. 北京：中国青年出版社，2009：88，95.
② 马克思. 资本论（第一卷）[M]. 北京：人民出版社，2004：443.
③ 帕莱斯特里纳，意大利文艺复兴时期最重要的作曲家之一，在当时是欧洲乐坛上最响亮的名字。他的主要成就是教堂音乐，据说他拯救了复调音乐，是教堂音乐的救星。

的鞋，而且无法为一份发行量为每日 100 万份的报纸提供足够的铅字、纸张与墨水，也无法在一周之内从罗马来到巴黎。如果人类想要称霸生物圈，就必须创造出与"驯化火"相匹敌的能源奇迹。①

以煤炭为代表的新型能源开发获得了突破，煤炭的工业化又促进了蒸汽机的进一步发展。而蒸汽机的发明催生了第一次工业革命，使人类进入"蒸汽时代"，将能源资本驱动技术创新的乘数效应更加明显地发挥了出来。

第一次工业革命，是一次技术大革命，它以纺织机的改革为起点、蒸汽机的发明与使用为标志。从纺纱机和织布机的技术创新过程来看，蒸汽动力成为技术创新的直接推动力。其实，人类早就发现了蒸汽的力量，它可以提供动力。古希腊人发明了压力泵、水力推动的手风琴和水钟，还发明了世界上第一台以蒸汽为动力的机械装置，可视为蒸汽机的鼻祖。② 古埃及人也发现了蒸汽动力，利用它可以开关庞大的庙宇大门。17 世纪末，由于人们对大气压力有了初步认识，在此基础上，为了满足社会发展的需要，一些科技人员便着手研制蒸汽机。1690 年，法国物理学家德·巴本设计制造了一个实验蒸汽与大气压力循环做功的装置，蒸汽能使圆筒中的活塞上下运动（巴本的实验装置就是如此）的原理被其后的发明家所采用。

1698 年，第一台实际用于抽水的蒸汽机是英国工程师托马斯·塞维利发明的"矿山之友"，被用于抽取矿井存水。1706 年，英国人托马斯·纽可曼发明了技术上比塞维利蒸汽机先进、实用价值更大的蒸汽机，并于 1712 年投入使用，被许多国家广为应用。纽可曼发明的蒸汽机，是第一部能够提供大量动力的机器，它的动力是利用火这种自然力把水加热，产生蒸汽，然后用来"做功"。这是第一部在汽缸中使用活塞的机械，可以夜以继日地连续运转。

---

① 阿尔弗雷德·克劳士比. 人类能源史［M］. 王正林，王权，译. 北京：中国青年出版社，2009：80-81.

② 王士舫，董自励. 科学技术发展简史（第四版）［M］. 北京：北京大学出版社，2016：34.

这种机器的出现，使得英国的煤炭产业得到空前的发展，并且驱动英国继续迈向工业化。①

与任何技术发明的初期一样，纽可曼蒸汽机最初也是有许多缺点的。在这种背景下，伟大的发明家、英国仪表制造工人詹姆斯·瓦特登上了第一次工业革命的历史舞台。1763—1764 年，英国物理学家安德逊请瓦特修理一台展览用的纽可曼蒸汽机。瓦特解决了这种蒸汽机热效率不高的问题，能使汽缸与冷凝器分离，增加做功的热能。经过一系列的改进，瓦特于 1784 年将第一台双向蒸汽机投入使用，热效率大大提高，耗煤量仅为纽可曼蒸汽机的 1/3。这种蒸汽机被普遍应用于各行各业，在第一次工业革命中产生了巨大的影响，在将近一个世纪中掀起并主导了整个世界的产业革命，创造了巨大的生产力，改变了欧洲资本主义的经济基础，人类实现了从手工业时代到机器工业时代的转变。

第一次工业革命为什么发生在英国而不是其他国家呢？能源煤炭的开发利用，是一种核心的因素。当时的英国，面临森林资源的短缺，但储有大量的煤炭。1500—1630 年 100 多年间，英国的木材价格猛涨 7 倍，速度比通货膨胀还快了许多。因此，英国应对木材短缺的主要方法，除了扩大进口外，就是开采更多的煤炭。1700 年，英国生产了 270 万吨的煤炭。到了 1815 年，煤炭产量达到 2300 万吨，相当于英国当时林地每年可生产能源的 20 倍。如果把这些煤炭用在蒸汽机内，提供的动力相当于 5000 万人所产生的动力。② 1861 年，英国的煤产量上升到 5700 万吨。1761 年，英国的布里奇沃特公爵在曼彻斯特和沃斯利的煤矿之间开辟了一条长达 7 英里的运河，这使曼彻斯特煤炭的价格下降了一半，使煤炭的使用得以广泛普及。③因此，煤炭这种当时的新能源形态，是工业革命的直接推动力。

---

① 阿尔弗雷德·克劳士比. 人类能源史[M]. 王正林，王权，译. 北京：中国青年出版社，2009：97.
② 同上.
③ 水木然. 工业 4.0 大革命[M]. 北京：电子工业出版社，2015：52.

在第一次工业革命发生之前，还发生过两次"初级工业革命"，其推动力也是基于煤炭的广泛应用。

第一次初级工业革命发生在中国的宋朝时期。那时的五金商人与矿工就开始了用木炭炼铁的尝试，比西欧人早了近 800 年。宋神宗元丰元年（公元1078 年），冶铁作坊的工匠们曾以木炭为燃料，将铁矿石炼成了 12.5 万吨生铁。这相当于欧洲（不包括俄罗斯）400 年后铁产量的两倍。[①] 现在广东省的韶关大宝山，在宋代就是铜矿区，即著名的"岑水铜场"。韶关的工业可以溯源到春秋战国时期，青铜器就与粤北的乐昌有关。公元 999 年，这里便兴起了胆水炼铜工业，最盛时有工匠 10 万人，年产铜达百万斤。[②]

第二次初级工业革命发生在西欧的荷兰。泥炭储藏丰富和便于利用的优势，曾使荷兰取得了远高于同时期其他大国的经济成就。作为世界上能源最密集的经济体，荷兰在 18 世纪的工业化程度和城市化程度均有可能是全球最高的。荷兰拥有一种煤炭的初级品——泥炭，其能量密度比不上煤炭、石油和天然气，每公斤泥炭所释放的能量只有煤炭的 1/6。泥炭燃烧不能提供冶金所需的高温，所以不能用泥炭来冶铁和炼钢，更不能用它来驱动任何轮船或车辆。[③] 从 16 世纪 60 年代开始，荷兰在经济发展中持续利用了自己的能源优势，直到 17 世纪 80 年代泥炭资源开始枯竭。

两次初级工业革命的动力，分别是木炭和泥炭。当时要把木炭和泥炭这种最新形态的能源资产转化为资本，其技术手段也是初级的。比如，为了使木炭燃烧充分，从而为青铜的冶炼提供更高的温度，风箱的使用大概是最普及的技术手段了，而拉动风箱仍然是依赖人的体力。第一次工业革命与两次初级工业革命的不同之处，就是煤炭代替木炭和泥炭大量使用。从 1780 年到 1880 年，英国利用自己的煤炭储备所提供的能源资源，建立了当时世界上技术最先进、

---

① 王守谦. 燃料政治：十九世纪的大国演义[J]. 能源，2016-04-08.

② 韶关年鉴（1986 年）.

③ 王守谦. 燃料政治：十九世纪的大国演义[J]. 能源，2016-04-08.

最有活力和最繁荣的现代工业体系。煤炭除了被广泛作为燃料和应用于制糖业等需要高温的工业之外，还为冶铁业提供了足够的热能。当英国战舰驶向大清帝国的东海岸时，伯明翰等地区的铁产量已达世界其他国家总和的四倍，"在美洲的原始丛林里，伯明翰的斧子砍倒了古老的树木；在澳大利亚放牛的牧场上，回响着伯明翰的铃铛的声音；在东印度和西印度，人们用伯明翰的锄头照料甘蔗田"。[①]

第二次工业革命使人类进入"电气时代"

第一次工业革命创造了巨大的生产力，使资本主义从工场手工业阶段进入机器生产的狂飙时期，显示了科学技术的威力。当时西欧各国认识到发展科学技术与资本主义命运息息相关，于是采取了许多保护、鼓励科技发展的措施，为科学的发展提供了物质基础。近代后期的自然科学就是在这种背景下取得了突飞猛进的发展，一些基础学科相继建立起了理论体系，而科学理论的形成又引发了第二次工业革命，将人类历史由蒸汽时代推进到电气时代。[②] 在这一时期，石油代替煤炭成为重要的能源。

19世纪下半叶，工业大生产要求有强大而集中的能源。这时，蒸汽机的最大效率虽然可以达到1.7万匹马力，但它有许多缺点：一是蒸汽机必须附有一套庞大而笨重的传导装置，而机械传导动力的装置，由于摩擦而使动力传导的效率很低，传导距离有限；二是蒸汽动力车间所需燃料的运输既麻烦又不经济；三是使用机械传输系统传送能量不能实行流水作业。在这种情况下，就要求寻找一个既集中灵活又经济的能源分配方法。于是，一场电力代替蒸汽动力的技术革命便应运而生了。此时真正的能源由煤炭转换为石油。

石油是一种能量密度比煤炭更高、使用更有效率、经过"驯化"的太阳

---

① 王守谦. 燃料政治：十九世纪的大国演义 [J]. 能源，2016-04-08.
② 王士舫，董自励. 科学技术发展简史（第四版）[M]. 北京：北京大学出版社，2016：84.

能量。与煤炭相比，石油中储存的太阳能量通常年代更近，不过两者产生的过程却十分类似。石油的能量密度比煤炭高出50%，而且由于石油是液态的，因此比煤炭容易包装、储存和输送。[①]地质学家以非凡的准确性探测出油田，化学家发明了从原油中提炼出石脑油、汽油、柴油和轻、重润滑油的种种技术方法。正是由于这些技术创新，人类才得以用石油代替了煤炭并推动了内燃机和发电机的发明。发电机和电动机实现了电能和机械能之间的转化，这相当于给工业领域又配备了一种巨大的动力。

第二次工业革命伴随着新旧技术的竞争与淘汰。英、法等国在经历了第一次工业革命后已经形成较为完整的工业体系，并成为主要的资本输出国，这些国家生产能效的更新成本高，因此不愿意采用新技术和新设备。以美国和德国为代表的后起资本主义国家，为了获得竞争优势，积极采用新技术。在大规模用电之前，美国还经历了一场"交直流大论战"。爱迪生研制的直流发电机为110伏特，电压低、输电距离短。1886年，美国西屋公司购买了特斯拉的交流发电机专利，并建起了一座交流发电站。由于交流输电成本低、功率大、电路耗损小，最后交流输电法获胜，并在美国和欧洲推广。1888年，特斯拉发明了交流电动机，它与传统的各种机械相结合使电力广泛地应用于工业。1914—1927年在制造业中使用的电力由占动力总量的39%提高到78%，电力迅速取代蒸汽动力而在工业中占据了统治地位。1895年，采用三相交流系统的尼亚加拉大型水电站建成，输出电力15 000马力。到1917年，美国仅公用电站就有4364座，发电量438亿千瓦时，美国电力工业跃居世界第一位。

电气时代所创造的社会生产力，是蒸汽时代所望尘莫及的。以美国为例，1860年工业生产仅居世界第四位，产值仅为资本主义世界的10%；由于广泛使用电力，1890年产值增加了9倍，超过大英帝国，居世界第一。[②] 19世纪下

---

① 阿尔弗雷德·克劳士比. 人类能源史［M］. 王正林，王权，译. 北京：中国青年出版社，2009：110.

② 王士舫，董自励. 科学技术发展简史（第四版）［M］. 北京：北京大学出版社，2016：124.

半叶开启第二次工业革命以后，是一个"人类从来没有经历过的最伟大的进步的变革，是一个需要巨人而且产生了巨人的时代"①。正是在这个巨大市场条件下形成的规模化大生产时代，涌现出强大的创新能力，使得美国超越英国成为世界第一大制造业中心，开始逐渐在各个工程技术方面领先英国乃至欧洲，并产生了像爱迪生这样的发明家和卡内基、福特、摩根大通、洛克菲勒和范德比尔特这样的工业巨头。得益于巨大的国内市场，美国成功超越了英国，成为第二次工业革命的领跑者。②

第二次工业革命的另外一件大事就是汽车的诞生，它是人类几千年来在交通运输工具方面的重大技术创新。几千年前，人们出行主要靠步行，能够骑马或坐轿的就属于贵族阶层了。后来人们发明了轮子，就出现了马车。轮子的发明，极大地加快了人们的生活节奏，也极大地提高了生产力水平。

随着蒸汽机的问世以及相关技术的不断改进，铁路运输成为可能。18 世纪中叶，英国把蒸汽机安装在货车上，短短数年内，铁路主导了长途运输。蒸汽机还被应用于水上运输。1807 年，美国发明家、工程师富尔顿，建成第一艘近代蒸汽机驱动的内河客轮"克莱蒙特号"，并在哈德逊河运载乘客。1819 年，一艘蒸汽机帆船———一种风帆动力与蒸汽机驱动并存的混合动力船，由美洲出发，横渡大西洋，到达英国利物浦港。其后，蒸汽轮船发展迅猛。到 1831 年，仅 20 多万人口的英国格拉斯哥市，竟有 60 多台蒸汽机装在了汽船上。最大的汽船装有 2 台蒸汽机，吨位 387 吨。到 1850 年，汽船已在运送旅客和邮件方面胜过帆船，并开始成功争夺货运市场。③

蒸汽机问世后所引发的一系列技术创新，解决了人们的交通出行问题。以汽车为例，它几乎已经成为人类现代文明的标志。全球汽车保有量从 2005 年

---

① 恩格斯. 自然辩证法（导言）.

② 文一. 看得见的手——政府在命运多舛的中国工业革命中所扮演的角色（上）[OL]. 公众号《观察者网》, 2017-02-06.

③ 水木然. 工业 4.0 大革命[M]. 北京：电子工业出版社，2015：72-73.

的 8.92 亿辆增长到 2015 年的 12.82 亿辆。这反映了汽车产业在全球范围内的快速增长。今天，地球上每 6 个人就有一辆汽车。据预测，全球汽车保有量可能会在 30 年内再翻一番。每年的全球汽车销量正越来越接近 1 亿辆大关，国际汽车制造商协会发布的 2017 年全球汽车销量为 9680 万辆。① 除了数量增长外，质量也越来越得到改进，新能源汽车（包括电动汽车、混合动力汽车、氢动力汽车等）也继续保持增长。规模如此巨大的产量增长和质量改进所产生的乘数效应，显然要靠技术创新和组织创新来实现。

与汽车类似，飞机的诞生也是那个时代的大事件。内燃机的发明为人们翱翔于天空提供了理想的动力，人们乘坐飞机不到一个小时就可以从巴黎飞到罗马，即使跨洲旅行，比如从亚洲到地球另一面的美洲，也不需要一天的时间。七百多年前，意大利的 17 岁青年马可·波罗跟随父亲和叔父离开家乡威尼斯，向陌生的东方古国中国进发。他们最后到达元朝的行宫上都（遗址在今内蒙古自治区锡林郭勒盟正蓝旗境内），一家人整整走了 4 年——1400 多个日夜。如今，在云端之上，从北京到威尼斯只要 11 个小时。从节约时间的角度来看，汽车和飞机所产生的乘数效应是极其巨大的。

人类生产力发展的经验表明，只有各种新型机械还是不够的，唯有源源不断的动力才能从根本上保证生产的连续进行。第一次工业革命的直接动力主要是煤炭这种能源形态，第二次工业革命的动力则主要是石油这种能源形态。如果没有能源提供动力，大型发电站和高压传输的技术创新将是不可能的。

第二次工业革命即电力革命与第一次工业革命的不同之处在于，它是在科学理论指导下进行的，也就是说，第二次工业革命是理论在先，技术在后。18 世纪以来，人们对电有了初步认识，特别是奥斯特发现了电流的磁效应和法拉第发现了电磁感应原理，为电动机和发电机的发明制造奠定了理论和实验的基础。随后，一系列重大的技术发明出现。这些技术发明和创新都是以能源资本

---

① 全球汽车销量逼近一亿大关 [N]. 参考消息，2018-05-14.

的投入为基础的，就是将煤炭和水力等能源形态所产生的热能或机械能，通过技术手段转化为电力，再通过电线将这种充满魅力的新动力输送到需要电力的终端用户，其中最具有实用性的是爱迪生发明了电灯，从而使千家万户的夜晚充满了光明。1882 年，法国工程师德普勒用一台容量为 3 马力的直流发电机发电，在德国慕尼黑国际展览会上做了演示，通过 1500～2000 伏特、距离为 57 千米的高压电线传输了大约 1500 瓦的电能。电力传输这项技术创新的成功，是电力取代蒸汽力的一个重大突破，恩格斯在评价其意义时指出："这一发现使工业彻底摆脱几乎所有的地方条件的限制，并且使极遥远的水力的利用成为可能，如果在最初它只是对城市有利，那么到最后它将成为消除城乡对立的最强有力的杠杆。"[①]

第三次工业革命使人类进入"新能源时代"

什么是新能源？所谓"新"表现在什么方面？迄今并无科学的定义。按照 1978 年 12 月 20 日联合国第三十三届大会第 148 号决议，新能源和可再生能源共包括 14 种：太阳能、地热能、风能、潮汐能、海洋能、波浪能、薪柴、木炭、泥炭、生物质能、畜力、页岩油、焦油砂及水能。1981 年 8 月 10—21 日联合国新能源和可再生能源会议后，各国对这类能源的称谓有所不同，但共同的认识是，除常规的化石能源和核能之外，其他能源都可称为新能源和可再生能源，主要是太阳能、地热能、风能、海洋能、生物质能、氢能和水能。

联合国对新能源的分类，还没有触及新能源之所以为"新"的本质。比如，太阳能是新能源吗？不是。因为太阳比地球的年龄还要大，而且地球上所有能源的来源都是太阳，它的寿命已经超过 100 亿年了，一点儿也不新。风能是新能源吗？不是。因为风的能量来自太阳，自从有了地球，便有了风，也有了风能，它的年龄与地球一样大或略小，一点儿也不新。生物质能是新能源

---

① 马克思恩格斯选集（第 4 卷）[M]. 北京：人民出版社，1995：654.

吗？不是。因为所谓的"精英能源"即煤、石油和天然气等一次性能源的来源，都是各种生物质吸收太阳能量后，在某种地质变迁的条件下被埋入地下，经过几千万年甚至几亿年的变化而形成的，一点儿也不新。潮汐是新能源吗？不是！自从有了地球，差不多同时就有了海洋，由于地球与其他星体之间的相互引力作用，海浪对海岸的拍打一刻也没有停止过，就连远古时代的人也知道何时能在海边捡到贝壳，以便作为交换商品的货币。现在比较时髦的可燃冰是新能源吗？也不是。因为从本质上讲，可燃冰的成分与石油和天然气基本上差不多，只是它的大部分被埋在了海洋底部。

我们谈论某种能源是新还是旧，有两个视角或维度。第一个视角或维度是能源形态被人类使用的历史先后次序。比如，煤炭相对于柴薪来说，它就是新能源；石油相对于煤炭来说，它也是新能源。第二个视角或维度是某种能源形态被转化为资本的技术手段的新与旧。比如，柴薪只要塞在灶台下面燃烧就是了，无非是使用风箱这种技术手段，使柴薪的燃烧更充分一些。但煤炭取代柴薪后，对于煤炭的使用就需要更复杂、先进的技术手段了。比如，炼铁的炉子和蒸汽机车的锅炉，其构造远远比人们在家里烧火取暖的火炉复杂得多。同样，现在称太阳能、风能等能源形态为新能源，更多的是指将它们转化为资本的技术手段是新的。如果想把太阳能转化为电能，技术手段之一就是利用光伏技术，而光伏技术又涉及材料对光的吸收和转化效率等许多新技术。因此，只有从技术创新的角度来理解能源形态转化为资本的手段，才是触及了新能源的本质。

第三次工业革命是以原子能、计算机、电子技术和生物工程的发明及应用为标志。这次革命是一场涉及信息技术、新能源技术、新材料技术、生物技术、空间技术和海洋技术等诸多领域的信息控制技术革命。这次工业革命一直持续到现在，而能源革命已经不再只是某种单一能源的发现和利用，而是各种能源相继产生并共存。[1]与第一次和第二次工业革命不同，第三次工业革命是

---

① 水木然. 工业 4.0 大革命[M]. 北京：电子工业出版社，2015：53.

以分布在世界各地、随处可见的可再生能源为基础，而这些可再生能源大部分是免费的，如太阳能、风能、水能、地热、生物质能、海浪和潮汐能等。这些分散的资源被数百万个不同的能源采集点收集起来，通过智能网络进行整合、分配，最大限度地实现能源的有效利用并维持经济的高效、可持续发展。[①]其中，收集技术、发电技术和智能网络技术，都是将这些可再生能源形态转化为资本的技术手段。

第三次工业革命与前两次工业革命都是以技术创新为主要标志的，但与前两次相比也有很大的不同，主要是科技竞争成为国家竞争的主战场，因为科技在战争、经济领域中发挥的作用越来越重要。这种科技竞争的推动力，仍然是能源资本，所不同的是，第一次工业革命的主要能源形态是煤炭，第二次工业革命的主要能源形态是石油，第三次工业革命的主要能源形态是除三种"精英能源"（煤炭、石油、天然气）之外的各类新能源以及不同能源形态的不同组合，这些组合以能源互联网为主要载体。

马克思说："一旦人不再用工具作用于劳动对象，而只是作为动力作用于工具机，人的肌肉充当动力的现象就成为偶然的了，人就可以被风、水、蒸汽等等代替。"[②]马克思在这里告诉我们，随着科学技术的进一步发展，各类更为复杂和有效的工具机被发明出来后，人的肌肉这种动力就显得很不够了。这时，能源对技术创新的推动作用就显现出来了，能源资本作为技术创新能量源泉的角色正式登上了历史舞台。在此之后，人类经过漫长的实践活动，技术发明越来越多，而且随着科学知识的发现和积累，促使技术发明逐渐地从量变过渡到质变，工业化就是能源资本驱动的技术创新的直接成果。马克思说："大工业必须掌握它特有的生产资料，即机器本身，必须用机器来生产机器。"[③]生产机器的动力，除了工人的体力之外，更需要能源作为动力。能源资本驱动技

---

① 杰里米·里夫金. 第三次工业革命[M]. 张体伟，孙豫宁，译. 北京：中信出版社，2012：118.

② 马克思. 资本论（第一卷）[M]. 北京：人民出版社，2004：432.

③ 同上，441.

术创新，进而促进工业化的发展，这是一种由能源资本和技术创新之间的双向乘数效应所导致的叠加效应，并产生了某种跃迁效应。

能源资本与技术创新的双向乘数效应

能源资本推动技术创新

从能源资本与技术创新之间的关系来理解乘数效应，就是少量的能量会雪崩式地产生巨大的能量。从改变人类社会生产方式的三次工业革命来看，能源资本的投入与技术发明和技术创新之间的效益是双向的。也就是说，能源资本的投入，可以使技术发明和技术创新产生乘数效应，这是能源资本的驱动因子执行职能的结果；反过来，技术发明和技术创新又促进了能源形态的转型和能源资本使用效率的提高，对能源资本的使用效益而言就是一种乘数效应，这是能源资本的约束因子执行职能的结果。因此，能源资本与技术创新之间存在着一种双向乘数效应。

技术创新是一项系统工程，它涉及整个社会化大生产的组织模式的创新和生产效率的提高。在农业经济时代，能源只是满足人们生活需要的一般性要素，柴薪等生物质能是人们使用的主要能源。蒸汽时代，机器生产逐渐替代手工劳动，对能源的需求大大增加，煤炭逐渐取代柴薪等生物质能成为世界主要能源消费形态。内燃机和电力两项技术发明，使石油消费快速增长，在能源消费结构中的比重逐步超过煤炭。大量天然气田的发现，使得天然气的开发利用驶入了快车道。到21世纪初，石油、煤炭、天然气三大化石能源成为世界能源供应的主角，占全球能源消费总量的80%以上，提供了几乎全部的运输能源和65%以上的发电用一次能源。现代化的农业、工业和服务业，都需要能源的支撑才能维持运转。

马克思说："蒸汽机的改进提高了活塞每分钟的冲击次数，同时由于力的更加节省，用同一个发动机就能推动更大的机构，而耗煤量照旧不变，甚至下降了。"① 这就是说，通过技术创新可以改进蒸汽机的性能，直接导致煤炭这种能源的消耗下降，从而增强能源资本约束因子的职能，在提高能源资本自身利用效率的同时，减少了对生态环境的破坏，促进了逆蝴蝶效应的形成。从另外一个角度看，煤耗的降低，也使煤的供应量增加了，从而又增强了能源资本驱动因子的职能。因此，技术创新同时增强了能源资本双因子的职能。马克思还说："如果说大工业把巨大的自然力和自然科学并入生产过程，必然大大提高劳动生产率，这一点是一目了然的，那么生产力的这种提高并不是靠增加另一方面的劳动消耗换来的，这一点却决不是同样一目了然的。"② 马克思在这里所说的"决不是同样一目了然"的因素，除了劳动创造价值的过程非常复杂，常常不是靠体力劳动，而是靠高级的智力劳动。机器是智力劳动的产物，通过它所创造的价值，既不能折算成体力劳动的结合体，又无法用"社会必要劳动时间"来度量。③机器运转需要能源资本的投入，因此，工业化生产出来的大量商品中必然凝结了能源资本的价值。

千百年来埋藏于地下的石油，如果不能采取技术手段将其开采出来，人类就无法利用这种新型的能源。如果不能通过风力吹动某种机械装置而转化为电能，人类就只能在炎热的夏天摇动着大蒲扇来降温，而无法将风能有效地利用起来。如果不能开发出将太阳光转化为电能等能源形态的技术，人类对太阳光的利用就只能是每天晒晒太阳，顶多把湿衣服和受潮的粮食放在太阳底下晒干。如果不建造核反应堆，那么就不可能将蕴藏在原子核深处的核能开发出来为人类所利用。同样，其他能源形态，诸如页岩油气、可燃冰和地热，等等，如果不开采出来，那么，人类就会极大地受限于柴薪、煤炭、天然气等几种有限的能源形态。

风箱的发明，可以使炉灶里的柴薪或煤炭等燃料的燃烧更充分；蒸汽机的

---

① 马克思. 资本论（第一卷）[M]. 北京：人民出版社，2004：474.
② 同上，444.
③ 殷雄. 经济学笔记[M]. 北京：新华出版社，2013：123.

发明，使煤炭能够以工业化的方式加以利用；电的发明，又带来了电动机车的发明，比蒸汽机车的效率提高了很多倍。蒸汽机和电动机车广泛应用于航海和陆上交通，又促进了轮船和铁路的发明。正是由于有了轮船和铁路，人们才可能在几周内环游地球。因此，技术创新促进了能源形态的转型，从而极大地方便了人类的出行和交流，也从根本上改变了人类文明进步的方式，极大地提高了人类文明进步的速度。

技术创新促进能源资本的转化效率

能源形态的转型有一个历史的逻辑，它的主要特征是从高碳过渡到低碳、从低密度能源过渡到高密度能源。人类能源形态转型的历史过程，大体上可以分为四个阶段。

第一阶段：1880 年前后，煤炭取代木材成为主要能源。导致这一转型的技术创新因素，就是 1712 年蒸汽机的发明并用于矿井排水，从而解决了煤炭供给不足问题。煤炭比木材能量密度高，是其能作为蒸汽机能量来源的主要因素。

第二阶段：1960 年前后，石油取代煤炭成为第一大能源，石油占比大幅度提升，煤炭占比大幅度下降，天然气占比逐年提升。导致这一转型的技术创新因素，就是 1859 年开始应用钻井技术开采石油，逐步解决了原油供给不足问题。原油的热值密度比煤炭更高，这是其取代煤炭成为电机能量来源的主要因素。1973 年受石油危机的影响，石油占比从高位大幅回落，煤炭占比从低位提升（煤炭短暂复兴），人类开始寻找新的替代能源——核能。自 1990 年以来，化石能源各自的占比，不稳定的是三大化石能源各自的占比，替代化石能源的其他能源形态虽然近几年增长较快，但占比相对较小，短期内对化石能源的冲击不大。

第三阶段：伴随铸轧和冶金工业的进步，以及巨大的市场需求，天然气管道得以大规模建设，天然气消费占比逐渐提升，从 1965 年的 15.8% 上升到

2016 年的 24.1%。由于美国页岩气压裂开采技术获得突破，未来天然气的消费占比预期将进一步提高。

第四阶段：2010 年以来，全球形成了相对均衡的化石能源消费结构，煤炭、石油和天然气大致三分天下。就全世界而言，石油在能源消费结构中占第一位，所占比例正在缓慢下降；煤炭占第二位，其所占比例也在下降；目前天然气占第三位，所占比例持续上升，由于页岩气开采技术的突破，未来发展前景良好。可再生能源稳步提升，主要是基于成本下降。未来几年，可再生能源技术的发展会使可再生能源成本继续下降，而传统的电力能源却未必能做到这一点。到 2040 年，陆上风力发电和太阳能光伏发电的平准化成本将分别下降 41% 和 60%。[①]

某种能源形态的利用成本下降，撇开市场行情和企业经营的因素不谈（这两个因素都属于能源资本 DNA 结构四种"基因"中的市场环境），说明转化为资本的技术手段的成本下降了，而出现这种情境的根本原因，往往是技术创新取得了突破。太阳能发电和风力发电成本的下降，也主要是技术创新所产生的效益。因此，从能源转型由高碳到低碳和无碳、从低密度到高密度这样的一个轨迹可以清晰地看出，技术创新是能源形态转型的根本动力和核心因素。

提高能源开发利用效率，关键在于技术创新。18 世纪后期，蒸汽机技术创新对能源发展产生了划时代的意义，推动了煤炭的大规模开发和高效利用，促使社会生产从手工劳动转向大机器生产，极大地提升了劳动效率和社会生产力。19 世纪后期，随着内燃机和电动机的出现和广泛应用，以石油和电力为代表的新能源形态登上历史舞台，推动社会生产力进一步提升。我们以蒸汽机的发明与改进为例，说明技术创新对于提高能源资本利用效率的作用。

马克思在《资本论》的第一卷和第三卷中，曾经多次引用蒸汽锤的发明

---

① 彭博新能源财经（BNEF）.2016 新能源展望.

人詹姆斯·内史密斯在一封信中所描述的一些事实和数据。①② 通过对"冷凝式蒸汽机操作方式的改变,结果是同样的机器可以完成大得多的工作量,而耗煤量却显著减少";通过给老式蒸汽机"安装一个能产生更大量蒸汽的锅炉。这就使这些机器所做的功,在很多场合增加 100%","康沃尔蒸汽机和双缸蒸汽机产生一马力,每小时耗煤 3.5 磅到 4 磅,而棉纺织业的机器一般每马力每小时耗煤 8 磅到 12 磅"。产生这种效果的直接原因,就是采用了某些具有创新性的技术手段和方法。

通过技术创新,不仅使蒸汽机的性能得到了极大的改进,而且大幅度地节约了煤炭的消耗。同样,作为一次能源的风电、太阳能发电、水电的开发转化效率,取决于技术创新的程度。比如,蒸汽机的效率为 4%～20%,蒸汽轮机为 25%～30%,汽油内燃机为 26%～45%,燃气轮机为 50%～60%,电能的终端利用效率远高于化石能源直接利用的效率,电动机效率可以超过 90%,远高于蒸汽机、汽油内燃机、煤炭直接燃烧等。③

20 世纪 70 年代,在石油危机的影响下,世界主要能源消费大国开始关注提升机动车辆燃料效率和降低燃料单位消耗。20 世纪八九十年代,在全球原油价格下降并相对稳定的情况下,人类对燃料效率的关注程度有所下降。进入 21 世纪以来,随着原油市场的价格波动以及全球气候治理的需求,燃料效率重新回归人们的视野,成为各界关注的焦点。④ 2009 年达成的《全球燃料经济性倡议》提出的目标是"以 2005 年为基准,到 2030 年全球新售轻型汽车燃料效率提高 50%,到 2050 年全球所有汽车燃料效率提高 50%;以 2015 年为基准,到 2030 年全球载重汽车燃料效率提高 35%"。通过应用上述标准,2005—2015 年,新售汽车的燃料单位消耗以每年 1.5% 的速度下降,10 年间已

① 马克思. 资本论(第一卷)[M]. 北京:人民出版社,2004:477.
② 马克思. 资本论(第三卷)[M]. 北京:人民出版社,2004:112-114.
③ 刘振亚. 全球能源互联网[M]. 北京:中国电力出版社,2015:103-104.
④ 燃料效率技术进步降低原油需求[M]. 杨永明,译. 能源情报研究,2018(7).

经从每 100 公里的 8.8 升下降至 7.6 升；根据国际能源署公布的数据，2015 年交通运输行业对原油消费的贡献率接近 40%，减少原油需求 270 万桶/天。如果采取更加严格的燃料标准，到 2040 年全球原油需求可减少 1200 万桶/天，欧佩克的展望是下降 1280 万桶/天，英国石油公司的展望则是下降 1820 万桶/天。不论哪种预测，都是基于技术创新来提高能源利用的效率，产生乘数效应。

技术创新促进逆蝴蝶效应的形成

能源技术进步，从需求侧可以提高能源利用效率，可以实现能源供应的减量化和清洁化，这从数量上标志着能源资本产生了乘数效应；从供给侧可以提高能源供应能力，这从质量上标志着能源资本产生了乘数效应。这两个方面都表明能源资本的约束因子在有效地执行职能。从能源资产转化为资本的成本角度看，能源技术进步可以降低能源供应成本，撇开货币资本和人力资本的投入不谈，这就意味着其可以促进能源资本利用效率的提高，也就是能源资本的约束因子有效执行职能而产生了乘数效应。从能源资本约束因子对环境的影响角度看，技术创新和技术进步可以促进节能减排，因此可以缓解对生态环境的破坏，并进一步形成逆蝴蝶效应。

能源资本对生态环境的乘数效应，主要体现在"两个替代"。

一是清洁替代，其本质是能源资产的清洁形态。在能源开发方面，以清洁能源替代化石能源，走低碳绿色发展道路，逐步实现从以化石能源为主、清洁能源为辅向以清洁能源为主、化石能源为辅转变。清洁替代将从根本上解决人类能源供应所面临的资源约束和环境约束问题，是实现能源可持续利用的战略举措，也是未来全球能源发展的必然趋势。

清洁替代的关键，取决于清洁能源资产转化为资本的技术手段的突破。比如，清洁能源的高效转换技术、清洁能源的大范围配置技术、清洁能源的并网消纳技术以及极端条件下的风电和太阳能发电技术。如果这些技术领域取得创新性的突破，那么，就会大幅度地降低清洁形态的能源资产转化为资本的成本，清洁能源便有了极强的市场竞争力，能源资本与技术创新的双向乘数效应将体现得十分明显。

能源清洁替代能否成功，取决于煤炭能否实现清洁化。在可预期的较长历史时期内，煤炭的地位与作用没有变化，在经济和社会发展中仍然扮演着"黑金"的角色。2003 年，中国的煤炭消费量在 16 亿吨左右。2013 年，煤炭消费量为 39.4 亿吨。2017 年，中国煤炭消费量为 44.9 亿吨，占能源消费总量的 60.4%。[①] 需要改变的是将煤炭这种能源资产转化为资本的技术手段。当前煤炭的利用方式并没有随着使用量的增加而做出改变，传统分散式的烧煤方式使得污染加重，成为雾霾形成的重要因素，也是造成叠加蝴蝶效应的主要因素。

煤炭的清洁化具有急迫性。德国只有约 35 万平方公里的土地，但其煤炭的消耗量在 2 亿吨以上，其环境容量并不比中国好多少，但德国却一直是"绿色环保国家"，其根本原因不在于单位面积的煤炭消耗量是多少，而在于是否将煤炭清洁化利用做到了极致，也就是说把煤炭资产转化为能源资本的技术手段是否先进。

二是电能替代，其本质是能源资本的清洁利用。在能源消费方面，以电能替代煤炭、石油、天然气等化石能源的直接消费，提高电能在终端能源消费中的比重。随着电气化进程的加快，电能将在终端能源消费中扮演日益重要的角色，并最终成为最主要的终端能源形态，实现更加清洁、便捷、安全的能源利用。

电能替代的关键，取决于将各种能源形态转化为电能的技术手段的创新和进步。以电代煤，就是要在能源消费终端用电能替代直接燃烧的煤炭，显著减轻环境污染。以电代油，就是在电动汽车、轨道交通、港口岸电等领域用电能

---

① 中国煤炭资源网，2018-03-01.

替代燃油。由于能源资源与负荷中心的逆向分布，决定了电能需要进行长途传输，因此长距离输电技术的创新成为关键。

在将能源资产转化为资本并且在实际经济社会中使用这些资本的方式中，将能量储存起来的方式具有特别重要的意义。它的含义是，一边把电力生产出来，一边将暂时用不完的电力储存起来。储能设备相当于能源资本的"银行"，把多余的、暂时不用的能量储存到"银行"中，不仅不会浪费，还会产生可观的"利息"。储能技术如能取得重大突破，可以使能源资本的转化和利用效率的乘数效应显现出来。

能源技术与其他技术的搭车乘数效应

搭车乘数效应的两个特征

当今技术创新的主要特点，就是不同产业之间的深度交叉与融合，从而使新技术、新模式和新业态蓬勃兴起。刘慈欣的小说《三体》里有一句话："我要毁灭你，与你有何相干？"技术领域的真正颠覆，来自边际的革命，影响能源的很多技术都并非出自能源行业自身，其中最具颠覆性的是来自IT（信息技术）的半导体技术。例如，晶硅光伏技术是来自IT芯片的半导体技术，今天正在以几何级数的方式发展。反过来说，许多能源技术也会在很大范围、很深程度上影响其他技术创新的广度和深度。例如，内燃机车的发明是一种能源资产转化为资本的技术选择，这种技术不仅对提高能源资本的利用效率具有乘数效应，而且极大地影响了交通运输等其他行业的产业发展及相关技术创新。换句话说，马车也不是被更好的马、更好的车型所替换掉的，而是被石油和发动机这类新能源和新技术所替换掉的。能源领域的技术创新，会对其他领域的技术创新带来某种乘数效应；其他领域的技术创新，也会对能源领域的技术创新带来某种乘数效应。我们称这种现象为搭车乘数效应。

能源资本与技术创新之间的搭车乘数效应表现出两个特征。

一是老能源支持了新技术。

太阳能是最古老的能源，0.0125%的太阳辐射能量足以满足人类的能源需求；即使未来地球上的能源需求增长，0.5%的太阳辐射量也足够人类享用。在众多备选的可再生能源形态中，太阳能是未来世界最理想的能源之一，其资源量远远超过地球上包括石油、煤炭、天然气等在内的所有化石能源总量，太阳能发电也因此被视为可再生能源行业最有前景的发展方向。[①] 把太阳能这种能源资产转化为资本的技术手段有两种：光伏发电和光热发电。光伏发电是最新的能源利用技术，1954年，美国贝尔实验室首次制成了实用的单晶硅太阳能电池，开发了将太阳光能转换为电能的实用光伏发电技术。太阳能光热发电，可与储热系统或火力发电相结合，从而实现连续发电，并且稳定性高，兼容性强，便于调节。光热发电绿色环保，光热发电产业链中基本不会出现光伏电池板生产过程中的高耗能、高污染等问题，这也是其他发电方式不可比拟的优势。因此，太阳能光热发电被视为未来取代煤电的最佳备选方案之一，已经成为可再生能源领域开发应用的热点。

最近几年，太阳能发展迅猛，得益于光电转换、分销和储能等技术不断取得突破。国际可再生能源机构（IRENA）的报告显示，2010—2017年，全球太阳能发电平均成本下降73%，陆上风力发电成本下降23%。2010年全球太阳能发电平均成本为每千瓦36美分，2017年降至10美分。陆上风力发电成本也从8美分降到了6美分。与此同时，使用煤炭、石油等导致全球变暖的化石燃料的火力发电成本为5至17美分。[②] 该机构预测，太阳能与陆上风力发电成本持续下跌趋势，至2020年会出现成本低于化石燃料的情况。预计到2025年前，全球主要电力市场发电价格将降至4~6美分，2050年前将进一步降至2~4美分。[③]

---

① 是什么桎梏俄罗斯太阳能产业发展[OL]. 公众号《能源俱乐部》，2016-11-23.

② http://guangfu.bjx.com.cn/news/20180213/880950.shtml.

③ http://www.zhaoshang100.com/z39569983/.

德国有关太阳能的研究机构认为，实际光电转化效率距离理论上的最大值还有很大提升空间，发电成本有望进一步下降。德国一直被视为全球能源转型的典范，尤其是在可再生能源利用方面。2016 年 5 月 15 日，德国太阳能和风能达到峰值，可再生能源满足了全国 87.6% 的能源需求，创下了历史纪录，第一次实现了全国电力需求在瞬间几乎全部可以由可再生能源供应的局面，使人类有可能放弃以化石能源和核能为基础的能源供应体系，转向以可再生能源为基础的能源体系。[①] 不论是从气候变化和生态环保的必要性看，还是从技术和经济上分析，太阳能等可再生能源都具有大规模发展的良好前景。这些效益都源于技术突破所产生的搭车乘数效应。

二是新技术驯服了老能源。

技术创新及突破，并不是停留在简单的转型层面，而是将形成新的生产力以及与之相应的生产关系。杰里米·里夫金在《第三次工业革命》中提出网络通信技术与可再生能源技术相融合的构想，认为虽然建立能源互联网的前期成本巨大，但是生产太阳能和风能的单位边际成本几乎为零。智慧能源技术创新，可以实现多能互补和产业互惠，意味着能源将更多地取自身边、就地利用，电网、管网的自然垄断将被跨越或打破，能源所产生的效用将呈现终端化、分布化趋势，以满足用户的多元化、个性化、高效化的能源效用需求。未来能源的发展将跨越自然垄断、打破行业壁垒，最终实现环境友好、均衡发展的目标。互联网无疑是最新的技术，无论是什么样的能源形态，都可以通过能源互联网的方式实现能源资本的自由流动，从而形成一种搭车乘数效应。

页岩气的物质构成与石油和天然气基本一样，从能量构成的角度来看一点儿也不新，但页岩气的开采技术属于新技术。美国在压裂技术方面的突破，应用到页岩油、致密油的开发生产中，页岩油、致密油产量迅速增长，使美国一跃成为天然气生产大国，由天然气进口国转变为天然气出口国。新一轮能源革

---

① 杜娜. 德国首次实现可再生能源 100% 覆盖[OL]. 彭博社，2016-05-17.

命中，美国再次成为领导者。这些都是由于压裂开采技术所带来的搭车乘数效应。

煤炭是古老的能源，但把煤炭转化为各种机动车都要使用的油类，则是最新的技术。煤制油作为一个新生事物，经过许多技术创新和突破，最终形成了一个有序发展的产业。煤制油的过程，表明将二氧化碳捕集封存是可行的。由于某种催化剂的使用，使煤制油的效率提高了很多倍，产生了明显的搭车乘数效应。

重要技术创新在能源领域的应用

人类社会各个技术领域都与能源有着密切的联系，任何一项技术的突破，都离不开能源资本的投入；反过来说，任何一项技术创新取得突破，都会对能源资产转化为资本的技术平台产生革命性的影响。核心技术一旦获得突破，应用范围将十分宽广。搭车乘数效应不仅体现在其他技术与能源技术之间，而且还体现在技术与经济增长等方面。

马斯克的成功，不仅仅是因为他创造性地解决了电动汽车的动力和电池技术问题，更重要的是他创造出了能够在全美成功商业运行的充电模式。[①] 超级充电站可以在半小时内给汽车充约一半的电量，可行驶约 241 公里（85KWH 型车）。每充完一次电，可以驾驶 2～3 个小时，然后可以停车充电，休息半个小时。美国约有 400 万英里（1 英里≈1.6 千米）的高速公路，其中州际高速公路占 1%。特斯拉若每隔 150 英里设立一个超级充电站，共需要 267 个。在一些热门区域和路段加装 100 个，则 400 个充电站就可以覆盖全美国了。每一个超级充电站的建设成本为 15 万美元，每辆车赚 2500 美元，则卖出 60 辆车就可以赚回建设成本。因此，电动汽车的特斯拉模式，是典型的新技术（充电桩）驯服老能源（各种能源形态所转化而成的电力），可能更像移动通

---

① 特斯拉的美国充电模式[J]. 能源，2014(6).

信领域的"苹果",而远景则会像"安卓"或者微软操作系统"Windows",表现出明显的搭车乘数效应。

随着数字货币比特币的出现,区块链技术开始被人们知晓,并且在能源领域吸引了越来越多的关注。①区块链技术的优势主要体现在可以提高交易的透明性和可靠性,交易的信息区块加密后传输至全网,并实现局部存储,网络参与者自动确认(验证)每个交易的真实性。这样的验证程序允许添加新的区块,并且保证区块的信息不被更改。建立在区块链基础上的系统会更加灵活,通过智能合同可以按照提前确定的条件自动进行交易,还可以选择其他交易伙伴。这种不需要中介、可自动完成的特点可以加速交易进程,降低操作成本。现有的集中式多级管理能源系统不仅复杂,而且消耗资金。区块链技术可以将能源生产商和能源消费者(首先是电力生产商和电力消费者)直接联系起来,从而简化各方的相互关系和相互影响。在这种新型的能源系统中,小型分布式发电设施生产的电力将直接通过微电网供应给终端电力用户;发电量和用电量将通过智能电表计量,交易和支付将通过智能合同以数字货币的形式实现。区块链技术的引入,电力公司或代理商将无须参与其中,未来能源行业的巨头并不是拥有大量能源资产的企业,而是智慧能源系统的管理者,这样就产生了一种新型生产关系与组织模式的搭车乘数效应。

当前,以人工智能(AI)为代表的智能化技术正在掀起第四次工业革命的浪潮,以5G为代表的移动通信技术正在与人工智能、大数据紧密结合,开启一个万物互联的全新时代。5G技术将支持能源领域基础设施的智能化,并支持双向能源分配和新的商业模式,以提高生产、交付、使用和协调有限的能源资源的效率。可再生能源、电动汽车、电网通信、智能电网等领域将成为5G在能源行业的重点应用场景。② 5G技术具有高速率、高安全、全覆盖、智

---

① 区块链技术在能源中的应用[J]. 杨永明,译. 能源情报研究,2018(4).
② 杨永明.5G在未来能源中的应用研究[J]. 能源情报研究,2018(6).

能化等特点，能够有效解决用户数量激增、海量分布式数据难以采集、广域覆盖难以保障等难题。基于5G技术的支撑，能源与通信行业的融合发展进一步加强，电力与通信基础设施的资源整合共享成为一种趋势，能源行业信息通信技术加速深化，并且向数字化转型升级的趋势愈发明显。可以预见，随着5G技术的应用与逐步推广，技术与行业融合将随之加速，新业态、新模式将不断涌现，会产生人们意想不到的搭车乘数效应。

随着技术创新的涌现，能源技术与其他技术之间的搭车乘数效应一定会表现得愈发明显。2018年7月12日，俄罗斯《消息报》网站报道，俄罗斯与法国科学家发明了一项"低温气动喷涂"的维修技术，未来人们在维修飞机上最复杂的部件航空发动机时将无须替换零部件，而只需修复受损部件即可。[①]这种方法用超音速气流带动金属粉末微粒与零部件表面发生碰撞，在零部件上形成新的金属表层。若用3D打印设备管理这一新材料制造进程，可让老化或损坏的金属部件"长回"其初始状态。新方法的发明人之一、莫斯科钢铁冶金学院生态技术和工程学研究所所长安德烈·特拉维亚诺夫表示："这项新技术的妙处在于，零部件在修复过程中不会受热。"不受热，表明不吸收热量，因而提高了能源资本的利用效率，从而产生一种搭车乘数效应。

技术创新是没有止境的，如今一部智能手机的运算能力超越了1969年首次把人类送上月球时美国国家航空航天局的全部运算能力。今后，会出现越来越多的能源领域的颠覆性创新技术。比如，人的心跳可以用来为手机充电[②]，公路可以用来发电[③]，细菌可以为纸电池提供能量[④]，质子陶瓷可以制备燃料电池[⑤]，等等。新材料在能源领域的应用范围十分广泛，许多技术瓶颈就在于

---

① 飞机发动机维修新技术问世[N]. 参考消息，2018-07-18.
② 新技术让心跳为手机充电[N]. 参考消息，2018-04-18.
③ 中国试验太阳能公路[N]. 参考消息，2018-06-13.
④ 纸电池可用细菌发电[N]. 参考消息，2018-08-21.
⑤ 高性能质子陶瓷燃料电池问世[N]. 参考消息，2018-08-29.

新材料尚未取得突破。比如，二十年前曾经热闹一时的超导现象，最后渐渐沉寂下来，原因就是超导陶瓷材料没有取得突破，因此无法进入实用阶段。上述陶瓷燃料电池的研发取得进展，主要得益于陶瓷材料本身的进展。这就是一种搭车乘数效应。

除了陶瓷材料，石墨烯是一种可以广泛应用于现代工业的新型材料，具有优异的光学、电学、力学特性，在材料科学、微纳米加工、能源、生物医学和药物传递等方面具有光明前景，被科学界誉为"21世纪的革命材料"。石墨烯具有超强的导电能力，新型石墨烯电池有望将数小时的充电时间压缩至不到一分钟。英国曼彻斯特大学安德烈·海姆和康斯坦丁·诺沃肖洛夫教授凭着这一重大发现而获得2010年诺贝尔物理学奖。华为创始人任正非有一次在接受媒体采访时说，未来10—20年是技术革命颠覆的时代，石墨烯时代将取代硅时代。[①] 2016年7月8日，世界首款石墨烯基锂离子电池产品在北京发布。此款产品被命名为"烯王"，可在 -30℃～80℃ 环境下工作，电池循环寿命高达3500次左右，充电效率是普通充电产品的24倍。发布会现场测试，"烯王"充满电用时15分钟，普通充电产品仅充完4%。有专家在发布会现场表示："储能一直是困扰新能源产业快速发展的核心问题，若解决新能源产业的'心脏病'，新能源产业将得到快速发展。"

除了新材料，超导计算机对能源产业的发展也具有促进作用。2018年8月26日，香港《南华早报》报道，中国正在建造一台价值10亿元人民币（约合1.45亿美元）的超导计算机。[②]据美国半导体工业协会估计，到2040年，计算机需要的电力将超过全世界的发电能力，除非它们的设计方式得到大幅改善。超导计算机是科学家提出的减少机器计算给环境造成影响的最根本的技术进步之一，这个概念建立在通过超导材料制成的超冷电路传送电流的基础

①　草原狼. 首款石墨烯基锂离子电池发布［OL］. 东方财富网，2016-07-17.
②　中国正在研发超导计算机［N］. 参考消息，2018-08-28.

上。理论上，这一系统产生的电阻几乎为零，只需要传统计算机能量的一小部分，即从千分之一到四十分之一不等。中国科学家在实验室用超导材料开发出了新的集成电路，并测试了能够大规模生产、成本相对较低、技术先进的超导芯片的工业过程。中国科学院的目标是，让这样的计算机最早于2022年投入使用。有专家指出，超导数字电路和超导计算机将帮助中国在集成电路技术方面超过其他国家。

与大型发电、输电项目相比，以上种种技术创新在能源领域的应用案例都不太起眼，但是，人类科学技术的创新与发展，正是从这类小事情开始的。从小事做起、从现在做起，正是能源技术创新所要坚持的根本原则。

能源领域前沿技术发展展望

世界主要国家能源技术发展战略与政策

凡事预则立，不预则废。世界主要国家均把能源技术视为新一轮科技革命和产业革命的突破口，制定各种政策措施抢占发展制高点，增强国家竞争力和保持领先地位。[①]

美国为了复苏经济、应对能源安全和气候变化，实现能源战略转型，推进美国能源独立进程，奥巴马自2009年上台后，便高举"能源独立"旗帜，出台了一系列新能源政策和战略计划，掀起了一场自美国独立以来最大规模的能源革命。奥巴马政府先后实施了四大举措。一是发布《未来能源安全蓝图》，明确美国未来20年的能源发展目标，强调通过安全有序地扩大国内油气资源生产、充分发挥清洁能源潜力和大力推动科技创新等工作来保障美国能源安全；二是推行《全面能源战略》，将"科学与能源"确立为第一战略主题，提出形成从基础研究到最终市场解决方案的完整能源科技创新链条，强调加快发

---

① 邱丽静. 世界能源领域前沿技术发展综述[J]. 能源情报研究, 2018(7).

展低碳技术；三是出台清洁电力计划，全面推动燃烧电厂减排，扩大可再生能源发展，进一步促进美国电力乃至能源结构优化调整；四是推动能源科技体制机制改革，降低能源创新全价值链成本。2014 年 5 月，美国总统行政办公室对外发布了《全方位能源战略——通向经济可持续增长之路》的报告，将发展低碳技术、为清洁能源未来发展奠基作为能源战略支点，特别强调美国要在可再生能源技术上取得领先。2017 年 3 月，特朗普政府推出《美国优先能源计划》，延续了美国追求能源独立的基本思想，虽然倾向于石油、天然气和煤炭等传统化石能源，但能源产业作为美国立国之本，保持可再生能源产业及其技术的世界领先地位，仍是美国政府的重要政策选择。未来，特朗普政府将引导美国能源技术发展战略和政策向哪个方向推进，还有待进一步的观察。

日本是能源消费大国，但由于传统能源资源十分有限，因此，节能和减少温室气体排放的技术创新是日本能源技术优先发展的方向。2010 年 6 月，日本发布了《能源战略计划》，强调大力发展核能，构建以核电为主的低碳能源。福岛核事故后，日本在能源科技发展重点上有较大调整，于 2014 年修订了《能源战略计划》，未来发展方向是压缩核电发展，加快发展可再生能源。2016 年 4 月，日本出台了面向 2050 年技术前沿的《能源环境技术创新战略》，强化政府引导下的研发体制，保证日本开发的颠覆性能源技术广泛普及，确定了日本将要推进的五大技术创新领域：一是利用大数据分析、人工智能、先进传感和物联网技术构建智能能源集成管理系统；二是通过创新制造工艺和先进材料开发实现深度节能；三是新一代蓄电池和氢能制备、储存与应用；四是新一代光伏发电和地热发电技术；五是二氧化碳固定与有效利用。2017 年 12 月，日本发布《氢能基本战略》，规划新能源汽车和氢能发展目标，加速推进氢能社会构建，实现能源供应多元化以提高能源自给率。

欧盟于 1983 年推出了第一个《技术研发框架计划》，以协调成员国的科技政策，搭建欧洲企业间的合作平台。2007—2013 年，欧盟执行第七科技框架计划（FP7），将能源列为独立的优先领域，目标就是要优化能源结构，提高能源效率，应对能源供应安全和气候变化，提高欧洲工业竞争力。2008年，欧盟实施《欧洲战略性能源技术规划》，体现了当时欧盟对能源技术发展的新认识和新判断。2013年12月，欧盟出台了"地平线2020"（Horizon2020）研究创新计划（H2020），其中的重要组成部分是"H2020能源规划"。2015年9月，欧盟公布了升级版的《欧盟战略能源技术计划》，改变以往单纯从技术维度来规划发展的方式，而是将能源系统视为一个整体来聚焦转型面临的若干关键挑战与目标，围绕可再生能源、智能能源系统、能效和可持续交通四个核心优先领域以及碳捕集与封存、核能两个适用于部分成员国的特定领域，开展十大研究与创新优先活动。欧盟还制定了《2050能源技术路线图》等战略计划，突出可再生能源在能源供应中的主体地位，提出了智能电网、碳捕集与封存、核聚变以及能源效率等方向的发展思路，启动了欧洲核聚变联合研究计划。

德国一贯坚持以可再生能源为主导的能源结构转型，经过多年的政策激励和研发支持，在可再生能源技术和装备制造方面的实力位居世界前列。日本福岛核事故后，德国政府率先提出了全面弃核的能源转型战略，把可再生能源和能源效率作为两大支柱，并以法律形式明确了可再生能源发展的中长期目标，到2050年可再生能源电力占比要达到80%。2011年，德国实施第六次能源研究计划，将可再生能源、能效、储能、电网技术作为战略优先推进领域。2016年4月，德国公布了《哥白尼计划》，在未来10年投资4亿欧元，这是德国为促进能源转型而开展的最大规模的科研资助行动，来自德国的230家学术界和产业界机构将参与其中，着重关注四大重点方向：新的智慧电网架构，转化储存可再生能源过剩电力，高效化工业过程和技术以适应波动性电力供给，加强能源系统集成创新。2017年，德国出台了新一版的《可再生能源法》，为可再生能源的发展提供了坚实的法律保障。

法国于2015年正式通过了绿色增长能源转型法案，提出到2030年温室气体排放将比1990年降低40%，到2050年将降低75%（同时能源消费减半），降低化石燃料占比，控制核电装机容量上限为 63.2GW①，可再生能源在能源结构中占比达到 32%。2017 年 6 月，在美国特朗普政府宣布退出《巴黎气候协定》几个小时后，法国总统马克龙便邀请心怀不满的美国科学家搬到法国，为每位科学家提供 3～5 年的资助，总计 150 万欧元。在 2017 年底举办气候峰会期间，法国还公布了一份奖励名单，为 18 位获奖气候学家提供数以百万欧元的资金，资助他们在法国从事研究。法国还计划在未来 5 年内关闭所有燃煤电站，并停止发放碳氢化合物勘探许可证；维持 2030 年清洁能源占比 32% 的目标；减少安装可再生能源项目的审批程序，支持智能电网和储能；到 2025 年将核电占比降至 50%，并关闭费斯内姆核电站。

英国是最早提出"低碳经济"的国家，也是第一个实施"碳预算"的国家。2011 年，英国公布了《英国可再生能源路线图》，确定了到 2020 年可再生能源满足英国 15% 能源需求的发展目标。2017 年 9 月 18 日，英国首相特蕾莎·梅宣布，英国将在 2025 年之前淘汰煤电，这是英国政府首次明确提出淘汰煤电的时间表。2017 年 10 月，英国发布了《低碳发展战略》，阐述了英国如何在削减碳排放以应对气候变化的同时推动经济持续增长。2018 年 6 月 28 日，英国气候变化委员会发布《减少英国排放——2018 年向议会提交的进展报告》，提出英国政府必须吸取过去 10 年的教训，才能实现其 2020 年和 2030 年的法定减排目标。除非现在立即采取行动，否则公众将面临高昂的低碳经济转型成本。

俄罗斯发布了《俄罗斯 2035 年前能源战略草案》和《俄罗斯联邦科技发展战略》，在《俄罗斯燃料动力综合体领域 2035 年前科技发展预测》中，明确了俄罗斯燃料动力综合体的技术发展方向，一方面致力于提高传统能源的效率，另一方面努力打造新型能源，其中包括可再生能源、节能、分布式发电、

---

① W（瓦特）是国际单位制的功率单位，其定义是 1 焦耳/秒（1J/s），即每秒转换、使用或耗散的（以焦耳为量度的）能量的速率。1TW（太瓦）= 1000GW（吉瓦），1 GW = 1000MW（兆瓦），1 MW = 1000KW（千瓦），1 KW = 1000W（瓦特），1 W = 1000mW（毫瓦），1 mW = 1000μW（微瓦）。

智能电网等，同时也关注诸如网络蓄电池、氢燃料电池和数字电网技术等新型能源技术。俄罗斯还对核电技术给予了特别的关注。

韩国"去核电"政策成为近年来能源和产业政策的标志性重大调整，计划终止所有新的核电站建设计划，也不再批准延期运行现有核电站。韩国政府还发布了核能五年计划，将核能技术的发展重点转到核电站安全运行和拆解技术等领域。文在寅政府任期期满之前，计划至少关闭 10 所老旧火电站，并将对煤电和核电征收环保税，以支持更加清洁的天然气以及水电和太阳能等可再生能源。韩国电力公社正式对"亚洲超级电网计划"①表示支持，认为该计划能够帮助东北亚国家分享能源供应，提升电力体系的安全性和运作效率。

其他一些国家也积极制定相应的低碳能源科技战略。加拿大于 2011 年发布了《加拿大海洋可再生能源技术路线图》；沙特阿拉伯发布了《国家科学、技术和创新计划》；巴西计划在国家能源结构中增加可再生能源的比重，力争到 2019 年生物质能年产量达到 640 亿升；挪威的《新能源技术研发、示范和商业化战略》将新型可再生能源（太阳能和风力发电）、水电、能效、提高能源系统灵活性，以及碳捕集和存储（尤其是在燃气发电领域）技术作为发展重点；中国于 2015 年发布的《能源技术革命创新行动计划（2016—2030 年）》中，明确了 16 项能源技术作为未来技术创新的重点，并且展望了到 2050 年所要达到的目标。

在全球范围内，科学技术在各个领域中的巨大作用已被证实，科技创新成

---

① "亚洲超级电网计划"是一个跨国工程，目标是在蒙古建造太阳能或风能发电厂，通过超高压直流电缆输向中日韩等亚洲用电大国。跨国超级电网的概念，最早可追溯至 20 世纪 70 年代。一家名为全球能源网国际公司（GENI）的非营利机构，提倡构建一个横跨全球的电力网络（World Game）。1998 年，俄罗斯提出了"亚洲超级电网"概念的雏形。1999—2000 年，俄罗斯完成了对铺设地下电缆以实现萨哈林岛至日本列岛大规模电力出口的可行性研究。2011 年，日本东部发生大地震后，亟待寻求能源出路的日本也提出了类似的设想。2012 年 3 月 10 日，福岛核事故一周年之际，日本自然能源财团会长（软银集团社长）、日本可再生能源基金会（JREF）创始人孙正义，发表了名为"亚洲超级智能电网，从构想到实现"的演讲。2016 年 3 月，中国国家电网公司、韩国电力公社、日本软银集团和俄罗斯电网公司在北京签署了《东北亚电力联网合作备忘录》。

为一切文明、进步的推动力量，人类为了更好地生存和发展，在现有的知识资源和物质资源基础上大力推进科技创新，已形成世界性潮流。能源领域的技术创新，体现在三个方面：一是能源形态转化为能源资产的技术创新，比如风电技术和太阳能光伏发电技术，就是把风力和太阳光这些能源形态转化为具有价值潜能的能源资产的技术。二是能源资产转化为能源资本的技术创新，比如蒸汽机就是把由燃烧煤炭等能源形态而形成的蒸汽转化为机械能，进而将能源资产转化为能源资本并推动各类机器创造价值的技术。三是能源资本利用的技术创新，比如以电为动力的各种机器设备的制造技术创新。

值得指出的是，在所有的能源形态中，生物质能与核能这两种能源正好代表了太阳能的两个极端。生物质能是直接受太阳光照射的结果，核能则是太阳光和热的来源。因此，我们有必要专门对它们进行论述。

生物质能："种植"出来的能源

生物质能是太阳能以化学能的形式贮存在生物质中的能量形式，即以生物质为载体的能量形式。它直接或间接地来源于绿色植物的光合作用，可转化为常规的固态、液态和气态燃料，取之不尽、用之不竭，是一种可再生能源，同时也是唯一一种可再生的碳源。生物质能蕴藏在植物、动物和微生物等可以生长的有机物中，它是由太阳能转化而来。因此，从广义上讲，生物质能是太阳能的一种表现形式。有机物中除矿物燃料以外的所有来源于动植物的能源物质均属于生物质，通常包括木材及森林废弃物、农业废弃物、水生植物、油料植物、城市和工业有机废弃物、动物粪便等。

地球上的生物质能资源较为丰富。根据生物学家估算，地球陆地每年生产1000亿~1250亿吨生物质，海洋每年生产500亿吨生物质。生物质能源的年生产量远远超过全世界总能源需求量，相当于世界总能耗的10倍。根据世界自然基金会的预计，全球生物质能源潜在可利用量达到每年82.12亿吨标准油。在传统能源日渐枯竭的背景下，生物质所具有的可再生性、清洁低碳性、替代优势、原料丰富等优点，使其成为继煤炭、石油、天然气后的第四大利用能源，是最为广泛的可再生资源。

与煤炭相比，生物质是更古老的能源，它在 200 多万年前原始人类进行钻木取火时就成为燃料了。自人类进入工业革命以来，生物质能的利用也走上了工业化的道路。1895 年，柴油机的发明人、被誉为"柴油机之父"的德国工程师鲁道夫·迪赛尔研制成功生物柴油。1990 年，巴黎博览会展示了以花生油为燃料的发动机。1907 年，美国福特公司制造出第一台燃烧纯乙醇的发动机。1925 年，巴西的甘蔗乙醇汽车完成了 400 公里的长距离测试，随后政府规定，凡政府公务用车必须在汽油中添加 10% 的乙醇，公众用车也要添加 5%。① 此后，巴西在生物质能源的开发和利用方面，一直走在世界前列。1975 年，巴西启动了"生物能源计划"和"全国实施发展燃料乙醇生产计划"，政府规定在公众用车的汽油中添加乙醇的比例由 5% 提高到 10%。1993 年，巴西颁布法律，在全国强制使用 E20 和 E25 乙醇汽油。② 巴西在生物质能源领域的长期投资，得到了很丰厚的环境回报。2006 年 7 月，中国的一个赴巴西生物燃料考察团，其考察报告在开头便充满了诗情画意和感染力：

> 看着巴西名城圣保罗上空的蓝天和白云，这种漂移在低空的大朵白云，只是在我国高原才能看到。我们怎么也不能把这个城市的 1800 万人口、800 万辆汽车和全国 50 家最大企业中的 60% 集中于此的这些数字和这里的蓝天白云摆放在一起。

这正是巴西将甘蔗乙醇作为汽油替代品的技术创新，所带来的生态环境方面的乘数效应。也许是巴西这种示范效应的作用，吸引了比尔·盖茨投资太平洋乙醇公司，全球技术领域的"风险投资之王"维诺德·科斯拉和以马拉松

---

① 石元春. 决胜生物质[M]. 北京：中国农业大学出版社，2011：76.
② 同上，77.

石油公司为代表的能源工业界大规模进入燃料乙醇生产领域。[1]

各国在生物质技术方面都在不断发展，而且各有侧重点。美国主要关注作为传统石化燃料代替物的燃料乙醇，目前的生产量稳居世界第一。欧盟主要通过生物质技术来生产生物柴油，以此来代替传统柴油，以一种更为绿色的方式进行能源利用。中国在利用生物质能方面，不乏"亮点"。20世纪70年代，中国农村大力发展沼气，联合国粮农组织曾向发展中国家推广中国经验。2001年，中国吉林等四省兴建陈化粮燃料乙醇工厂，设计年生产能力73万吨。美国建成世界首个由玉米淀粉发酵、年产14万吨聚乳酸和其他多种聚合物塑料工厂。2007年8月，中国发布到2020年的《可再生能源中长期发展规划》，其中生物质能源目标是：生物质发电总装机容量达到3000万千瓦，固体成型燃料为5000万吨，沼气为440亿立方米，燃料乙醇为1000万吨和生物柴油200万吨。[2]

生物质能源在中国提出之初，首先遇到的质疑是"中国有生物质资源吗？"中国的粮食和耕地那么紧张，如何发展生物质能？如果由于发展生物质能而影响了粮食安全，那么政府的选择就是非此即彼了。2007年1月，中国叫停了玉米加工乙醇新项目，起因是粮食价格上涨而引发担心。[3] 在中国政府的决策"盘子"中，粮食安全是比发展生物质能源更重要的问题。限制新上乙醇项目，对中国的能源消费不会有任何影响，因为中国的石油消费已经超过3亿多吨，而国家批准建设的4个生物燃料乙醇生产试点项目已形成的每年102万吨产能，连石油消费的零头都不够。中国并非唯一一个认识到扩大乙醇生产对粮价产生影响的国家。美国乙醇产量的增加，是导致美国玉米期货价格上涨75%的关键因素。中国的现实条件具有三个特点：一是能源需求每年都在快速增长；二是中国人口数量巨大，吃饭是个大问题，这意味着中国的粮食

---

① 石元春. 决胜生物质[M]. 北京：中国农业大学出版社，2011：79.

② 同上，77.

③ 刘效柳. 大规模发展生物能源需重新评估[N]. 世界能源导报，2007-01-30.

安全问题极为敏感；三是中国的资源禀赋条件不好，粮食生产与其他生物质能源作物很容易形成争地争空间的情况。

在实践中，发展生物质能源主要是利用边际性土地和能源植物。[①] 所谓边际性土地，就是不宜种植粮食和一般农作物，但可种植具有强抗逆性的能源植物。中国约有 1.37 亿公顷（折合 20.55 亿亩）的边际性土地，比现在的耕地红线控制面积 18 亿亩还要多，年产生物质能为 5.49 亿吨标准煤。根据农业部的一项调查报告，中国适合种植液体生物燃料的荒地面积是 2680 万公顷，加上现有种植薯类等的低产农田，即有年产 1 亿吨以上燃料乙醇的潜力。根据国家林业局的统计，中国有 5700 万公顷宜林荒山荒坡地和 5000 多万公顷的薪炭林、木本油料林和灌木林可以发展能源林业。中国可利用种植能源植物的边际性土地分别是荷兰（90 万公顷）和以色列（35 万公顷）耕地的 150 倍和 390 倍，荷兰是仅次于美国的世界第二大农产品出口国，以色列农产品的劳动人口平均出口创汇达 1.5 万美元。这是一笔很可观的土地资源，是多么巨大的绿色油田和煤田，多么辽阔的一片能为农民结下金子的摇钱树森林啊！因此，发展生物质能的土地和资源不是问题，而问题是怎么发展、采取什么技术发展。

根据对中国生物质原料资源的研究，每年产出的作物秸秆、畜禽粪便、林业剩余物等有机废弃物即具有年产能 5.65 亿吨标准煤的潜力，其中仅作物秸秆一项就相当于 10 个当今中国最大的神东煤田，畜禽粪便的年产能也有 1.22 亿吨标准煤。这些有机废弃物都是生物质原料，能够生产固体、液体和气体能源和各种生物基产品，与粮食和耕地无关。[②]

美国土壤学家尼尔·布雷迪说："土壤的功能不仅仅是生产食物和纤维，还要担负起生产能源的任务。"[③]能源种植的先决条件是要有土地，但世界范围内的沙漠化，与这种设想产生了矛盾。唯有技术创新可以解决这一矛盾，比

---

① 石元春. 决胜生物质[M]. 北京：中国农业大学出版社，2011：435.

② 同上.

③ 同上，69.

如，把沙漠变为绿洲，就可以产生很多可以"种植"能源的土地。

2018 年 7 月 4 日，阿联酋《国民报》报道，中国研究人员计划将阿布扎比沙漠变为绿洲。①自 20 世纪 50 年代以来，海湾阿拉伯各国都一直期盼把农业产业化当作现代化的一个标志，但几十年过去了，这个目标仍遥不可及。如今，中国技术已让戈壁沙漠变成了种满向日葵的繁茂土地，有望在半年之内就将斯韦汉沙漠变成连绵不断的草地。重庆交通大学的研究者们将在阿布扎比荒芜的内陆地区约 10 平方公里的范围内开展沙漠土壤化和种植试验，试种各种草类、蔬菜和灌木。

将大片沙漠改造成沃土和绿洲的方式是人类梦寐以求的事情。中国自2009 年开始研发，并且在内蒙古的乌兰布和沙漠成功进行了两年的沙漠土壤化和种植试验，成功将其变成了荒漠草原并种植农作物。该研究小组在一个视频中向阿联酋政府官员展示一个场景：拖拉机正在平整沙丘，茂盛的高粱迎风飞舞，超过 40 多种植物在土壤化后的沙土里旺盛生长。这一技术被称为"沙漠土壤化"，它采用物理方法而不是化学方法。阿布扎比内陆地区约 85% 的土地都被政府划为"荒漠化"土地。阿联酋气候变化与环境部部长泽尤迪说："众所周知，我们 85% 以上的食物依赖进口。保证粮食安全非常重要的一个方面，就是确保我们能在阿联酋当地种出作物。"

沙漠里既然能种出萝卜、西瓜、茄子和土豆，也可以种植出最终解决人类能源的各类生物质。依靠技术创新"种植"能源不再是一个梦想，在地球部分地区已变成了现实，假以时日，这种技术创新为能源资本的生成和积累所带来的乘数效应，将超过我们任何一个人的想象。

核能：想说爱你不容易

2018 年 6 月，备受瞩目的第 21 届上海国际电影节组委会公布了本届金爵

---

① 中国技术助阿联酋把沙漠变绿洲[N]. 参考消息，2018-07-12.

奖主竞赛单元第一批入围影片名单，其中包括加拿大与古巴合拍的影片《翻译家》。①这部影片的历史背景事件，就是发生于 1986 年 4 月 26 日的苏联切尔诺贝利核电站事故。这场灾难造成的经济损失总共约为 2000 亿美元，是近代历史中代价最"昂贵"的灾难事件，切尔诺贝利城因此被废弃。在此之前，韩国上映了一部根据日本福岛核事故拍摄的电影《潘多拉》，围绕核电泄漏话题展开，讲述强震导致核电站出现裂缝，在放射性物质泄漏的危机下，核电站工作人员、居民和消防人员协力克服危机的故事。影片上映后，对观众产生了极大的震撼效应，加剧了公众对核电的恐惧心理。

核电的发展历史证明，核电的技术成熟度、经济性和一般意义上的安全性已经得到了验证，是可以大规模利用原子能的技术方案。问题在于公众由于对核爆炸和核事故的恐惧而产生的不信任、不认可，特别是包括电影在内的文学作品通过网络快速传播，对公众所产生的影响比专家做一场科普报告要大得多。白俄罗斯女作家阿列克谢耶维奇的作品《切尔诺贝利的悲鸣》，还获得 2015 年诺贝尔文学奖。这就是核电所处的现实社会环境。从能源资本 DNA 结构的四个"基因"来说，它属于市场环境这个最为复杂而敏感的"基因"。

核能这种蕴藏在原子核深处的巨大能量，以原子弹的研制成功为标志，而被人们知悉并利用。从此，人类进入了核时代。1954 年 6 月 27 日，当时的苏联广播电台播报的一则新闻震惊了全世界："在科学家和工程师的共同努力下，苏联建成了世界上第一座 5000 千瓦发电量的核电站，该核电站已为苏联农业生产项目提供所需电力。"这座核电站位于现俄罗斯卡卢加州的奥布棱斯克，被命名为"和平原子能"项目。它的建设是当时苏联的最高机密，即使是身处建设工地的工人也不知道自己究竟在建造什么。这座核电站的建设创下了历史最短纪录，项目从策划到实际建造竣工，总共只用了 3 年时间。它的投入使用标志着人类核电时代的到来，也意味着核能的和平利用成为现实。自

---

① http://www.sohu.com/a/234627624_554279.

此之后，以核电站的建设为标志的原子能和平利用，成为那个时代世界上的主要话题之一。2002 年 4 月 30 日，俄罗斯原子能部宣布，正式关闭这座已经安全运行了近 50 年的核电站，并表示考虑在将来将其建成一座核能博物馆。

对于核能的利弊得失，存在着两种极端相反的观点。

一种观点是对核能的神话论。1954 年 9 月 16 日，美国原子能委员会主席刘易斯·施特劳斯在美国全国科学作家协会上发表的演讲中说：

> 我们的孩子将可以在家里尽情享受生活，因为电能便宜得无须计量。这并非遥不可及，未来世界上周期性的区域大饥荒对我们的孩子来说，将只是历史事件，他们可以通过海上、海底以及低风险高速度的空中交通工具轻松地旅行，他们的寿命也比我们长得多，因为医药发展打败了疾病，人类开始了解衰老的原因。这便是我对和平时代的预测。

施特劳斯在演讲中所说的"电能便宜得无须计量"，虽然并没有专门点明是核电，但由于他的身份是美国原子能委员会主席，而不是哪一个电力机构的负责人，因此人们并不会误解他在演讲中把核电撇开了。1971 年，当时的美国原子能委员会主席、1951 年诺贝尔化学奖获得者格伦·西博格做了更加激进的预测，到 2000 年，核电将能供应几乎全世界的电力，核能"无法想象的好处"是将会提高全世界多数人的生活质量。如果没有核能，人类文明将会慢慢停下来。西博格当时所展望的远景包括：

> ——大型沿海的"核动力综合企业"，使海水脱盐；
> ——地球同步卫星利用小型核反应堆供电来播放电视节目；
> ——核动力油船将在海上航行；
> ——改变河流流向并挖掘地下城市的核炸药；
> ——核动力推进将使人类登陆火星。

这些预测，有的已经实现了，有些还很遥远。但是，核电在当时得到了蓬勃发展，直到 1979 年 3 月 28 日美国三里岛核电站事故发生后，核电的发展势头一度受挫，美国卡特政府宣布，停止所有还没有建成的核电项目。

另一种观点是对核电的误解。由于历史上三次重大核事故①，导致许多人对核电站的安全性抱有极大的怀疑，因此对核电不信任，主张无条件停下来。有人认为，截至今天的世界核电发展史证明，发展核电实际上是一场赌博，发展核电的国家在赌不会出核事故。② 世界上超过 50 个核电反应堆所在的四个国家，两个赌输了——苏联和日本；一个差一点儿赌输——美国；只有法国迄今为止独善其身。有人认为，核电不是必要的"恶魔"。③ 美国、苏联和日本三次重大核事故警示人们：直到目前，人类的核安全是建立在核电站本身"不出事"的基础上的。尽管技术进步把核事故发生概率一降再降，然而一旦天灾人祸导致核电站出了"万一"，最先进的核国家也没有好办法。核电虽不总是"恶魔"，但我们绝不能低估核事故处理的极端复杂性，高估我们驾驭核电这一"恶魔"的能力。核能在现阶段之于人类，"可以做到安全"不等于"已经做到安全"，"可分析、可认识"不等于"已分析、已认识"，"可驾驭、可控制"更不等于"已驾驭、已控制"。

上述两种观点，都有一定的道理，同时也都存在片面性。虽然历史上发生过三次重大核事故，但由于科普与宣传力度不够，加之原子弹的巨大威力对人们造成的心理阴影太大，结果导致一种"锚定效应"④，认为核电站事故就如同原

---

① 第一次是 1979 年 3 月 28 日发生的美国三里岛核事故，第二次是 1986 年 4 月 26 日发生的苏联切尔诺贝利核事故，第三次是 2011 年 3 月 11 日发生的日本福岛核事故。
② 陶光远. 发展核电是一场赌博［OL］. 新浪财经专栏《意见领袖》, 2017-02-10.
③ 核电不是必要的恶魔——访国务院发展研究中心研究员王亦楠［M］. 南方周末, 2014-06-19.
④ 锚定效应，是指当人们需要对某个事件做定量估值时，会将某些特定数值作为起始值，它像锚一样制约着估测值。在做决策时，会不自觉地给予最初获得的信息过多的重视。例如，医生在估计病人因极度失望而导致自杀可能性时，常常容易想起病人自杀的偶然性事件。这时，如果进行代表性的经济判断，则可能夸大极度失望病人将自杀的概率，这就是人们在判断中所存在的锚定效应。

子弹爆炸那么危险，因此事件的真相和结果并不完全被公众所了解。有专家认为，安全具有三个明显的属性和特点：第一，安全是人类面临的永恒的问题，只要有人类存在，就永远会面对安全问题；第二，安全是一个相对概念，没有绝对安全的存在；第三，安全是一个变化的概念，同样的事情，因为时代和环境的变化，人们对它的认识也会发生变化。用风险概率衡量安全水平，是目前科学界主流认为的较合理的尺度，可以给安全三个定义：第一，当一件事情带给人们的利益足够大，而其代价是可承受的，则认为其是安全的；第二，安全是利益和代价的平衡，没有一件事情只有利没有弊；第三，安全是可接受的风险。①

国际原子能机构在《核电安全的基本原则》中指出："无论怎样努力，都不可能实现绝对安全，就某种意义来说，生活中处处有危险。" 20 世纪 60 年代英国的核安全专家法墨，首先倡导用风险概率来管理核安全。他认为，从风险角度看，发生概率越低，引起的后果可能越严重。但是考虑到人的心理状态，对重大灾害造成的损害还是应该有所限制，不能让灾害无穷大。1979 年美国三里岛核事故之后，美国核管会发现一个问题：技术性的尺度解决不了核安全的根本问题，解决不了人类的认识问题，因此一定要建立共同可接受的尺度。这个尺度就是风险。为此，美国核管会确定了核安全的目标，就是对于核电厂周围的公众来说，核电厂的运行应该不导致明显的风险附加。这种风险附加用"两个千分之一"的量化指标来衡量：一是对紧邻核电厂的正常个体成员来说，由于反应堆事故所导致立即死亡的风险，不应该超过美国社会成员所面对的其他事故所导致的立即死亡风险总和的千分之一；二是对核电厂临近区域的人口来说，由于核电厂运行所导致的癌症死亡风险，不应该超过其他原因所导致癌症死亡风险总和的千分之一。幸运的是，经过大量的评估，现有的核电厂都可以满足甚至远远低于这两个千分之一的附加风险指标。②

---

① 汤搏. 核电到底多安全，才能不"毁灭中国"［OL］. 中国核网，2017-10-31.
② 同上.

由于本章的主要内容是讨论能源资本与技术创新的关联性，只是把核电作为一种能源形态来看待，因此，无法对核电安全性和经济性进行全面的分析。从能源资产转化为资本的角度来看，核电具有三个方面的明显优势。

一是能量密度高。1 克铀－235 有 25.6×10^{20} 个原子，原子核全部裂变释放的热量，相当于 1 克标准煤完全燃烧所发出热量的 250 万倍。这就是说，1 克铀－235 核裂变释放的能量相当于燃烧 2.5 吨标准煤或 1.7 吨原油或 1.5 立方米天然气。在核聚变反应中，其单位质量释放的能量比裂变反应还高 4 倍，比燃煤高过千万倍。由此，便可知晓核能威力有多大！它的能量密度有多高！

二是运输成本低。一座 100 万千瓦的核电站每年需补充 30 吨核燃料，只需一辆大卡车装载。同样规模的燃煤电厂每年需煤 300 万吨，相当于每天用一辆 40 节火车装载。

三是环境效益好。研究表明，即使使用清洁煤炭发电技术，核电仍然是更加环保的一个选择。在放射性物质排放方面，核电也优于燃煤电厂。一个 100 万千瓦的燃煤电厂，厂区所在地的辐射是核电站厂区的 100 倍；距离 80 公里之外比较，燃煤电厂的辐射程度也超过核电站 30 多倍。[1] 煤电链的放射性流出物排放对公众产生的辐射剂量比核电链高约 40 倍。[2]

核电属于低碳能源，所产生的逆蝴蝶效应最为明显。2011 年中国工程院开展了对不同发电能源链温室气体排放研究项目，其主要结果是：中国核燃料循环前段（包括铀矿采冶、铀转化、铀浓缩、元件制造、核电站）的实际二氧化碳排放量为 6.2 克/千瓦时，考虑了核燃料循环后段（乏燃料后处理和废物处置）后，总体二氧化碳排放量为 11.9 克/千瓦时。对煤电链，研究了煤炭生产环节，煤炭运输环节，燃煤电站建造、运行和退役环节，电力输配环节 4 个生命周期阶段，二氧化碳的直接排放和间接排放总量为 1072.4 克/千瓦时。

① https://www.guokr.com/article/442050/.
② 潘自强，姜子英．核电：不可忽视的低碳价值[N].中国科学报，2014-05-09.

水电链在 0.81～12.8 克/千瓦时，风电链在 15.9～18.6 克/千瓦时，太阳能在 56.3～89.9 克/千瓦时。[①] 从温室气体排放来看，核电链约为煤电链的 1%。在各种发电能源链中是很低的。[②] 2017 年，中国共有 37 台核电机组运行，装机容量为 3580.7 万千瓦，年发电量为 2474.7 亿千瓦时，约占全国累计发电量的 3.94%。[③] 与燃煤发电相比，核能发电相当于减少燃烧标准煤 7646.8 万吨，减少排放二氧化碳 20 034.60 万吨，减少排放二氧化硫 65.00 万吨，减少排放氮氧化物 56.59 万吨。[④] 从这些数据看出，核电的环保效益是相当明显的。

核能发电本身不会产生温室气体排放，但在建设核电厂和制造核电厂所需燃料和设备过程中需要消耗能源和材料，生产这些能源和材料需要排放温室气体，而中国能源主要来自燃煤电站，因此，也可以说核电链排放的温室气体也是来自煤电厂。同时，由于核安全的极端重要性，发展核电始终要把安全放在第一位，而且所有的技术创新活动都要有利于安全性的提高。其他领域的任何一项技术创新，如果能够应用到核电系统，那么对核电安全性的提高所产生的搭车乘数效应将是十分可观的。

日本福岛核事故改变了日本能源资产的结构，因而改变了资产转化为资本的方式和效率。福岛核事故之后，核能的缺失导致日本出现严重的电力短缺。在这种情况下，日本重新启用已退役的热电厂紧急供电，这些热电厂均以石油、煤炭为主要能源，而且设备较为老化，无法达到日本能源利用率及环境污染物排放标准。由此可见，保障日本的能源安全以及正常的经济社会活动，核能的作用是不可低估的。核能的重新利用与否直接影响日本未来能源政策的走向。然而，核辐射带来的环境危机严重影响国内公众对核能的信心，经济界的

---

① 潘自强，姜子英. 核电：不可忽视的低碳价值[N]. 中国科学报，2014-05-09.

② 核电能减少多少排放量[OL]. 电缆网，2015-03-17.

③ 全国发电量数据来源于国家统计局网站。

④ 减排计算方法来源于中国火电行业通用计算标准，按照工业锅炉每燃烧 1 吨标准煤产生二氧化碳 2620 千克，二氧化硫 8.5 千克，氮氧化物 7.4 千克计算。

巨大电力缺口、公众的反对与恐慌导致日本政府不得不为日本经济的未来发展做出慎重抉择。[①]

2018 年 12 月 6 日,《日本经济新闻》网站报道,日本政府和三菱重工等官民联盟计划放弃土耳其的核电站建设项目,原因是与安全保障相关的费用膨胀,导致成本大幅增长至当初设想的两倍。这标志着日本核电产业出口走进了死胡同。[②]日本此前在核电技术方面一直处于世界领先地位,日本政府也大力推动技术出口。福岛核事故导致日本国内的核电站新建计划全面停止,而全球核电站建设费用大幅上涨,使得日本在越南和立陶宛的核电站新建项目相继被撤销和停止。对于在国内外都失去核电站订单的日本厂商来说,最大的问题就是如何维持技术水平。日本电机工业会的资料显示,日本从事核能相关工作的人员在 2010 年约为 13 700 人,2016 年时减少了 3000 人,其中技能工种减少40%,甚至出现了技术人员不足的局面。日本一家重工企业的管理层担忧地表示:"美国也很长时间没有新建的核电机组,西屋公司和通用电气公司的技术水平因而出现大幅下降。日本也避免不了技术的下滑。"[③]这就说明,日本的核电资产在转化为资本的过程中,由于市场环境的变化,导致货币资本的投入不足,出现了人力资本的短缺,进而导致技术平台出现凹陷。能源资本的四个"基因"都出现问题,使得日本核电资产无法转化为可以持续创造价值的能源资本了。

放射性物质不是隐藏在草丛里随时准备跳出来吓人的恶魔,它是自然界一种本来就有的物质。人类其实一直生活在放射物的环境中,只是放射物的主要来源并非核电厂,而是地球与宇宙。人类迄今所经历的三次重大核事故,尽管给人类造成了很大的伤害,但是,随着核技术及其他技术创新成果在核电厂的应用,核电的安全性会得到进一步提高。比如,随着具有内禀安全性的核反应

---

① 郑文文,曲德林. 中日能源战略现状与分析[M]. 北京:清华大学出版社,2015:43.
② 日本核电出口走进死胡同[N]. 参考消息,2018-12-07.
③ 同上.

堆技术的日益成熟，堆芯熔化概率会进一步降低，核电厂安全性也会出现一种乘数效应。再比如，随着人工智能技术创新成果的进一步应用，核电厂的运行和维修技术手段越来越先进、成熟、精巧，核电厂安全性也会出现另外一种乘数效应。

面对人类未来对能源资本的更大需求，单一的政策、燃料或者技术都不能满足，必须采取多元化、"组合拳"的方法。在各种能源形态中，核电在能源技术创新与核技术创新方面，具有重要的示范作用和引导作用，也是人类在认识自然、改造自然过程中的科技成就的体现。核电是一种以科技革命将自然资源转换为能源的重要产业，是人类思维的智慧之光，也是人类迄今为止所取得的最引以为傲的技术创新成果。核电作为一种重要的高能量密度的能源形态，应该是其中的选项。基于核安全的极端重要性，在任何情况下都要把核电的安全性放在首位，解决问题的主要途径是在提高现有技术效率和可靠性的基础上进行各种技术创新。核物质这种能源资产转化为资本后，技术创新的成果便嵌入了能源资本 DNA 结构中技术平台这个"基因"之中，核电安全性也就可以"遗传"下去了。

能源互联网：能源资本流通方式的革命

能源互联网的概念

互联网是网络与网络之间所串连成的庞大网络，这些网络以一组通用的协议相连，形成逻辑上的单一且巨大的全球化网络，在这个网络中有交换机、路由器等网络设备，各种不同的连接链路，种类繁多的服务器，数不尽的计算机、终端。互联网可以将信息瞬间发送到千里之外的人手中，它是信息社会的基础。

互联网是全球性的。这就意味着这个网络不管是谁发明了它，都属于全人类。互联网是按照"包交换"的方式连接的分布式网络。因此，在技术层面，互联网绝对不存在中央控制的问题，也就是说不可能存在某一个国家或者某一个利益集团通过某种技术手段来控制互联网的问题。反过来，也无法把互联网封闭在一个国家之内，除非建立的不是互联网。

发明了个人计算机网络"以太网"的鲍勃·梅特卡夫提出了一个法则，被称为"梅特卡夫法则"：一种网络的价值——由它服务的人口数量而决定——它大致与四处分布的用户数量成正比。一个例子就是电话网络。一部电话机没有什么用处：你会打给谁呢？两部电话机就会好一些，但还是远远不够。只有大多数人拥有电话机，网络的力量才能够充分发挥出足以改变社会的潜力。[1]

梅特卡夫法则的简洁表达形式是：网络的价值与网络使用者数量的平方成正比。如果只有一部电话，那么这部电话实际上就没有任何经济价值；如果有两部电话，那么电话网络的经济价值等于电话数量的平方，也就是从 0 上升到 2 的平方，即等于 4；如果再增加一部电话，那么，这个电话网络的经济价值就上升到 3 的平方，即等于 9。这就是说，一个网络的经济价值是按照指数级上升的，而不是按照算术级上升的。这一法则在某种意义上更接近于常识，如果一个网络中有 n 个人，那么网络对每个人的价值与网络中其他人的数量成正比，这样网络对所有人的总价值就与 n × （n−1）成正比。这个法则不仅对网络的通信价值有效，对业务价值同样有效。例如，手机短信业务的价值与手机短信使用者数量的平方成正比。

互联网的本质，就是让互动变得更加高效、更加方便、更加自然。有人认为，今天我们能连起来的东西还不到 1%。互联网的未来，就是"任何人、任何物、任何时间、任何地点，永远在线、随时互动"。互联网的进一步发展，对于人类未来的生活到底会产生什么样的影响，有可能超出同时代人的想象，只有通过实践生活才能回答这个问题。

---

[1]　赫尔南多·索托. 资本的秘密[M]. 于海生，译. 北京：华夏出版社，2017：57.

当有人想到如何把计算机和网络连接起来时，计算机已经存在好几十年了。同样，当有人想到如何把能源与互联网连接起来时，能源已经存在与地球甚至太阳差不多的时间了，互联网以及互联网的一种形式——电网也已经存在上百年了。

电作为一种自然现象，是电荷运动所带来的现象。自然界的闪电就是电的一种现象。电的发现和应用极大地节省了人类的体力劳动和脑力劳动，使人类的力量长上了翅膀，使人类的信息触角不断延伸。电对人类生活的影响有两方面：一是改变人类能量的获取、转化和传输方式，二是电成为电子信息技术的基础。电的发现可以说是人类历史的重大革命，由它产生的动能每天都在源源不断地释放，夸张一点儿说，电对人的作用不亚于空气中的氧气，如果没有电，人类的文明还会在黑暗中探索。

通常来说，第二次工业革命的本质是电带来的工业革命。实际上，仅仅是电这种自然现象，对人类的生活是没有什么实际价值的。真正产生价值的是电网，也就是通过电线把电从发电厂输送到千千万万的用户那里，以满足人们的各种需求。正如我们多次说过的那样，人类真正需要的不是像电这种能源形态，而是需要由电这种能源形态产生的各种效用。比如，电灯可以带给我们光明，电熨斗可以帮助我们方便地把衣服熨平，洗衣机可以把我们从琐碎而繁重的洗衣劳动中解放出来，等等。这种效用的实现，都是电网的功劳。

美国发明家爱迪生发明电灯的最大功劳可能不是照明，而是带来了整个电网的诞生和发展。[①] 爱迪生不仅是一个发明家，而且也是一个头脑精明的商人。当他看到了电的巨大商机时，便果断创立爱迪生照明公司（后来闻名于世的通用电气公司的前身），开始建设电网。1882 年 9 月 4 日晚上，110 伏特的直流电输送到纽约曼哈顿的整个街区，灯光照亮了街头和室内，世界上第一个电网诞生了。很快，爱迪生的直流电网覆盖了大半个曼哈顿，纽约无数的家

---

① 吉尔·琼斯. 光电帝国[M]. 吴敏，译. 北京：中信出版社，2015.

庭闪耀着灯光。

随着爱迪生照明公司的不断扩大，直流电的局限性也逐渐被放大。发电中心只能覆盖方圆一英里的范围，传输过程会让电能不断损耗，唯一的解决办法就是每隔一段距离增加发电厂，但这样成本高昂。任何时候，办法总是比困难多。就在这个时候，电气史上另一个重要的角色出现了。1884 年，来自塞尔维亚的青年尼古拉·特斯拉投奔爱迪生，为他改造直流电气设备。但特斯拉并不认同直流电，他也没有得到爱迪生的重视。两年之后，特斯拉与爱迪生分道扬镳，创办了自己的"特斯拉电灯与电气制造公司"，乔治·威斯汀豪斯给予了投资，后者拥有一家交流电公司——西屋电气，他们在匹兹堡建立了一个交流电网。1893 年的芝加哥世界博览会上，闪耀的炫目灯光和电动的机械让前来参观的人们惊呆了，而把这一切编织起来的就是电网。交流电普及的速度比直流电快得多，爱迪生两年内只建成了 18 座发电站，而特斯拉的公司一年内就建造了 36 座。爱迪生最终被证明赌错了未来，在电的交直流大战中败下阵来。这个例子说明，在一个新技术革命到来并出现新的选择之时，企业家的洞察力至关重要。

1905 年，美国在尼亚加拉大瀑布开始建设第一个大型中央发电厂，然后在尼亚加拉大瀑布与纽约市之间建设了一个高压传输网络。1925 年，美国通过国家电网供电的比例占到 40%。正是因为国家电网的出现，"电"变成一个公共基础设施，所以很快有了美国在第二次工业革命期间的高速发展。

电只有在网络中传输，才能发挥出惊人的力量。同样，资本只有在更大范围的网络中，才能够形成惊人的力量。网络的普及，可以使普通人发挥创造力，在不断扩大的市场中实现专业化分工，从而扩大资本的形成、流动和使用规模。能源互联网就是将能源资本在更大范围内快捷流动的重要技术手段，也是促进能源资本民主化的必由之路。正如美国政治学者弗朗西斯·福山所说："鉴于信息即权力，信息的易得性将具有民主化效应。"①

---

① 弗朗西斯·福山. 美国已成为失败国家[J]. 展望杂志（英国），2017(1).

简单地说，能源互联网就是"能源＋互联网"，其本质就是把互联网的理念与相关技术融入能源网络，实现以能源为本质、以信息为支撑的信息能源基础设施一体化。在能量系统，用互联网理念改造能源系统，实现多能源开放互联、能量自由传输、开放对等接入。在信息系统，将互联网技术融入能源系统，实现能源物联、能源管理和能源市场的互联互通。

能源互联网的定义，具有三重维度。

一是能源网络结构。从配电网分布式供能的角度，借鉴互联网开放对等的理念和体系架构，形成包括骨干网（大电网）、局域网（微网）及其连接网络的新型能源网以及融合信息和通信系统的分布式能源结构。

二是信息互联网。综合运用先进的电力电子技术、信息传感处理技术和智能管理技术，借助互联网收集信息、分析决策后指导能源网络的运行调度。信息网络可以被认为是能源网络的支持决策网络，其本质与当前的智能电网类似。

三是多种能源互联网。将不同形态的能源与大量分布式的能量采集、储存和各种类型负载构成的新型电力网络节点互联起来，实现冷、热、气、水、电等多种能源形态的优化互补、集中式和分布式互补、能量双向流动的能量对等交换与共享，最终形成一个众多产能、用能一体化的能源全生命周期管理和优化的现代能源体系。

能源互联网是一个普遍互联的世界，具有四大核心理念：

一是互联。多种能源形态的互联，多类能源系统的互联，多种异构设备的互联，各类参与者的互联。具体说来，就是人与人（操作人员、呼叫中心工作人员、设备技术支撑人员、质量管理人员）互联、应用系统（生产管理软件、客户管理软件、产品设计软件、数据分析软件）互联、物与物（生产设备、零部件、运输配送）互联和供应链（库存情况、物流情况）互联。

二是开放。多类型能源的开放互联，各种设备与系统的开放对等接入，各种参与者和终端用户的开放参与，能源市场和交易平台、能源创新创业环境、能源互联网生态圈、数据与标准等的开放参与。

三是对等。完全的互联网思维，典型的"去中心化"系统，不同参与者完全对等，注重用户的体验，让用户感受到便捷和多样化的服务。

四是共享。通过共享各种信息，促进资源有效利用，形成一种全新的共享经济模式。

能源互联网的发展要素

全球能源互联网未来的发展，需要三大要素：可再生能源（品种）、特高压技术（传输方式）和智能电网（管理和运行方式）。

可再生能源是能源互联网的主体能源形态。

《巴黎气候协定》要求世界各国政府将全球气温较工业化前水平的升高幅度保持在远低于2℃的水平。实现这一目标的主要途径是，到2050年，将世界主要能源从碳基化石燃料（煤、石油、天然气）转变为零碳的可再生能源（风能、太阳能、水能、地热能、海洋能、生物质能）和核能。

对可再生能源感兴趣的不仅是那些近年来积极补贴该行业的能源进口国，大量成功的国际企业也将目光投注于此，可再生能源具有普遍竞争力的时代已经指日可待了。2015年底，美国通用汽车公司在得克萨斯州的制造工厂与北美可再生能源公司EDP签署了为期14年的合同。EDP将在得克萨斯州伊达尔戈县风力发电厂建设总装机容量250MW的风电站，将足够每年生产125 000辆汽车，几乎是该厂负荷的一半。2016年5月，脸书（Facebook）和微软等60余家美国跨国公司与环境保护组织共同创立了可再生能源消费者联盟，旨在促进2015年前美国60000MW可再生能源发电站的建设和投运。互联网公司能源消费也向可再生能源方向转型，美国互联网公司每年消耗的电力超过全国发电总量的2%。发展中国家的企业也在进行能源消费的转型。根据统计，加入倡议的企业计划在2020年前保证80%的电力需求来自可再生能源发电。[1]

---

[1] 彭博新能源财经（BNEF）．2016新能源展望．

　　德国一直被视为全球能源转型的典范，尤其是在可再生能源利用方面。我们在前文中说过，2016 年 5 月 15 日，德国太阳能和风能达到峰值，可再生能源满足了 87.6% 的能源需求，创下了历史纪录，第一次实现了全国电力需求在瞬间几乎全部可以由可再生能源供应的局面，使人类有可能放弃以化石能源和核能为基础的能源供应体系，转向以可再生能源为基础的能源体系。欧洲 70% 的电力都将来自风能、太阳能、水力发电和其他可再生能源，而 2015 年仅为 15%。德国的发展目标是，2020 年实现可再生能源发电占比达 35%，2050 年达 100%。美国的发展目标是，可再生能源发电占比将从 2015 年的 14% 跃升至 2040 年的 44%，同期燃气发电占比将从 33% 降至 31%。①

　　中国在能源结构上与德国存在着很高的相似性，也是"富煤、贫油、少气"，尤其近年来煤炭消耗对中国的环境压力越来越大，而且中国的石油、天然气对外依存度较高，给能源供应安全带来挑战。中国也提出了大力发展可再生能源的目标，要抑制火电扩张，推进太阳能、风能、地热能等多种能源的合理利用，优化化石能源与可再生能源供需结构，合理调整电力行业与其他产业之间的关系。

　　特高压技术是全球能源互联网的主要输电方式。

　　全世界的零碳能源足以驱动整个全球经济，也足够驱动一个规模比目前大得多的全球经济体系，关键是将零碳能源带到需要它的人口中心。可再生能源有两个特点。一是偏远性。在世界大多数地区，可再生能源最集中的地区往往远离人们居住的区域，太阳能必须从沙漠传输到人口中心，风力发电潜力最高的也往往是包括近海地区在内的偏远地区，流经人口稀少山区的遥远河流可能拥有巨大的水力发电潜力。二是间歇性。太阳光只有在白天才能被利用，即使是白天，有时云层也会阻碍太阳光照射到光伏电池板。同样，风力强度也会波动。只有通过能源互联网，才可以将这些间歇性能源收集并联系在一起，以减

---

① 彭博新能源财经（BNEF）. 2016 新能源展望.

少能量波动；只有通过特高压输电线路，才可以将这些能源从偏远地区带到人口和负荷中心。

以中国为例，2/3 的煤炭、风能和太阳能电厂在北部和西北部，4/5 的水力发电厂在西南地区，但 2/3 的电力需求却来自东南部和中部。为了平衡需求和供应，必须使用更大容量、更长距离、更低传输损失、更少线路、更高效益的电压网。中国一直通过建立一个基于特高压输电的大规模配电网络来解决这个问题，并且在这项技术的研发方面取得了重大进展。中国超高压电网的输电将达到 800 千伏电压以上，13 条这样的"电力公路"将在 2019 年运营。按照计划，未来 5 年中国的超高压线路将达 3324 公里，将西北部不断增长的风电源源不断地输送到其他地区。为此，中国在北京西北部建有一个世界上最大的"超高压试验基地"，并向外国运营商开放，意大利、日本和印度已在这里进行了试验。①

智能电网是能源互联网的主体架构。

美国能源部《电网 2030》对智能电网的定义是："一个完全自动化的电力传输网络，能够监视和控制每个用户和电网节点，保证从电厂到终端用户整个输配电过程中所有节点之间的信息和电能的双向流动。"欧洲技术论坛对智能电网的定义是："一个可整合所有连接到电网用户所有行为的电力传输网络，以有效提供持续、经济和安全的电力。"

不论是哪种定义，都表明了智能电网的两个本质特征：一是网络，二是自动化。智能电网由很多部分组成，包括智能变电站、智能配电网、智能电能表、智能交互终端、智能调度、智能家电、智能用电楼宇、智能城市用电网、智能发电系统、新型储能系统等。简单地说，智能电网具有能源互联网所有的理念和特点，其目的就是为用户提供快捷、方便、便宜的能源利用服务。

互联网技术、先进信息技术与能源产业的深度融合，出现了许多能源行业

---

① 中国打造超高压电网[N]. 环球时报，2018-04-09.

的新技术、新模式和新业态，促进能源行业的创新发展和动能转换，形成新的生产方式。例如，以"智能化"为基础的"智慧电厂"是能源资产转化为资本的技术平台的重要创新。智能发电是以发电过程的数字化、自动化、信息化、标准化为基础，以管控一体化、大数据、云计算、物联网为平台，集成智能传感与执行、智能管控与优化、智能管理与决策等技术，形成智能发电运行控制管理模式。智能发电的发展需经历由初级形态向高级形态、由局部应用到系统应用的历程，需要在基础理论、关键技术与工程应用方面取得突破，需要实现理论、技术与体制机制的创新。① 能源互联网可以解决分散而不稳定的能源网络化问题，在新能源时代，数据是"燃料"，而软件是运行的"机器"。"互联网＋"不是简单地把互联网作为一种生产工具，不是单纯的流程再造和运营效率的提升，而是彻底的变革。"智慧电厂"的内容是很丰富的，比如，发电厂可以利用"智慧燃料"无人机，通过搭载高清相机对煤厂进行自动化盘煤，通过三维地理坐标获得煤厂的实际体积；利用手机应用软件，不仅可以进行数据上传，还能实现任务流程审批、人员定位、缺陷管理、考核登记、虚拟漫游等功能；利用机器人巡检，既能自动完成固定路线的巡检作业，又能"上天（空中巡检）入水（水下作业）"。无论现实倒逼还是自我革新，智慧电厂的兴起，已成必然之势。大数据＋人工智能，不仅可以解决传统电厂之前遗留的难题，更是 IT 业与工业领域最深度的融合。② 这是一种特别超前、特殊形态的搭车乘数效应。

除了智慧电厂，互联网技术和智能数据可以让我们越来越接近于用户对于能源消费的"精与准"，不仅可以更精确地测量，而且可以通过大数据进行预测，从而使需求侧的能源消费越来越精准，能源消耗量将大幅度降低。这是"能源消费革命"的精髓所在，也是能源资本利用技术的发展方向。2017 年 3

---

① 王雪辰. 智慧电力需先实现智能化[J]. 电力决策与舆情参考，2018(18).
② 智慧电厂来袭，你准备好了吗？[J]. 能源，2018-06-05.

月 28 日，南方电网首个"互联网 + 智慧用能综合示范小区"项目在广州中新知识城投入使用。① 这个项目是一套为用户设计的综合能源服务体系，以电力光纤入户而构筑的通信网络为基础，通过整合电、水、气三表一体化集抄系统、智能小区综合管理系统、智能家居、分布式能源、充电设施等关键元素，将能源与信息深度融合，为用户打造智慧用电、高效便捷的生活。因此，智能电网的成败，最终要体现到是否为用户带来价值增值。

综上所述，能源互联网是能源资本在全球范围流动的一种新渠道和新方式。② 能源互联网有望成为实现世界经济脱碳、提高电力使用效率、为当今 30 亿少电或无电人口供电的关键。特高压输电技术将推动清洁能源技术和可再生能源最优化技术的开发和使用，因而有望成为推动地球低碳化的中坚力量。随着能源互联网的兴起和发展，有望推动沙漠产业行动计划③的复兴，能源资本在世界范围内的脱贫事业中必将发挥越来越重要的作用。

多能互补：能源互联网的"肠胃"

多能互补并非是一个全新的概念，在能源领域中，长期存在着不同能源形态协同优化的情况，几乎每一种能源形态在其利用过程中，都需要借助多种能源形态的转换配合才能实现高效利用。传统的能源系统相互独立的运行模式无法适应综合能源系统多能互补的能源生产和利用方式，在能源生产、传输、存储和管理的各个方面，都需要考虑运用系统化、集成化和精细化的方法来分析整个能源系统，进而提高系统的可靠性和用能效率，并显著降低用能价格。

多能互补系统是传统分布式能源应用的拓展，是一体化整合理念在能源系

---

① 帅泉，何靖治，许苑. 南方电网首个"互联网 + 智慧用能综合示范小区"项目试点广州投产[N]. 南方电网报，2017-04-14.
② 科拉多·克利尼，安薇薇·玛里尼. 能源互联网[N]. 参考消息，2018-01-4.
③ 沙漠产业行动计划由欧洲一些大型产业和金融集团于 2009 年发起，致力于开发撒哈拉沙漠和阿拉伯半岛巨大的太阳能资源，从而通过非洲—欧洲互联为欧洲电网供电。

统工程领域的具象化，它使分布式能源的应用由点扩展到面，由局部走向系统。具体而言，多能互补分布式能源系统是指可包容多种能源资源输入，并具有多种产出功能和输运形式的"区域能源互联网"系统。它不是多种能源的简单叠加，而是在系统高度上按照不同能源品味的高低进行综合互补利用，并统筹安排好各种能源之间的配合关系与转换使用，以取得最合理的能源利用效果与效益。

多能互补集成优化系统有两种模式。

一是终端一体化集成供能系统。面向终端用户的电、热、冷、气、水等多种用能需求，因地制宜、统筹开发、互补利用传统能源和新能源，优化布局建设一体化集成供能基础设施，通过天然气热电冷三联供、分布式可再生能源和能源智能微网等方式，实现多能协同供应和能源综合梯级利用。

二是风光水火储多能互补系统。利用大型综合能源基地风能、太阳能、水能、煤炭、天然气等资源组合优势，推进风、光、水、火、储等多能互补系统建设运行。

多能互补在能源互联网中最广泛的实现形式，就是综合能源系统，涵盖冷、热、气、电、水、交通等多种需求以及源、网、荷、储等各个环节，包括供需平衡、运行的物理范围以及供能安全等各种约束条件。如果把能源互联网与人的身体进行类比，那么，多能互补就犹如人体的肠胃，把进入能源互联网中的各种能源形态进行"消化"，变成"营养"，然后通过能源互联网输送到终端用户，同时也为能源互联网自身提供稳定运行的能量。从这个意义上来说，多能互补就是能源互联网的"肠胃"，而能源互联网本身则是输送"营养"的"血管"。

储能：能源资本的"银行"

人类从成为"智人"开始，逐渐与动物区别开来，并成为万物之灵，其中最关键的因素是大脑的进化。与当时很多大型动物相比，智人的大脑约只占身体总重量的 2%～3%，但在身体休息时，大脑的能量消耗却占了 25%，而其他猿类同样状态的能量消耗大约只占 8%。好比同样一部"手机"，为何智人这么"耗电",原因只有一个,就是智人的大脑储存了更多的信息,大脑储存能力得到了大大的拓展。整个人类的进化史,也是一部人类信息活动的演进史。信息的积累和传播,是人类文明进步的基础,文化和科技的飞速发展缘于信息储存能力的提升。人类学会和发展出花样繁多的食物储存方式,有效地增强了体质,延长了寿命,拓展了活动范围。动物驯化和养殖、粮食作物种植、肉食加工保存、酿酒以及制作奶酪、干粮和罐头制作等,都是不同的食物储存方式。食物储存方式的多样化使人免于饥饿和便于迁徙,最终使人突破了地域的限制,走向了地球的每一个角落。

在食物储存方面,早期人类祖先基本上学会了我们今天所知的全部技术。他们拥有泥质灶,使用石板烧烤技术,在北极圈内冷冻食物,通过风干来保存食物,并用牛油或兽脂来密封食物。除了冰箱、塑料容器、煤气和电力等纯现代发明的用具外,旧石器时代的厨师对现代的厨房和烹饪技术并不会感到陌生。罐头的发明,使人们不再为远足时的食物匮乏而担忧,为跨洋航行和长途征伐提供了后勤保障,深刻地改变了近代历史。

从钻木取火开始,人类开始使用柴薪这样的初级能源,这一最易获得的生物质能,支撑了人类数千年的发展。与此同时,人类学会了使用风力和水力,并驯化了动物以获得畜力,这些机械能成为人的自身力量的延伸,使人类改造自然的力量大大增强。化石能源的大规模使用,在能源发展史上具有显著的意义,它的集中储存和运输,大大减少了搜集柴薪所耗费的人力成本,提升了能源获取的便捷程度。从柴薪到煤炭再到石油,人类使用的主导性化石能源的能量密度不断增加,进而成为技术快速进步的最大驱动力。

石油、煤炭同新能源的较量愈演愈烈,人们习惯了从生产成本、资源量上来比较不同能源的竞争力。然而决定化石能源和新能源胜负的更深层次的因素是储能方式的较量。① 能源发展,就是能量储存不断改进的过程,遵循着从低

---

① 胡森林. 未来能源发展依赖能量储存技术突破[OL]. 中国储能网,2017–04–11.

密度到高密度、从分散到集中的趋势。储能技术将把分散生产的能源大规模聚集储存，这样一来，即使能源生产方式是多元甚至离散的，但能源的使用依然是集中式和高密度的。

储能是通过介质或设备把能量存储起来，在需要时再释放的过程。储能主要是指电能的储存，同时也是石油油藏中的一个名词，代表储层储存油气的能力。储能技术在各种能量形态中都具有极为重要的作用，也都有不断进化的空间。机械能以动能或势能的形式储存，动能通常可以储存于旋转的飞轮中，广泛应用于各种机械和动力装置中；以势能方式储存则是最古老的能量储存形式之一，小到弹簧、扭力和重力装置，大到压缩空气储能和抽水蓄能。由于峰谷用电的不均衡，电能的储存有很重要的实用意义。除了通过抽水蓄能的方式以机械能的形式储存外，电能还能以化学能的形式储存于蓄电池中。为了减少现在内燃机汽车对环境的污染，无污染的电动汽车日益受到人们的青睐，而廉价、高效、能大规模储存电能的蓄电池正是电动汽车的核心。热能是最普遍的能量形式，热能储存就是把一个时期内暂时不需要的多余热量通过某种方式收集并储存起来，等到需要时再提取使用，具体有显热储存、潜能储存和化学储存三大类。

各种能量形态的储存方式从技术上基本分为四类：物理储能（抽水蓄能，压缩空气，飞轮储能）、化学储能（锂离子电池，铅酸电池，液流电池，钠硫电池）、电磁储能（超导储能，超级电容储能）和相变储能（利用水等相变材料将电能转变为热能）。从方便使用的角度来看，电池和氢能储存最有发展前景。

2018 年 9 月 26 日，英国《金融时报》报道，世界银行计划推动一项总额达 50 亿美元的投资项目支持发展中国家进行"电池革命"。[①] 世界银行将从自身资本中拿出 10 亿美元，并从公共部门和私营部门投资者那里募集 40 亿美

---

① 卢戈. 世界银行筹 50 亿美元支持"电池革命"[N]. 环球时报，2018-09-27.

元，支持电池新技术和新应用，改善产业融资环境。在发展中国家，电池发电成本更高，每千瓦时成本为 400～700 美元，发达国家则为 300 美元。世界银行行长金墉表示，世行打算"向电池行业发出一个强烈信号，即在发展中国家的能源储备方面存在着巨大的商机"，"世界上每个人每天应当至少有 20 个小时的电可用，而不是只在有太阳的时候才能用电"。世行推动的这一项目，将鼓励企业研发新的、更符合发展中国家需求的大型电池，包括寿命更长、更具耐用性、在炎热天气等极端情况下仍能使用的电池。

储能本身不是新兴的技术，但从产业角度来说却刚刚出现，正处在起步阶段。随着能源互联网的快速发展，储能技术作为新能源产业革命的核心，会越来越成为具有巨大发展潜力的新型产业，同时也会带来技术创新方面的激烈竞争。只有竞争，才有进步。世界各国对于储能产业的发展，从立法和各种优惠政策方面，都体现出了足够的重视。美国制定了《智能电网资助计划》《经济复苏刺激计划》和专门的《储能法案》；日本制定了《革新的能源及环境战略》和《电力事业主体进行可再生能源电力调节的特别措施法》；欧盟制定了《欧洲能源技术战略规划》。除了立法，美国、日本和欧盟还通过税收优惠和财政补贴来推动示范项目，鼓励研发和技术改进，降低生产成本，促进储能技术的商业化应用。中国发布了有关新能源发电和智能电网建设的《战略性新兴产业重点产品和服务指导目录》（2016 版），其中将储能这种极具商业价值的产业提到了国家战略新兴产业的高度。

伦敦大学国王学院政策研究所主席尼克·巴特勒说："在改变能源业的技术进步中，可能没有哪一项比能源储存更重要的事情了。在应用规模足够大的情况下，这项技术能够为那些勉强维生的人提供光和热，并从根本上改变世界能源结构。"[1]回顾人类文明的整个发展过程，从某种意义上讲，人类文明进步与其储存技术是同步的。在 IT 时代，储能技术的发展具有必然性。储能关键

---

① 尼克·巴特勒. 储能不再使空气变暖[N]. 金融时报（英国），2015-12-08.

技术的突破，意味着储存技术与能源资本的转化和利用效率之间的乘数效应将会更加明显，这是人类的美好前景。对未来人类社会而言，储能系统犹如能源资本的"银行"，人类无须再为能源资本的富余或短缺而忧心忡忡了，只要需要，随时可以到"银行"支取，能源互联网就是这个"银行"的储存系统。这个能源资本的"银行"所带来的价值，会使人类的生活更加轻松、惬意和快乐。

结　语

通过考察人类能源发展史的四个重大阶段后发现，每一阶段都伴随着重大的技术创新，而每次重大技术创新都离不开能源资本的驱动。第一阶段，人类拜太阳所赐而掌握了对火的控制和使用，开始摆脱蛮荒时代而找到了进入文明时代的大门。第二阶段，蒸汽机的发明催生了第一次工业革命，使人类进入化石能源时代，创造了与"驯化火"相匹敌的能源奇迹。第三阶段，电力的使用成为第二次工业革命的主要动力，使人类进入"电气时代"，石油代替煤炭成为这一时期的重大能源转型。第四阶段，人类进入第三次工业革命后出现了各类能源新形态，极大地丰富了可以转化为资本的能源资产种类。能源领域的技术创新，体现在三个方面：一是能源形态转化为能源资产的技术创新；二是能源资产转化为能源资本的技术创新；三是能源资本利用的技术创新。

从改变人类社会生产方式的两次工业革命来看，能源资本的投入与技术发明和技术创新之间的效益是双向的。也就是说，能源资本的投入，可以使技术发明和技术创新产生乘数效应；反过来，技术发明和技术创新又促进了能源形态的转型和能源资本利用效率的提高，对能源资本的利用效益而言就是一种乘数效应。因此，能源资本与技术创新之间存在着一种双向乘数效应。

能源资本对形成逆蝴蝶效应产生了一种乘数效应，主要体现在"两个替代"。

一是清洁替代，其本质是能源资产的清洁形态。清洁替代的关键，是清洁能源资产转化为资本的技术手段的突破。如果这些技术领域取得创新性的突破，就会大幅度地降低清洁形态的能源资产转化为资本的成本，清洁能源便有了极强的市场竞争力，能源资本与技术创新的双向乘数效应的体现将十分明显。

二是电能替代，其本质是能源资本的清洁利用。电能替代的关键，是将各种能源形态转化为电能的技术平台的创新和进步。以电代煤，就是要在能源消费终端用电能替代直接燃烧的煤炭，显著减轻环境污染。以电代油，就是在电动汽车、轨道交通、港口岸电等领域用电能替代燃油。清洁的电力对于逆蝴蝶效应的形成会起到明显的乘数效应。

当今技术创新的主要特点，就是不同产业之间的深度交叉与融合，从而使新技术、新模式和新业态以蓬勃的姿态兴起。能源互联网的进一步发展，为技术创新提供了一个平台，同时也促进了各种技术与商业模式的深度融合。技术领域的真正颠覆来自边际的革命，影响能源的很多技术都并非出自能源行业自身。能源领域的技术创新，会对其他领域的技术创新带来某种乘数效应；其他领域的技术创新，也会对能源领域的技术创新带来某种乘数效应。随着技术创新的不断深入，这种搭车乘数效应将会越来越明显。能源互联网就是这样一种可供各种技术"搭乘"的"便车"。

人类的真正进步在于发展生产力、技术创新、生产未知需求和征服新市场。[1] 法国作家维克多·雨果说："已经创造出来的东西比起有待创造的东西来说，是微不足道的。"[2]马克思在《资本论》（第一卷）的脚注中引用过亚里士多德说过的一段话："一种技术，只要它的目的不是充当手段，而是充当最终目的，它的要求就是无限的，因为它总想更加接近这个目的；而那种只是追求达到目的的手段的技术，就不是无限的，因为目的本身已给这种技术规定了

---

[1] 马克思主义影响润物细无声[N]. 参考消息, 2018-04-23.
[2] 维克多·雨果. 莎士比亚论[M]. 柳鸣九, 译. 南京：译林出版社, 2013：166.

界限。"①人类追求科学进步的欲望是无限的，因而对技术创新的追求就是无限的。历史的经验证明，技术发展不会停滞。我们坚信，技术创新的前沿永无止境，技术创新的未来激动人心，技术创新决定能源的未来，技术创新创造未来的能源。

---

① 马克思. 资本论（第一卷）[M]. 北京：人民出版社，2004：178.

第六章

能源资本与军事力量的跃迁效应

能源资本与军事力量的强弱之间存在着强烈的跃迁效应，这种跃迁效应是由能源资本驱动因子和约束因子双因子共同决定的。驱动因子导致军事力量增加而出现正跃迁效应；约束因子导致军事力量减弱而出现负跃迁效应。能源资本不仅促使战争形态发生变革，而且对战争结果会产生双向跃迁效应。

引言　跃迁效应

跃迁效应，指原子核中电子的能级跃迁。这个概念来自丹麦物理学家、1922 年诺贝尔物理学奖获得者尼尔斯·玻尔的氢原子模型。根据量子力学的观点，原子核外电子的可能状态是不连续的，因此各状态对应能量也是不连续的。这些能量值就是能级。能量最低的能级叫作基态，其他能级叫作激发态。电子可以在各个能级间跃迁，但不能处在两个能级间的状态。电子吸收能量可以从低能级跃迁到高能级，或者从高能级跃迁到低能级从而辐射出光子。导致跃迁效应的内在机制是能量的转换。

在现实社会中，敌对双方的军事力量，相当于处在不同的"能级"上，假如由于某些因素导致彼此的军事力量发生变化，比如，能源资本的此消彼长，就会导致双方军事力量所处的"能级"发生转换，这就是军事力量的跃迁效应。

　　政治的实质就是利益博弈。当利益双方的矛盾达到不可调和的程度时，战争就成为解决问题的方式。撇开领土、宗教和民族之争不谈，争夺对包括能源在内的各类资源的拥有权、控制权和使用权，是战争的重要目的之一。从某种意义上说，能源是驱动战争的核心要素，不论是古代的战争还是现代的机械化战争，或者是将来的信息化和数字化战争，能源资源都是战争所要争夺的核心目标。可以这样说，一方面用资源打仗，另一方面为争夺资源而打仗。有了资源，或者说控制了资源，获取战争胜利的可能性就大一些；反之，失败的概率就高一些。敌对双方的此消彼长，就会出现一种跃迁效应，就是以一方战胜另一方为战争的最后结果。

　　由于能源资本的此消彼长而对军事力量产生跃迁效应的内在机制，是由于能源资本的双因子在战争中执行了不同的职能所致。对能源资源充足的一方来说，主要是能源资本的驱动因子在执行职能。由于能源资源充足，因此转化为资本的能源资产总量就多，可以持续不断地为战争机器提供动力，进而将战争中使用的各种能源形态所含有的能量及其价值潜能转化为战场上的优势，相当于从基态或某个激发态向更高的激发态跃迁，这是一种正跃迁效应。对能源资源缺乏的一方来说，主要是能源资本的约束因子在执行职能。由于能源资源缺乏，因此转化为资本的能源资产总量就少甚至根本就没有，无法持续不断地为战争机器提供动力，在战场上的表现就是由于缺乏能源而出现劣势，相当于从某个激发态向能级更低的激发态或者基态跃迁，这是一种负跃迁效应。这种能源资本的投入数量与使用效益的一正一反，此消彼长，于是就导致交战双方出现了跃迁效应。能源资本是战争中激发出双方军事力量跃迁效应的核心因素。

战争是争夺能源资本的重要手段

战争的本质含义

　　战争的性质，就其本质属性来说，它是政治的继续。这个观点，要数 19

世纪德国军事理论家克劳塞维茨①在其著作《战争论》中论述得最为清楚："战争是政治的继续。战争是迫使敌人服从我们意志的一种暴力行为。战争的目的就是消灭敌人……战争是政治的工具；战争必不可免地具有政治的特性……战争就其主要方面来说就是政治本身，政治在这里以剑代表，但并不因此就不再按照自己的规律进行思考了。"毛泽东认为，"战争是政治的特殊手段的继续"，"政治是不流血的战争，战争是流血的政治"②，"战争从私有财产和有阶级以来就开始了的，用以解决阶级和阶级、民族和民族、国家和国家、政治集团和政治集团之间、在一定发展阶段上的矛盾的一种最高的斗争形式"③。

纵观人类的历史，从原始社会人类为了争夺猎物而爆发的部落战争，到现代社会为了争夺更大利益而发生战争，就是一部活脱脱的战争史。据瑞典、印度学者统计，从公元前 3200 年到公元 1964 年的 5164 年中，世界上共发生战争 14 513 次，只有 329 年是和平的。这些战争给人类造成了严重灾难，使 36.4 亿人丧生。④

从第一次世界大战开始，人类进入了机械化战争时代，能源资本在战争中的作用更加明显。一方面，战争机器要靠能源来驱动和维持。大量的汽车、坦克、飞机和军舰等机动性很高的武器装备对能源特别是石油的依赖程度越来越高，石油已经从一般商品上升到战略物资的重要地位，有时成为战争胜负的决定性因素。1917 年，法国总理克里孟梭对美国总统威尔逊说："石油这东西，在今后的交战中像血液一样不可缺少。"⑤ 在 20 世纪甚至更长时间里，大多数战争中石油的作用，成为权力和地缘学说研究的核心。⑥ 另一方面，战争的目

---

① 克劳塞维茨（1780—1831），德国军事理论家和军事历史学家。1792 年加入普鲁士军队，1795 年晋升为军官，并自修了战略学、战术学和军事历史学。克劳塞维茨研究了 1566—1815 年期间所发生过的 130 多次战争，撰写了许多军事历史著作，其主要著作是《战争论》。

② 毛泽东. 论持久战（一九三八年）.

③ 毛泽东. 中国革命战争的战略问题（一九三六年）.

④ https：//zhidao.baidu.com/question/58578692.html.

⑤ 李庆功，徐静之. 战争与能源[M]. 北京：解放军出版社，2014：37.

⑥ 威廉·恩道尔. 石油战争[M]. 赵刚等，译. 北京：知识产权出版社，2008：2.

的就是要争夺对能源资本的拥有权、控制权和使用权。第一次世界大战之前，欧洲列强就已经分化成两大对立的政治军事集团，各国之间在领土、政治、经济等方面积累的矛盾越来越深。随着 19 世纪世界工业革命的迅猛发展以及工业时代的来临，哪个国家拥有资源和能源优势，哪个国家就会占得科技进步和经济发展的先机。能源消费量的多少，成为国家军事力量和综合实力的标志。第二次世界大战期间，平均一个美国士兵消耗 1 加仑汽油，越战期间增长到 9 加仑，现在已经超过 15 加仑。[①] 今后战争中能源消耗量会进一步增加，如果没有能源供应的保障，战争是无法进行下去的。正是基于这个原因，自第一次世界大战之后的历次战争，交战双方都把攻占和控制能源产地列为作战计划的重要内容之一，都有明确的掠夺矿产和能源资源的目标。

战争与能源资本的重合地带

哪里有石油，哪里就有战争。有人曾经在地图上标示过一个地带，即"热点集中地带"，它位于欧亚大陆的边缘，包含中东、南亚、西亚、中亚等地区。在这个"热点集中地带"里每年发生的战争和冲突，无论是在数量上、规模上，还是在频度上、强度上，均为世界之最。更值得关注的是，这个"热点集中地带"与石油密切相关，包含了世界最大的产油区、最主要的输油管线和最重要的海上石油通道。假如再绘制一张"石油集中地带"，就可以发现，"热点集中地带"与"石油集中地带"几乎完全重合，这也就意味着，战争与能源重合。[②] 在第一次和第二次世界大战中，那些主要产油区几乎都成了主要战场。中东地区是富油区，同时也是战争频发区，不仅在此间 31 年的时间里爆发了 5 次大规模局部战争，而且近 30 多年中依然是战火连绵、冲突不断。

第一次世界大战的两个主要对立国家是法国和德国，它们争夺的主要对象

---

① 尼克拉·艾莫里，文思卓·巴尔扎尼. 可持续世界的能源：从石油时代到太阳能将来[M]. 陈军，李岱昕，译. 北京：化学工业出版社，2014：247.

② 李庆功，徐静之. 战争与能源[M]. 北京：解放军出版社，2014：225.

是煤炭和铁矿资源丰富的阿尔萨斯和洛林地区。在 1618—1648 年的"三十年战争"之前，阿尔萨斯和洛林属于德国，"三十年战争"后被法国占领。1870 年的普法战争后，德国重新夺取了这一地区，从而使德国在与法国的竞争中出现了跃迁效应。由于失去了盛产煤炭和钢铁的阿尔萨斯和洛林地区，法国经济发展所需的资源严重缺乏，导致第二次工业革命进展缓慢，经济发展进程明显落后于美国、德国和英国。反之，德国在夺回这一地区后，工业革命和经济发展如虎添翼，在短短几十年中超越英国和法国，成为 19 世纪末欧洲头号经济强国以及世界第二经济强国。普法战争结束后，法国为报失败之仇，从 1872 年开始，制订了一个又一个对德作战计划，到开战前已经有 17 个之多。最后的计划是由法军总参谋长霞飞将军制订的，即"第 17 号计划"，其核心就是一举收复在普法战争中失去的阿尔萨斯和洛林地区。

　　1914 年初，俄国军队初战奥匈帝国的重要目的之一，就是要占领欧洲最早的油田——波兰的加利西亚油田。德国在一战期间进攻罗马尼亚的重要目的之一，就是要把以前分属于英国、荷兰、法国和罗马尼亚的炼油、生产和管道企业重组成一个大型联合企业。在战争中，唯一能保证德国空军、坦克部队和 U 型舰队石油供应的就是罗马尼亚。[1] 1915 年，土耳其加入同盟国，攻击俄国的主要目的是争夺巴库油田。这一地区，也是德国想夺取的重要战略目标。德军总参谋长鲁登道夫就说："燃料的需求量还在不断增加，使我不得不于 1918 年进军高加索。"[2]

　　早在一战之前，英国就控制着中东的产油地带并觊觎着高加索的石油。在得知土耳其向巴库进军的消息后，英国组织远征军抢先占领巴库，但在达达尼尔海峡战役中惨败，奥斯曼皇帝下达了禁运令，俄国石油难以通过达达尼尔海峡运出。[3]对于英国来说，虽然在劳师远征中惨遭土耳其的打击，但在关键时

① 威廉·恩道尔. 石油战争[M]. 赵刚等，译. 北京：知识产权出版社，2008：43.
② 李庆功，徐静之. 战争与能源[M]. 北京：解放军出版社，2014：44.
③ 威廉·恩道尔. 石油战争[M]. 赵刚等，译. 北京：知识产权出版社，2008：43.

刻没有让死敌德国获取一滴巴库石油，也算达到了目的。巴库断油，对德国来说是致命的打击。美国学者丹尼尔·耶金写道："值此关键时刻不让德国人得到巴库石油，对他们是一个沉重的打击，德国石油供应日趋危急，1918 年 10 月的形势更为严峻，德军石油储备终于告罄。精疲力竭的德国在一个月后便宣布投降。"①这无疑证明了石油在地缘政治中的重要地位。

二战爆发以后，德国的目标是攫取苏联西南部和中东地区的石油。1941 年 3 月，战时经济与军备局发出警告："德国石油储备估计将在 10 月份耗尽……如果未来陷入消耗战，缓解石油压力的唯一办法就是利用苏联的石油……必须迅速夺取并利用高加索油田，至少应占领迈科普和格罗兹尼②。同时，必须在敌方尚未完全破坏前夺取采油设备，包括运输工具，才能保证一个月内恢复生产，完成运输还要一个月……如果这些目标不能实现，1941 年 9 月 1 日后的作战和国内经济将面临无法预计的严重后果。"③ 1942 年 6 月 1 日，希特勒向南方集团军将领训话时说："假使我不能获得迈科普和格罗兹尼的石油，则势必要结束这场战争。如果夺得高加索的格罗兹尼大油田，不仅能解决德国的燃眉之急，也能使苏联整个工业机器和军事机器陷于瘫痪。这是一举两得的事。"④ 在对高加索石油重要性的认识问题上，苏联与德国得出的结论几乎是一致的。一些苏联高官甚至认为，即使莫斯科被德军占领，苏联也不会被征服，但是一旦高加索的石油资源被德国夺走，则苏联就会危在旦夕。⑤ 希特

---

① 李庆功，徐静之. 战争与能源[M]. 北京：解放军出版社，2014：45.
② 迈科普，俄罗斯联邦北高加索阿迪格共和国首府。格罗兹尼，俄罗斯联邦北高加索车臣共和国首府。19 世纪末，里海之滨的巴库发现大油田，从而使大高加索山脉以南的"外高加索"（今为格鲁吉亚、阿塞拜疆和亚美尼亚三国）成为工业重镇。巴库油田最早由瑞典诺贝尔家族投资开发，后被苏联政府收归国有，产量最高时曾接近苏联总产量的 80%，英国战争经济部估计其 8000 口油井 1941 年产量高达 2400 万吨，比伊朗、伊拉克、罗马尼亚、墨西哥及荷属东印度（印尼）的产量总和还多。
③ 苏德战争的石油线索：希特勒高加索石油梦怎破碎？http：//bbs. tiexue. net/post_ 12504711_ 1. html.
④ 李庆功，徐静之. 战争与能源[M]. 北京：解放军出版社，2014：77.
⑤ 同上，78.

勒对巴库的兴趣绝不只是出于贪婪。1940 年 7 月 31 日，他就向高级将领表示：实现"摧毁苏联兵力后"，陆军必须立即开往巴库。1945 年，德国军工部长施佩尔也曾对盟军审讯官坦言："就'巴巴罗萨'行动而言，石油需求是最基本的动机。"① 因此，争夺石油资源，就成为当时苏德双方军事力量产生跃迁效应的核心因素。

为了阻止苏联向德国输出石油，英法决意使用武力，将苏联最重要的高加索油田摧毁。当时，巴库地区的石油工业在苏联占有极其重要的地位，1940 年，巴库的石油生产达到高峰，其产量占当时苏联总产量的 71.5%。摧毁巴库、格罗兹尼和迈科普的油田、炼油厂和石油加工厂，就切断了苏联对德国的燃油供应。后来，随着德国在西线战场展开了代号为"黄色方案"的军事计划，拉开了法国战役的序幕，英法两国被德国打得自顾不暇，毁灭苏联高加索油田的行动计划就此流产。②

二战时期的太平洋战争，在某种程度上说是一场争夺能源的攻防战，可以说，日本军国主义为石油而战，又因石油而败。日本是个矿产资源严重匮乏的国家，特别是能源资源极为短缺。自第一次世界大战以后，日本工业飞速发展，人口急剧增加，国内矿产资源和能源资源的严重匮乏，成为其发展与扩张的瓶颈。从这一时期起，矿产资源与能源成为日本内外政策的重要内容。日本将增强国力建立在军事力量的扩张之上，而矿产资源和能源又是重要基础。根据这种政策，日本在太平洋战争前采取了北进政策，侵略朝鲜半岛和中国，以获取各种矿产资源和能源。日本曾想尽办法扩大油料的供给，如曾致力于生产合成燃料，试图从苏联获得石油供应，但都失败了。日本石油公司还曾在中国东北地区到处寻找石油资源，但由于当时的技术尚不成熟，结果也失败了，幸运的是，大庆油田没有被日本发现，从而避免成为日本战争机器的驱动力。如

---

① 苏德战争的石油线索：希特勒高加索石油梦怎破碎？http://bbs.tiexue.net/post_12504711_1.html.

② 李庆功，徐静之. 战争与能源[M]. 北京：解放军出版社，2014：75.

果不尽快找到新的石油资源，日本的战争机器将无法运转。1940 年 8 月，日本石油公司的调查部长大村宣称："在满洲已经很难找到石油，还是马上到南方寻找油田吧。"① 由此促使日本采取南进政策，发动太平洋战争。

东南亚地区拥有大量日本迫切需要的石油和众多金属矿产资源，特别是荷属东印度的石油资源极其丰富，但这一地区是美英法荷等欧美国家的势力范围。日本从多方面权衡利弊得失后，决定发动太平洋战争，以"死中求生"，从欧美国家手中夺取东南亚的石油资源。美国前总统卡特的国家安全事务助理布热津斯基曾经说："日本人坚信只有直接占领满洲领土，而后占领重要的石油产地荷属东印度，才能实现日本增强民族力量和取得全球地位的目标。"② 这就是日本偷袭美国珍珠港的能源资本驱动因素。

1980 年 9 月爆发的两伊战争中，伊拉克在波斯湾的港口设施几乎全部被战火摧毁，石油出口能力大为削弱。伊拉克由此得到一个教训：如果两伊战争再度爆发，伊拉克必须在远离战场的安全地区拥有若干海港，而科威特则是伊拉克的首选目标，若占领了科威特，伊拉克将拥有全球 1/5 的石油储量，将成为石油输出国中的大亨，其对地区乃至世界的影响力也将举足轻重。正是基于石油资源的诱惑力，伊拉克于 1990 年 8 月 2 日悍然入侵主权国家科威特。倘若伊拉克吞并科威特后进而占领沙特阿拉伯，伊拉克便可控制全世界一半以上的石油资源，这犹如卡住了美国等西方国家的咽喉和命脉。科威特和沙特阿拉伯都可以算是美国的石油领地，一个石油领地丧失了，另一个石油领地可能丧失，这是美国等西方国家所绝对不能容忍的。最后，美国决定对伊拉克开展军事行动，将其赶出科威特。伊拉克军队在撤离科威特之前，竟然把 400 余口油井点燃。

1982 年，英国与阿根廷之间的马尔维纳斯群岛（以下简称"马岛"）之

① 李庆功，徐静之. 战争与能源[M]. 北京：解放军出版社，2014：101.
② 同上，104.

战，除了主权归属问题外，控制石油、天然气等资源是个关键因素。1998 年，英国在马岛附近海域发现超级石油储量。英国地理协会曾对马岛附近海域的资源做出评估，认定石油储量高达 600 亿桶，相当于英国北海油田的石油总储量。马岛附近海域还有丰富的天然气资源。如果马岛附近海域的油气资源得到充分开发，英国在未来 25 年将拥有充足的能源供应。2010 年 2 月，英国议会批准英国迪塞尔石油公司开始在马岛附近海域进行石油勘探工作。阿根廷针对英国单方面在马岛附近海域进行石油勘探活动，派遣海军舰只封锁了通往马岛的海上通道，并扣押了前往马岛运送石油勘探设备的外国船只。2011 年 9 月，英国洛克霍普勘探公司称，马岛地区的原油有望从 2016 年开始投入生产，到 2018 年达到每天 12 万桶的生产水平。出于对马岛油气资源的关切，英国会坚守马岛这块宝地。出于同样的原因，阿根廷也会寻机重返马岛。实际上，在马岛之战后，两国曾经有过合作。1995 年 9 月，英国与阿根廷在纽约签署协议，同意合作开发利用马岛周围海域的石油和天然气资源。2007 年 3 月，阿根廷宣布取消这项协议，理由是该协议从未得到执行。2012 年 3 月，阿根廷外交部通知伦敦证券交易所和纽约证券交易所，阿根廷将对在马岛进行"非法"勘探石油的外国公司提出民事和刑事起诉，试图迫使这些公司停止"掠夺阿根廷的油气资源"。阿根廷驻英大使还向高盛、苏格兰皇家银行等 15 家英美银行发信，警告它们不要与在马岛进行"非法"活动的石油公司发生金融关系，否则将对它们采取法律行动。英国、阿根廷双方几经谈判，都谈不拢，因此都在该海域增加军事力量。英国每年用于马岛防务的开支为 3.2 亿美元，还在马岛附近海域举行实兵、实弹军事演习。2012 年 2—3 月，英国威廉王子还作为皇家空军搜救中队的成员在马岛服役 6 周；同年 4 月，英国议会防务委员会还到马岛进行巡视。英国采取这一系列动作是在表明，英军随时准备应对下一场马岛战争。①

---

① 李庆功，徐静之.战争与能源［M］.北京：解放军出版社，2014：222-223.

　　爆发于 2003 年 3 月的伊拉克战争，是美国、英国等国对伊拉克发动的侵略战争，是一场大规模、高强度的局部战争。伊拉克的石油资源丰富，1993年已探明的石油储量达 1120 亿桶，仅次于沙特阿拉伯，居世界第二位。美国前国防部副部长沃尔福威茨公开声称，对伊拉克动武主要就是为了石油。他在新加坡参加亚洲安全会议期间回答记者提问时宣称："让我们简单地看这个问题，伊拉克与朝鲜之间最大的区别在于经济资源，在这个问题上我们别无选择，伊拉克这个国家到处都是石油。"20 世纪 70 年代后，美国基本上失去了对世界石油市场供应的控制权，主要通过国际能源组织被动应对世界石油市场每一次重大波动。美国前中央情报局局长詹姆斯·伍尔西曾对德国《明镜》杂志记者明确讲述了美国的战略意图："伊拉克战争不仅关系到全世界对石油的依赖，从短期看，我们的最根本的薄弱之处在于沙特人有可能很快削减或提高石油的开采量……沙特人对油价的升降起着决定性的影响，我们必须把石油武器从中东抢过来。"美国前联邦储备委员会主席格林斯潘在其回忆录中称，基于政治原因，他不方便承认众所周知的事实，即进攻伊拉克是为了石油资源。控制了伊拉克，美国就可以摆脱严重依赖沙特阿拉伯石油的局面，可以控制世界石油供应的主导权，这些都对美国具有极大的战略意义。由此可见，美国发动伊拉克战争的最本质、最深层动因就是石油。伊拉克战争最大的受益者无疑是国际能源寡头资本。美国哈里伯顿公司是世界上最大的石油、天然气和军事服务公司，美国前副总统切尼是发动伊拉克战争的主要推手，他在出任副总统之前，曾是哈里伯顿公司的首席执行官。小布什执政期间，担任总统国家安全事务助理的赖斯是伊拉克战争的主要策划者，她在出任总统国家安全事务助理之前，曾是世界著名的石油七巨头之一的美国雪佛龙石油公司的董事。①

　　美国前总统尼克松曾直言不讳地说："如今石油是现代工业的命脉，波斯

---

① 李庆功，徐静之．战争与能源[M]．北京：解放军出版社，2014：265-266，292-294．

湾地区便是供血的心脏，而波斯湾附近的海上通道则是输送血液的血管。"①美国深知海湾石油的巨大战略价值，早已采取各种手段抢占控制海湾石油的制高点。第二次世界大战后，美国更是极力阻止其他国家控制海湾石油。无论是域外大国还是地区强国，谁要是想称霸海湾、主导海湾石油，美国都要毫不留情地将它打压下去。美国发动海湾战争，名义上是反击伊拉克入侵科威特，但实质上却是谋取对海湾石油的控制权。②

战争中控制能源资本的手段

通常，交战双方为了争夺和控制能源资源，除了前文所述的直接派兵占领或摧毁敌方能源资源供应地之外，还会在政治、军事、技术和经济方面采取相应手段。

一是通过封锁敌方能源供应的通道，限制敌方的能源来源。

战争中，交战的一方要对另一方进行封锁，需要强大的能源资本做后盾。封锁与反封锁，是双方实力的一种比拼，谁的能源资本供应充足，谁就能产生压制住对方的跃迁效应。以航运为例，双方的轮船都需要燃料供给，假如一方截断了对方的航运通道，使得对方的燃料供应来源中断或受到限制，说明对方只有消耗而没有补充，而己方则确保源源不断的燃料供应，因此在实力上就出现了明显的跃迁效应。

英国曾在第一次世界大战中牢牢地掌握着制海权，成功地对德国进行了海上经济封锁，断绝了德国与外界的经济贸易联系，德国的石油、粮食、橡胶、矿产、化工原料等战略物资和生活物资日益缺乏，最终导致国内经济崩溃和德军陆上作战的失败。二战爆发后，英国仍然实施对德国的海上封锁。英国首相丘吉尔指出："除了保护我们自己的航运以外，我们还必须将德国的贸易往来

---

① 田文林. 全球地缘政治中的中东战略地位变迁[M]. 世界政治研究（2018年第一辑）. 北京：中国社会科学出版社，2018.
② 李庆功，徐静之. 战争与能源[M]. 北京：解放军出版社，2014：260.

从海上驱逐出去，同时阻止德国的一切输入。我们极其严格地执行封锁政策。一个经济作战部已告成立，负有指导政策的责任，而海军部则主管执行的工作。"英国将石油、武器装备、化工产品、通信器材等列为对德绝对禁运品，如发现这些物资被运往德军及其占领地区，将一律扣押和没收。英国海军加强了拦截从海上直接或通过中立国转道运往德国的货物，在通往德国的海上通道大量布雷，阻止德国与海外的贸易往来。在英国的封锁下，德国的海外进出口贸易深受影响，缺乏海军保护的德国商船队几乎无法正常运行。从二战爆发到1940年3月，英国就截获了总量为55.8万吨的德国战略物资。丘吉尔称："敌人的航运，正如在1914年一样，几乎立即在公海上绝迹。德国的船只大部分躲避在中立国的港口内，或者在中途被阻截时，自行凿沉。"①

与此同时，海上交通线也是英国的命脉。英国全部的石油、大部分的粮食以及其他重要战略资源必须通过海运方式输入。1815年之后，在世界海域内，英国海军的霸权无可匹敌。英国船队满载着英国的钢铁、煤炭以及出口国外的曼彻斯特纺织品驶向世界各地，英国制造业引领世界几十年。英国皇家海军是世界上最强大的海军，在世界各地的主要航道上充当警察，为英国商船提供免费"保险"。② 德国从二战一开始就对英国进行了针锋相对的海上封锁，主要利用潜艇袭击来往于英国的商船，这种封锁活动一直持续到战争临近结束。德国海军无法打破英国的海上封锁，从海上运输石油等战略物资的通道基本被堵死。由于海上封锁，美洲的交通线被割断，加之英法等国也在争抢罗马尼亚的石油，所以德国石油进口量从战争爆发后就不断下降，1939年进口了516万吨，1940年和1941年下降到207万吨和237万吨。③

两伊战争期间，伊朗、伊拉克双方相互袭击对方的油轮，这就是著名的"袭船战"，堪比一战和二战期间交战双方的海上封锁战。双方都将对方的油

① 李庆功，徐静之. 战争与能源[M]. 北京：解放军出版社，2014：71-72.
② 威廉·恩道尔. 石油战争[M]. 赵刚等，译. 北京：知识产权出版社，2008：2.
③ 李庆功，徐静之. 战争与能源[M]. 北京：解放军出版社，2014：72.

田、输油管、炼油厂、石油装运站、石油运输船以及其他石油设施作为首要打击目标。当时世界上最大的伊朗炼油厂被夷为平地，战前，伊朗 2/3 的石油提炼是由这家炼油厂运营的。伊朗拥有的 152 个储油罐全部被摧毁或损坏。伊朗石油日产量由战前的 600 万桶锐减至战后的 50 万桶，直接经济损失达 50 多亿美元。伊拉克战前有 8 个炼油中心，其中一半在战争中遭到袭击和破坏。伊拉克出口石油的两个主要港口均被严重破坏，无法运营。伊拉克境内的所有油库及油田均遭袭击，破坏严重。伊拉克石油产量由战前的 350 万桶/天减至战后的 100 万桶/天，出口全部陷于停顿，直接经济损失达 40 多亿美元。伊朗和伊拉克都是位居世界产油国前列的石油富国，然而，8 年的战火烧掉了这两个富国的巨大财富，使两国的经济水平倒退了 10 年、20 年甚至更多。由此可见，如果能源资产不能转化为资本，就不能持续地创造价值，以军事技术为基础的国家实力就不仅不可能增强，反而会导致严重的负跃迁效应。

二是采用技术手段，努力制造石油资源的替代品。

能源资本与技术创新之间存在着双向乘数效应。德国合成燃料的技术开发历程就是一个典型的例子。二战之前，德国就加紧进行石油储备。20 世纪 30 年代，德国的能源消费总量中，煤炭占 90% 以上，石油及其产品依靠进口。石油对于煤炭而言，其资产转化为资本的技术手段存在代差，具有明显的跃迁效应。为了摆脱单纯对外国石油的依赖，德国下大力气生产合成石油以满足战时军队对燃料的需求。1936 年 8 月，在纽伦堡纳粹党代会上，希特勒提出了一个全面备战的"四年计划"，要求尽一切力量发展燃油、合成橡胶、钢铁、化工工业，以减少德国对进口原料的依赖。希特勒强调："德国的燃料生产必须全速发展，必须以打仗的决心执行这个任务，因为它的解决决定着未来的战争能力。"[①]

德国有非常丰富的煤炭资源，以煤炭为原料生产石油产品的技术诞生在德国。1913 年，德国化学家弗里德里克·伯吉尤斯发明了用氢化法从煤炭中合

---

① 李庆功，徐静之. 战争与能源[M]. 北京：解放军出版社，2014：64.

成出液体燃料的方法，这是最早的"煤制油"技术。20 世纪 20 年代，德国科学家费希尔与托罗普发明了用水煤气催化合成石油的技术（费托合成法），从而开创了自煤炭间接液化制取液体燃料的途径。德国最大的化工企业法本公司利用这项专利建造试验工厂，并于 1927 年投入生产，这是世界上第一座煤炼油工厂。1936 年，德国的合成燃油产量仅有 60 多万吨；1939 年，德国的合成燃料达到 220 万吨；1940 年达到 320 万吨，占石油总供应量的 46%；1943 年达到约 500 万吨的战时最高峰。法本公司及其燃料几乎成了协约国的心腹之患，美国参议院在 1943 年的一份报告中曾这样评价法本公司："如果没有法本公司，就不会有希特勒的战争。"日本也曾致力于生产合成燃料，但受工业基础和技术水平的制约，日本的人造油始终不成气候，用尽各种方法在战争期间生产的油品总共只有约 6 万吨，只占日本战争期间油料消耗量的不足 3%，基本上没有发挥作用。[1]

三是通过经济贸易合作的方式，扩大能源资源的储备。

虽然德国的合成燃料产量连年攀升，但也仅占其石油总供给量的一半左右，距离希特勒扩军备战的要求还相去甚远，于是德国想方设法扩大从国外的进口。欧洲地区盛产石油的罗马尼亚继第一次世界大战后，再次成为德国与英法等国家争夺的战略要地。1929 年，罗马尼亚的石油产量为 500 万吨，1936 年上升至 800 万吨，1938 年为 650 万吨。罗马尼亚成为欧洲仅次于苏联的第二大产油国，同时也是世界第六大石油生产国。德国将最大限度地获取罗马尼亚石油作为其战争准备的重要一环，在经济上极力对罗马尼亚进行控制，并要求其增加对德国的石油出口。1935 年，德国自罗马尼亚购买了 60 万吨石油，成为该国最大客户。

英法不愿意看到德国与罗马尼亚两国的合作，也与罗马尼亚签订了各种贸易协定，给予贷款并答应在罗马尼亚受到侵略时提供援助。法国还决定每年购入 75 万吨石油，英国也利用本国资本掌握罗马尼亚大部分石油开采权的优势，

---

① 李庆功，徐静之. 战争与能源 [M]. 北京：解放军出版社，2014：65、115.

大量抢购罗马尼亚的石油，而且大量租运罗马尼亚的运输车船，以免这些运输工具被用来向德国运送石油。

德国从海上运输石油等战略原料越来越困难，只能依赖从罗马尼亚和苏联进口石油。苏联也期望发展与德国的经济贸易关系，一方面达到阻止西方国家"祸水东引"的目的，另一方面也可以从德国得到先进的军民工业技术和制成品。1939 年 8 月 23 日，苏德签订了《苏德互不侵犯条约》，在此后将近两年的时间里，苏德双方一直保持着所谓的"友好关系"，而经贸往来则成为维持双方这种关系的重要手段。1939 年，德国从苏联进口了 90 万吨石油，1940 年是 65 万吨，从 1941 年初到 6 月苏德战争爆发止，苏联又向德国出口 28 万吨石油。美国学者丹尼尔·耶金生动地写道："1941 年 6 月 22 日凌晨，一辆载着石油和其他原料的苏联火车正喘着粗气驶向德国。3 点刚过，300 万德国陆军在 60 万辆机动车和 62.5 万匹战马的支持下全线出击，苏联方面完全措手不及。"①

虽然苏联通过与德国的贸易获取了一些先进的机器设备与工业技术，弥补了军事工业和民用工业领域中技术的不足，但是苏联提供的石油等重要原材料确实抵消了西方国家海上封锁对德国的不利影响，部分满足了德国扩大侵略战争的物质需要。苏联向德国输送的能源等重要战略原材料虽然没有达到德国所期望的程度，但在短期内，苏联变成了德国的一座原料仓库，这些原材料确实为纳粹德国的战车增添了动力，为其继续扩大侵略战争提供了不少物质保障，而苏联也在以后的苏德战争中深受其害。

能源资本对战争形态变革的跃迁效应

能源资本推动兵器的变革

战争的进行需要具备两个要素：一是人员，二是武器。这两大要素都需要

---

① 李庆功，徐静之. 战争与能源[M]. 北京：解放军出版社，2014：74-76.

能源资本，人要靠消耗能源资本生存，武器要靠消费能源资本生产。从人员来说，一个人成为一名军队士兵之前，需要消耗能源资本；在成为士兵之后，其衣、食、住、行、用这几个方面，无一不需要能源资本的投入。吃饭，需要有人种植和收获粮食，其中的各种农机具都是铁制的，在冶炼过程中需要能源资本的投入；将粮食运输到前线，需要大量的人员、运输工具和牲畜作为动力，需要能源资本的投入。住宿，士兵不论在营地还是在前线，哪怕是建造简易的宿营地，也需要能源资本的投入。从武器来说，各种零部件的制造，都需要人力资本和货币资本的投入，并且需要相应的技术平台才能制造出来，因此也就是消耗了能源资本。热兵器时代的武器所装填的弹药更是能量的载体，武器的价值潜能靠弹药显现出来。

在古代的战争中，有把能源形态作为武器来使用的战例。公元前 8 世纪，古希腊诗人荷马的名著《伊利亚特》中就有把石油用作武器的描述。公元 7 世纪，拜占庭人把原油和石灰混合在一起，做成弹丸，点燃后或用弓箭远射、或用标枪投掷，以攻击敌方的船只。这是当时的"石油武器"。1400 多年前，中国古人已经认识到石油在军事方面的重要性，并开始把石油用于战争。唐代李吉甫的《元和郡县志》中有这样一段记载：北周宣政元年（公元 578 年），突厥派兵包围攻打甘肃酒泉，当地军民把"火油"点燃，烧毁敌人的攻城器械，打退了敌人，保卫了酒泉城。五代时期（公元 907—960 年），石油在军事上的应用越来越广。后梁时期（公元 907—923 年），就有把"火油"装在铁罐里，发射出去烧毁敌船的战例。北宋曾公亮的《武经总要》中，对如何以石油为原料制成颇具威力的进攻武器——"猛火油"，有相当具体的记载。北宋神宗年间，还在京城汴梁（今河南开封）设立了军器监，掌管军事装备的制造，其中包括专门加工"猛火油"的工厂。南宋康与之所著的《昨梦录》记载，北宋时期西北边域"皆掘地做大池，纵横丈余，以蓄猛火油"，用来防御外族的侵扰。此外，中国古代在火药配方中，开始使用石油产品沥青，以控制火药的燃烧速度。这一技术，比西方早了近一千年。

　　虽然石油可以作为直接的"武器"用于战争中，但是，在绝大多数情况下，战争中所消耗的并不是各种能源形态，而是在投入人力资本、货币资本和采用适当的技术平台之后所转化而来的能源资本。比如，石油不能直接装进飞机的油箱里，而是需要通过炼制后变成航空汽油才能驱动飞机的飞行。这个炼制的过程，就是通过人力资本和货币资本的投入，以及采用相应的技术平台，把石油这种能源资产转化为资本，从而在战争中体现其价值潜能。

　　能源资本与技术创新之间具有乘数效应，军事领域的技术创新首先体现在兵器的制造和革新方面。亚当·斯密说："战争技术当然是所有技术中最高贵的，随着社会的进步，战争技术必然成为最复杂的技术。"[1] 亚当·斯密所说的昂贵的武器和弹药，贵就贵在它们是能源资本的载体，换句话说，由于有巨额能源资本的投入，因此武器和弹药所蕴含的价值潜能也就比较大。各种冷兵器的制造，需要高温来炼制金属。除此之外，在炼制过程中还有许多显示技术创新成果的添加物。对任何国家来说，能源资本对于支撑一个国家军事力量的作用是其他生产要素所不可替代的；能源资本所驱动的国家军事力量的增强，会对国家的稳定和发展产生一种特殊的跃迁效应。

　　秦汉之际，更加灵活机动的骑兵逐渐取代了战车。到了唐朝，骑兵成为主战兵种，用于大规模作战。唐王朝正是凭借其强大的骑兵，一举击败了周边的游牧民族，创造了农耕民族大规模战胜游牧民族的战争奇迹。马镫的发明与运用，可说是农耕民族最后战胜游牧民族的利器，而马镫作为一种金属制品，它的制造离不开可以提供高温的能源形态，马镫所产生的跃迁效应是源于能源资本的投入。

　　张骞出使西域，不仅扩大了西汉与西域各国的文化和经贸交流，而且从西域带回了炼制精钢的技术，最重要的是一包碳粉，它是一种炼钢的添加剂。[2]

---

①　亚当·斯密. 国富论[M]. 唐日松等，译. 北京：华夏出版社，2005：500.

②　https://baijiahao.baidu.com/.

从此之后，西汉的武器制造质量和性能立刻提升了一大步，特别是打造出的刀天下无敌。西汉使用的近战刀为环首刀，自汉武帝时期用精钢打造环首刀以后，刀的质量突飞猛进，一跃成为刀中之霸，举世无敌，再与匈奴交战就有优势了。这就是一种跃迁效应。卫青、霍去病率领汉军直捣匈奴老巢，将匈奴赶到漠北，致使"匈奴远遁，而漠南无王庭"①，其中就有武器占优势的因素。一包简单的碳粉，一个简单的工艺，就使西汉兵器的性能大幅提升，军事将领从此便有了"明犯强汉者，虽远必诛"②的霸气。由此可见，科学技术对强国强兵至关重要，技术的力量对于增强军事实力不仅具有乘数效应，更是产生了跃迁效应。

古代西方著名的罗马军团重视重装步兵作战，所使用的武器主要是标枪、短剑和盾牌。罗马军团不论是进攻还是防守都占据优势，相对于敌方来说都有一种跃迁效应。在制造标枪头、短剑和盾牌金属包边的过程中，都需要消耗能源资本。我们虽然不知道古罗马用的什么能源形态，但按照常识判断，只烧柴草和树枝恐怕达不到把矿石熔化进而冶炼出金属所需要的高温，一定是有诸如煤炭等高热质的能源形态，并且应用了诸如风箱等技术手段来提高冶炼炉中燃料的燃烧效率，从而连续地保持使矿石或金属能够熔化的较高温度。可以这样说，罗马军团由于武器的先进性而有一种相对于敌方的跃迁效应，这种跃迁效应是由于能源资本的投入而产生的。

综上所述，武器效用的改善和提高主要体现在制造技术的先进性方面，而这种先进性与能源资本的投入有着很大关联。能源资本与技术创新之间的乘数效应是双向的，能源资本会促进技术创新产生乘数效应；反之亦然，技术创新也会促进能源资本使用效率和效益提高的乘数效应。金属冶炼技术的发展，促进了兵器制造技术的改进，兵器技术的高低直接影响了战争的力量对比。对于

---

① （汉）司马迁．史记·匈奴列传．
② （汉）班固．汉书·陈汤传．

交战双方来说，一方武器技术创新的应用相对于另一方来说就会产生一种跃迁效应，使得交战双方胜负的天平发生明显的倾斜。

火器与热兵器的历史演进

传统火器与现代常规热兵器之间的最大分野，就是火药的革命，即黑火药被黄火药取代。黑火药本来是中国古代炼丹术士们为寻找长生不老之药而出现的衍生品，当其应用于军事领域并造就了火器之后，人类就踏入了热兵器的门槛。在很长的时空内，战场上的火器与冷兵器一直新旧交织。1863 年，德国化学家威尔勃兰德发明了 TNT（三硝基甲苯）炸药，加之前后诞生的硝化纤维火药、无烟火药等新技术，传统火器才完成了向现代枪炮的跨越，这对军事技术和战争形态的变革产生了跃迁效应。

人们一般认为，现代社会中久负盛名的诺贝尔奖奖金是炸药"炸"出来的钱。也就是说，阿尔弗雷德·诺贝尔是以发明硝酸甘油而发家致富的。1863 年 10 月，诺贝尔获得硝化甘油炸药的专利，然后在欧洲各地开设诺贝尔公司，炸药事业让他日进斗金。事实上，除了化学品爆炸物生意外，诺贝尔也从石油领域赚取了丰厚利润。换句话说，诺贝尔还是一位"石油大亨"。[①] 1873 年，诺贝尔的大哥罗伯特·诺贝尔发现了里海沿岸的新兴石油工业，当时世界正处于第一次石油热潮中，罗伯特看到了机会，于是就在巴库建设了一个炼油厂和一个煤油厂。罗伯特说服了弟弟阿尔弗雷德·诺贝尔投资石油，并且请了另外一个兄弟路德维希·诺贝尔来到巴库帮助他打理石油业务。1879 年，诺贝尔兄弟石油公司成立，并很快主宰了里海的石油工业，大量的石油钻井平台出现在凯斯宾斯海岸边上，那里被当地人称为"诺贝尔森林"。诺贝尔在石油公司的股本收益率常年保持在 20%。诺贝尔的发明能力和技术基因也在里海的石油开发中发挥重要作用，诺贝尔兄弟修建了世界上第一条输油管道，引入了最

---

① 王地震. 几十亿的诺奖基金，最初都是卖炸药赚来的吗？[OL]. 公众号《果壳》，2018–10–01.

早的油轮，委托制造了全球第一艘蒸汽动力油罐船。特别值得一提的是，诺贝尔兄弟全球首创散装油轮，把石油装进船舱里，这样可以节省大量制造木桶的费用，也增加了船只的运输量。散装油轮不按桶计量，而按吨计量，所以直到现在，美、英等国仍在以桶作为石油的计量单位，而苏联时代的地区还以吨作为计量单位。

诺贝尔兄弟笃信科技在推动行业发展过程中的巨大作用。早在 1880 年，诺贝尔兄弟石油公司就在俄罗斯圣彼得堡成立实验室，开展炼制石油技术的研发，这是世界石油工业最早的研究机构。1885 年，诺贝尔兄弟石油公司聘用瑞典地质学家萧格林，这是全世界第一家石油公司聘用地质学家。石油利润使得诺贝尔家族成为当时世界上最富有的家族之一。1896 年，诺贝尔去世时遗留了 3100 万瑞典克朗的捐赠基金，用于支付他遗嘱中的奖金，其中相当一部分资金来自阿塞拜疆石油的开采。档案文件显示，用于启动诺贝尔基金会的资金中有 20%～22% 来自诺贝尔在石油公司的股份。从种子基金看，在每位诺贝尔奖获得者的奖金里，都含有大约 180 万瑞典克朗的"石油资本"。因此，诺贝尔奖奖金中除了炸药赚来的钱之外，还有石油的"基因"。换句话说，诺贝尔奖奖金中包含了能源资本所创造的价值。

在中国古代，火药的发明经历了漫长的历史过程。早在汉代，火药的主要成分硝石、硫黄已被人们当作药物使用。两晋、隋唐时期，炼丹术士在实践中已经发现了硝石、硫黄和木炭等所组成混合物的燃烧性能，并采用"伏火法"炼丹。① 道家《太上圣祖金丹秘诀》中记载有硝、硫、炭三个组成成分的配方。炼制火药需要能源，将火药应用于战争中的火器也需要能源。因此，人类火器发展离不开能源资本这个最直接、最有效的驱动力量。

---

① 水法和火法，都是中国传统道家炼丹的方法。《抱朴子·金丹》和《三十六水法》中记载，"火法"的反应原理主要是通过加热使固态物质发生变化；"水法"的反应原理则是通过溶解固态物质使之发生变化。简单地说，火法反应主要是加热，水法反应主要是溶解。两种方法都是化学反应的过程。

　　中国武备中的火器比例，远在西方势力出现之前就已经逐渐增大了。从南宋、金到蒙古入主中国的一百多年间，战争频仍，也是军事科技水平大幅度提升的时期，出现了一些杀伤力更强、破坏力更大、打击距离更远的火器。但此时的火器，还不是战场上的主宰，其作用主要体现于城市的攻坚和防御作战，决定战役胜负仍要依靠冷兵器的厮杀。蒙古势力横扫欧亚大陆的主要原因之一，就是重视火器在战争中的作用。明朝在军阀混战中也继承了这种重视火器的传统。崇祯时期曾担任过副总兵的茅元仪在《武备志》中说："本朝之得天下也，藉于火为多。"明成祖朱棣迁都北京后，建立了"专习枪炮"的"神机营"，这是当时世界上最为先进的专业炮兵部队。

　　明朝人对火器的认识，首先是它的威力。正德十三年（公元 1518 年），葡萄牙人初来，"盖居树栅，恃火铳以自固"①。但后来发生的几次明军与葡萄牙军队之间的战争，明军都取得了胜利，说明当时葡萄牙人手中的火器相对于明军来说还没有产生跃迁效应。茅元仪在《武备志》中说："兵技，第一大佛朗机，其次鸟嘴铳，又其次弓矢，至于刀斧，则其下矣。"明朝与倭寇作战多年的直浙总督胡宗宪在其《筹海图编》中说："（火器）盖岛夷之长技也，其法流入中国，中国因用之以驭夷狄。诸凡火攻之具，炮箭枪球，无以加诸其成造也。"中国人掌握了佛朗机的制造技术后，用来对付外敌，"师夷长技以制夷"在明朝就已经得到了实践，担任过蓟镇游击将军的何良臣说："鸟铳出自南夷，今作中华长技。"明朝抗倭名将戚继光甚至提出了对火器进行车载机动和混编建制的伟大构想，这应该是现代集团军的雏形了。他在《练兵实纪》中记载：车炮营有 128 辆战车，每车安放佛朗机两门，还有一些辎重和辅助车辆。戚继光强调："所恃一在火器，火器若废，车何能御？"火器因为战车有了机动能力，更能依托战车为发射平台，两者相辅相成，最大限度地发挥了威力。

---

① （明）张燮. 东西洋考（卷五）.

　　说起戚继光，有一种说法，他是中国古代最会打仗的将领，他率领的军队则是最能打仗的军队。一般的军队是"杀敌一千，自损八百"，汉朝巅峰时期的军队是"一汉敌五胡"①，戚家军却是"杀敌五十，自伤一人"。戚继光指挥的许多战役的战绩，都证实了这个说法。在戚家军的南征北战中，伤亡比例在1∶50左右，可谓是中国古代战史中最低伤亡比例的缔造者。② 如此辉煌战绩的取得，一定是戚继光利用了火器相对于冷兵器的绝对装备优势。否则，靠刀对刀、枪对枪的冷兵器作战，就是关羽再世、岳飞复生，也不会有如此悬殊的战绩。这就是武器代差对战争结果所产生的跃迁效应。

　　马克思针对欧洲的历史发展时曾说："火药把骑士阶层炸得粉碎，指南针打开了世界市场并建立了殖民地，而印刷术却变成新教的工具，总的来说科学复兴的手段，变成对精神发展创造必要前提的最强大的杠杆。"因此，他将火药和指南针、印刷术看作"预告资产阶级社会到来的三大发明"。③火器的威力得到验证后，自然就会影响到作战理念和方式，战争的形态随之会发生变革。最先产生变革的是水师，新型火炮的应用，使舰船交战愈来愈演变成为所搭载火器的较量。自第一次鸦片战争以后，中国在军事技术方面日益落后于经历工业革命洗礼的西方，面对西方列强以坚船利炮为标志的军事力量的跃迁效应，只有被动挨打。那个时候的中国，就像一个羸弱的孩子，被人欺负后无力还手，擦干眼泪，还要继续向前走；又好像是一个穿越在荆棘里的拓荒者，被扎得满身是血，疼痛难忍，但还要负重前行！1956 年，毛泽东说："我们不但要有更多的飞机和大炮，而且还要有原子弹。在今天的世界上，我们要不受人家欺负，就不能没有这个东西。"④ 1964 年 10 月 16 日，中国爆炸了第一颗原子

---

① （汉）班固.《汉书·陈汤传》有记载："夫胡兵五而当汉兵一，何者？ 兵刃朴钝，弓弩不利。今闻颇得汉巧，然犹三而当一。"
② 百家杂评. 古代最能打的军队，杀敌 50 自伤 1 人［OL］. 凤凰新闻·大风号，2018-07-20.
③ 马克思恩格斯全集（第 47 卷）［M］. 北京：人民出版社，2004：427.
④ 毛泽东. 论十大关系［N］. 人民日报，1976 - 12 - 26.

弹，自那以后，中国的战略武器对巩固国防力量发挥了应有的威慑效应，在中国的武器装备领域，真正产生了跃迁效应。

能源资本促进武器性能发生跃迁效应的另外一种方式，就是对武器驱动方式的转变。弓箭的驱动力是人的手臂，弩的驱动力是用脚踩，更大的弩的驱动力也仅仅是畜力。火器与热兵器的驱动力是火药，导弹的驱动力是一种特殊的化学制剂，它们都属于化学驱动。现在技术上处于前沿的电磁炮和激光武器，其驱动力是电磁力。如果把核反应堆装到导弹或飞机上，那么就是核能驱动。从人力、畜力到火药、化学制剂，再到电磁驱动和核能驱动，其本质上都是能量的载体，因而是一种能源形态的转型。在投入货币资本和人力资本，再加上合适的技术平台，这些不同能源形态的资产就转化为资本了，其中，技术上的突破和成熟是至关重要的。

不同时期的能源资本，对武器技术创新的驱动力度和效用是不同的，不同时期的武器之间出现了明显的跃迁效应。装填了火药的武器与刀剑等冷兵器相比，就产生了一种跃迁效应；射程远的导弹与射程近的大炮相比，就产生了一种跃迁效应；原子弹和氢弹等核武器与常规武器相比，更是有一种天文数字般的跃迁效应；导弹与核弹头相结合，加上卫星导引技术，不仅射程远，爆炸威力大，而且打击精度高，具有超视距的特点，这种跃迁效应更是惊人。

飞机对战争形态变革的跃迁效应

兵器变革是与人类社会生产力发展水平相适应的。兵器变革的主要内容，除了武器本身的战斗部的变革（比如由木棍变为金属制作的刀剑，由冷兵器变为火器）之外，还有进攻与防护工具的变革（比如由皮革盔甲变为金属盔甲，由战马变为坦克，由发射弓箭变为发射导弹）。这两者的变革，都会带来明显的跃迁效应。以飞机的发明为例，可以很形象地说明人类兵器变革所产生的跃迁效应。

人类能够在蓝天自由地翱翔，是人类文明自诞生以来的美好向往。阿拉伯民间传说故事集《一千零一夜》中著名的"飞毯"，表达了人类对直升机类飞行器的向往；"阿拉丁神灯"中可飞行百里的巨人，实际上是人类对飞机的渴望。①

上述传说之所以不可信，是因为这类飞行器的动力来源不可靠。要知道，那个年代是不会有石油作为燃料的，也不会有传输能量的传动装置。如果造一个比较大型的风筝，靠空气的浮力使其上升，靠风力使其飞行一段时间，倒是有可能的。中国传说中的"孔明灯"，其升空原理与500年后出现的热气球是一样的。在相对开放的西方社会，随着科学技术的发展和人类认识的进步，一些传说故事激发了一批又一批勇敢的飞行探索者。许多飞行冒险家用生命为代价，证明了人类依靠人的肌肉力作为动力实现飞行是不可能的。

公元17世纪，英国科学家胡克从力学角度明确指出，利用人的肌肉是不能实现飞行的。要想飞行，还需要新的外部动力。意大利学者波莱里通过对鸟及其翅膀进行解剖研究后认为，人类依靠自己的力量进行扑翼飞行是不可能的。

英国著名学者弗朗西斯·培根在其《工艺和自然奥妙》一书中，提出了一种动力飞行器的概念："人类最终会发明一种可飞行的仪器。这种能飞的仪器中间乘坐一个人，靠一台发动机扑动一对人造翅膀，像鸟扑翼一样向前飞行。"培根第一次提出用动力装置驱动翅膀，这是人类在20世纪能发明飞机的关键所在。因此，培根被认为是航空史上提出动力飞行的第一人。被世界上公认的第一位以科学方法研究飞行的伟大学者，是在培根之后约250年的意大利学者达·芬奇。他在《论鸟的飞行》一书中，设计了第一架扑翼机，用人臂、大腿通过弹簧和弓弦来驱动。他的仆人用这种扑翼机做了飞行试验，结果摔断了一条腿。以后，达·芬奇还设计过许多扑翼机的扑翼结构，都非常精巧和灵活。他还对降落伞、直升机和热气球阀有过深入的研究，并对人类飞行器的发

---

① 徐德康．蓝天铸春秋：航空科技［M］．北京：北京理工大学出版社，2002：4-7.

展描绘了十分乐观的前景。从技术角度看，扑翼机的设计对以后航空学的发展没有太大的价值，但是从人类模拟鸟类飞行的探索角度看，它使人类悟出一个道理，人不可能像鸟一样飞到空中，要想把重于空气的东西送到空中也绝对不能靠扑翼这种机械来实现。

人类经过长期艰苦的探索，终于找到了实现飞天梦想的途径。19 世纪 50 年代，法国蒸汽机工程师吉法尔尝试用蒸汽作为动力，来驱动一架飞艇飞向空中。他制造了一台当时被称为"极小"的蒸汽机，重量约 160 千克，功率为 2.24 千瓦；他的飞艇却是一个庞然大物，长近 44 米，最大直径 12 米，气囊容积约 2500 立方米。1852 年 9 月 24 日，这个外形颇似"雪茄烟"的飞艇从巴黎起飞，发动机装在用吊索悬挂的吊篮里，带动一套三叶螺旋桨。这个飞艇以每小时 10 公里的速度飞行了约 28 公里，成为世界上可操纵飞艇的首次飞行。30 年后，第二次工业革命中出现了电动机和内燃机两种动力装置，从而大大推动了飞艇的发展，其内在的驱动力就是产生蒸汽的其他能源形态，蒸汽机只是把能源资产转化为资本的技术手段。靠着蒸汽作为动力，人类在飞行领域产生了跃迁效应。

1903 年 12 月 17 日，威尔伯·莱特和奥维尔·莱特兄弟俩制造的"飞行者 1 号"飞机，在弟弟奥维尔·莱特的驾驶下飞向了蓝天。[①]这次飞行的留空时间虽只有短短的 12 秒，飞行距离只有微不足道的 36 米，但它却是人类历史上第一次有动力、载人、持续、稳定和可操纵的重于空气的飞行器的首次成功飞行，具有十分伟大的历史意义，标志着人类征服天空的梦想开始变为现实。莱特兄弟的成功，是能源资本与技术创新的乘数效应在飞行领域所产生的跃迁效应，人类从此实现了飞天的梦想。

飞机发明之后，被迅速应用于军事领域，战争形态出现了跃迁效应，其驱动力量是石油这种重要的能源形态。1907 年 12 月 23 日，美国陆军向莱特兄弟

---

① 徐德康. 蓝天铸春秋：航空科技 [M]. 北京：北京理工大学出版社，2002：45.

等人提出了一份制造军用侦察飞机的合同，要求制造一种双人侦察飞机，总重量 160 千克，能以每小时 65 公里的速度飞行 125 公里。这被公认为世界上第一次对军用飞机提出的技术指标。第一次世界大战爆发后，飞机一开始是被用于空中侦察。相比气球和飞艇，飞机的尺寸要小得多，不易被地面火力击落，速度又快，所以机动性很好。同时，飞机还被用于校正炮兵的炮弹落点。随着战事的进展，交战双方都制造出了战斗机，进行空中格斗。第一次世界大战也是飞机刚诞生后不久就被大规模地用作战争武器，造成了大批人员伤亡，真是人类的一大不幸，而且当时谁也没有想到，飞机在第二次世界大战中会给人类带来更大的灾难。

飞机用于战争，这是人类兵器变革乃至战争形态变革的重要标志，同时也是相对于地面战场的跃迁效应。随着技术创新不断取得成就，隐形战机的出现使人类的战争形态又出现了新的变化，超视距作战将成为未来空战的主要形态，相对于可视作战来说，这是一种新的跃迁效应，当然，它的驱动力仍然是能源资本。

火箭对战争形态变革的跃迁效应

炮弹战斗部的运载工具——火箭和导弹的发明，是人类战争史上影响战争形态的另外一种重大技术创新。火箭和导弹的推进剂不是像飞机那样的航空油料，而是以特殊化学方法合成的高能量密度的推进剂（分为液态和固态），对于导弹来说，它的本质是一种能源资本。

"火箭"的名称，最早出现在中国距今 1700 多年前的三国时期（公元220—280 年），当时的兵家曾在箭杆前部绑上油松、艾草等易燃物，把它们点燃后，用弓、弩射出去进行火攻战。到了唐末宋初（公元 10 世纪），随着火药的发明，箭杆上的易燃物被换成了火药，具有了喷射作用和更大的燃烧威力，于是被迅速地用于军事活动。据《宋史·兵志》记载，公元 970 年北宋的兵部令史冯继升做成了带火药的箭。后来，陆续制成了火球、火蒺藜、火箭。这个时代的火箭，虽然有火药燃气喷射的反作用力成分，但它飞行的动力主要还是靠弓、弩发射的力量，其本质上还是人力在驱动。

南宋孝宗年间（公元1163—1189年），民间出现了用火药制作的各种爆竹和花炮。"二踢脚"是利用火药一次爆炸产生的反作用力升到空中，然后再引爆另一部分火药炸出响声；"地老鼠"是利用自身的喷气反作用力向前推进的烟火；"起火"是在头部绑着火药筒、尾部装上羽毛，点燃后利用喷气推动飞行。这些原始的娱乐型火箭是最早靠自身喷气推进的火箭雏形，其原理是牛顿提出的作用力和反作用力。元、明时代，火箭进一步发展，在军事上的应用更加广泛。明代茅元仪编著的《武备志》中，记载了近300种火箭的结构与作用。这些原始的火箭虽然没有现代火箭那样复杂，但已经具备了现代火箭的基本组成部分，如战斗部（箭头）、推进系统（火药筒）、稳定系统（尾部羽毛）和箭体结构（箭杆）。

人类飞出地球，真不是一件容易的事情，主要的困难在于要克服地球的引力。牛顿在《自然哲学的数学原理》一书中指出：一个被抛物体，如果不受地球引力的作用，就会像一个被射出的炮弹，沿着一个方向向太空深处飞去，浪迹天涯永远不会回到地球。牛顿认为，只有速度可以战胜引力。他曾经设想：如果制造一座高射大炮，架在高山之上，炮弹平射出去，随着速度的增大，其着弹点不断变远，在获得足够大的速度之后，它距地面越来越远，这时它受到的地球引力也就越来越小，可以飞到足够远的地方，然后在地球引力牵引下环绕地球做匀速圆周运动而不会掉下来；如果速度再大，甚至会飞离地球轨道而进入宇宙空间漫游。这就是牛顿描述的摆脱地球引力束缚的经典力学原理。这里，加快速度是克服地球引力的关键。根据牛顿的理论，科学家计算出一个物体达到每秒7.9公里的速度，就能使地球对它的吸引力与其离心力保持平衡，这个物体就不会掉到地面，也就是卫星环绕地球飞行的道理。这个速度被称为第一宇宙速度。在第一次世界大战中，德国曾经生产过一种远程大炮，炮身长34米，炮弹的速度达到每秒1.6公里，但距离第一宇宙速度还差得很远。要想使炮弹达到每秒 7.9 公里的速度，炮身需长 1000 米，因此，"牛顿大炮"不可能造出来。即使如此，牛顿的设想仍然极有意义，英国诗人拜伦这样评价："牛顿铺设的道路，减轻了痛苦的重负，从那时起已经有了不少的发现，看来我们总有一天会在蒸汽的帮助下开辟出到月球的道路。"①

诗人拜伦的想象成了科学预言，而且完全正确。他所说的"蒸汽"，是当时第一次工业革命的动力，它蕴含着能量潜在的价值，因而就是一种能源资本。只要有合适的动力源，就能够推动火箭上天，进而帮助人类实现飞离地球的梦想。美国物理学家罗伯特·戈达德将汽油和液态氧作为燃料，于 1926 年 3 月 16 日成功发射了世界上第一枚火箭，爬升 12 米，水平飞行 56 米，飞行时间虽然只有短短的 2.5 秒，却是划时代的一瞬。戈达德后来被称为美国"火箭之父"。②

尽管戈达德的火箭在美国反响平平，但在德国却引起了轩然大波，吸引了一批科学家参与到火箭的研发工作当中，并取得了显著的进展，其中最为出类拔萃的人物，就是后来大名鼎鼎的冯·布劳恩。1937 年，布劳恩领导建成了世界闻名的佩内明德火箭研究中心。其研制的 A-4 型火箭飞行速度接近每秒两公里，飞行距离达到 189.8 公里。纳粹德国垂青于火箭的军事用途，下令把 A-4 型火箭改装成导弹，用作战争的武器。纳粹头目之一的戈培尔把 A-4 型火箭改名为 V-2 导弹，冠以"复仇"之名，因为"V"是德文"复仇"的第一个字母。

从 V-2 导弹发展而来的各种导弹和运载火箭，其动力源是氧化剂与燃烧剂两部分组成的特殊燃料。在一枚火箭的总重量中，燃料占了体重的 90% 以上。作为高能推进剂的液氧、液氢，是火箭燃料的主要成分，在此基础上，各国又根据火箭的不同型号进行了许多技术创新，使得燃料的性能越来越好。火

---

① http：//news. 163. com/11/0912/13/7DOM9A4000014AED. html.
② 石磊. 神剑搏苍穹：航天科技［M］. 北京：北京理工大学出版社，2002：19.

箭和导弹应用于战争，极大地改变了战争的形态；这些特殊的燃料，就是推动火箭和导弹飞行的能源资本。正是由于能源资本的投入，才使得战争形态出现了一种跃迁效应。

冷兵器时代，打仗靠步兵和骑兵，交战双方基本上是短兵相接。随着叉的出现，人们可以从远处向敌人投射。弓箭发明以后，它便成为真正的"远程投射武器"，对敌人的杀伤力就更强了。在马镫发明之后，骑兵的速度和冲击力强于步兵。这些武器技术的创新和应用，在作战方式上产生了跃迁效应。随着大炮装备部队，交战双方可以隔离开来，但还需要在人的目力所及的范围内。坦克和装甲车发明以后，坦克部队和装甲部队具有比骑兵更加明显的跃迁效应。坦克、装甲车、舰艇和飞机等作战武器的驱动力是以石油为主的能源形态，标志着陆海空军机械化部队的出现产生了一种跃迁效应。导弹和卫星发明以后，就是超视距了，交战双方的人员在相隔几百、几千甚至上万公里之外就可以进行战斗，因而产生出另外一种跃迁效应。

人类兵器发展史上每一次重大的变革，都是基于技术创新的结果；而技术创新的主要推动力量是能源资本，并且两者之间存在着乘数效应。技术创新的乘数效应推动了兵器的变革，每次变革都会带来质的飞跃，产生明显的跃迁效应。能源资本与武器技术创新之间具有乘数效应，能源资本与技术创新相结合，使战争形态发生了革命性的变化，出现了跃迁效应。

能源资本对战争结果的跃迁效应

曹操的得计与诸葛亮的失策

中国有一句俗语："兵马未动，粮草先行。"粮食是士兵的生活必需品，草料是战争中运输工具的畜力和直接参与战争的战马等牲畜的"粮食"。

三国时期著名的官渡之战，是中国历史上以弱胜强的典型战例。袁军精兵十万、战马万匹，曹军兵力两万左右，在主要靠人马数量决定胜败的冷兵器时代，这种军力的差距是悬殊的。更为重要的是，袁军的后勤供应十分充足。在这种情况下，曹操采纳谋士许攸的建议，亲自率领步骑五千，利用夜暗走小路偷袭袁军的后勤基地乌巢，将其粮草悉数烧毁。袁军将士们闻听乌巢被破，粮草被烧，于是军心动摇，内部分裂，许多人投降了曹军，袁绍仓皇带八百骑兵退回河北，曹军先后歼灭和坑杀袁军七万余人。

官渡之战是袁曹双方力量转变、使当时中国北方由分裂走向统一的一次关键性战役。袁绍失败的原因很多，当时就有曹操的谋士郭嘉分析曹操和袁绍的优劣之处，认为曹操有"十胜"、袁绍有"十败"[①]，但乌巢的粮草被烧则是导致袁军失败的直接原因。曹军偷袭乌巢、烧毁袁军粮草的这一军事行动，产生了一种双向跃迁效应，使曹操由弱变强，而袁绍则由强变弱。这类战争中的跃迁效应，往往与能源资本双因子的不同职能有着很强的关联性。

三国时期的另一位著名人物诸葛亮，足智多谋，据《三国演义》描写，他在刘备之后成为蜀汉政权事实上的当家人，曾经六次亲自率军北伐，第一次北伐时抢占的街亭是关陇大地的咽喉之地，战略地位十分重要，成为历代兵家必争之地。街亭一失，蜀军的粮草供应通道被切断了，诸葛亮"进无所据"[②]，只好自行退军"还于汉中"[③]，第一次北伐就此失败。本来还有取胜的可能性，但街亭这个粮草的转运站一失，蜀汉方没有了粮草供应，而曹魏方则供应充足，双方力量对比马上出现重大变化，跃迁效应立即显现出来了。后来，诸葛亮还有几次北伐，但大都因为粮草运输困难、无法维持前方的军需而自行退兵了。

通过对官渡之战与街亭之战的分析，我们在某种意义上可以认为，曹操成

---

① （晋）陈寿．《三国志·魏书·郭嘉传》有记载："刘、项之不敌，公所知也。汉祖唯智胜，项羽虽强，终为所擒。嘉窃料之，绍有十败，公有十胜，绍虽兵强，无能为也。"

② （晋）陈寿．《三国志·蜀书·马良马谡传》有记载："亮进无所据，退军还汉中。谡下狱物故，亮为之流涕。"

③ （晋）陈寿．《三国志·蜀书·诸葛亮传》有记载："亮使马谡督诸军在前，与（张）郃战于街亭。谡违亮节度，举动失宜，大为郃所破。亮拔西县千余家，还于汉中，戮谡以谢众。"

于能源资本，诸葛亮败于能源资本。能源资本可以帮助成功，也可以导致失败。能源资本作为一种价值载体，本身没有什么偏爱，就看谁在使用它，就犹如"金钱没有固定的主人"一样，任何人拿到它都可以交换到自己所需要的商品。

费舍尔与丘吉尔的先见之明

在第一次世界大战开始前，石油就已成为一种独一无二的商品，与美元和军事力量紧密地结合在一起，构成了世界经济增长的发动机。为了掠夺石油，英国、美国、德国、法国、意大利以及其他国家号召它们的士兵参与战争。[1]用石油逐步取代煤炭成为燃料，是 20 世纪重要的技术创新，石油的运用程度决定着军队的机械化水平，甚至能左右战争进程及其结果。

一战时期德国著名的军事家鲁登道夫在其著作《总体战》中写道："在世界大战中，陆、海军的燃料问题是我极为关心之事，当时燃料处处告急。占领瓦拉几亚地区的目的，除了是为搞到粮食外，就是为解决燃料短缺问题。尽管罗马尼亚的石油设施遭到破坏，但是通过占领罗马尼亚最终还是保障了一部分轻型车辆和飞机所用燃料的供给。"[2]鲁登道夫的这段话，体现了中国著名军事著作《孙子兵法》中的两个用兵原则：一是"出其所必趋，攻其所必救"；二是"取用于国，因粮于敌"。能源与粮食的地位是同等重要的，都是军队作战的驱动力，在战争中粮食就是能源。

1853 年，为争夺巴尔干半岛的控制权，土耳其、英国、法国等先后向沙皇俄国宣战，战争一直持续到 1856 年，以沙皇俄国的失败而告终，这就是世界史中被称为第一次现代化战争的克里米亚战争。这次战争是兵力与兵器、军事学术与海军学术发展史上一个重要阶段，它对火炮枪械和水雷武器的进一步

---

① 威廉·恩道尔. 石油战争[M]. 赵刚等，译. 北京：知识产权出版社，2008：3.
② 李庆功，徐静之. 战争与能源[M]. 北京：解放军出版社，2014：39.

发展起了推动作用，铁甲船和现代的爆炸性炮弹第一次被使用。这次战争是帆船舰队时代的最后辉煌，也是俄国黑海舰队的最后辉煌。正是在克里米亚战争期间，蒸汽动力战舰被英法广泛使用，技术兵器的优势大大体现出来。在随后的战争中，俄国不得不依靠以风帆战舰为主力的舰队与英法蒸汽风帆战舰对抗，最后的结果是，战前拥有 4 艘 120 门炮战列舰、12 艘 84 门炮战列舰和 4 艘 60 门炮巡洋舰以及大量辅助舰的俄国黑海舰队不久就消失了。①

英法在克里米亚战争期间投入战斗的蒸汽动力战舰的燃料是煤炭。1870 年开始，俄国轮船在里海使用了一种被俄国人称为"黑油"的黏稠燃料油。当时还是英国海军上校、后来成为海军上将的费舍尔敏锐地认识到，石油对于控制未来的海洋具有十分重要的军事战略意义。在 1882 年 9 月的一次公开集会上，费舍尔主张，英国必须改变海军使用煤炭作动力燃料的现状，应该使用新型油燃料。他坚持认为，在未来控制海洋的竞争中，石油作为动力燃料将给英国带来决定性的战略优势。② 他在 1901 年给一位友人的信中写道："石油燃料绝对会彻底改变海洋战略。这是'唤醒英国'的机会！"③

作为燃料，石油优于煤炭。用石油作动力的战船没有黑烟，不会暴露目标，而烧煤的战船拖着长长的烟尾巴，10 公里以外都能看得见。烧煤的动力装置要达到最大马力，需要 4～9 小时，而烧油的动力装置达到最大马力只需要 5 分钟。给战舰提供油料，只要 12 个人工作 12 个小时，而若采用提供同样能量的煤，则需要 500 个人工作 5 天。要得到相同马力的推力，燃油引擎只需要燃煤引擎 1/3 的工作量，每天的消耗量也只有燃煤战舰的 1/4，这对于一支船队来说是非常关键的，无论这支船队是商船队还是海军舰队。用油作动力的船队，其活动半径大约是用煤作动力的船队的四倍。1885 年，德国工程师戈

---

① http：//lishi. zhuixue. net/shijieshi/32014. html.

② 李庆功，徐静之. 战争与能源 [M]. 北京：解放军出版社，2014：22.

③ 彼得·弗兰科潘. 丝绸之路：一部全新的世界史 [M]. 邵旭东，孙芳，译. 杭州：浙江大学出版社，2016：283.

利伯·戴姆勒开发出世界上第一个实用燃油引擎，用于公路运输。到世纪之交，尽管汽车还被认为是超级富豪的玩具，但石油时代的经济潜力已开始被越来越多的人所认识。

1904 年，费舍尔升任英国海军最高指挥官——英国海军大臣，他立即成立了一个委员会，"考虑并就确保英国海军的石油供应提出建议"。① 1905 年，英国秘密情报部门和英国政府终于认识到了这种新燃料的战略意义。1909 年，费舍尔提出的将英国海军舰艇改用石油作燃料的计划开始实施。1911 年，温斯顿·丘吉尔接替费舍尔担任第一海军大臣，费舍尔对他讲了自己的一些想法，认为石油就是未来，它可以大量存储，而且价格便宜；最重要的是，它能够让舰船跑得更快。费舍尔还说，作为常识，决定海战的"首要因素是速度，它让你能够在你希望的时间、希望的地点，以希望的方式进行战斗"，它能让英国战舰比敌舰更胜一筹，并且在战场上拥有压倒性的优势。丘吉尔立即开始游说把海军军舰的动力燃料改为石油。丘吉尔深知，未来英帝国能够控制海洋，而且在德国海军还处在快速追赶英国海军的年代，英帝国还可以继续控制世界，这是英帝国模式的核心。1913 年夏天，丘吉尔向内阁提交了一份题为《皇家海军石油燃料的供应》的文件，解决方案是从众多石油生产商手中提前买入燃油，甚至可以考虑直接"控股一些值得信任的资源供应商"。丘吉尔认为，保证石油供应的安全不仅仅与海军有关，它还能够捍卫英国的未来。尽管丘吉尔将煤炭资源视为帝国霸业的基石，但相比之下，石油更为重要。他于1913 年 7 月告诉国会："如果我们得不到石油，我们就得不到粮食、棉花，以及不能保持大不列颠经济活力所必需的无数的商品。"② 在丘吉尔的推动下，英国皇家海军在 1914 年第一次世界大战前夕把舰队从烧煤改成了烧油。

虽然德国技术部门于 1905 年 5 月就提出研制专门使用重油的锅炉的计划，

---

① 威廉·恩道尔. 石油战争[M]. 赵刚等，译. 北京：知识产权出版社，2008：23.
② 彼得·弗兰科潘. 丝绸之路：一部全新的世界史[M]. 邵旭东，孙芳，译. 杭州：浙江大学出版社，2016：285-286.

但最终没有得到德国海军的重视。其中的原因之一是，德军认为德国是一个贫油国家，所需要的石油都需要进口，一旦战争爆发，德国将很难获得稳定的石油来源。这说明，缺乏能源的推动力，技术创新的乘数效应就无从实现。反观英国，在1914年第一次世界大战爆发时的舰队因为使用燃油而比使用煤炭的德国公海舰队具有全面的优势，即较大的航程和较高的速度等。1916年5月的日德兰海战之后，烧煤的德国舰队被迫退回国内基地，成为一支没有作为的"影子舰队"。英国舰队则牢牢地控制着北海的制海权，德国"公海舰队"被封锁在德国近海，使第一次世界大战的战略优势倒向英国。①正是由于石油这种新型能源形态，使英、德双方的海军实力产生了跃迁效应。

第一次世界大战结局的能源资本因素

在1914年发生的第一次马恩河战役、1916年发生的凡尔登战役和1918年发生的亚眠战役中，以石油为燃料的内燃机被证明具有战略价值。

1914年9月6日，法军在马恩河前线吃紧，巴黎地区军事长官决定征用全巴黎的民用出租车向前线运送士兵。当天晚上，500辆出租车就将一个步兵旅的兵力运送到50公里以外的前线。在这支精锐部队的及时增援下，战局马上得以改观，最后法军赢得了马恩河战役的胜利。一些战史专家认为，法国的"出租车运兵"壮举是马恩河战役胜利的关键，同时也是战争史上的第一支"摩托化"部队的机动作战行动。②

1916年2月开始的凡尔登战役，在德军的猛烈进攻中，法军形势告急。在这种紧急情况下，法军利用唯一与后方保持联系的巴勒迪克—凡尔登公路（又称"圣路"），源源不断地向凡尔登调运士兵和物资，一周内组织3900辆卡车，运送士兵19万人、物资2.5万吨。这是战史上首次大规模汽车运输。

---

① 李庆功，徐静之. 战争与能源[M]. 北京：解放军出版社，2014：52.
② 同上，48.

法军的大批援军及时投入战斗，加强了纵深防御，对战役进程产生了重大影响，使德军丧失了突破法军防线的时机。[1]

坦克是一种以汽油引擎驱动的武装车辆。世界上第一台可以投入实战的坦克"马克1型"是由英国于1916年初研发成功的，同年4月开始批量生产，9月正式参加了索姆河会战，这是第一次世界大战中规模最大的一次战役。在交战双方僵持不下之际，英军于1916年9月15日的进攻中首次使用了坦克，当天就占领了德军的几个重要阵地。这是世界战争史上第一次使用坦克。1918年8月开始的亚眠战役中，英法军队集中使用了坦克，冲破了德军牢固的防御工事，打破了联军与德军双方战力对峙的平衡。德国官方出版的《1918年8月8日的悲剧》中写道："若无坦克，那么在8月8日上午，德军就不会受到那样严重的突然袭击，从而发生了不可收拾的恐慌现象。步兵看到步枪和机关枪都不能阻止对方的坦克，就感到自己已经无能为力，结果不是投降就是逃走。"德军将领鲁登道夫把8月8日称为"德军最不幸的日子"[2]。其实，法国与德国在英国之后也研制出了坦克，并于1917年投入战场。但是，德军统帅部对这种故障频发的武器不够重视，也由于能源和原材料的不足，产出量和投入实战中的数量都很低。

坦克的出现，主要是由于能源形态转型而出现的技术创新所导致的结果。随着石油的开发，比煤气更易于运输的汽油和柴油引起了人们的注意。1883年，德国的戴姆勒研制成功第一台立式汽油机，它的特点是轻型和高速，特别适应交通运输机械的要求。[3] 1885—1886年，汽油机为汽车提供动力研发成功，大大推动了汽车的发展。从此以后，以汽油为动力的航空器获得了长足的发展，飞机第一次出现在第一次世界大战的天空战场。坦克与飞机的出现都是能源资本与技术创新的乘数效应所导致的跃迁效应。

---

① 李庆功，徐静之. 战争与能源[M]. 北京：解放军出版社，2014：49.
② 同上，50.
③ 同上，51.

战争的逻辑就是"你死我活，你败我胜"，军队的战斗力就是能源资本的价值潜能，获取胜利就是获得剩余价值。在马恩河、凡尔登和亚眠这三次战役中，充分显示出了能源资本对战争结果的跃迁效应。对于交战双方来说，能源资本的双因子都在执行职能，只是这种职能的作用方向和效果不同。对于英法一方来说，主要是能源资本的驱动因子执行职能：充分利用以汽油为动力的汽车机动快速的特点，前线需要什么就运送什么，需要多少就运送多少，及时满足前线的需求。对于德军一方来说，主要是能源资本的约束因子执行职能：自己手里无能源，运输线被敌方占领和破坏，导致前线急需的人员和物资不能得到及时的补充。能源资本双因子各自执行职能，此消彼长，便形成了战争态势和结果的跃迁效应。

第一次世界大战最终由于美国的参战，协约国战胜了同盟国。决定战争胜负的因素很多，其中能源资本是决定性的因素。比如，钢铁的生产需要消耗大量各种形态的能源，从而把能源资产的价值潜能凝结在这些钢铁产品中了。可以这样说，钢铁就是能源资本的载体，它的多少就表征着能源资本的价值量。美国在整个战争期间的钢铁产量一直处于世界第一位，而且是其他任何一个国家产量的好几倍。德国的钢铁产量比英国高得多，甚至比英、法之和还要多，这是战争之初德国节节胜利的物质因素。最后，战争的结果是德国被打败了，撇开其他因素不谈，就钢铁产量一项，以德国为首的同盟国与协约国相比便处于劣势，也就是说，同盟国所拥有的能源资本不如对方多，或者能源资本的价值潜能挖掘得不如对方充分，从而导致战争结果出现了跃迁效应。

战争所使用的各类武器绝大多数是钢铁制成的，而钢铁的生产要靠能源资本的投入。由钢铁变成武器，也需要能源资本的投入。各种武器在战场上的使用，比如飞机、坦克和舰艇要运动起来，是需要燃料的。因此，在战场上所表现出来的双方武器及其他战争装备的多少和优劣的背后，是能源资本的价值潜能在起作用。德国在整个战争过程中的主要能源消费量，相比于英国逐年减少，整个同盟国与协议国相比，更是处于绝对的劣势。如果钢铁产量是交战双方间接的能源资本之间的较量，那么，能源消费量就是交战双方能源资本之间的较量。不论从哪个方面看，美国当时已经是世界第一强国了。因此，美国加入哪个阵营，哪个阵营获胜的概率将大为增加。这说明，能源资本是决定战争胜败的主要因素，是导致战争结果出现跃迁效应的核心力量。

战后近百年来，许多专家和学者认为，英法为首的协约国军队战胜德国为首的同盟国军队的原因有许多，但在一定程度上，协约国的胜利是能源和燃油武器的胜利。一战时，英国战时内阁成员寇梭对美国在战时向协约国提供大量石油的行为大加赞许，"滚滚而来的石油保证了协约国的胜利"[①]。1918 年之前，法国军队每月使用石油 3.9 万吨，英国为 3.2 万吨，美国为 2 万吨。战前，法国每年进口石油 40 万吨，1918 年的进口量达到 100 万吨。[②] 在一战结束后的一次庆功晚宴上，时任法国战时石油委员会主任的参议员亨利·贝任格说，石油是"地球的血液，同时也是胜利的血液，德国过于夸大它在钢铁和煤炭方面的优势，而对我们在石油方面的优势却没有给予足够的重视"。第一次世界大战结束后，在战争爆发前刚成立的土耳其石油公司，德意志银行占有 25% 的股份。由于德国战败，股份随即转给法国石油公司，德国在中东可能的利益也都灰飞烟灭了。这也是一种由于战争失败而导致能源资本损失的跃迁效应。

第一次世界大战是人类战争史上的第一次大规模机械化战争，能源特别是石油在战争中发挥了重要作用。主要参战国拥有约 34 万辆汽车、9000 多辆坦克、18.1 万架飞机及大量军民用船只。这些机动性很高的武器装备对能源特别是石油的依赖程度越来越高，据估计，在整个战争期间各参战国用于战争的油料达 3620 万吨。正是由于能源资本推动了高机动性装备投入战争，改变了以往的战争形态，所以出现了明显的跃迁效应。

---

① 李庆功，徐静之. 战争与能源[M]. 北京：解放军出版社，2014：37.
② 余胜海. 能源战争[M]. 北京：北京大学出版社，2012：10.

第二次世界大战结局的能源资本因素

第二次世界大战初期，希特勒的装甲部队以闪击战横扫西欧，而其机械化部队所需的大量石油来自罗马尼亚。由于战争初期苏联轰炸机损失过半，英国轰炸机大部分投入北非作战和袭击西欧德军，无法对罗马尼亚油田进行大规模袭击，因此罗马尼亚石油生产受到的影响还是很有限的。1942 年，罗马尼亚大约生产原油 500 多万吨，出口 337 万吨，销往德国的就达 220 万吨。1943 年，罗马尼亚又向德国提供了 240 万吨石油。[①] 苏军攻入罗马尼亚后，德国最重要的罗马尼亚石油来源被切断，"油荒"愈演愈烈。严重缺乏燃料的德军无法进行大规模作战行动，其先进的机械化武器装备不能发挥应有的威力，战争结果的负跃迁效应逐渐显现出来了。

二战期间，德国制造了大量先进的喷气式战斗机和轰炸机，1944 年的飞机产量将近 4 万架，达到整个战争期间的最高峰。但由于油料极度缺乏，飞行训练基本停止，大多数战机无法起飞作战。反之，英美的轰炸机可以任意翱翔在德国的上空并随心所欲地打击任何目标。燃油供应短缺以及油料运输不顺畅等问题，一直困扰着德军地面机械化部队，这也是德军在许多重大战役中失利的主要因素之一。在苏德战场上，德军的油料供给不足在战争初期就已显露端倪。1941 年 7 月的斯摩棱斯克战役中，德军就已经出现油料补给困难的局面。随着苏军顽强的抗击和战事的拖长，油料供应不足问题使德军在莫斯科战役、斯大林格勒战役、高加索战役、库尔斯克战役等一系列重大军事对抗中失利。在北非战场上，盟军对德意军队运送石油的地中海航道实施了严密封锁，击沉了许多意大利油轮。"沙漠之狐"隆美尔的机械化部队由于缺乏油料，其他兵器、弹药、粮食和饮水都得不到补充，因此在关键的阿拉曼战役中丧失了制胜的主动权，一直处于被动挨打的境地，最终被英军击溃。到战争最后几个月，

---

① 李庆功，徐静之. 战争与能源[M]. 北京：解放军出版社，2014：82.

德国在石油以及其他战争物资的供给方面，根本无法与美苏等同盟国抗衡，几近枯竭的燃油供应使纳粹德国陷入绝境。在阿登战役、维斯瓦河－奥得河战役、柏林战役等最后几场决定性战役中，德军由于油料极度缺乏，严重地妨碍了其航空兵和装甲部队的作战活动，大量的新式战斗机和重型坦克由于缺乏燃料而在地面被同盟国空军炸毁。在阿登战役中，德军装甲部队正常的油料需用量为 5 个基数（标准量的 5 倍），但因油料短缺，只能提供 1.5 个基数的油料，仅达到正常需要量的 30%。反观盟军，油料供应充足，是德军根本无法相比的。1944 年底和 1945 年初，战争开始向德国本土推进，苏联红军主攻柏林，战役打响前准备的汽油和柴油为 4～5 个基数，航空油料为 9～14 个基数。[①]在第二次世界大战欧洲战场上，以纳粹德国为首的轴心国最终彻底灭亡，其中能源供应不足直到枯竭，加速了其溃败的进程，成为导致战争结果出现跃迁效应的主要因素。

日本发动的太平洋战争，从某种程度上说也是一场争夺能源的攻防战。日本孤注一掷地偷袭美国珍珠港海军基地的主要原因，就是由于美国对日本的石油禁运而导致其只剩下 3 个月的石油储备。日本联合舰队往返珍珠港所耗费的汽油，相当于日本海军平时一年的用油量。结果是日本赢了珍珠港战役，却输掉了整个战争。日本在摧毁美国太平洋舰队的同时，竟然忘了摧毁瓦胡岛上 450 万桶燃油[②]，可以说为这场战争悲剧添加了一些喜剧色彩。

在能源运输通道被美国彻底切断的情况下，日本因为无法获得足够的石油来维持战争机器的运转，不能保证海空军的油料供应，结果失去了制海权和制空权。从 1945 年 3 月到 8 月，日本的进口物资下降了 90%，战争所急需的石油、煤炭、粮食等战略物资供应近乎中断；军工企业由于原料断绝，纷纷停产或关闭；大批飞机、舰艇由于燃料极度缺乏而被迫停飞、停航，直接影响了部

---

① 李庆功，徐静之. 战争与能源[M]. 北京：解放军出版社，2014：91-92.
② 余胜海. 能源战争[M]. 北京：北京大学出版社，2012：11.

队的战斗力。与纳粹德国一样，资源与能源匮乏的日本难以支撑长久的战争，而在争夺石油的战役中屡屡失利，又加速了日本的失败。可以说，日本为石油而战，又因石油而败，能源资本在很大程度上决定了日本必然彻底失败的命运。

美国在二战期间的总体战略，就是最有效地动员国内石油工业的全部资源和能力，满足战时美军对石油的巨大需求并对其他同盟国进行石油援助。太平洋战争爆发后，美国加快建造大量的军舰、卡车、坦克和飞机，其核心是打造一部完全以石油为燃料的军事机器，包括具有高度机动性的空中力量、海上力量和陆上力量的先进军事体系。显然，这是一个能源资本密集的武器装备系统和军事体制，本质上是在战争中将能源资产转化为资本的技术平台，这种资本的价值体现，就是增强军队的战斗力，最终取得战争的胜利，从而产生一种相对于敌方的正跃迁效应。

第二次世界大战是人类战争史上消耗石油最多的一次战争，交战双方的军用油料消耗达到 3 亿多吨，比第一次世界大战的消耗量增加了 7 倍。[1] 在这场现代化战争中，交战双方都投入了大量以石油为主要动力的飞机、坦克、舰艇、运输车辆等武器装备。这是能源资本与军事力量之间出现跃迁效应的典型例子。

第二次世界大战以后，战争对石油的需求大为增加。美军在朝鲜战争中消耗油料达 2200 多万吨，占各类作战物资总量的 60%；越南战争中消耗油料为 3000 多万吨，占各类作战物资总量的 70%。20 世纪 80 年代初发生的英阿马岛战争，在短短的 74 天内消耗油料 70 多万吨，日耗油量达 9460 吨。20 世纪 90 年代初的海湾战争，美军消耗油料达 626 万吨，日耗油量达 15 万吨，人均日耗油量约 205 千克，占其物资消耗总量的 50% 以上。[2] 正因如此，交战各方都将夺取与控制石油资源当作重要的战略问题来规划。

---

[1] https：//wenku. baidu. com/view/3bd7876ced630b1c59eeb57b. html.

[2] 同上 .

据统计，当今世界使用的能量中有 35% 都是由石油提供的，95% 以上的运输工具都是以石油制品为燃料的，全球每天的石油消耗量约为 8740 万桶。石油作为一种不可再生的资源，其储量是有限的。在人类把地球上所有石油资源开尽采绝之前，各国对石油的争夺将会变得越来越剧烈，由此引发的战争和冲突也将会越来越激烈。在未来的战争中，占有石油资源的多寡，将在很大程度上决定着战争的胜败。

能源资本对增强军事力量的跃迁效应

世界上第一个军工复合体

在一般人眼里，中国历史上的汉唐应该是中国最强大、最繁荣的两个时代。但如果从政治、经济、文化、技术和军事等方面综合来看，宋朝才是中国历史的高峰。有关这一点，我们可以从许多国际著名学者的研究中得到佐证。[1] 英国汉学家李约瑟说："中国的科技发展到宋朝，已呈巅峰状态，在许多方面实际上已经超过了 18 世纪中叶工业革命前的英国或欧洲的水平。"美国学者罗兹·墨菲说："在许多方面，宋朝在中国都是个最令人激动的时代，它统辖着一个前所未见的发展、创新和文化繁盛期。从很多方面来看，宋朝算得上是一个政治清明、繁荣和创新的黄金时代。宋朝确实是一个充满自信和创造力的时代。"日本文史学家内藤湖南说："唐代是中国中世纪的结束，宋代则是中国近代的开始。"旅美华裔历史学家黄仁宇说："公元 960 年宋代兴起，中国好像进入了现代，一种物质文化由此展开。货币之流通，较前普及。火药之发明，火焰器之使用，航海用之指南针，天文时钟，鼓风炉，水力纺织机，船只使用不漏水舱壁等，都于宋代出现。"英国史学家汤因比说："如果让我选择，我愿意生活在中国的宋朝。"

---

[1] https：//www.sohu.com/a/13774789_ 111230.

宋朝之所以得到中外学者的夸赞，是因为宋朝在经济、工艺技术、火药与火器、航海等领域的发展已达到当时的世界先进水平，宋朝建立了世界上第一个"采煤＋冶铁"的军工复合体①，铁产量在 10 世纪 80 年代达到年均 10 万吨以上，这在当时的世界是非常高的，英国直到 18 世纪末的工业革命以后才超过这个数量。在军工复合体基础上所产生的技术创新和进步的乘数效应，使宋朝的军事技术领先于世界，在当时产生了强大的国际影响力。

成吉思汗在攻城略地之后，留下工匠和才艺之人，被蒙古军收揽重用。公元 1233 年蒙古军攻下金都后，负责南下灭金的蒙古军统帅窝阔台汗，接受中书令耶律楚材的建议，放弃每到一处即屠城的惯例，"凡弓矢、甲仗、金玉等匠"② 尽为蒙古人所用，蒙古军队很快拥有了火器，并建立起世界上最早的火炮部队——炮兵千户营，而且武器装备不断地加以改进。蒙古军队不仅能以强悍迅捷的骑术取胜于野战，而且以当时最猛烈的火力攻下坚城，从而使蒙古军队纵横欧亚大陆而无人能敌。

中国自第一次鸦片战争以来，羸弱不堪的直接原因在于抵不过对手的船坚炮利。李鸿章在同治二年（1863 年）4 月写给曾国藩的信中说："中国但有开花炮弹及轮船两样，西人即可敛手。"③ 以"开花炮弹"所代表的火器，在中国历史进程中扮演了一个极为重要的角色。清朝的火器虽然较之明末有较大的发展，基本达到了欧洲 17 世纪的水平，但较之欧洲一日千里的军事科技进步已经落在了后面。欧洲的军事科技水平与清朝相比便出现了跃迁效应。

能源资本与军事力量的建设

17 世纪的荷兰、19 世纪的英国和 20 世纪的美国，都拥有价格低廉的能源，

---

① 约翰·麦克尼尔. 能源帝国：化石燃料与 1580 年以来的地缘政治 [J]. 格非，译. 学术研究，2008（6），108-114.

② （明）陈邦瞻. 宋史纪事本末.

③ 沃尔夫·冯. 中国历史上的火器发展问题. 公众号《煮酒论史》，2009-01-03.

这种能源优势转化成了经济优势，它们一方面有能力建立起高效而有竞争力的经济，另一方面有能力负担起昂贵而先进的军事机器。英国和美国不但拥有丰富的煤炭和石油资源，而且这种低廉的能源优势还直接转化成了军事和地缘政治优势。①这种优势表明，军事技术的进步与能源资本之间存在一种乘数效应。

荷兰有发达的经济，可以支撑不断提高的战争费用。荷兰拥有价格低廉的泥炭，这种能源形态为荷兰建成活跃的经济体系发挥了其他因素所不可替代的作用。繁荣的经济进一步为有效的军事机器注入了强大的动力，荷兰如果没有繁荣的经济根本不可能创建帝国，而经济繁荣在很大程度上是因为利用了泥炭这种低廉的能源资源。根据荷兰历史学家的计算，在 17 世纪中期，荷兰所开采的泥炭占荷兰经济所需能源的一半。正是因为把泥炭这种能源资源转化为资本，并将这种资本投入到经济和军事建设之中，荷兰的经济和军事力量才相对于其他国家产生了跃迁效应。

英国拥有价格低廉的煤炭，这种能源优势以及与此相关的先进技术，让英国建立了强大的军事机器。从 19 世纪 50 年代开始，英国建立了以蒸汽为动力的皇家海军。煤炭还促进英国制造出更为廉价和优质的枪。在 19 世纪，英国发展了自己的军事和工业复合体。在冶金方面的优势让英国能比其敌国以较低的成本生产出轻便的武器和大炮来装备军队。正是因为将煤炭这种能源资源转化为资本，使军事技术创新出现了乘数效应，将这种效应广泛地应用于军事领域，促成了英国海军的强大，使之能更容易地扩大和防御其世界帝国，出现了相对于其他国家的跃迁效应。

英国强大的军事力量，反过来有助于其在世界各地建立稳定的煤炭供应基地。英国建立了一个所谓的"加煤站"网络，这些加煤站遍布全世界所有皇家海军的船只需要加煤的地方，因而使得这些地区的煤炭生产迅速发展起来。

---

① 约翰·R. 麦克尼尔. 能源帝国：化石燃料与 1580 年以来的地缘政治[J]. 格非，译. 学术研究，2008（6），108-114.

产自孟加拉国、澳大利亚、加拿大和南非的煤炭提供的动力，支撑起了大英帝国社会经济的进一步发展。大英帝国在一定程度上是建立在煤炭资源基础上的，煤炭和帝国之间存在一种内在的关联性。几十年后，德国、美国和俄国也利用煤炭这种动力优势，相继启动了自己的工业化进程，并建立了以煤为动力的军事机器，其中以德国的发展最为快速高效，后来居上。英国仅享有了大约50 ~ 70 年的优势，到 19 世纪 90 年代，美国已经成为世界最大的工业生产者。

美国的崛起，主要是利用了石油的潜在优势。石油替代了煤炭，成为在军事和经济上都最有效率的化石燃料。就像煤炭直接用于英国的军事一样，美国以石油为基础创建了一部能源资本密集型的新型军事机器。

第一阶段，打造以石油为动力的海军。对海军舰船来说，石油比煤拥有更多优势，因为单位重量的石油蕴藏的能量更多，可以推动舰船在不用补给燃料的情况下扩大活动范围，同时还减少了船上必须携带的人员数量，因为石油可以用压力注入发动机，而煤需要人用铲子填进熔炉。实际上，虽然英国没有发现石油，但英国早在 1912 年就成为"第一个吃螃蟹"的国家，皇家海军率先在舰艇上使用了石油。不过，美国很快就赶了上来。

第二阶段，建立了自己的军事和工业复合体。1941 年 12 月 7 日，日本偷袭珍珠港时，美国的军事力量还相对弱小，只占世界第十位。从 1942 年开始，美国迅速建成了巨大的军事机器，核心是在加利福尼亚、西雅图、弗吉尼亚以及底特律等地建立了海军造船厂。美国在底特律还制造了数以万计的卡车、坦克和飞机。在短短的几个月内，所有的汽车厂都摇身一变转产军事设备。这是一个非常了不起的成就，其核心是创建了一个完全以石油为燃料的军事机器和包括空中力量、海上力量和陆上机动性等三方面内容的先进军事体系。

这个以石油为基础的能源资本密集型的军事体系，让美国在第二次世界大战中变得高效而强大，相对于其他国家产生了跃迁效应。

1945 年以后，石油仍然是工业化经济和现代军事发展的关键。美国仍然享有非常有利的地缘政治优势，因为它自己拥有强大的石油生产能力，也因为在 20 世纪 40 年代后期美国与世界上最大的能源供应基地波斯湾的统治者达成了利用石油的共识。但是，这个优势是不能长久的。到了 20 世纪 60 年代中期，情况发生了很大变化。美国变成了石油净进口国，起初主要从委内瑞拉进口，后来主要从波斯湾进口。与此同时，美国经济对石油更加依赖，美国军事依然完全依赖石油。对美国来说，石油不再是一个优势，而是变成了脆弱性的表现。如果国际石油贸易中断了，美国的军事机器就会完全瘫痪，因能源资本而产生的跃迁效应也会随之灰飞烟灭。

能源转型对军事力量的影响

一个国家的兴衰，在一定程度上取决于能源形态转型的成败。能源形态的转型，表面上是用一种能源替代另一种能源。但实质上，能源转型意味着将能源资产转化为资本的技术平台的创新，就比如烧煤的锅炉不能用来烧石油，飞机只能用航空汽油而不能用煤炭来驱动。技术创新与能源资本之间的乘数效应，决定了哪个国家在能源形态的转型方面做得好，哪个国家就占据了技术创新的制高点，并进而通过技术创新使能源资本创造更大的剩余价值。死守着陈旧技术而不愿意创新，结果就使得当初投入的能源资本变为没有价值的沉淀资产，不仅没有出现乘数效应，反而在技术创新方面落后了。荷兰、英国和美国在发展过程中，都碰到了能源形态转型的障碍，其本质上是由于技术创新方面的观念落后。

17 世纪末，荷兰发展起了高效的采掘、运输和燃烧泥炭的经济，是当时世界上最有效率的经济体。但荷兰没有多少煤炭，这是妨碍荷兰转向使用煤的一个天然劣势。另一个劣势是荷兰已建立了完备的使用泥炭的制度和设施，它为此付出了大量人力、物力和财力，要转向使用煤炭将是非常昂贵的。从经济理性的角度来看，荷兰更愿意继续使用旧能源，幻想旧能源依然具有强大的竞争力。

英国存在着与荷兰同样的逻辑。英国有许多煤矿，但直到 20 世纪 70 年代以前，英国还没有发现石油。除了海军之外，英国经济转向使用石油的进程非常缓慢。第一个原因是已经建立起令人满意的以铁路和沿海运输为代表的运输基础设施，可以很便宜地把煤从产地运到城市和工厂。第二个原因是在煤矿上已经投入了大量资金，形成了技术闭锁。如果要转向使用石油，就会面临两个难题：一是必须从其他国家进口石油，二是必须改变它花费巨额资金建成的基础设施。第三个原因是在社会领域也遭到闭锁。1900 年，英国有 100 万～200万的采煤工人，他们的工作和家庭收入都依赖煤矿和煤炭产业。他们不愿转向一种会让他们失业的新能源。从 1900 年或最晚从 1920 年起，英国煤矿工人通过工会和工党在政治上变得很强大。于是，在英国从煤炭向石油转化过程中还存在一个社会和政治上的闭锁。技术闭锁属于能源资本 DNA 结构的技术平台这个"基因"，社会闭锁和政治闭锁则属于市场环境这个"基因"，技术、社会与政治这三个领域的闭锁，都使得技术平台和市场环境这两个"基因"发生了"变异"，也就是无法持续创造价值。直到 20 世纪 80 年代初期，时任英国首相的"铁娘子"撒切尔夫人打破了社会与政治闭锁，因为她摧毁了英国势力强大的工会。

美国遇到了与英国同样的问题。美国对以石油为中心的经济投入很多，在石油基础设施上出现了技术闭锁，这就让美国很难转向下一个新的能源体系。美国直到现在仍然拥有世界上最好的石油技术，而且石油储量和产量逐渐增加，尤其是石油产量大有追上俄罗斯和沙特阿拉伯而成为世界第一石油生产国之势，因此仍有动力把石油作为世界主要燃料来使用，这也是特朗普政府追求美国"能源独立"①的主要理由。但是，新能源才是人类的未来，哪个国家认识到这一点并付诸行动，哪个国家就拥有了能源的未来和未来的能源，将能源

① 2017 年 3 月 28 日，美国总统特朗普签署了一份名为"能源独立"的行政命令。这项命令的最重要内容，是要求"暂缓、修改或废除"奥巴马政府 2015 年推出的"清洁电力计划"相关政令。特朗普称该行政命令是"美国能源生产一个新时代的开始"，将解除对美国能源生产的限制、废除政府的干涉并取消扼杀就业的规定。虽然目前来看，能不能让传统能源行业的产业工人重返岗位尚需要观察，但不可否认，此举让游说能力巨大的能源财阀、利益集团很开心。

资本投入以新能源为代表的技术创新，就会产生更为明显的乘数效应，并且有可能为经济和环境领域带来意想不到的跃迁效应。

综上所述，荷兰以泥炭为基础建立起来的军事力量，与其他国家产生了一种跃迁效应。英国以煤炭为基础建立起来的军事力量相对于泥炭的跃迁效应，被美国以石油为基础建立起来的军事力量所产生的新的跃迁效应所超越。今后，如果哪个国家在能源技术创新方面超越了煤炭、石油和天然气这类"精英能源"，并将这种创新成果应用于军事领域，那么就会在军事力量方面出现相对于其他国家更为明显的跃迁效应。

能源资本与军事力量的双向跃迁效应

能源资本与军事力量之间的跃迁效应是双向的，也就是说，密集的能源资本投入可以使军事力量出现跃迁效应；反过来，强大的军事力量又可以确保能源资本在数量和效益方面出现跃迁效应。

第一次世界大战中，当德军进攻罗马尼亚正酣之时，英国政府认为，德军如果夺取罗马尼亚的油田和炼油厂，德国就获得了重要的石油供应基地。因此，必须想尽一切办法毁坏油田、油井、炼油厂等各种产油设施。英国驻罗马尼亚公使要求罗马尼亚方面烧毁石油重镇普拉霍瓦县的油井等设施，并承诺将来会给予赔偿。在罗马尼亚犹豫之时，英国决定自己动手，组织地面行动小组有计划地对油田进行了一系列破坏活动，被烧毁和水淹的油井达 2500 多口，70 个炼油厂和 15 万立方米的油库被破坏，烧掉 80 多万吨原油和石油产品，损失总额达 5600 万英镑。德国人占领油田后，花了 5 个月时间才局部恢复石油生产，但直到 1918 年，也仅仅恢复了 1914 年石油产能的 15%。一战结束后，原来属于德国的石油企业和资产大多落到了英法等国手中，并开始了新一轮争夺罗马尼亚石油资源的博弈。①

---

① 李庆功，徐静之. 战争与能源［M］. 北京：解放军出版社，2014：42.

第一次世界大战期间，在中东发生了一系列的战役，其中一个主要目的就是争夺该地区的石油资源。在伊拉克，土耳其军队占领了巴格达并夺取了英波石油公司在巴格达的资产，进而威胁到英波石油公司当时开采的最大油田所在地——伊朗的阿巴丹。1908 年，阿巴丹首次产出石油，紧接着发现了大大小小的多处油田。伊朗石油的生产和销售从 1909 年以来一直为英波石油公司所控制，1913 年建成了一个当时世界上最大的炼油厂。在一战爆发前的 1913 年，英波石油公司与英国海军大臣温斯顿·丘吉尔商讨，为了换取船只的石油供应，英国政府向英波石油公司注资，获得该公司的控股权，英国政府成为英波石油公司背后的实际控制者。为了保护英波石油公司在阿巴丹的油田和炼油企业，英国军队于 1914 年 11 月占领了离阿巴丹不远的伊拉克的巴士拉，它的战略位置十分重要，扼守着从欧洲通往伊朗油田的战略通道，英军控制了巴士拉，就阻断了土耳其军队对阿巴丹油田的进攻。双方几经战斗，英国于 1917 年 3 月攻陷巴格达，至此，英国军队攻入了土耳其的腹地，使其再也无力对伊朗油田发动新的进攻，阿巴丹的油田和炼油厂也都再没有遭受到任何攻击和破坏。有评论认为，英国派大军千里迢迢来到这里，不惜付出 9 万多人死伤和患病的代价，只是如愿以偿地占领和保护了这里的石油资源。[①]

第一次世界大战结束时，40% 的英国海军舰队用石油作燃料。战争开始时的 1914 年，法国军队只有 110 辆卡车、60 辆牵引车和 132 架飞机，到 4 年之后的 1918 年，已经增加到了 70 000 辆卡车和 12 000 架飞机。同一时期，英国投入到战争中的装备包括 105 000 辆卡车和 4000 多架飞机，这一数字包括在战争的最后几个月里美国的投入。英、法、美在最后的西线进攻中每天消耗的石油达到了出乎人们想象的 12 000 桶。[②] 由此可见，对能源资本的争夺，催生了第一次世界大战；而大战的结果，则是使能源资本在支撑军事力量方面产生了

---

① 李庆功，徐静之. 战争与能源 [M]. 北京：解放军出版社，2014：47.

② 威廉·恩道尔. 石油战争 [M]. 赵刚等，译. 北京：知识产权出版社，2008：43-44.

跃迁效应。

第二次世界大战的基本特征，就是交战双方以强大的军事力量抢夺能源，然后以能源强化自己的军事力量。由于燃油汽车、飞机、舰艇和坦克的使用，石油成为影响战争结局的关键因素。美国在二战期间是全球最大的石油生产国（占全球产量的60%），从而在某种意义上掌握了打开胜利之门的"钥匙"。苏联拥有大量油田，法国、英国与其他盟国可以依赖美国境内与其他海外地区的石油资源。德国和日本却没有这样的资源，它们渴望拥有罗马尼亚、苏联与荷属东印度群岛丰富的化石燃料资源。于是，它们派遣陆军与海军前去争夺。苏德双方激烈争夺高加索的油田（尤其是巴库油田）和罗马尼亚的油田，猛烈破坏对方的石油运输线，一方面是为了让自己获得可靠、充分的石油供应，确保机械化部队发挥威力；另一方面是为了摧毁敌方的石油补给，让对方的坦克、飞机陷入瘫痪。战争中，各方的武装部队得以推进，主要依赖在内燃机的汽缸中燃烧的石油。德国在欧洲发动的"闪电战"，以坦克和飞机为先头部队，采用迅雷不及掩耳之势快速进军。二战也以苏联在1945年以8000辆坦克和11 000架飞机攻克柏林而宣告结束，而这些作战武器和装备都需要大量能源资本的投入。战争取得了胜利，就意味着通过能源资本而对敌方产生了跃迁效应。

日本出于石油地缘政治的思考和判断而选择袭击美国珍珠港。日本在中国陷入苦战的一个瓶颈，就是它没有足够的石油维持其飞机、坦克和舰艇的正常运转。其海军装备一部分是石油驱动，一部分是燃煤驱动，而空军装备则完全依赖石油燃料。日本进口的石油大部分来自加利福尼亚。由于美国对日本的石油禁运，迫使只剩下最后3个月石油储备的日本不得不孤注一掷地偷袭珍珠港，而从天而降的炸弹恰恰敲响了日本军国主义最后覆灭的"丧钟"，使它成为自己的"掘墓人"。

核武器所产生的特殊跃迁效应

自从人类制造出各种武器以来，核武器是迄今为止最令人恐怖的大规模杀伤性武器，因而也成为悬挂在人类头顶上的一柄"达摩克利斯之剑"。核武器为武器领域带来了最明显的跃迁效应。

1945 年 7 月 16 日，世界上第一颗原子弹在美国的新墨西哥州引爆。当时正在德国参加波茨坦会议的美国总统杜鲁门告诉斯大林，美国掌握了"一种威力巨大的武器"。斯大林听完他的话，只是轻描淡写地说了一句"希望能好好利用它来打击日本"。实际上，斯大林甚至比杜鲁门还要早知道美国的"曼哈顿工程"。会议结束后，斯大林立刻要求苏联的技术专家们"加快我们的工作"。①

1945 年 8 月 6 日和 9 日，美国两架 B－29 轰炸机携带两颗原子弹分别投放到日本的广岛和长崎，造成至少 10 万人死亡。原子弹的巨大威力，让人们见识了这种新型超级武器所产生的跃迁效应。

1949 年 8 月 29 日，苏联爆炸了第一颗原子弹，代号"铁克瓦"（意为南瓜），使其成为世界上第二个拥有原子弹的国家。两天之后，消息传到美国，杜鲁门总统一再摇头问道："真的吗？真的吗?"② 9 月 23 日，美国政府才不得不向美国国内宣告，苏联进行了一次成功的核弹试验。③ 斯大林对能打破美国的核垄断十分满意，他幽默地说："假如我们再晚一两年，也许这种炸弹就落到我们头上了。"④ 当时美国确实有考虑使用原子弹来打垮苏联的想法，苏联拥有了核武器才使得美国不得不有所顾忌。⑤

1964 年 10 月 16 日，中国成功爆炸了第一颗原子弹，打破了美国和苏联的核垄断。1988 年 10 月 24 日，邓小平在视察北京正负电子对撞机工程时说："如果 60 年代以来中国没有原子弹、氢弹，没有发射卫星，中国就不能叫有重

---

① https：//baijiahao. baidu. com/.
② http：//www. sohu. com/a/120421908_ 456186.
③ 殷雄，黄雪梅. 世纪回眸：世界原子弹风云录［M］. 北京：新华出版社，1999：219.
④ http：//www. sohu. com/a/120421908_ 456186.
⑤ 殷雄，黄雪梅. 世纪回眸：世界原子弹风云录［M］. 北京：新华出版社，1999：305-308.

要影响的大国，就没有现在这样的国际地位。这些东西反映一个民族的能力，也是一个民族、一个国家兴旺发达的标志。"① 邓小平的话，高度概括了原子弹对中国国际地位提高和中华民族伟大复兴所产生的跃迁效应。

1961 年 9 月 25 日，美国总统肯尼迪在联合国大会开幕式上发表演说，提出了美国的核计划，"我们向苏联提出挑战，目的不是进行一场军备竞赛，而是展开一场和平竞赛，一步一步、一阶段一阶段地共同前进，直到确实取得全面彻底的裁军为止"。肯尼迪的逻辑令人疑惑，他是通过"一步一步、一阶段一阶段"地增强核力量的方式来达到"全面彻底的裁军"的。在联大会议上，肯尼迪倒是如实地描绘了一幅核恐怖的景象：

> 今天……所有的男女和儿童都生活在达摩克利斯的一柄核剑之下。这柄核剑由最细的线悬挂着，这根线随时都可能由于意外事件、估计错误或神经错乱而被人割断……除非人类在社会和政治方面的进步能与武器和技术的进步并驾齐驱，否则，我们的巨大力量就会像恐龙一样，变得无法加以适当的控制。而人类也就会像恐龙一样，从地球上消失。

肯尼迪的这段话似乎对他前面说的"向苏联提出挑战"是一种否定，又提出了新的建议，"合乎逻辑的起点是，签订一项禁止核试验的条约，进而一步步推进世界和平进程"。然而，作为总统，肯尼迪于 1961 年 9 月 15 日下令恢复核试验。

2018 年 1 月 1 日，朝鲜最高领导人金正恩在新年致辞中表示："美国并不能针对我和我们的国家发动战争。美国应正视，整个美国本土在朝鲜的核打击范围之内，核按钮时刻放在我的办公桌上。这绝不是威胁，而是现实。"② 作为回应，美国总统特朗普在推特上发文称："麻烦请转告他，核按钮我也有，

---

① 邓小平文选（第三卷）[M]. 北京：人民出版社，1993：279.
② 金正恩：美国全境都在朝鲜的核打击范围之内[OL]. 参考消息网，2018-01-02.

比他的更大、更厉害，而且真的管用！"①打嘴仗尽管过瘾，但不能解决问题。鉴于核武器的强大破坏力，因此一般情况下在实战中派不上用场，只能作为一种威慑力量而存在。如果发生一场核大战，将对生态环境产生毁灭性的破坏，使受害地区甚至全球出现持续很长时间的"核冬天"。在这种"核冬天"的环境中，能够活下来的生物寥寥无几。2018年7月10日，俄罗斯《真理报》网站报道，美国公开的一份报告指出，即使美国先发制人且俄罗斯没有反击，全世界也会迎来"地狱时代"，特别是美国，其500万人将在发射核弹后的几年里死于饥饿。如果美国先发制人，俄罗斯将失去约86%（按运载工具计算）或87%（按吨位计算）的战略核力量，残余力量足以对美国所有主要城市发动攻击。如果俄罗斯先发制人，美国剩余的核反击力量将有30%（按运载工具计算）或44%（按吨位计算）。无论谁先发起，打击有几次，核大国之间的冲突必将导致共同灭亡。② 正是这种可怕后果，迫使拥有毁灭地球的核力量的核大国谁也不敢轻率地按动核按钮，最终还是要用政治、外交语言来对话。这也就是金正恩与特朗普于2018年6月12日在新加坡举行首次朝美两国领导人会晤、就朝鲜半岛无核化及和平机制构建等事务展开磋商的真正原因。这个事件也是核能这种强大的能源资本对遏制战争所表现出来的反跃迁效应，使其成为有核国家之间关系的稳压器、战争的制动阀以及地区乃至世界和平的压舱石。

结　语

　　中国战国时期的思想政治家韩非说："上古竞于道德，中世逐于智谋，当今争于气力。"由于社会的发展和世故人情的变化，解决问题的方式也会随之

---

①　特朗普：金正恩有核按钮？我的更大更厉害[OL]. 观察者网，2018-01-03.
②　核冲突必将导致共同灭亡[N]. 参考消息，2018-07-12.

发生相应变化，仅靠"道德"和"仁义"不能解决所有问题。"当今争于气力"，更能深刻说明阶级社会局势的发展和演变以及国家的兴衰、聚合和强弱的轨道。因此，任何一个主权国家都必须加强军备，做好战争准备，因为"治兵然后可以息兵，讲武而后可言偃武"①。一个国家只有常习"武事"，才能避免"战事"，充分搞好武备，才能拥有和平。常讲武事、长于戒备，而又不穷兵黩武，才能使国家、民族立于不败之地。

社会发展一般来说是缓慢的、渐进的，只有战争才会使某些形态的变化成为急剧的、突变的。因此，战争对人类社会的影响，从来都不应该被低估。人类工业文明的先进性体现在战争手段方面。在冷兵器时代，人们看重的是刀、枪、剑、戟、斧、钺、钩、叉等武器的制造质量和使用的熟练程度，表现在战争形态上就是双方兵对兵、将对将的单打独斗。游牧部落生产力落后，但军事上有优势，就是骑兵，南方农耕民族遇到北方威胁，往往处于被动挨打的境地。中国战国时期赵武灵王的"胡服骑射"，就是学习先进的军事思想和军事技术，以马力代替人力，这是一种能源形态的转型。火器的问世，不仅极大地改变了战争的进行方式，更为重要的是从根本上改变了人类的生活。

各种能源形态的价值潜能的发挥，取决于将能源资产转化为资本的技术手段。技术的进步改变了战争的形态，现代战争早已不是靠飞机军舰打赢的，大国崛起更不可能靠宣传与浮夸，而是核心高科技领域的匠心独运与日积月累的寂寞积累与投入。②能源资本的投入，是科技创新的第一推动力，搭建了能源资产转化为资本的技术平台，就是拥有了对能源资本的控制权，就可以赢得战争的主动权。反过来说，只有具备强大的军事力量，才能拥有、控制或争夺能源资源，进而通过合适的技术平台将能源资产转化为能源资本，使其能够持续创造价值。因此，能源资本与军事力量之间具有一种跃迁效应。

---

① （明）胡宗宪. 筹海图编.
② 中兴通讯陨落：大国崛起的成色与试金石［OL］. 公众号《格隆汇》，2018-04-18.

产油国有石油，但仅仅把石油作为资源或资产出售而换成了各种花花绿绿的货币，而没有将其潜在价值挖掘并固定，也就是没有将其转化为资本，因而也就没有形成能够保护和利用能源资源的国家力量尤其是军事力量。相反，一些能源资源消费量很大的国家，虽然缺油少气，但可以通过货币资本、人力资本和技术平台的结合，在适宜的市场环境中将有限而宝贵的能源资源转化为资本，进而利用能源资本的力量去寻求、争夺或控制更多的能源资源，其中的手段之一就是建立强大的军事力量。一旦能源资本与军事力量结合起来，就会产生明显的国家综合实力的跃迁效应。

在所有的军事力量中，核武器无疑是最具有杀伤力和摧毁性，也是最有威慑力的武器。在这个世界上，劝说别人做正确选择，比自己采取正确选择要难得多。① 美国作为世界第一核大国，它对核武器的态度决定了世界核博弈的强度和规则。大国如果失去了核威慑，或者核威慑的有效性被严重质疑，就会像失去万有引力一样变得轻飘飘。为了防止和反对核战争，中国拥有着最低水平的核威慑力量。但是，在今天的世界上，仅仅最低水平的核威慑是远远不够的。中国作为世界第二大经济体，被美国视为第一大潜在战略对手，中国的核力量应当跟上这一变化的形势。如果中国的核威慑能力不加快提升，那么会付出比加强核力量所需投入大得多的代价。核能本身作为一种能源资本，它是可以持续创造价值的。对于中国这样的发展中大国，为了维护和平、保卫国防，投入必要的能源资本来加强核力量是极具价值的明智之举，这种行为本身就是在利用核力量的跃迁效应来创造更大的价值。

不可否认，能源资本应用于军事力量并最终发动了战争，除了对交战双方的力量对比产生跃迁效应之外，还会产生很多的副作用。一是耗费自然资源和经济建设的成果，本质上是耗费能源资本。二是造成生态环境的破坏，比如，战争之后的疫病，就是能源资本驱动因子在战争中引发的后遗症，形成了对生

---

① 美国加强核优势，中国不可等闲视之[N]. 环球时报，2018-01-09.

态环境破坏的蝴蝶效应。三是制造人道主义灾难，使无辜生灵遭受战争的蹂躏。四是毒化人类的道德良知，把"你死我活"的战争当作游戏一样来看待。战争停下来，也有能源资本的约束因子的作用。因此，军事力量建设应适可而止，不可耗费过多的能源资本。

综上所述，我们可以得出这样的结论：能源是军事引擎的燃料，能够激发出强大的力量；军事力量是能源安全的卫士，可以有效保障能源供应；能源资本投入军事力量建设，可以产生明显的跃迁效应；强大的军事力量可以使能源资本的使用价值产生跃迁效应。能源资本与军事力量之间的协调互动可以产生双向跃迁效应。

第七章

能源资本与大国博弈的杠杆效应

由于能源资本 DNA 结构中的四种"基因"都是作为大国和强国的主要指标，因此，对于能源资本的争夺，是大国之间力量博弈的主要内容。能源资本与经济增长、生态环境、技术创新和军事力量之间的干涉效应、蝴蝶效应、乘数效应和跃迁效应，在一定的条件下会产生一种叠加效应，这种叠加效应在大国博弈之中就表现出一种杠杆效应。这种杠杆效应所具有的强大力量，足以撬动大国之间的力量对比。

引言　杠杆效应

杠杆是一种简单机械。在力的作用下能绕着固定点转动的硬棒就是杠杆。

中国战国时代的墨子最早发现了杠杆原理，在《墨子·经下》中进行了精辟的论述。① 墨子用"衡"表示秤杆，用"权"表示秤砣，用"本"表示秤杆上重物端的力臂，用"标"表示秤杆上秤砣端的力臂。处于平衡状态的秤杆，在其中任何一端加上重量，另一端就会立即下垂。如果标端的秤砣和本端的重物处于相应位置时，可获得平衡，那一定是本端的力臂短而标端的力臂

---

① 《墨子·经下》有记载："衡加重于其一旁，必捶。权重相若也相衡，则本短标长。两加焉，重相若，则标必下，标得权也。"

长。两端同时加一重量相等之物，则标端必然下垂，这样便可以把物体的重量称量出来。

在墨子论述了杠杆原理 200 多年之后，古希腊科学家阿基米德也发现了杠杆原理。据说，阿基米德在亚历山大里亚留学时，从埃及农民提水用的吊杆和奴隶们撬石头用的撬棍受到启发，发现可以借助一种杠杆来达到省力的目的，而且发现手握的地方到支点的这一段距离越长，就越省力气。由此，他提出了这样一个定理：力臂和力（重量）的关系成反比例。这就是杠杆原理。杠杆起作用的三个要素是：支点、施力点和受力点，它们分别就是墨子所使用的"衡""标"和"本"这三个术语。在中国古代科学中，"权重"这一术语最早是在《墨子》中出现的，其意为分量、比重。当今数学中的"加权平均"这一概念，就是这个意思。客观地说，杠杆平衡原理的发现权应归于墨子，而不是 200 多年后的阿基米德。

简单地说，利用杠杆原理所产生的结果就是杠杆效应，其鲜明特征是以小博大，就是以较小的力量撬动较大的力量。阿基米德曾经说过这样一句霸气的话："只要给我一个支点，给我一根足够长的杠杆，我连地球都可以撬动。"当今世界，能够撬动大国之间各种利益博弈的杠杆有很多，包括政治、经济、科技、军事、民族、宗教、文化等。能源资本 DNA 结构的四个"基因"中，还有一个市场环境，涉及的范围很广泛，基本上涵盖了上述因素。因此，能源资本的遗传基因就决定了它必然成为大国博弈的工具，这个工具类似于杠杆，它能够撬动当今大国之间的力量对比，而且会产生明显的杠杆效应。

苏联解体的能源资本杠杆效应

里根政府搞垮苏联的战略计划

俄罗斯总统普京曾经说过，1991 年的苏联解体是"20 世纪最严重的地缘政治灾难"①。有关苏联解体的原因，有许许多多的观点和论述。美国中央情报局的前雇员、曾作为美国雇佣的大批专家之一的彼得·施魏策尔认为，"克里姆林宫在其生存的最后十年中所面临的一个核心和长期的问题，便是资源危机"，"苏联领导层20世纪80年代所面临的'资源危机'，并不是由美国的政策所造成的，而是这种体制的一种内禀特征"。②

事实上，里根政府上台后，就制定了蓄意搞垮苏联的战略计划。其中，包括开展一场具有进攻性的高技术国防建设，使苏联在经济上感到严重的压力，并且加剧其资源危机。③

能源资本DNA结构的四种"基因"是货币资本、人力资本、技术平台和市场环境。里根政府的战略计划基本上涵盖了这四种"基因"。通过压低石油和天然气价格而限制苏联硬通货收入，以削弱其货币资本的来源；实施高技术国防建设的"星球大战计划"，以消耗其货币资本和人力资本；减少苏联获得西方高技术的可能性，以摧毁和削弱其技术平台；其他方面的政治、军事和外交政策目的就是恶化苏联所处的市场环境。里根政府的战略计划是一个全面的计划，其中把能源资本作为一个很重要的杠杆来使用，最终的结果是产生了苏联解体这个杠杆效应。

苏联的资源危机：深深的内忧

20世纪70年代之前，苏联的食品短缺与工厂缺乏效率的问题一直存在，到了80年代，这些经济困难变得更加棘手了。米哈伊尔·戈尔巴乔夫为了解决这一根本问题才发起了改革。苏联的资源危机主要体现在三个方面。

一是食品严重短缺。这是苏联实行集体农庄之后长期存在的问题。时任美国中央情报局局长威廉·凯西在其整个任期内，每周五都将一些原始资料呈送

---

① http://www.360doc.com/content/12/0520/20/667974_212378921.shtml.
② 彼得·施魏策尔. 里根政府是怎样搞垮苏联的[M]. 殷雄，译. 北京：新华出版社，2001.
③ 同上，11.

里根总统，这一举动对里根及其对苏联的看法产生了巨大的影响。

二是西方的技术封锁。苏联在计算机技术方面要落后西方 10 年，在第三次技术革命中，许多重要领域都是跟在美国的屁股后面。到 1986 年美国全力实施技术封锁战略，导致苏联不能合法地购买到美国等西方国家的高技术。

三是石油价格持续下降。世界上没有一个石油生产国能够比沙特阿拉伯对世界石油价格产生更大的影响。当时世界石油市场上每天有 200 万～300 万桶的过剩供应量，大多数石油输出国组织（欧佩克，OPEC）国家强烈要求沙特阿拉伯削减出口量，以便将每桶石油价格从 32 美元增加到 36 美元。美国策动其他产油国增加产量、降低油价的策略非常有效。沙特阿拉伯情报首脑图尔克·费萨尔亲王对凯西保证，沙特阿拉伯"将顶住减少石油产量与提高石油价格的任何压力"。据美国估计，石油每桶降价 1 美元，苏联的石油收入便会减少 10 亿美元。缺乏硬通货的苏联，到了山穷水尽的地步。①

苏联没有把宝贵的石油资源转化为可以持续创造价值的资本，只是单纯地依赖石油收入。一旦石油收入减少，石油这根"杠杆"便撬动了苏联大厦的根基。

美国的石油武器：重拳出击

美国对付苏联最有效的武器就是石油。美国为了用好石油武器，采取了三项有效的措施。

一是拉拢沙特阿拉伯。冷战期间，能源是一个重要的战场。能源市场上的博弈是一场"零和"游戏，唯一的问题就是谁可能成为赢家。20 世纪 70 年代，欧佩克所钟爱的对石油生产的实际垄断已经不复存在了，但该组织仍然具有强大的势力与影响。将石油价格降下来，这是美国新政府的一项重要目标，因为它对于美国经济具有极大的益处。与其他任何国家所不同的是，沙特阿拉

---

① 彼得·施魏策尔. 里根政府是怎样搞垮苏联的 [M]. 殷雄，译. 北京：新华出版社，2001：6、37.

伯这个世界上最重要的石油生产国能够决定谁是赢家谁是输家，因此沙特阿拉伯就成为美国政府制定政策的焦点。[①] 沙特的石油产量占欧佩克产量的40%，与其他石油生产国不同的是，沙特还能够迅速地动用石油储量。这就意味着沙特具有一种石油生产的弹性，能够极大地影响世界石油价格。美国政府向沙特阿拉伯出售先进战斗机和机载报警与控制系统，以此换取沙特阿拉伯采取使美国经济受益、加重苏联经济负担的石油政策。

二是对苏联实施技术禁运。苏联的能源项目乌连戈伊-6，是一条从西伯利亚北部的乌连戈伊天然气田通向苏联与捷克斯洛伐克接壤地区的天然气管道，全长3600英里。这条连接到西欧的天然气管道，每年将向法国、意大利和当时的联邦德国三国联盟输送1.37万亿立方英尺的天然气，每年可为莫斯科带来多达300亿美元的硬通货收入。这条天然气管道一旦投入使用，那么奥地利、柏林和巴伐利亚对苏联天然气供应的依赖程度将是90%～100%，联邦德国对苏联天然气的依赖程度已经达到60%，而不是公开引述的30%的最高限度。[②] 1981年6月，美国中央情报局能源分析专家撰写了一份描述苏联能源领域的图景报告，说明苏联很需要引入西方技术。苏联估计其石油储量为60亿～120亿吨，但是如果利用当时苏联的开采技术，那么这些石油将越来越难以开采了。如果要维持产量并且开采新的石油，那么就需要西方的技术。在伏尔加—乌拉尔地区、俄罗斯的欧洲部分、高加索和中亚地区许多最容易开采的油田，其石油产量直线下降。据报道，莫斯科每年都要花费巨资来维持油田的生存。20世纪70年代初期，为了维持其石油工业，苏联每年要投资约46亿美元。1976—1978年，每年的投资超过60亿美元。20世纪80年代初期，每年的投资额急速增长到90亿美元。苏联打算通过大量购买西方技术来缓解这些难题。据推测，如果苏联无法获得这些技术，那么它将耗费数十亿美元进行

---

① 彼得·施魏策尔. 里根政府是怎样搞垮苏联的[M]. 殷雄，译. 北京：新华出版社，2001：31、61.
② 同上，51-53.

研发。据估计，在苏联当时约有 10 万人从事技术文件的翻译工作，在美国人看来，"苏联获取西方的技术，就是他们的生命线"。切断这条"生命线"，是美国早期的一项重要目标。美国采取的办法，就是通过"巴黎统筹委员会"①对出口苏联的相关技术进行禁止，使得苏联与西方和日本的一些合作项目无法进行下去。美国限制苏联获得石油和天然气方面的技术，有时也搞一些真假结合的情报卖给苏联。1981 年 10 月，美国海关开始实施一项旨在扰乱向莫斯科出口美国技术的大规模计划。

三是压低石油价格。20 世纪 70 年代，当石油价格扶摇直上时，苏联从石油出口中获得的硬通货收入增长了 272%，而出口则增长了 22%。世界石油市场的价格对苏联经济的生存能力起着决定性的作用。② 石油价格的下降要么是由于需求减少（这种情况非常不大可能出现），要么是由于产量明显增加。如果沙特阿拉伯以及拥有可采石油储量的其他国家增加产量，因而使世界石油产量每天大约增加 270 万～540 万桶时，那么世界石油价格将下降大约 40%，这对于美国经济的总体影响是十分有利的，但是它对苏联的经济将造成"毁灭性的影响"。苏联在获取硬通货方面严重依赖能源出口，石油价格的下降意味着收入的减少。另外，与其他石油生产商不同的是，苏联不能通过增加产量来增加收入，因为苏联的石油生产能力早已达到极限。③ 凡是能够压低石油价格的办法，美国都试了。一是让沙特和英国增加石油产量；二是停止购买用于战略石油储备的原油；三是当石油价格开始攀升时协调其盟国抛售储备石油。

---

① 巴黎统筹委员会（简称"巴统"）的正式名字是"输出管制统筹委员会"（Coordinating Committee for Multilateral Export Controls），是 1949 年 11 月在美国的提议下秘密成立的，因其总部设在巴黎，通常被称为"巴黎统筹委员会"，共有 17 个成员国（美国、英国、法国、德国、意大利、丹麦、挪威、荷兰、比利时、卢森堡、葡萄牙、西班牙、加拿大、希腊、土耳其、日本和澳大利亚）。被巴统列为禁运对象的不仅有社会主义国家，还包括一些民族主义国家，总数约 30 个。1994 年 4 月 1 日，巴统正式宣告解散。然而，它所制定的禁运物品列表后来被《瓦森纳协定》所继承，延续至今。

② 彼得·施魏策尔. 里根政府是怎样搞垮苏联的[M]. 殷雄，译. 北京：新华出版社，2001：123.

③ 同上，164、166.

上述三个方面，是构成美国"石油武器"的核心要素，它涵盖了能源资本 DNA 结构中的四种"基因"，特别是技术平台的限制与市场环境的恶化，使得苏联的能源资产转化为资本的能力和水平大为降低，持续创造价值的"遗传基因"在很大程度上出现了"变异"，导致苏联通过能源资本获取国家急需的美元硬通货的努力受到极大的阻碍。美国成功地运用能源资本这个有效的杠杆撬动了苏联帝国的根基。

"星球大战"计划：雪上加霜

1982 年初，里根总统和几位重要顾问开始制定一项战略，决定对苏联的基本经济与政治弱点进行攻击。当年 5 月，里根签署了一份秘密国家安全决策备忘录，提出了美国针对苏联的军备战略。1983 年 3 月 23 日，里根总统向全国发表演说，他情绪激动地表示美国将开始对"战略防御倡议"进行研究，并"将全力推动这项工作"。[①] 里根之所以对"战略防御倡议"感兴趣，主要是他认为世界将不再面临核威胁了，而且通过对这个系统的研发，还可以对苏联经济形成更大的压力。例如，在一份国家安全决策指示中，美国按照"成本效益标准"对这个系统的价值进行了部分评估，认为其价值"要用经济术语来表达，但又不仅仅是一个经济概念"。这就意味着，该系统的价值不仅要从战略角度来衡量，而且还要从苏联为了对付这个系统而遭受多么严厉的经济惩罚的角度来衡量。[②]

苏联加强军事力量不是为了增强国家防御能力，而是同美国进行军备竞赛，旨在同美国争夺世界霸权。美国前国家安全顾问阿伦指出："我认为里根并不是把'战略防御倡议'看作是一个能够保护美国的屏障，因为这个系统并不是无懈可击的。我认为他的想法是，这一举措最具刺激性，因为如果苏联

---

① 彼得·施魏策尔. 里根政府是怎样搞垮苏联的[M]. 殷雄，译. 北京：新华出版社，2001：157.
② 同上，158.

看到我们把大把大把的美元花在这个上面，那么他们必定会上当受骗。"苏联也清楚这一点。苏联《消息报》曾经指出："他们想把一场甚至更具毁灭性的军备竞赛加到我们的头上。他们以为苏联将不会对这场竞赛奉陪到底，因为苏联缺乏资源，也缺乏技术潜力。他们的图谋就是要把我们国家的经济拖垮。"①

"战略防御倡议"实际上是一场资源大战。苏军总参谋部命令国防部制订一项开发新武器系统的五年计划，以代替苏联"过时"的武器系统。苏联在自己的战略防御系统方面已经进行了多年的努力，花费了数十亿美元的资金，耗费了数千名科学家的心血。但是，他们面临着少有的技术与后勤供应问题。

为了争夺世界霸权，对于美国的"战略防御倡议"，苏联还是"奉陪"了。在戈尔巴乔夫看来，"战略防御倡议"是美国想进一步加重苏联经济负担的一项计划。"美国想在更现代和更昂贵的空间武器竞赛中拖垮苏联的经济，"他在莫斯科电视台对苏联人民说，"它想为苏联领导层制造各种各样的难题，包括社会领域，妄图破坏苏联提高人民生活水平的计划，从而激起人民对领导层的不满。"苏联新的五年计划要求在先进武器方面投入更多的钱。正如戈尔巴乔夫在后来所承认的那样，1986—1990 年，苏联国防开支的计划增长率是每年 8%，是国民收入增长率的一倍。在下一个五年中，国防开支总计将增长45%，这是令人惊讶的。②苏联军费开支曾达到占其国内生产总值 1/4 的难以承受的水平。

20 世纪 70 年代石油价格较高时，克里姆林宫感到很轻松。1973—1982年，苏联出口能源的收入增长了 14 倍，而出口量甚至没有翻一番。在那个时期，苏联的"进出口比价"增长了 65%，即一定数量的出口物品能够换回比这个数量多出大约 2/3 的进口物品。但是，世界石油价格令人吃惊地下跌，使得这个过程发生了剧烈的反转。因此，从西方进口的许多能够勉强维持苏联生

---

① 彼得·施魏策尔.里根政府是怎样搞垮苏联的[M].殷雄，译.北京：新华出版社，2001：159.
② 同上，270.

存的物品（食品、机床和日用消费品）变得极其昂贵。到了 1986 年 7 月，苏联要从当时的联邦德国购买一台特定的设备，所需要的石油出口比一年前多出 5 倍。① 自苏联解体以来，俄罗斯国力总体呈现衰减之势。

综上所述，在美国所采取的各项政策中，能源资本起到了撬动苏联大厦基础的杠杆作用。不管是热战，还是冷战，抑或是太平盛世，能源资本作为一种杠杆，它总是可以撬动大国博弈的力量对比，并且产生了明显的杠杆效应。

切尔诺贝利核事故：最后一根稻草

"切尔诺贝利"在乌克兰语中的意思是"艾叶"。切尔诺贝利核电站是苏联在乌克兰境内建设的第一座核电站，兴建于 20 世纪 70 年代，位于基辅市以北 130 多公里外的普里皮亚季镇，这座小城的居民曾经以它为自豪。1986 年 4 月 26 日，切尔诺贝利核电站第四号核反应堆发生爆炸，成为世界上最严重的核事故之一。4 月 27 日，瑞典一家核电厂的技术员惊讶地发现，周围空气中出现了高得不正常的核辐射——切尔诺贝利的核烟云已经飘到了欧洲！接下来丹麦、挪威和芬兰的监控站也陆续发现了类似的情况。直到瑞典政府提出交涉，苏联才发现事情闹大了。1986 年 4 月 28 日晚 9 时，苏联电视台第一次袒露实情，此时距离事故发生已经过去了整整 60 个小时。整个世界震惊了。② 在 1986 年 7 月 3 日的政治局会议上，戈尔巴乔夫在发言中对于事故中很多人的表现都大为失望："30 年里，我们从你们——科学家、专家和部长们——那里听到的是，这里一切都很安全。你们认为我们会把你们视为上帝，但一切均以失败告终。结果表明部长们和科研中心都毫无控制能力。整个体系都弥漫着奴性、谄媚、宗派主义、打击异己、文过饰非以及领导者之间的私人和裙带关系。"③ 他认为："切尔诺贝利核事故暴露了我国的许多病灶：隐瞒灾难和负面

① 彼得·施魏策尔. 里根政府是怎样搞垮苏联的[M]. 殷雄，译. 北京：新华出版社，2001：292.
② 米哈伊尔·戈尔巴乔夫. 孤独相伴. 潘兴明，译. 南京：译林出版社，2015：324.
③ 同上，326.

事件、无责任感、粗心大意、工作懈怠和酗酒成风。然而，我知道这些问题不会通过使用行政压力、纪律或严厉措施就得到解决。"① 戈尔巴乔夫实际上表达了这样一个，苏联这个病入膏肓的体系，才是切尔诺贝利悲剧的根源！

切尔诺贝利核事故给苏联造成的直接损害就是极大的财政负担。戈尔巴乔夫在其回忆录《孤独相伴》中这样描写 1986 年的苏联："在我国社会和政府受到切尔诺贝利事故的巨大冲击之后，国家的财政状况变得更加复杂。石油价格下降到了每桶 10 ~ 12 美元。这对我们的打击同样沉重。正当我们努力完成 1986—1990 年的发展计划时，现金收入下降了三分之二。"②他还说："对于我而言，这是改革时期的重大关头之一，也是我人生的重大关头之一。我们必须忍受艰难困苦，进行反思，得出结论，面向未来。可以这么说：我的人生分为两大时期，即切尔诺贝利事故之前和之后。"③ 2006 年，戈尔巴乔夫在纪念切尔诺贝利核事故20 周年的一篇文章的开篇就语出惊人地说："切尔诺贝利核事故可能成为 5 年之后苏联解体的真正原因，其重要程度甚至要超过我所开启的改革事业。切尔诺贝利灾难的确是一个历史转折点，其前后的两个时代迥然不同。"④ 的确，切尔诺贝利核事故的恶劣影响，以及天文数字般的善后费用，都给了苏联沉重的打击。至少从表面上来看，切尔诺贝利核事故是压垮苏联这头巨型骆驼的最后一根稻草。

其实，苏联解体并不是单一的因素所致，内因与外因的结合导致并加速了苏联的垮台。其中，大规模的军备竞赛制约了人民生活水平的改善和提高，进而给苏联带来了恶果。苏联衰落、解体的根本原因在其内部，但正如苏联将军卡卢金所说："美国在 20 世纪 80 年代的政策成为苏联解体的催化剂。"美国最"高明"的政策之一，就是"以其人之矛，攻其人之盾"，学习阿拉伯产油国

---

① 米哈伊尔·戈尔巴乔夫. 孤独相伴：戈尔巴乔夫回忆录[M]. 潘兴明，译. 南京：译林出版社，2015：327.
② 同上.
③ 同上.
④ 梁强. 切尔诺贝利的政治意义[N]. 南风窗，2006-05-30.

家当年对付自己的办法，端起石油桶，浇在苏联内部已经燃烧起来的火堆上。1991 年 12 月 25 日，苏联国旗从克里姆林宫上空缓缓降下，一个庞大国家就这样走到了尽头。

能源资本对大国博弈的杠杆效应

能源外交在大国博弈中的地位和作用

美国学者丹尼尔·耶金曾经说过一句有关国际能源政治的箴言："石油，10% 是经济，90% 是政治。"[①] 既然是政治，就少不了外交，其中就包括能源外交。能源外交，是以能源为手段的外交，也是以能源为内容的外交。能源外交起源于石油政治，石油资源的开发与石油市场的开拓、石油供给的稳定与石油运输的安全，长期以来一直是能源外交的主题。在大国的外交博弈中，能源资本就是一根杠杆，它能够产生明显的杠杆效应。

迄今为止，人类还没有摆脱对石油的依赖，石油本身的重要性并没有被削弱。美国前副国务卿纽瑟姆曾表示："如果世界是一个圆的平面，而有人要寻找圆心的话，我们有充分的理由说，圆心就在海湾地区。……在当今世界，没有任何地方像海湾地区这样集中了全球的利益。没有任何地区对世界经济持续稳定的发展像海湾地区那样起关键作用……"[②]

从历史上看，石油作为主要的能源形态，在大国外交中产生了三种结果。

一是因石油而结盟。二战时的英美结盟使美国成为同盟国阵营的最主要油源，战后，石油作为特殊商品，在国际政治经济中继续扮演着重要角色。"国际石油经济总是与国际政治，特别是世界霸权主义政治和地区霸权主义政治以及反霸权主义政治，紧密地纠缠在一起"。[③] 1960 年 9 月 14 日，产油国组建了

---

① 王海运，许勤华. 能源外交概论 [M]. 北京：社会科学文献出版社，2012：8.
② 张士智，赵慧杰. 美国中东关系史 [M]. 北京：社会科学文献出版社，1993：262-263.
③ 陈悠久. 石油输出国组织与世界经济 [M]. 北京：石油工业出版社，1998：9.

石油输出国组织，美国与沙特阿拉伯结盟是其主导因素。1973 年，第四次中东战争促使阿拉伯国家集体使用石油武器，制裁支持以色列的西方国家，迫使它们逐步改变在阿以问题上的立场，调整各自的中东政策。1974 年 2 月，在第一次石油危机之后，石油消费国决定成立能源协调小组来指导和协调与会国的能源工作。同年 11 月 15 日，世界经济合作与发展组织（OECD）各成员在巴黎建立国际能源署（IEA），其宗旨是协调成员国的能源政策，发展石油供应方面的自给能力，共同采取节约石油需求的措施，加强长期合作以减少对石油进口的依赖，石油发生短缺时按计划分享石油，以及促进它与石油生产国和其他石油消费国的关系等。

二是因石油而交恶。战后的历次中东战争、两伊战争、苏联入侵阿富汗、英阿马岛之战、伊拉克入侵科威特、两次海湾战争，都是因石油而交恶的结果。石油对于阿拉伯国家来说是威慑、打击对手的最有效武器：如果你敌视我们，你就得不到石油；如果你中立，就可以得到石油，但不能像以前那样多；如果你持友好态度，就可以得到和以前一样多的石油。[①] 埃及前总统纳赛尔甚至称石油为"阿拉伯力量的三要素之一"。1948 年第一次中东战争中，伊拉克切断了通向以色列海法港的输油管线；1956 年第二次中东战争中，苏伊士运河石油运输被切断，沙特对英法实行石油禁运，导致欧洲出现油荒；1967 年第三次中东战争中，伊拉克、阿尔及利亚、科威特和沙特等国宣布停产，并对支持以色列的国家实行禁运；1973 年 10 月第四次中东战争中，叙利亚、黎巴嫩、沙特、伊拉克、科威特、卡塔尔、阿联酋等国以减产、禁运和提价为手段，打击亲以的西方势力，从而引发了第一次石油危机。这是阿拉伯国家第一次成功地大规模集体使用石油武器。

三是因石油而获益。日本是战后施展能源外交最出色的国家，保证外部石油供应稳定和运输通道畅通是日本外交的首要任务。1957 年，日本政府第一

---

① 丹尼尔·耶金. 石油·金钱·权力[M]. 北京：新华出版社，1992：653.

份外交蓝皮书强调了经济外交对于日本的重要意义。20 世纪 60 年代，石油取代煤炭成为日本最主要的能源（1950 年，煤炭在日本能源消费结构中比重为 85%，石油为 3%；到 1970 年石油比重上升到 70% 以上，煤炭降到不足 25%），能源外交在日本经济外交中的地位日益突出。1973 年的石油危机使日本经济遭受毁灭性打击，为了确保能源供应安全，日本被迫放弃与美国协调一致的亲以色列政策，转而采取亲阿拉伯的中东政策。此后，日本长期坚持对中东的"石油外交"政策，有效地保证了其能源供应。沙特政府对美国开展以石油换安全的能源外交，承诺向美国提供廉价石油，保证国际原油市场稳定，以此换取美国对其在政治和安全上的支持。

在石油危机的打击下，欧洲调整了中东政策，《布鲁塞尔宣言》要求以色列撤出 1967 年战争以来占领的阿拉伯领土，保证巴勒斯坦人的合法权利；日本脱离了美国中东政策的轨道，其"新中东政策"力图改善同阿拉伯国家的关系；美国也开始被迫调整中东政策，1975 年首次承认巴勒斯坦问题是阿以冲突的核心问题。石油武器的使用是阿拉伯国家反以斗争的一个创举，不仅重创了西方阵营，促使其内部出现分化，而且大大促进了第三世界国家的崛起，推动了第三世界国家反对旧的国际政治经济秩序的斗争。

历史证明，石油始终与国际政治紧密相关，不含政治的石油几乎是不存在的。谁占有了石油，谁就拥有了世界。美国在 1991 年发动海湾战争的一个重要原因，就是希望确保科威特和沙特能继续向世界市场顺利供应石油。这不但对美国，也对其欧洲盟国和日本都至关重要，从这一点上我们也可以看出，为什么这些国家愿意为战争提供人力和金钱支持。美国发动伊拉克战争的原因之一，就是美国感觉沙特似乎不再可靠，如果能在伊拉克扶植一个可靠的盟友，那么从中东获得石油将是非常安全的。

值得指出的是，能源与外交具有一种互补性，主要体现在：外交与内政具有互补性，能源是内政的有机组成部分，能源是外交的重要工作内容，能源从业者与外交人员存在分工合作，能源贸易需要通过外交工作的协助。随着人类社会生产力的进一步发展和大国博弈的日趋尖锐和复杂，能源外交越来越显示出其独特的作用。

早期西方列强对能源资本的争夺

自第二次工业革命以来，世界主要国家就开始争夺以石油为标志的能源资源了。在一战前后，它们主要采取资本渗透的办法取得对能源资源的控制权和占有权。

19世纪末20世纪初，英国和德国在能源领域的争夺，主要是巴尔干和中东地区。第一次世界大战前夕，法国、德国、英国、奥匈帝国的金融资本都向这里大量输出，相互之间排挤和倾轧，在争夺罗马尼亚石油资源方面表现得尤为突出。

1862年，一家名为约克逊·布朗的英国公司在罗马尼亚成立，两年后发展成为资本雄厚的"瓦拉希亚石油"，把整个普拉霍瓦一带的油田都买了下来，并在布拉依拉建造了一个炼油厂。从此以后，外国资本就越来越多地侵入罗马尼亚石油工业，攫取了许多重要油田。德国对罗马尼亚石油投资甚多，德国石油公司的主要投资者为德国各家银行，在获得对罗马尼亚石油公司的控制权后，它们投入了更多资金进行石油开采和生产，到1914年，德国对罗马尼亚的石油投资占罗马尼亚石油总投资的37%，英国占皇家荷兰公司和盎格鲁－波斯公司总投资额的30%。1908年，美国标准石油也在普洛耶什蒂建立了一家当时最大的炼油厂。随着各国资本的进入，罗马尼亚石油资产的价值潜能被开发和固定下来，一旦将这种资本运用于战争中，这种价值潜能便会对交战双方的实力产生跃迁效应。列强对罗马尼亚石油资源的争夺，成为引发第一次世界大战的重要因素之一，这片石油产地也成为大战中的一个激烈的战场。[①]

连接欧洲大陆和伊拉克巴格达的现代铁路建设问题，一直是德英冲突的焦点。德意志银行董事卡尔·贺尔菲里奇认为，在1914年之前的15年里，除了

---

① 李庆功，徐静之. 战争与能源[M]. 北京：解放军出版社，2014：36.

德国海军舰队日益强大之外，没有任何问题能像巴格达铁路建设那样引起伦敦和柏林关系的进一步紧张。在柏林—巴格达铁路的建设上，英国与德国进行了一场旷日持久的明争暗斗。①

1888 年，德意志银行牵头成立了一家公司，该公司获得了建设和维护在君士坦丁堡外（现伊斯坦布尔），连接海达—帕莎与安哥拉之间铁路线的特许权。公司被命名为安纳托利亚铁路公司，其主要股东是奥地利人和意大利人，也有一小部分英国股份。1889 年，在德意志银行的领导下，一群德国工业家和银行家从奥斯曼政府那里获得了一项特许权，建设从首都君士坦丁堡横穿小亚细亚安纳托利亚的铁路。1896 年，柏林到科尼亚的铁路开通，古老而富裕的底格里斯河和幼发拉底河河谷从此被现代化的交通运输基础设施连接在一起。1899 年，奥斯曼政府又批准了第二阶段的建设任务，即"柏林—巴格达铁路项目"。德国决定，从 19 世纪 90 年代开始，与土耳其建立牢固的经济联盟，大力开发德国工业品出口到东方的新市场，柏林—巴格达铁路项目是这一重大而可行的经济战略核心。隐藏于这个项目后面的不可告人的目的，就是获得潜在的石油供应。对此，英国当然会跳出来反对。

1899 年 11 月，德皇威廉二世访问君士坦丁堡后，在温莎城堡会见了英国女王维多利亚，邀请英国参与柏林—巴格达铁路项目。德国人知道，如果没有英国的积极支持，这项工程将面临极大的困难，不仅仅是政治上的困难，也有资金上的困难。这条铁路最后一段的建设规模远远超出了德国银行的资金调配能力，即使有德意志银行这样的大银行，仅靠德国也是不能胜任这么巨大的工程融资任务的。

在此之前，中东的铁路设施都是英国人或法国人建的，而且这些铁路都很短，只在叙利亚境内或别的地区连接了几个关键的港口城市，从来没有将广大的中东内陆地区与现代工业化地区相连接。这条铁路一旦延伸到巴格达，再延

① 威廉·恩道尔. 石油战争[M]. 赵刚等，译. 北京：知识产权出版社，2008：25-31.

伸到不远的科威特，将在欧洲和整个印度次大陆之间建立起一条价格低廉而快捷的交通通道。在英国看来，这正是问题的关键。当时被派往塞尔维亚军队的英国资深军事顾问拉方警告说："如果柏林—巴格达铁路建成，这块生产数不尽的经济财富、海上军事力量根本攻击不到的巨大内陆疆土将统一在德国的周围。俄国与它的西方朋友——英国和法国，将会被这一屏障阻隔开。……如果塞尔维亚被征服，或是被利诱加入柏林—巴格达体系，那我们辽阔而不设防的帝国将很快感受到德国刺向东方的利剑。"面对这种局面，英国的战略就是要摧毁这条铁路的建设。在此后的 15 年里，英国运用各种手段和伎俩，延误和阻挠该铁路的建设进度，同时总是让德国心存能达成最终协议的希望，这让德国捉摸不定。这样的游戏，一直持续到 1914 年 8 月第一次世界大战爆发。

1912 年，在为巴格达铁路融资的过程中，德意志银行与奥斯曼皇帝谈判，巴格达铁路公司获得了在铁路两旁 20 公里范围内所有石油和矿产的开采权。当时，德国工业界和政府已经认识到，石油是未来经济的燃料，对未来的陆地运输和海洋运输同等重要。但是，德国已经被美国洛克菲勒标准石油公司牢牢地控制在手中，标准石油公司所属的德国石油销售公司控制着德国石油销售总额的 91%。德意志银行拥有标准石油公司德国石油销售公司 9% 的股份，只是个小股东。那时，德国还没有建立独立、安全的石油供给体系。1912—1913 年间，德国议会一直努力立法，希望建立一家独立于美国洛克菲勒合资公司的国有公司，以开发和经营新发现的石油资源。德意志银行的计划是，通过巴格达铁路从陆地运输美索不达米亚（即伊拉克和科威特）的石油，以避免英国的海上拦截，这样就可以确保德国的石油需求得到满足，实现独立自主。但这一努力始终进展缓慢，一直拖到 1914 年 8 月第一次世界大战爆发，最终不得不放弃。

美国对海湾石油资源垂涎已久。1920 年，美孚石油公司开始插足海湾。1928 年，美国与当时控制海湾石油的英国达成谅解，获得了自由分享海湾石油的权利。从那时起，美国就开始拼抢对海湾石油的控制权和主导权。

西方列强早期虽然在对石油资源的控制方面相互争夺，但随着时间的推移，它们也逐步认识到，除了竞争，还需要合作。欧盟和欧洲共同体的前身——欧洲煤钢共同体，就是合作的产物。

1949 年 12 月 13 日，欧洲委员会咨询议会通过决议，建议成立欧洲超国家的钢铁高级机构，以协调管理西欧各国的钢铁工业；同时建议在煤炭、石油、电力和交通运输等方面也建立类似的高级机构。1950 年 5 月 4 日，法国外交部长舒曼在事先同美国国务卿艾奇逊商谈后，致函欧洲委员会秘书处，表示法国对上述建议感兴趣。5 月 9 日，舒曼在记者招待会上发表声明，提议"把法国、德国的全部煤钢生产置于一个其他欧洲国家都可参加的高级联营机构的管制之下"，"各成员国之间的煤钢流通将立即免除一切关税"。舒曼的这一声明，通常被称为"舒曼计划"。1950 年 6 月 20 日，法国、联邦德国、意大利、比利时、荷兰、卢森堡六国在巴黎开始谈判，并于 1951 年 4 月 18 日签订了为期 50 年的《欧洲煤钢联营条约》。《欧洲煤钢联营条约》签订后，苏联照会法国政府，谴责"舒曼计划努力的目标是恢复联邦德国的战争工业，努力加紧联邦德国的军国主义化"。1953 年 2 月到 1954 年 8 月，"联营"六国先后建立了煤、钢、铁砂、废铁、合金钢和特种钢的共同市场。"联营"的最高权力机构负责协调成员国的煤钢生产、投资、价格、原料分配和内部的有效竞争。《欧洲煤钢联营条约》促进了成员国冶金工业的发展，它的建立为 20 世纪 50 年代后期成立"欧洲共同市场"奠定了基础。

西方列强在争夺石油资源方面，可谓机关算尽，无所不用其极。其中最重要的举措就是在石油领域投入货币资本，以开发将石油资源转化为资本的技术平台，同时也在营造有利于自己的市场环境。从那时起，西方列强就已经在做把石油资源转化为资本的事情了，因为它们深知，这样的投入是值得的，将来可以创造源源不断的价值。欧洲煤钢共同体就是为把西欧各国的煤钢资源整合后转化为资本而打造的一个市场平台，同时也有着与苏联抗衡的大国博弈的政治意图。

当今世界能源大国博弈中的"春秋战国"

能源大国，一般是指，要么是能源生产大国，要么是能源消费大国。如果两者兼而有之，那就是能源强国。当今世界的能源大国和能源强国的博弈形势异常复杂，其中最能够对国际能源市场的演变产生杠杆效应的就是"四国演义"。[①]

美国：后起之秀。

2015 年 12 月 18 日，美国解除了长达 40 年的原油出口禁令。这意味着时隔 40 年后，美国的原油将重返国际市场。从国际能源战略全局来看，禁令的解除释放了一个信号，即石油资源配置的市场化和国际化程度的日益加强。2016 年 5 月 10 日，美国首次向日本出口 30 万桶原油，开始布局亚洲市场，以削减中东地区对日本出口原油的市场份额。美国大量原油的涌入，严重威胁到欧佩克对原油市场的控制权，也意味着国际能源格局的深刻调整。

2018 年 5 月 23 日，美国石英财经网站报道，美国能源信息局表示，美国的油气产量逐渐甩开沙特和俄罗斯。[②] 美国的油气烃类能源产量连续 7 年位列世界首位，"今后数十年美国是无可置疑的全球头号油气生产国"。俄罗斯和沙特为了推高能源价格而进行限产，然而在美国，技术的进步降低了开采成本，昔日无利可图的大量新探烃类资源因此得以开发。2017 年，美国的能源产量相当于日均 3000 万桶，创下历史新高，把俄罗斯和沙特等主产国远远甩在身后。美国在 2009 年把俄罗斯挤下天然气头号生产国的宝座，2013 年又在石油烃类化合物产量上超过沙特。2008 年以来，美国的油气产量已经飙升近60%。新的压裂开采技术让美国找到很多低成本的页岩油气开采办法，但油气

---

① 封红丽. 低油价下沙美俄中四国石油大博弈[J]. 能源情报研究，2016(5).
② 美国油气总产量远超俄罗斯沙特[N]. 参考消息，2018-05-25.

消费量却稳步不前。因此，美国能源自给自足的比例逐渐上升，需要进口的能源主要靠加拿大解决（占40%）。现在，美国平均每天从波斯湾进口的石油仅有174万桶，占每日进口总量约17%。

俄罗斯：困兽犹斗。

俄罗斯50%以上的财政收入来源于油气的出口。油价下跌加速了卢布的贬值，导致严重的通货膨胀，对俄罗斯的经济造成巨大的威胁。据国际货币基金组织预计，如果国际石油平均价格为50美元/桶，俄罗斯经济将下降0.6%。

中国海关总署数据显示，2014年沙特向中国输出原油总量为4967万吨，其次是安哥拉的4065万吨，第三是俄罗斯的3311万吨。2015年5、9、11、12月4个月里俄罗斯超越沙特，成为中国第一大原油进口国；全年对华出口4243万吨，同比增长28%，仅次于沙特的5055万吨（仅增长了1.78%）。这主要基于两个原因：一是俄罗斯以人民币结算的方式向中国出口；二是沙特采取了不同的原油出口政策，上调了供应亚洲的石油官方价格。

为摆脱美元的影响，俄罗斯打算制定本国石油的价格。美元的持续走强对油价形成打压，而卢布贬值与石油价格下跌并行。2014年初，1美元兑换30卢布；2015年，基本停留在1美元兑换60卢布左右。回顾20世纪80年代初，美国与沙特操纵石油价格，使严重依赖油气出口的苏联经济陷入全面困境，最终于1991年解体。为避免历史再次重演，俄罗斯对金融困境提前做了准备。一是自2015年起以前进入国家储备基金的石油出口收入，也将用于预算收入，旨在减少预算赤字。二是为本国生产的石油定价，包括创造一个独立的石油交易平台、制定自己的原油基准以及用卢布交易石油，通过定价机制与布伦特基准的脱离，以增加来自乌拉尔原油的收入。

沙特：誓死守擂。

沙特外汇储备为全球第二，为击垮美国页岩油等市场竞争者，不惜持续地耗费外汇储备以支持其低油价战略。截至2015年底，沙特的外汇储备由一年前的7320亿美元降至6119亿美元，创下四年来的新低。2015年，沙特石油收入锐减六成至 1180 亿美元，从而造成了 980 亿美元的财政赤字。加拿大大幅挤出沙特出口至美国的原油份额，俄罗斯月度产量频繁超越沙特成为中国第一大石油进口国。2016 年 4 月，伊拉克超越沙特成为印度最大石油进口国。伊朗解禁后与沙特力争亚洲市场，在美国退出伊朗核协议并加强对伊朗的制裁之后，前景又变得扑朔迷离了。

中国：群雄逐鹿。

一直以来，中东是中国原油进口的主要来源。在国际需求持续低迷的大环境下，俄罗斯、沙特、加拿大、伊朗等石油出口大国竞相争取对中国的出口。2015 年全年，俄罗斯对中国出口原油 4243 万吨，同比增长 28%，仅次于沙特的 5055 万吨。2016 年 3 月和 4 月，俄罗斯出口中国的原油量再次超过沙特。据俄罗斯联邦海关局统计，近 10 年来，俄罗斯年对华石油出口量增长了 3.5 倍，达到 5260 万吨，石油产品供应增长了 1 倍，达 630 万吨。[①] 同时，俄罗斯开始接受人民币作为石油交易的支付货币。中国是加拿大第三大石油出口目的地。随着对伊朗制裁的解除，伊朗希望在中国有更多的份额。自 2015 年 6 月起，中国已经成为伊朗最大的石油出口国。

1993 年，中国首次成为石油净进口国；2009 年，中国原油进口依存度首次突破国际公认的 50% 警戒线；2010 年，中国进口原油 2.39 亿吨，同比增长 17.5%；2011 年，中国原油对外依存度达 55.2%，超越美国的 53.5%；2015 年，中国原油对外依存度突破 60%；2017 年，中国原油对外依存度达到 68%。中国石油消费需求的飞速增长，在一定程度上刺激和推动了产油国供应能力的提高。近几年，尽管中国石油消费在放缓，但仍超过 GDP 的增速。中国石油集团经济研究院预计，2020 年，中国石油消费总量将达到 6 亿吨左右；2030 年，中国石油对外依存度将达到 80%。在经济发展新常态下，中国石油需求将保持年均 2%～3% 的较低速增长。因此，中国仍旧是各石油进口国争夺的

---

① 能源成中俄经贸合作火车头［N］. 参考消息，2018-09-19.

主战场。

在上述"四国演义"中，四国的角色随着时间的推移发生了很大的转换。以沙特为首的欧佩克国家不再"减产保价"，但这个策略至今仍不见效。以沙特、美国、俄罗斯为主的产油国陷入了"囚徒困境"，多哈谈判未果，纷纷增产。短期内，中国仍然是石油需求的主要贡献者。在低油价下，中国放开了进口原油使用权和原油进口权，开启了上海原油期货市场，并大幅增加了石油战略储备。长期来看，中国在全球石油需求市场上扮演的角色将由主线向配角转变，并将逐渐被崛起的新兴市场印度取代。伊朗、俄罗斯先后开始将人民币作为购买石油的结算货币，这有助于加快人民币的国际化进程，也意味着维护美元几十年霸权地位的石油体系正在逐渐瓦解，取而代之的将会是人民币。新诞生的"石油人民币"有可能改变原有的世界经济秩序。同时，低油价也将有助于中国获得更大的石油定价权。

2018 年 5 月 29 日，日本《读卖新闻》报道，联合国贸易和发展会议（UNCTAD）的一份最新报告显示，页岩气已经成为新时代天然气能源的代表，目前，全球可开采的页岩气总储量预计达到 214.5 万亿立方米，相当于目前情况下全球天然气 61 年的总消费量。在各国储量方面，中国排名世界第一，达31.6 万亿立方米，其后依次为阿根廷（22.7 万亿立方米）、阿尔及利亚（20万亿立方米）、美国（17.7 万亿立方米）和加拿大（16.2 万亿立方米）。报告称，尽管目前在开采技术上处于领先的北美地区仍是全球页岩气的主要出产地区，但储量巨大的中国正在迅速赶上，预计到 2030 年左右，北美和中国将共同贡献全球天然气产量的 20% 左右。[1] 2010 年，中国开始生产页岩气，并迅速形成规模产业。2017 年，中国页岩气产量达到 91 亿立方米，仅次于美国和加拿大而排名世界第三。作为世界最大的能源消费国，中国常规天然气储量相对不多，但页岩气将为中国提供新的、巨大的能源来源。中国页岩气储藏地区的

---

① 联合国：中国页岩气储量世界第一[N]. 环球时报，2018-05-30.

地质条件复杂，勘探开发面临诸多困难，但如果中国持续加强开采页岩气，不仅将增强中国在能源国际谈判中的地位，还将对全球能源市场供需状况产生深远影响。

这个世界的奇妙之处就在于，不是整齐划一的，而是丰富多彩的，人们在"赞美大自然令人赏心悦目的千姿百态和无穷无尽的丰富宝藏"时，"并不要求玫瑰花散发出和紫罗兰一样的芳香"，"每一滴露水在太阳的照耀下都闪现着无穷无尽的色彩"[1]。大国博弈，不仅仅是"四国演义"，更是"春秋战国"。

2018 年 10 月 1 日，美国与加拿大、墨西哥达成了一项新的贸易协议——《美国 – 墨西哥 – 加拿大协定》（USMCA），以取代原有的《北美自由贸易协定》（NAFTA）。在能源贸易方面，三国的立场和做法完全不同。

在世界石油生产国中，加拿大扮演着越来越重要的角色。2018 年 10 月，一个令世界瞩目、筹划了近 6 年、总投资高达 309.2 亿美元的加拿大 LNG 项目终于做出了最终投资决策，即将迎来开工建设。[2] 该项目不仅是加拿大历史上最大的能源投资项目，其投资规模在全球范围内也实属罕见。这个项目是 5 年来首个获批的绿地 LNG 出口项目，也是继 2013 年俄罗斯亚马尔 LNG 项目（总价值 269 亿美元[3]）之后全球最大的 LNG 项目，预计 2024 年前后完成一期项目，年产能将达到 1400 万吨，出口主要面向亚洲市场。该项目一共有 5 家公司合作参与，分别为壳牌（40% 权益）、马来西亚国家石油公司（25% 权益）、中国石油（15% 权益）、日本三菱（15% 权益）和韩国天然气公司（5% 权益）。该项目一旦完成，将重塑全球 LNG 行业的格局，对整个 LNG 行业而言都是一座里程碑。此外，加拿大 LNG 项目二期计划增加 2 条生产线和 1400 万吨/年的产能，而这将根据一期进展情况再做出项目最终投资决策。

---

① 马克思恩格斯全集（第 2 版第 1 卷）[M]. 北京：人民出版社，1995：111.
② 中石油拿下加拿大史诗级油气项目 [OL]. 公众号《石油 Link》，2018–10–12.
③ 亚马尔天然气项目全面投产 [N]. 参考消息，2018–11–24.

除了加拿大 LNG 项目外，中石油于 2013 年还拥有俄罗斯亚马尔 LNG 项目 20% 的权益，该项目总投资达到 270 亿美元，全部建成后的年产能可达到 1650 万吨。2018 年 11 月 23 日，俄罗斯《生意人报》网站报道，随着第三条生产线的启用，亚马尔 LNG 项目提前一年实现了最大产能。该项目的第一条生产线于 2017 年 12 月 8 日投产，产能为 550 万吨；第二条生产线于 2018 年 8 月投产。另外，中石油还于 2013 年斥资 42 亿美元，收购了意大利埃尼集团全资子公司埃尼东非公司 28.57% 的股权，从而间接获得莫桑比克 4 个区块项目 20% 的权益。该项目也是中国石油在东非地区的首个超深海大型天然气及 LNG 项目。

与加拿大出口 LNG 的做法完全相反，墨西哥将停止对外出口石油。2018 年 10 月 14 日，墨西哥当选总统安德烈斯·曼努埃尔·洛佩斯·奥夫拉多尔表示，墨西哥将只开采国内消费所需的石油，"在中期内原油将不再出口，因为我们要加工所有我们自己的原材料"，政府将不会过量开采石油，因为"这是必须留给子孙后代的宝藏"。奥夫拉多尔说，石油作为一种不可再生的资源，需要"爱惜"，不能无休止地开采，政府将大力推行可再生能源，而风能和太阳能将会是重点投资领域。墨西哥现在每天大约需要 250 万桶石油，不会像 2003 年或 2004 年那样每天生产 340 万桶石油。目前，墨西哥的石油产量为每天 180 万桶，不能满足国内需求。2018 年 7 月，奥夫拉多尔宣布投资 3040 亿墨西哥比索（约 161 亿美元），用于推动墨西哥国内能源部门发展以及提高石油产量。

1993 年中国成为石油净进口国，石油进口已占国内消费的 40% 以上，对外依存度不断提高，能源安全问题已经成为中国国家发展战略的重要内容之一。实施"走出去"战略，充分利用国内外两种资源、两个市场，积极参与世界能源资源合作与开发，是中国能源外交的重要指针。从石油安全考虑，中国外交必将进一步向中东、中亚、北非、西非乃至拉美等地区扩展，外交视野的延伸将使中国成为真正的全球大国。

能源热点地区的大国博弈

历史是现实的一面镜子。当今世界，全球能源紧张让不少资源丰富的地区都成了各方角力的舞台，未来争夺能源将成为引发战争的导火索。现在世界上存在着六个能源和其他资源的纷争热点地区。

一是北极地区①。冰山耸立，积雪皑皑，气候严寒，人口稀少。这或许是北极留给大多数人的印象。事实上，北极地区拥有 900 亿桶的石油储量，1669 万亿立方英尺的天然气，440 亿桶的液态天然气，84% 的这些资源位于离岸地区，北极这一能源聚宝盆，不容小觑。参与北极圈争夺的主角包括俄罗斯、美国、加拿大、丹麦和挪威 5 个国家。全球已探明的原油总储量为 15 250 亿桶，据估计，北极圈未发现的原油储量高达 900 亿桶，占当前已探明储量的 5.9%，相当于俄罗斯已探明储量的 110%，是挪威已探明储量的 1677%，是美国已探明储量的 339%，是加拿大已探明储量的 52%。全球已探明的天然气资源量为 11 671 万亿立方英尺，据估计，北极圈未发现的天然气资源可达 1669 万亿立方英尺，占当前已探明天然气储量的 24.3%，相当于俄罗斯已探明储量的 99%，是挪威已探明储量的 2354%，是美国已探明储量的 500%，是加拿大已探明储量的 2736%。

除了石油和天然气，北极圈还拥有丰富的矿产资源，84% 的烃类资源都埋藏于海底。其中，格陵兰群岛：金、钼、镍、铂族元素、稀土元素（钽、铌）；俄罗斯（北西伯利亚）：磷灰石、陶瓷原材料、煤、钴、铜、钻石、黄金、石膏、铁矿石、云母、钼、镍、钯、铂、银、宝石、稀有金属、锡、钛、锌 + 牙化石（融化冻土层中的猛犸象牙）；加拿大：钻石、黄金、石膏、铁矿、铅、盐、铀、锌；美国（阿拉斯加）：6700 万吨锌、6760 万吨铅；瑞典：24.13 亿吨铁，挪威：10 亿吨铁。

---

① 一张图告诉你为什么大国都在争夺北极. http://www.oilsns.com/article/33142.

二是中日东海油气开发。东海大陆架蕴藏着非常丰富的水产、石油、天然气以及稀有矿产资源，尤其是石油、天然气资源蕴藏量极为丰富。目前探明的石油储量是 250 亿吨，天然气是 8.4 亿立方米，以及被认为是可以替代石油的清洁能源可燃冰（固态甲烷）。中国拥有开发权利的大陆架上的原油储量约为 1000 亿桶，与之相比，沙特阿拉伯的原油储量约为 2671 亿桶，美国的原油储量约为 220 亿桶。东海地区仅石油就够中国使用 80 年，天然气储量约为 5 亿立方米，是沙特阿拉伯已探明天然气储量的 8 倍，是美国已探明天然气储量的 1.5 倍。

三是委内瑞拉能源国有化。委内瑞拉奥里诺科河盆地石油蕴藏量预计达 2700 亿桶，这也使委内瑞拉石油储量超过沙特阿拉伯和加拿大等国。近年来，委内瑞拉政府加大了对该地区石油工业的控制，迫使埃克森 - 美孚和康菲石油公司撤出，进而引起委内瑞拉与美国的关系紧张。这是一个因能源控制而导致的地缘政治问题。近几年，委内瑞拉由于内忧外患而出现了严重的通货膨胀，政府基于委内瑞拉石油在国际市场的价值而发行了"石油币"，每个"石油币"等同于委内瑞拉规格装一桶石油的价格（当时为 59 美元/桶）。这种"石油币"的物质基础是委内瑞拉的奥里诺科石油带一座油田的全部石油储量，超过 50 亿桶。[①]

四是伊朗控制霍尔木兹海峡能源运输要道。伊朗与阿联酋两国间长期存在领土争端。1971 年 11 月，伊朗出兵占领霍尔木兹海峡附近原属英国保护地的阿布穆萨岛和大小通布岛。这三个岛本身没有什么经济价值，但由于其地处波斯湾，临近数个油田，伊朗通过海峡沿岸及三个岛上部署的岸炮或反舰导弹基本可以实现对海峡的封锁，实际上扼住了该地区的运输要道。2018 年 5 月 8 日，美国总统特朗普宣布退出伊核协议。其后，美国希望包括其盟友在内的所有国家在 11 月 4 日前停止从伊朗进口石油，否则将面临美国制裁，而且表示美国不会给予任何国家豁免。美国的霸权行径，无疑会激起伊朗的强烈反抗。

---

① 委内瑞拉发行"石油币"应对制裁[N]. 参考消息，2018-01-07.

五是几内亚湾边界纠纷。20世纪90年代以来，油田的发现使贫困的赤道几内亚等国成为重要的能源基地，石油总储量可能超过240亿桶，几内亚湾地区有望成为新的中东。然而，安哥拉、喀麦隆、加蓬、赤道几内亚、尼日利亚、刚果民主共和国等几内亚湾周边国家的海上边界至今没有划定。目前，几内亚湾周边国家尚能和平处理争端，然而，由于该地区暴力冲突和政乱不断，未来局势并不稳定。

六是叙利亚内战。最近几年的叙利亚内战，其实是一场由大国在背后主导的代理人战争。美国一直企图出兵叙利亚，实际上是醉翁之意不在酒，目的是想完全控制俄罗斯的油气资源出口，进而将俄罗斯排挤出国际油气市场，以达到彻底摧毁和控制俄罗斯的目的。[1] 美国在控制中东大部分油气资源后，开始着手控制中东重要的油气管线，其中最重要的是什叶派管线和逊尼派管线。原有的什叶派管线是以伊拉克和叙利亚的基尔库克—巴尼亚斯原油管道为基础，该管线将伊拉克的基尔库克油田连接到叙利亚港口城市巴尼亚斯，另外该管线在叙利亚霍姆斯地区开发出了一条支线，一直穿越黎巴嫩和叙利亚边界，到达黎巴嫩第二大港口城市的黎波里。因为沿途都是什叶派国家，因此又称为"什叶派管线"。该管道于1952年投产，长达800公里，每天石油运输量可达30万桶。2003年伊拉克战争爆发之后，美国迫不及待地将这条管线的伊拉克段炸毁。美国发动伊拉克战争的一个重要原因，就是因为萨达姆想把这条管线的石油输出结算货币变更为欧元。2009年，叙利亚和伊拉克两国修复了这条管线。在叙利亚内战爆发前夕，两国还签署了一项关于在现有管线基础上再建设两条原油管道的初步协议。随后叙利亚内战爆发，管线建设又被搁置了。2011年7月25日，伊朗、伊拉克和叙利亚签署建设什叶派管线协议，准备将伊朗的南帕尔斯油气田经过原有的基尔库克—巴尼亚斯管道到达叙利亚东部港口的石油管线。该油气田是世界上最大的油气田，由伊朗和卡塔尔共有。该管

---

① 况腊生. 叙利亚战争沉思录——二十一世纪的微型世界战争[N]. 北京：人民出版社，2018.

线得到了俄罗斯的大力支持，俄罗斯准备联合上述国家共同修建该管线。最重要的是，该管线建成后，将抛弃石油美元，改用各国本币或人民币结算，这对美国的石油美元霸权构成直接威胁。因此，在协议签署后不久，叙利亚内战全面爆发。不难看出，叙利亚内战的本质，还是大国在能源资本方面博弈的直接体现。

上述几个地区之所以成为热点，无一不是因为这些地区具有丰富的能源资源。

能源热点往往与能源运输通道密切相关。能源运输属于能源产业全链条的中游领域，直接关系到能源资源能否顺畅地运送至加工地或者使用地。离开能源运输，能源资源就无法转化为资产，也不能转化为资本，从而无法持续创造价值。如果把能源资源产地看作是人体的"血源"，那么能源运输通道就相当于"血管"。保持"血管"畅通与控制"血源"同等重要。在某些情况下，对通道的控制比对能源产地的控制更加重要，一条油气管道、一条运输走廊可能涉及多个国家的利益，往往被看作是一种地缘政治的要素。① 除了对石油产地的争夺和控制，对石油通道的控制权也是大国博弈的主要内容。

世界石油资源分布极不均衡，正是这种不均衡催生了石油贸易和远洋运输的膨胀。全球三大储油区分别是中东和波斯湾地区、俄罗斯和中亚地区以及北美地区。自 20 世纪 80 年代开始，美国积极推行"两洋战略"，以期掌握全球16 条海上要道。② 其中，霍尔木兹海峡与马六甲海峡是重中之重。这些石油运输通道，与世界政治、经济、军事态势密切相关。

美国陈兵波斯湾和俄罗斯急切收复克里米亚等，都是大国为石油通道而进行的战略布局。能源通道甚至成为美国与其盟国之间关系的"晴雨表"。2018

---

① 王海运，许勤华. 能源外交概论[M]. 北京：社会科学文献出版社，2012：90.
② 这 16 条海上要道包括：加勒比海和北美的航道、佛罗里达海峡、斯卡格拉克海峡、卡特加特海峡、好望角航线、巴拿马运河、格陵兰—冰岛—联合王国海峡、直布罗陀海峡、苏伊士运河、霍尔木兹海峡、曼德海峡、马六甲海峡、巽他海峡、望加锡海峡、朝鲜海峡和太平洋上通过阿拉斯加湾的北航线。

年 9 月 26 日，德国《法兰克福汇报》披露了一个细节，美国总统特朗普在前一天的联大演讲中对"北溪 2 号"① 天然气管道项目大肆批评，称如果德国不改变政策，未来将完全依赖俄罗斯能源。此时，摄像镜头中的德国外长怀疑地摇了摇头，并笑了一下。有媒体称，这是嘲笑。② 欧洲缺少能源，这是制衡欧洲发展的最重要问题。历史上爆发的几次能源危机，都给欧洲带来了重创。为了解决能源危机，欧洲进行了很多尝试，但多次努力都遭到美国的阻击，因为美国已经把能源当作制衡欧洲的重要武器，根本不允许欧洲具备解决能源问题的能力。2018 年 12 月 12 日，俄罗斯卫星网报道，美国国会众议院向外界透露，该机构通过了一项反对"北溪 2 号"天然气管道项目的决议，并支持对"北溪 2 号"项目实施制裁。③ 美国拿"北溪 2 号"项目说事，显然就是在欧洲最困难的时候补上一刀，让欧洲彻底放弃摆脱美国的幻想。

在上述博弈中，狭义上的石油和天然气因素、广义上的能源资本因素，成为撬动这些博弈力量的强大杠杆，由此也产生了明显的杠杆效应。

核能力开发对大国博弈的杠杆效应

特金会：美国与朝鲜的"掰手腕"游戏

20 世纪国际政治的天平是由核力量决定的。当今国际局势中，最牵动人

---

① 北溪天然气管道是全球最长的跨海天然气管道，由俄罗斯和德国共同建设，参与方包括法国和荷兰等欧盟国家的公司。"北溪 1 号"起点在俄罗斯北部港口城市维堡，终点至德国东北部城市卢布明，包括两条从波罗的海下面穿过的天然气输送管线，其中第一条管线于 2011 年 11 月开通，第二条管线于 2012 年 10 月开通。"北溪 1 号"天然气管道是首条不经过第三国，直接从俄罗斯通往欧洲的跨境天然气管道。2015 年 6 月，俄罗斯天然气工业公司宣布，将与德国意昂能源集团、壳牌石油、法国能源和奥地利石油天然气集团等 6 家欧洲能源公司合作，组成联合公司，共同投资修建"北溪 2 号"。俄方称，"北溪 2 号"建成后每年将增加 550 亿立方米天然气的输送能力。项目计划于 2019 年建成，最晚从 2020 年起，俄罗斯输往西欧的天然气将无须再过境乌克兰等国。
② 殷淼，青木等. 美单边政策在联大遭围攻[N]. 环球时报，2018-09-27.
③ 欧洲遭遇反殖民？美国做出危险决定，多国面临能源危机[OL]. 公众号《走遍伊朗》，2018-12-12.

心、最有可能引发激烈冲突的事件，就是朝鲜核问题和伊朗核问题。

朝鲜的核武器计划，启动于 20 世纪 50 年代。朝鲜战争刚刚结束，金日成就在非公开会议上表示："朝鲜国家虽小，但别国拥有的东西都应该有，包括原子弹。"1956 年，朝鲜与苏联签署了组建联合核研究所的协定。1959 年，作为对美韩合作"和平利用核能"的回应，苏朝也签署了"和平利用原子能"的协定，苏联开始对朝鲜提供诸如建立"宁边原子能研究所"等实际援助。不过，此时的苏联，尚无意帮助朝鲜研制核武器。

1965 年，金日成提出"主体思想"，强调朝鲜在思想、政治、经济、国防上，要走独立自主的道路。同时，转向苏联寻求核武技术支持。据不完全统计，苏联最大的核实验室——莫斯科杜布纳核联合研究所，先后为 300 多名朝鲜青年学者提供了培训，这些人回国后，成为朝鲜核武器研制的骨干力量。美国情报机构认为，自 1979 年前后开始，朝鲜的核武器计划就走上了"独立研发"之路。

1994—2018 年的 20 多年里，四任美国总统与三代朝鲜领导人斗法过招，可以说屡谈屡挫。[①]

1993 年 3 月 12 日，克林顿上台仅一月有余，朝鲜拒绝一项国际原子能机构提出的特别核查要求并宣布退出《核不扩散条约》。1993 年 6 月起，朝美双方分别在纽约和日内瓦进行了三轮高级别会谈，为最终签署《关于解决朝鲜核问题的框架协议》做准备。

据乔治·华盛顿大学国家安全档案馆一份解密文件披露，1994 年朝核问题恶化时，美国已经考虑对朝动武，其他选项还包括寻求更严厉的联合国制裁、增加驻韩军队等。在危机时刻，美国前总统吉米·卡特于 1994 年 6 月访朝，与金日成举行会谈，就朝核问题继续谈判。1994 年 10 月 21 日，朝鲜和美国在日内瓦正式签署《关于解决朝鲜核问题的框架协议》（以下简称《框架协

---

① 1994 到 2018：美朝会谈屡试屡挫[N]. 参考消息，2018-05-24.

议》），其主要内容包括：朝鲜同意放弃处在建设过程中的两座石墨反应堆。

2000 年，克林顿的第二任期结束前，派国务卿奥尔布赖特前去试水。奥尔布赖特卸任后在自己的回忆录中讲述了当年的情形。2000 年 10 月，克林顿接见了访美的朝鲜最高领导人金正日的特使赵明录次帅，使两国关系达到顶峰。接着，奥尔布赖特前往平壤，双方会谈已涉及两国关系正常化等议题。

2001 年，小布什成为美国总统后，克林顿时期签署的《框架协议》被视为糟糕的协议。小布什拒绝重申美朝"没有敌意的公报"，与此同时，国务卿鲍威尔因建议沿袭克林顿政府对朝政策而遭"粗暴制止"。朝鲜发现美国对其态度更加敌对，朝鲜一家企业因向伊朗转让与导弹相关的技术而受到美国制裁。

2002 年 1 月，美朝关系进一步恶化，小布什在国情咨文中将朝鲜、伊朗、伊拉克一并列为"邪恶轴心"，认为朝鲜除了资助恐怖主义，还谋求核武器。

2002 年 12 月，《框架协议》破裂，美国认定朝鲜一直在偷偷发展核武器，而朝鲜则说它有权出于防御目的谋求这类武器。朝鲜随后驱逐国际核查人员并重启之前关闭的核设施。

2003 年，朝鲜宣布将退出其在 1985 年同意加入的《核不扩散条约》。3 个月后，朝鲜宣布拥有核武器。

2003 年 8 月，朝鲜、韩国、中国、美国、俄罗斯和日本开始举行六方会谈。2004—2005 年，在会谈断断续续举行的同时，朝鲜继续进行导弹试射。朝鲜表示可以减少核活动，以此来换取援助。谈判到 2006 年还没有恢复，朝鲜指责美国构成了核威胁，导致时任美国总统小布什对朝鲜发出警告。

2006 年 10 月，朝鲜进行了第一次核试验。截至 2017 年 9 月 3 日，朝鲜共进行过 6 次被证实的核试验，地点分别位于咸镜北道的五处核试验场，均为地下核试验。

2007 年，朝美代表在柏林举行直接会谈，朝鲜承诺关闭核反应堆以换取燃料。后来朝鲜要求美国释放被冻结的 2500 万美元资金并如愿以偿，为下一步会谈扫清了道路。

2008 年 5 月，朝鲜要求美国将其从支持恐怖主义的国家名单上移除。美方当时采取了这一做法，促使朝鲜恢复拆除宁边核反应堆的工作。

2009 年，联合国安理会针对朝鲜试射导弹做出回应，威胁要加大对朝鲜的制裁，朝鲜则表示不再参加六方会谈。当年 3 月，奥巴马上任不到两个月，两名美国记者因非法入境被朝鲜扣押。4 月，朝鲜宣布发射一颗通信卫星，西方认为是一枚远程导弹。面对"人质危机"，美国被迫派出时任国务卿希拉里的丈夫克林顿前总统去朝鲜"捞人"。

2011 年，中国、俄罗斯和美国为重启谈判分别做出努力，但没有取得成功。朝鲜领导人金正日 12 月去世，金正恩上台。

2013 年，随着朝鲜在火箭技术领域取得进步并继续开展核试验，外界的担忧加剧，但没有再举行会谈。奥巴马政府加大了对朝鲜的制裁力度，在暗中尝试"网络战"，破坏朝鲜导弹试射和核武器的研发工作。

2017 年元旦，朝鲜宣布进入洲际弹道导弹试射的最后一个阶段。此前联合国安理会针对朝鲜再次进行核试验已通过一份制裁决议。美国力促联合国加大对朝鲜的经济制裁，其中包括禁止朝鲜出口煤炭、铁矿石和海鲜。两个月后，特朗普在韩国国会发表演说，称朝鲜如果想谈判，必须采取措施实现无核化。他还将朝鲜列入资助恐怖主义的国家名单。

面对美国的动武威胁，朝鲜领导人也陆续释放愿意改善朝韩和朝美关系的信号。2018 年 3 月，特朗普和金正恩同意会面。朝鲜表示会暂停导弹和武器试验。2018 年 4 月 21 日，据朝中社报道，朝鲜决定自 2018 年 4 月 21 日起停止核试验。5 月 12 日，朝鲜外务省发表公报说，朝鲜将于 2018 年 5 月 23 日至 25 日择期废弃北部核试验场。几经波折之后，美国总统特朗普与朝鲜领导人金正恩于 2018 年 6 月 12 日在新加坡举行了两国首脑会晤。接着，朝鲜炸毁了丰溪里核试验场设施，拆除了导弹试验设施。

美国"国防优先"组织研究员丹尼尔·德佩特里曾经说："把握不住时间

是美国对朝政策的最大弊病。"他曾参加过克林顿政府与小布什政府因朝鲜问题组建的核心团队，他认为朝鲜问题经得起时间考验，克林顿尝试通过谈判解决问题，《框架协议》至少暂时中止了朝鲜的钚材料提炼计划。后来小布什撕毁协议，当他最终发现达成协议明智时，已经覆水难收。奥巴马的"战略忍耐"也无济于事，到头来使朝核问题成为白宫新主人必须面对的更大问题。

无论是从政治角度看，还是从经济和技术角度来看，实现半岛无核化都将会是一个漫长的过程。韩国国民大学的一项研究显示，朝鲜无核化，从消除核武器到间接经济援助，总共需要 200 亿美元。①

2018 年 2 月，特朗普政府宣布将力争把核武器作为"可使用的武器"而扩大其作用。②美国能源部下属国家核安全管理局（NNSA）在季度报告中透露，2017 年 12 月，美国在西部内华达州进行了使用钚的不发生核爆炸的"亚临界核试验"，旨在测试新开发的技术性能。这是特朗普执政以来的首次亚临界核试验，也是美国时隔约 5 年进行的第 28 次核试验。2018 年 9 月 20 日，美国国务院发言人希瑟·诺尔特斩钉截铁地说："没有无核化，什么都不会发生；无核化应当先行，制裁还应实施，我们不能松开手脚。"③

中国有句古语"己所不欲，勿施于人"。美国一边迫使朝鲜实现无核化，一边在国内强化核武器的作用。美国这种做法，无形中给朝鲜做出了"示范"。2018 年 9 月 29 日，朝鲜外务相李勇浩在联合国大会发言时表示，如果美国不做出所谓建立信任的让步，"我们绝不可能弃核"，"没有对美国的任何信任，我们对自身国家安全就不会有信心。在这种情况下，我们绝不可能首先单方面解除武装"④。2018 年 10 月 2 日，朝鲜宣布，结束朝鲜战争状态并不是馈赠，更不是用无核化措施换取的对象，终战永远不可能成为令朝鲜实现无核

---

① 石留风，任重，王伟. 朝鲜"完全去核"到底有多复杂[N]. 环球时报，2018-06-22.
② 美搞亚临界核试验引发批评[N]. 参考消息，2018-10-11.
③ 美国务院要求朝鲜先行弃核[N]. 参考消息，2018-09-23.
④ 朝外相称美国让步是弃核前提[N]. 参考消息，2018-10-01.

化的谈判筹码。[①]

朝美双方的互不信任和地缘战略利益，决定了它们之间既斗争又缓和的游戏具有敏感性、复杂性、反复性和长期性，而美国政府的出尔反尔、不守信用，又增加了这种关系的不确定性。无论如何，金正恩凭借手中的这根"核杠杆"撬动着美国这个庞然大物按照自己的节奏起舞，他与特朗普之间"掰手腕"的游戏尚未分出胜负，或许进行这种游戏的事实本身，就是朝鲜手中的这根"核杠杆"所产生的杠杆效应。

美国"退群"：投入波斯湾的"深水炸弹"

伊朗核问题也是由来已久。伊朗的核能力开发可以追溯到 20 世纪 50 年代，具有讽刺意味的是，它一开始就得到美国等西方国家的帮助。当时的伊朗巴列维王朝与美国关系密切，为了应对来自北部苏联的军事和政治威胁，伊朗主动向美国提出核能力建设的要求。1957 年，作为和平利用核能的一部分，美国和伊朗签署了民用核能力合作协议，并在 20 世纪 60 年代开始向德黑兰提供一座功率为 5 兆瓦的实验用轻水反应堆。伊朗于 1968 年签署加入了《核不扩散条约》，并且在 1970 年正式由伊朗国会批准生效。

1973 年第四次中东战争之后，随着石油价格的攀升，伊朗很快就富有了，巴列维王朝开始利用愈加充裕的资金来追求国家的"现代化"，核能发展也得到了充足的财政支持。伊朗开始与美国、联邦德国、法国、丹麦、印度等国进行能源合作，并且派出专家前往这些国家学习经验和技术。在 1979 年伊朗伊斯兰革命之前，巴列维王朝已经在联邦德国的帮助之下开始了布什尔核电站工程的建造。

1979 年伊朗伊斯兰革命的爆发，以及 1980 年两伊战争的爆发，是伊朗核能力建设的一个重要节点。伊朗与美国断交，核电站等核能开发计划陷于停

---

① 朝宣称终战永远不是谈判筹码[N]. 参考消息，2018–10–03.

滞。一大批伊朗核技术专家也在革命之后逃离伊朗，致使伊朗核能力发展遭受重创。在两伊战争期间，伊朗和伊拉克互相袭击对方的核研究设施和其他重要工业科技设施，导致伊朗核设施受到破坏。

1985 年，伊朗决心重启核计划，寻求与俄罗斯合作发展核能，但俄伊核合作一直遭到美国的反对和抵制。布什尔核电站是伊朗首座核电站，总造价为10 亿美元，设计装机容量为 1000 兆瓦。1995 年，俄罗斯与伊朗就建造布什尔核电站签署合同，该核电站计划于 1999 年竣工。但后来由于政治和经济等原因，该工程一再拖延。从 1992 年开始，美国和国际原子能机构不断向伊朗施加压力，尤其是美国通过了一系列法案和行政令，针对伊朗及与伊朗能源领域进行交易的公司进行巨额罚款和制裁。这些制裁在客观上限制了伊朗与国际社会在能源领域和其他方面的合作，对伊朗经济和社会发展有着很大的制约。

2002 年底，远在海外的伊朗政治反对派"伊朗民族抵抗委员会"宣布，他们发现了伊朗政府正在纳坦兹和阿拉克两地建立秘密的核设施。美国公布了其侦察卫星拍摄到的伊朗中部核设施的照片，伊朗向国际原子能机构瞒报的秘密核设施曝光，引发了伊朗核危机。2003 年，国际原子能机构总干事巴拉迪率领核查团队进入伊朗，对伊朗核设施进行了核查，结论是伊朗并没有履行《核不扩散条约》。2002 年 9 月，国际原子能机构通过决议，敦促伊朗公开浓缩铀计划的"全部历史"，尽快签署新的《核不扩散条约》，并允许国际原子能机构针对伊朗核设施进行更加严格的检查。

2003 年 2 月 9 日，伊朗前总统哈塔米发表电视讲话时宣布，伊朗已在雅兹德地区发现铀矿并已成功提炼出铀，伊朗将开采铀矿并将建设铀转换和铀浓缩设施，以便建立一个完整的核燃料循环系统。至此，伊朗核计划已经发展到关键阶段，即核燃料循环系统建设阶段。这个系统建成后，便可为伊朗的核电站和研究机构提供燃料，同时也可以进一步提高浓缩铀的丰度，使伊朗能够获得武器级高浓缩铀。根据美国和西方国家的情报，伊朗已经迈进了核门槛，但还未能获得制造核武器所需的武器级浓缩铀或钚。2003 年 10 月，伊朗透露，德黑兰核研究中心曾进行钚回收试验。国际原子能机构估计伊朗已经分离出100克的钚。

2003年末，在国际社会尤其是欧洲国家的斡旋下，伊朗开始软化自己在核问题上的态度，与国际社会达成多项共识，并于12月18日正式签署了《核不扩散条约》附加议定书。但其后几年，伊朗在与欧美的博弈较量中，反反复复不断上演终止与重启铀浓缩活动的戏码，伊核问题一度被提交到联合国安理会审议。长期以来，伊朗一直坚称其拥有和平利用核能的合法权利，对美国等国家指责其以和平利用核能为由秘密发展核武器的行为，坚决予以否认。

2005年8月，伊朗强硬派总统内贾德上台，使得伊朗在核问题上的态度逐渐趋于强硬，并且很快恢复了浓缩铀的生产和提炼。2006年初，伊朗宣布恢复中止了两年多的核燃料研制工作，导致了伊朗与国际社会之间的激烈对立。内贾德在接受媒体采访时公开表示，"富有悠久文明和文化传统的伊朗人民不需要核武器。"虽然联合国安理会在2006年7月、2007年3月及2008年3月分别通过了1696、1747和1803号决议，要求伊朗停止核计划，但伊朗不但没有停止，反而宣布已能进行"工业规模"的核燃料生产。2009年9月，伊朗第二座秘密浓缩铀设施曝光，进一步加大了国际社会对伊朗核计划性质的怀疑。2009年11月27日，国际原子能机构以2/3以上多数票通过了一项针对伊朗的决议，对伊朗在库姆附近建造第二座铀浓缩设施表示严重关切，认为伊方行为违反了联合国安理会2006年以来关于伊朗暂停铀浓缩活动的要求。伊方强硬表示拒绝执行新决议，不会暂停铀浓缩活动，也不会停止库姆核设施的建设。2010年初，内贾德宣布伊朗已经生产出了第一批纯度为20%的浓缩铀。2012年初，伊朗宣布已经安装了纯度为20%的核燃料棒，并且在纳坦兹安装新一代离心机。至此，伊朗核问题已经陷入僵局。

伊朗核问题在中东引起的直接反应是，越来越多的中东国家出于本国利益正在着手发展核能技术，不管它们发展核能的动机如何，此趋势为国际防核扩散体系带来了新挑战。如果伊朗最终改变了核计划的性质，拥有了核武器，那么伊朗将大大改变中东及海湾地区的力量对比。在此情形下，作为中东大国的埃及、土耳其和沙特不能没有反应。阿联酋海湾研究中心主席强调，"海湾阿拉伯国家是想表明，如果伊朗核技术继续的话，将迫使我们也成为具有核能力的国家"。沙特告诫美国："要么阻止伊朗，否则我们也要有（核）。" 2006 年以来，海湾阿拉伯国家合作委员会（海合会）多次表示，它们开发核能的资金雄厚，不会居于他人之后。随着 2006 年 9 月埃及宣布重新启动核能研究计划，阿联酋等国已先后宣布，其核电站建设已经正式立项，将很快与西方核能公司合作实施。

奥巴马政府上台之后，美国开始逐渐通过制裁手段向伊朗施加压力。2010年 7 月，美国颁布了有史以来国会通过的最严厉制裁伊朗法案。同时，美国并没有在制裁之余完全放弃针对伊朗核问题的外交接触。2013 年，伊朗温和派人物鲁哈尼当选总统，很快奥巴马就与鲁哈尼直接通信，并且在当年 11 月达成了初步的核协议谈判意向。在此意向的指导下，关于最终核协议的谈判不断深入，最终在 2015 年 7 月 14 日，伊朗与美国、中国、俄罗斯、英国、法国、德国和欧盟代表达成了《联合全面行动计划》（JAPOA）①。2015 年 7 月 20 日，联合国安理会一致通过该协议。根据协议，伊朗必须停止高丰度浓缩铀活动，交出已生产的 20% 丰度浓缩铀，接受国际核查等其他条件，将核项目限制在和平利用核能领域。国际原子能机构负责督查伊朗履行协议情况，多次发布报告，确认伊朗履行了协议。

从某种程度上讲，伊朗核协议发挥着维护中东地区局势稳定"保险阀"的作用。但是，特朗普上台后则称其为"最糟的协议之一"。一方面，当前的伊朗核协议只是一个临时协议，美国及其中东盟国希望能够通过更多的措施，进一步加强对伊朗核活动的监管，并且永远限制伊朗核能力的发展；另一方

---

① 《联合全面行动计划》是《关于伊朗核计划的全面协议》的官方称呼，简称为伊朗核协议或伊核协议。

面，伊朗核协议并没有限制伊朗发展自己的导弹技术和地区扩张，而当前美国及其中东地区的盟友如以色列和沙特等，都将伊朗的导弹技术及其支持的什叶派政治军事力量在也门、黎巴嫩、叙利亚等地的扩张，视为对自己的安全威胁。在此背景下，美国于2018年5月8日宣布退出伊朗核协议，希望能够通过修订协议来遏制伊朗的地区影响力。

美国不仅退出了伊核协议，而且还宣布加大对伊朗的经济制裁，其中最严厉的制裁措施就是要求其他国家于2018年11月4日停止进口伊朗的石油，否则将面临美国制裁，这次美国不会给予任何国家豁免。根据美国能源信息署的数据，2017年伊朗原油出口平均250万桶/天（全年约1.45亿吨），主要出口国是：中国（24%）、印度（18%）、韩国（14%）、土耳其（9%）、意大利（7%）、法国（5%）、日本（5%）、阿联酋（5%），其他国家（13%）。[①] 特朗普对伊朗发动石油"禁令"，不少国家纷纷减少对伊朗的石油进口。欧洲的炼油商也减少了对伊朗原油的购买。数据显示，自2018年4月以来，伊朗原油出口已经减少约35%。作为世界上最大的石油出口国之一，伊朗不仅石油出口量减少，生产量也在减少，这对于以石油为经济命脉的伊朗是一个重大打击。国际原油价格也因伊朗出口量减少而一路飙升，沙特阿拉伯石油部长表示，欧佩克将继续减产，以便油价进一步上涨。但是，石油价格上涨却令特朗普非常不满，他发推特对欧佩克发狠话："我们保护你们中东国家，没有我们，你们才不会这么安全呢，现在你们要继续推高油价。（这笔账）我们记住了。欧佩克的垄断者们必须降低油价！"

很显然，美国对伊朗的石油"禁令"这一招是"一石三鸟"：其一，死死扼住伊朗石油出口这一国家经济命脉，使其窒息而死；其二，配合与中国的贸易战，极大地削弱中国的石油进口渠道，以拖累中国的经济发展，一旦中国的能源供应出现短缺，美国就可以利用能源资本作为武器来打击中国，并希望取

---

① https://www.jisilu.cn/question/280572.

得某种杠杆效应；其三，利用这种"指鹿为马"的伎俩来考验其盟国的忠诚度，进而维护其"盟主"地位。美国妄图通过退出伊核协议和限制伊朗石油出口这两个杠杆，来达到上述"一石三鸟"的效果，这就是核能与石油共同作用所产生的双重杠杆效应，同时也说明大国博弈的复杂性、冷酷性和现实性。特朗普政府妄图使伊朗石油出口为零的如意算盘，在国际政治经济的现实面前落空了。

2018年11月5日，美国国务卿蓬佩奥宣布，中国大陆、印度、希腊、日本、土耳其、中国台湾、意大利与韩国这8个国家和地区暂可获得豁免，得以继续进口伊朗石油。美国豁免一些国家和地区，就是宣告对伊朗制裁基本失败，也宣告美国的很多阴谋和阳谋的彻底破产。有媒体用了三个词表达对美国这一行为的看法：做贼心虚、自作多情、欲盖弥彰。[①]

特朗普大肆宣传他与朝鲜领导人金正恩的会晤是一项重大的突破，以至于平壤不再对美国构成核威胁。然而，他认为没有核武器的伊朗"是一个异常恐怖的政权"，并撕毁了经过多年谈判才与德黑兰达成的多方核协议。伊朗构成的核威胁仍处于较低水平，因此美国可以尝试利用其强权来发号施令。朝鲜之所以能把美国拉回到谈判桌前，是因为它所具备的核武器储备和运输能力。在伊核协议约束下，伊朗的铀浓缩项目被暂时冻结。目前，在伊朗已经形成了一个普遍共识，如果当时伊朗已经搞出了核武器，美国会主动与伊朗协商，那么，双方达成的协议很可能比这次特朗普扬言退出的伊核协议对伊朗更有利。考虑到特朗普对朝鲜和伊朗对比鲜明的"差别待遇"，这种观点其实也很难反驳。正如有的分析人士所说的那样，"朝鲜已经展示了和特朗普进行核游戏的手腕，那么，伊朗就可能会'依样画葫芦'。"[②] 这种"示范效应"，正是美国退出伊朗核协议所产生的负面效果。

---

① 毛开云. 美国公布对伊朗进口石油豁免名单，三个词形容美国这一做法[OL]. 公众号《百家号》，2018-11-05.

② http：//news. ifeng. com/a/20180510/58241505_ 0. shtml.

总之，伊朗的这根"核杠杆"不论掌握在谁的手中，只要愿意拿出来撬一撬，就可以产生明显的杠杆效应。美国退出伊朗核协议，就犹如在波斯湾投入一枚"深水炸弹"，它一旦爆炸，所产生的效应不仅仅只是"城门失火、殃及池鱼"，而是可能在波斯湾引起巨大的"海啸"，并像蝴蝶效应那样波及全世界，进而产生强烈的杠杆效应。这枚"炸弹"何时爆炸，就看美国和伊朗双方谁首行触发它的"引信"了。

能源资本对中美贸易摩擦的杠杆效应

《中国制造2025》动了谁的奶酪

2018 年 3 月 22 日，美国总统特朗普在白宫正式签署了一份将对从中国进口的 600 亿美元商品加征关税，并限制中国企业对美投资并购的备忘录。对于特朗普的举动，中国政府立即做出"同等规模、同等金额、同等强度"的回击。面对这种严峻的形势，世界舆论希望中美两国通过谈判解决贸易争端。中美两国也认识到双方的剑拔弩张无助于问题的解决，于是进行了几轮谈判。先是美国政府派出以财政部部长姆努钦为团长的高级贸易代表团于 2018 年 5 月 3 日来中国进行磋商，双方都各自表明了态度，达成了继续磋商的意愿；接着是中国国务院副总理刘鹤率团于 2018 年 5 月 15 日到美国继续进行磋商，而且还达成了一个双方不打贸易战的框架协议。这个协议的签字墨迹未干，美国政府又于 2018 年 5 月 29 日发布所谓"策略性声明"，继续对中国出口美国的 500 亿美元的商品（主要是高科技产品）征收关税。然后，美国于 2018 年 6 月 2 日派出以商务部部长罗斯为团长的贸易代表团来中国进行磋商。第二天，中方就中美经贸磋商发表声明指出："双方就落实两国在华盛顿的共识，在农业、能源等多个领域进行了良好沟通，取得了积极的、具体的进展，相关细节有待双方确认。"声明最后说："中美之间达成的成果，都应基于双方相向而行、不打贸易战这一前提。如果美方出台包括加征关税在内的贸易制裁措施，双方谈判达成的所有经贸成果将不会生效。"①

2018 年 6 月 15 日，美国决定对 500 亿美元的中国商品加征 25% 的额外关税，中国政府立即发布了同等规模、同等力度的反制措施，同时宣布与美国前一阶段磋商形成的协议都不会生效。世界第一和第二大经济体的贸易争端终于不可避免地发生了。新华社法人微博《新华视点》在此前的一则推文中，指出了美国发动贸易战的实质以及中国的明确态度："这是单边主义和多边主义之间的一场斗争，是保护主义和自由贸易之间的一场斗争！"②

从中美双方公布的征税项目来看，给人留下的印象似乎是一个农业大国向一个工业大国发起了贸易挑战。③ 按照正常的逻辑，应该是美国制裁中国的低附加值产品，中国制裁美国的高附加值产品，难道说中国的工业实力已经超过美国了吗？实际情况肯定不是这样，但为什么出现如此反常现象呢？它再一次向世人展示，贸易战里隐含着大国博弈的因素，并非纯粹的经济因素。只有从美国维护霸权的战略层面，才能窥见问题的本质。

20 世纪 80 年代，西方曾经形成一个共识：西方是创新、设计和其他智力资源的大本营，而包括中国在内的其他发展中国家只是低端的手工作坊，全世界应当这样继续下去。然而，世界的形势发生了变化。2008 年，中国启动了"千人计划"，加速吸引海外留学人员回国；中国还建立起研究中心和科技园，让发明创造在那里诞生。④ 正是在这种背景下，中国制定了《中国制造 2025》，提出了需要重点突破的十大领域以及明确的"三步走"战略计划，动了以美国为首的西方列强工业体系霸权的"奶酪"，因此美国开始对中国举起了贸易战的"大棒"。换句话说，遏制、阻挡、推迟或延缓中国工业现代化的步伐，

---

① 中方就中美经贸磋商发表声明[OL]. 新华通讯社，2018-06-03.
② 新华微评"勿谓言之不预"[OL]. 新华视点，2018-04-06.
③ 紫色的股. 贸易战里的大国争霸：宁可不要 GDP，也要发展高精尖[OL]. 公众号《紫色的股》，2018-03-24.
④ 全球智力资源加速流向中国[N]. 参考消息，2018-04-22.

这才是美国对中国发起贸易战的根本目的。美国战略与国际问题研究中心的斯科特·肯尼迪说："2006 年以来，中国坚定地奉行替代高技术进口产品的政策，这一努力越来越具有战略意义和雄心，并获得大量资助。"他还说："只要中国继续在这条路上走下去，高技术领域的紧张关系将继续升级。"①

中美贸易争端是两国"价值观体系"和"是非判断标准"的相悖在经贸领域的反映，这就决定了中美争端的长期性、复杂性和周期性。过去 40 年，中美关系虽然时好时坏，但基本上相安无事。其根本原因是中美存在互补关系，中国在产业链的低端，为美国生产消费品。此外，美国希望通过持续不断的贸易，引导中国逐步发生变化。但是，中国并没有发生美国所期待的变化，却取代了苏联成为美国最大的竞争对手，并且开始向全球产业链的高端升级，以更加主动的姿态参与国际和地区事务。奥巴马政府时期的助理国务卿坎贝尔于 2018 年 4 月在《外交事务》杂志上发表了题为《中国的惩罚》一文，代表了美国学界的看法。该文提道，"美国曾设想，更多地与中国进行经济交往可以使中国经济逐步地但是坚定地走向自由化……这一信念驱使美国在 20 世纪 90 年代给予中国最惠国待遇，在 2001 年支持中国加入 WTO，在 2006 年与中国进行经济对话，在奥巴马政府期间与中国进行双边投资协定谈判"，但是，"华盛顿现在面对的是现代历史上最有活力的巨大竞争者。正确对待这个挑战，就要放弃美国长期以来对中国充满希望的政策"。

美国已故政治学家亨廷顿在 20 世纪 90 年代提出了"文明冲突论"，其核心思想是，世界将会陷入不同文明的冲突和对抗中，以中国为代表的儒教文明和以美国为代表的基督教文明最终将会形成对抗。奥巴马政府后期特别是特朗普执政后，中美关系发生突变的根本原因是，中国崛起的速度超出西方预期；而在西方看来，中国的崛起又是一种异质文明的发展模式，它对以"自由市场＋民主政治＋基督教文明"的西方文明和发展模式构成了严峻挑战。美国

---

① "中国制造 2025"或对外企开放［N］. 参考消息，2018–05–21.

认为，中国有世界最悠久的不曾中断的历史，长期是东亚秩序的主导者。随着国力的增强，蛰伏于历史中的这种自豪感和优越感被激发出来，中国有足够的智慧可以而且应当走出一条独特的道路，为人类文明进步做出贡献，因此不会屈服于美国的遏制。正如一位政府消息人士所说："《中国制造 2025》是一项国家战略，不管发生什么，我们都不会放弃。和其他国家一样，中国有权利、有理由进行工业升级。我们不能总是成为廉价产品的供应商。"① 澳大利亚第 26 任总理陆克文认为，客观而言"中国崛起"绝非一个简单问题，任何简单的回答都是智力上的懒惰和道德上的不负责任。②

在特朗普签署备忘录的仪式上，美国商务部部长威尔伯·罗斯说："知识产权是我们的未来，2018 年 6 月，美国专利商标局将颁发第 1000 万项专利，1000 万项专利，这绝非偶然，任何一个国家对此都望尘莫及。"美国贸易代表罗伯特·莱特希泽说："技术可能是我们经济中最重要的部分，有 4400 万人在高科技领域工作。没有哪个国家有像美国那样的技术密集型产业。技术确实是美国经济未来的支柱。"2018 年 3 月 22 日，莱特希泽在美国参议院做证时，就从《中国制造 2025》里直接搬出十大高科技产业，并且对议员们说，它们是中国在《中国制造 2025》中计划主要发展的产业，中国要运用科技、投入几千亿元，达到国际领先，如果让中国如愿以偿，就对美国不利。③ 这说明，美国发起贸易战的真正目的，已经从最初的"平衡中美贸易"变成了"遏制中国的产业升级"④，或者说，从"战略接触"转向一个新的"战略竞争"时代⑤。

美国外交家基辛格认为："老牌大国和崛起中的大国之间存在潜在的紧张

---

① 雪球. 史蒂夫·班农：中国摘走了自由市场的花朵，却让美国走向了衰败[OL]. 公众号《史诗般的馒头》，2018-03-25.
② 陆克文. 中美之间"战争"可以避免——华盛顿需要掂量十个重大问题[N]. 环球时报，2018-10-12.
③ 发动贸易战. 历史上曾经有过血泪教训[OL]. 凤凰新闻·大风号，2018-03-23.
④ 美国为何发动贸易战[OL]. 公众号《财经韬略》，2018-03-29.
⑤ 陆克文. 中美之间"战争"可以避免——华盛顿需要掂量十个重大问题[N]. 环球时报，2018-10-12.

因素，这一点自古皆然。崛起中的大国不可避免地会涉足之前被老牌大国视为禁脔的某些领域。同样，正在崛起的大国怀疑对手会在它羽翼未丰的时候试图扼制它的成长壮大。"[①] 美国国内关于中国的政策与战略的辩论一直在进行，特朗普政府上台后，美国关于中国的辩论已经完成，结论是中国不可能成为美国塑造的那种国家，过去对中国奉行的接触政策不能再继续。

《中国制造 2025》的要害，正是动了美国妄图永久维持全球霸权的"奶酪"。从美国拟对中国征税的领域来看，主要针对的是中国高科技产业。因此，中美之间的贸易纷争，可以说是一场美国的"技术沙文主义"与中国的"技术自主创新"之间的斗争。

美国的"技术沙文主义"

在世界政治经济格局中，美国的霸权地位是由四个维度构成的：强大的军事霸权、美元全球结算货币霸权、核心科技的垄断霸权、华尔街的全球资本市场规则霸权。在这四个维度之外，还有一个隐含的霸权——由美国主导、盟国参与的世界工业体系霸权。[②] 工业体系霸权的本质是核心科技霸权，它是其他所有霸权的基础和条件。第二次世界大战之后的国际产业链条是：美国独居全球经济金字塔的"塔尖"，靠技术进步引领全球，获得超额利润，最终实现对全球军事、政治的控制；日本、德国、英国、法国等国家处于第二方阵，是制造业强国、品牌强国，核心技术上的"跟跑者"；第三方阵则是低端制造业国家和地区，早期由"亚洲四小龙"等担任，后来韩国进入第二阵营，中国香港、新加坡产业空心化转而依靠金融、航运和贸易，第三方阵主要由中国大陆以及南亚、东南亚各国构成；第四方阵则是原料供应国，包括俄罗斯、中东、非洲、拉美等。近年来，世界最大的变化是：印度在第三方阵中的地位显著上

---

① 基辛格. 许多中国人错误认为"美国已经盛时不再"[OL]. 凤凰新闻·大风号，2018-04-30.
② 杨少锋. 远比你想象复杂的中美国贸易战[OL]. 昆仑策网，2018-04-10.

升，中国开始从第三方阵向第二方阵转型。面对这种趋势，美国的"技术沙文主义"①不断抬头。

　　美国的"技术沙文主义"有一个历史的演变过程。美国早在英国殖民统治时期就出现了知识产权保护的萌芽。在建国之初，美国的知识产权保护便得到了开国之父们的较高重视。② 美国于1787年制定《宪法》时，正当欧洲第一次工业革命发展得如火如荼之际，英国的专利制度为经济社会发展带来巨大利益，使得美国的立宪者们急切地希望借鉴英国的先进经验来发展美国的经济。基于这一认识，美国《宪法》在开篇显要位置便对作品和发明的独占权做出了明文规定，"为发展科学和实用技术，国会有权保障作者和发明人在有限的时间内对其作品和发明享有独占权"。1790年，美国第一部《专利法》正式出台，确定了美国专利制度最核心的几项内容，规定发明应当是有用的技术、工业品、发动机、机器或者装置，或者是上述客体的改进，而且明确要求提供模型，并对此提出了具体的要求。19世纪末20世纪初，伴随着新兴工业的发展，大规模的公司不断涌现，成为推动经济发展的重要驱动力量。为了保护各行各业大企业的快速发展，美国对《专利法》的基本制度构建做出了很大的调整，最突出的表现是两个方面：一是"亲公司"原则在专利领域被大规模地应用，法院对大规模企业的工业产权给予了诸多便利，对大公司的工业发明严格加以保护；二是随着企业专利申请的增加，"亲公司"原则被更加广泛地应用于司法实践中，法院开始推行名义发明人制度，逐渐对非自然人的权利申请人授予专利权，以此来提高企业进行科技创新和产品研发的积极性。对专利制度的重视，极大地促进了美国的经济发展和企业的创新，美国

---

① "沙文主义"一词来源于拿破仑手下的一名士兵尼古拉·沙文，他由于获得军功章而对拿破仑感恩戴德，对拿破仑以军事力量征服其他民族的政策盲目地狂热崇拜，鼓吹法兰西民族是世界上"最优秀"的民族，主张用暴力建立大法兰西帝国。"沙文主义"这个名词首先出现在法国的一部戏剧《三色帽徽》中，以讽刺的口吻描写沙文的这种情绪。
② 张志成，刘锋. 美国知识产权政策变迁、新动向及应对[OL]. 法学在线网站，2014-02-17.

在 19 世纪所创造的财富有 85% 与发明专利直接相关。美国专利制度的不断发展与完善，对奠定美国经济基础和促进美国经济的可持续发展都发挥了重要的作用。

19 世纪到 20 世纪，对专利的过度保护形成了大公司的垄断，这对自由竞争环境造成破坏，经济活力降低，加上 1929 年经济大萧条，于危机中上台的罗斯福总统开始实施对知识产权的弱保护策略。这样的一种策略反映到司法实践中，就是大幅度提高了专利授权的标准。与此同时，法院更加重视反托拉斯的作用，试图阻止专利滥用所造成的后果，对于专利权的行使以不超越专利权垄断界限为必要条件，否则将受到《反托拉斯法》的制裁。根据美国第二巡回法院 1971 年所做的一项统计结果，该年度的专利复审案件有 80% 以上被以专利无效的判决而宣告结案。

对知识产权的弱保护在很大程度上降低了知识产权制度的作用和效率，尽管对抑制专利垄断起到了积极的作用，但是对科技创新和依托科技发展的经济进步却起到了极大的阻碍作用。20 世纪 70 年代末以来，美国在经济发展速度和总量上的不断下滑，促使美国开始反思知识产权弱保护的不利影响，并开始着手制定知识产权强保护的策略。在这一过程中，美国对知识产权的相关制度进行了不同程度的创新，并于 1982 年设置了联邦巡回上诉法院，专门负责处理专利上诉案件，从而将专利上诉案件的管辖权统一起来，以此避免由于不同法院审理而造成的司法冲突。这些措施在很大程度上扭转了知识产权弱保护的局面，强化知识产权保护的思想在社会和司法实践中都被很好地践行。最为突出的表现就是 20 世纪 80 年代以来，美国法院在处理专利纠纷案件时对本身违法原则的使用率被降到最低，取而代之的是知识产权行为对竞争影响的考量。

1970 年以来，一大批国家和地区的经济飞速发展和崛起，使美国作为世界一极的地位受到了前所未有的威胁，一向依靠科技和人才保持经济领先地位的美国开始反思如何在世界范围内加强知识产权保护。美国对本国《专利法》、《著作权法》和《商标法》进行大幅度修改，在保护范围和保护力度上都达到空前的程度，同时积极主导和推动 TRIPS 协议①的签订，并通过贸易威胁手段将其他国家纳入 TRIPS 协议的约束范围。

美国在持续提升科技创新能力之外，以美国为首的西方国家对中国的技术封锁从来就没有停止过。从 1949 年 10 月新中国成立起，美国对中国实施新的出口管制制度。欧美联合对华禁运，当年成立的"巴黎统筹委员会"（以下简称"巴统"）对新中国的禁运管制甚于苏联。该组织的宗旨是限制成员国向社会主义国家出口战略物资和高技术，列入禁运清单的有军事武器装备、尖端技术产品和稀有物资等三大类上万种产品。20 世纪 70 年代中美关系解冻后，西欧国家随即陆续与中国建交，在 70 年代至 80 年代期间，中国从欧共体国家引进了一大批先进的军民两用军事技术和装备。进入 80 年代中后期，"巴统"对中国先后放宽总计约 48 种"绿区"技术产品出口审批程序。其后，"巴统"又决定对中国实行自由出口，出口审批权下放给各成员国，不再逐项审批，对华出口管制有所放松。1989 年，欧共体首脑会议做出决定禁止对华军售，"巴统"也随即终止对华放宽尖端技术产品出口计划。1990 年，"巴统"大幅度放宽对苏联和东欧国家的高技术产品出口限制，禁运项目由成立初期的 400 个减少到 120 个，1991 年又减少 2/3，受其禁运的国家也越来越少。

"巴统"解散后，西方国家又搞出一个《瓦森纳协定》②，主要宗旨就是联合对华技术封锁。与"巴统"一样，《瓦森纳协定》也包含两份控制清单：一

---

① TRIPS 协议是《与贸易有关的知识产权协议》（Agreement on Trade-Related Aspects of Intellectual Property Rights）的简称。这个文件是知识产权保护的国际标准，其宗旨是：期望减少国际贸易中的扭曲和障碍，促进对知识产权充分、有效的保护，同时保证知识产权的执法措施与程序不至于变成合法的障碍。

② "巴统"解散以后，包括"巴统"的 17 个成员国在内的 28 个国家，于 1995 年 9 月在荷兰瓦森纳召开会议，决定加快建立常规武器和双用途物资及技术出口控制机制，弥补现行大规模杀伤性武器及其运载工具控制机制的不足。在美国的操纵下，1996 年 7 月，以西方国家为主的 33 个国家在奥地利维也纳签署了《瓦森纳协定》（Wassenaar Arrangement），决定从 1996 年 11 月 1 日起实施新的控制清单和信息交换规则。中国同样在被禁运国家之列。

份是军民两用商品和技术清单，涵盖了先进材料、材料处理、电子器件、计算机、电信与信息安全、传感与激光、导航与航空电子仪器、船舶与海事设备、推进系统等 9 大类；另一份清单是军品清单，涵盖了各类武器弹药、设备及作战平台等 22 类。《瓦森纳协定》清单中列了好几百款，包括精密仪器、精密机床、关键设备等，都禁止对中国出口。美国在这方面做得最狠最彻底，十几年来多次否决对华精密仪器和设备的出口，强行叫停中国对美高科技产业的收购。① 美国这是用封闭的"技术沙文主义"来固守既有优势的存量，而不愿正视世界蓬勃发展的趋势。

美国通过贸易战，打击或遏制中国制造业的发展，将中国压制在世界工业体系的中低端，是美国历届政府的既定国策，而贸易顺差与知识产权保护不力仅仅是两个借口而已。这是美国"技术沙文主义"的本质，其基本出发点是，不仅试图保护已经发明的技术，而且必须千方百计地延续其作为世界技术创新领袖的地位。目前针对中国的办法，就是阻止《中国制造 2025》计划的实施，不认为技术转让是正常的商业行为，因此要求中国必须废除"技术换市场"的所谓"不合理"的壁垒。中国与美国的分歧表面上是贸易问题，是经济问题，实质上是关系到中国的核心战略安全问题，这些核心利益问题是中国根本无法让步的。

哈佛大学肯尼迪政府学院首任院长、"修昔底德陷阱"概念的提出者格雷厄姆·艾利森认为，美国没有能力真正遏制中国。② 对于美国舆论中关于美国遏制中国的说法，艾利森斥之为"噪音"。在他看来，不论是在经济发展还是南海等问题上，美国实际上已没有能力真正做到遏制中国。他认为，美国当下采取"收缩"政策，从诸多国际组织中退出，反倒使中国成为众人依赖的对象，成为二战后由美国一手创建的国际体系的支撑者。

---

① 袁浩. 中国为什么要硬怼美国？[OL]. 公众号《天下故事》, 2018-05-14.
② 刘晨，胡友松. 中美需进行"有约束"的竞争[N]. 参考消息, 2018-10-09.

中国的技术自主创新

20 世纪 40 年代中期，美国著名汉学家费正清在《美国与中国》一书中认为，中国正在发生一场现代化运动，这场运动最本质的特征是中国决定放弃自己所有的传统和制度，并将西方的文明和制度以及语言作为一个对应体。他认为中国所有的变革是对西方文明不断冲击后做出的反应。在很长一段时间里，这个冲击反应模式是西方学者对中国现代化的共识。20 世纪 90 年代初，费正清写了《中国简史》，他在书中说"对不起，我错了"。在经过 50 年的阅历和观察后，费正清认为中国的现代化发展不是一个冲击反应的结果，而是中国自身内在的变革和发展变化的结果。因此，中国的现代化道路具有自身的内在性和动力源。

罗纳德·科斯是制度经济学的奠基人之一，他在《变革中国》一书中得出三个结论：一是 1978 年中国的改革开放是二战以后人类历史上最为成功的经济改革运动；二是中国的经济总量在未来十几年内超过美国是一个大概率事件；三是中国经济的发展无法用西方的制度经济学来解释。

美国前总统国家安全顾问布热津斯基曾经说："西方人关于中国的认识有一半是无法理解的，另外一半我理解了，但对不起，我理解错了。"这是美国战略学者对中国的看法和反思。

摩根士丹利前亚洲区主席史蒂芬·罗奇认为，在一段相互依赖的人际关系中，一旦某方改变参与条件，另一方就会觉得自己受到侮辱并以牙还牙。多年来，中美经济相互依赖的问题一直引人注目。[①] 20 世纪 70 年代末，中国开始改革开放，低成本的进口商品成为许多美国消费者的解药。美国根深蒂固的意识形态偏见以及在评估中国时始终无法摘下的有色眼镜，都为当前中美摩擦埋下了隐患。

---

① 史蒂芬·罗奇. 相互依赖的贸易战［N］. 胡建坤，译. 环球时报，2018-09-27.

如果上述四位研究者是从中国发展的现实观察中国的，那么，英国著名汉学家李约瑟就是从悠久的历史中观察中国的。李约瑟在其著作《中国科学技术史》一书中提出，在被西方超越之前，中国在许多方面的科技都领先于世界。明清两代的闭关锁国政策使中国在19世纪末远远落后于西方工业国家，经历过切肤之痛的中国，更加认识到核心技术的极端重要性。习近平总书记多次强调，"核心技术是国之重器"，"在别人的墙基上砌房子，再大再漂亮也可能经不起风雨，甚至会不堪一击"，"核心技术受制于人是我们最大的隐患"。①

科技创新最重要最直接的应用是制造领域。中国政府于2015年5月8日颁布《中国制造2025》，这不啻为一份宣言书。文件开宗明义地指出："制造业是国民经济的主体，是立国之本、兴国之器、强国之基。十八世纪中叶开启工业文明以来，世界强国的兴衰史和中华民族的奋斗史一再证明，没有强大的制造业，就没有国家和民族的强盛。打造具有国际竞争力的制造业，是中国提升综合国力、保障国家安全、建设世界强国的必由之路。"既然是"必由之路"，那么就由不得别人对中国走自己的道路而说三道四，更不惧怕别人设置障碍，否则，这就不是真正的"道路自信"了。中国这种自信是有"底气"的，因为中国"不是一个危机一触即发的经济体，也不是一个能够使之屈服的政治制度"②。2018年9月26日，马来西亚总理马哈蒂尔在纽约出席美国外交关系协会的活动时，批评美国总统特朗普的外交方式破坏了美国此前在亚洲所做的努力，并称在世界最大的两个经济体之间的贸易争端中，历史会站在中国这边。马哈蒂尔不认同特朗普的对华政策，他说，中国已经存在数千年了，必须要学会与中国共处。③

美国人直言不讳地说，技术创新是美国的命根子。2017年12月17日，美国白宫前首席策略师史蒂夫·班农在日本的讲演中提出，过去十年中国通过强

① 越名. 国之重器必须立足于自身[OL]. 新华网，2018-04-27.
② 特朗普严重误判中国实力与决心[N]. 参考消息，2018-09-20.
③ 宗文. 马哈蒂尔：历史会站在中国这边[N]. 环球时报，2018-09-28.

制技术转让从美国拿走了 3.5 万亿美元的技术，一年 3500 亿美元，"更重要的是，中国摘走了民主自由市场系统的花朵，那就是我们的创新。美国强大是因为我们的创新，西方一直都在领导创新。中国的要求是，如果我们的公司想要进入中国市场，就要交出它们的技术，交出它们的创新"。[1]

事实上，技术创新不是美国人的专利。2017 年底，中国国家知识产权局颁发的有效专利数是 714.8 万件（其中境内申请人 620.4 万件）。考虑到美国专利局是 1802 年成立的，中国专利局是 1980 年成立的，相差近 200 年，中国的进步是神速的，与美国相比，并不是像美国商务部部长罗斯所说的"望尘莫及"，而是超过美国的那一天指日可待。在全球范围内，中国从 2011 年起已经成为专利申请第一大国。到 2016 年，中国企业申请的专利数量首次超过美、欧、日、韩的总和。世界知识产权组织于 2018 年 3 月 21 日公布了 2017 年全球企业申请注册国际专利的统计数据。从各个国家申请的数量来看，美国占据首位，为 56 624 项。中国为 48 882 项，较上年增加 13.4%，超过日本的 48 208 项而升至第二位。[2] 中国的发明专利申请受理量占全球总量的 42.8%，而美国仅占 19.4%，日本占 10.2%，韩国占 6.7%，欧洲和其他国家及地区分别占 5.1% 和 15.8%。[3] 中国 2015 年的研发费用为 1.4 万亿元，占全世界的比例超过 20%，按购买力仅次于美国，超过欧盟 28 国总和，日本只有中国的一半左右。2017 年，中国研发费用增长到 1.76 万亿元，是 1991 年的 123 倍，仅次于美国而位居全球第二，占国内生产总值的比重达到 2.13%[4]，已经接近经合组织国家平均水平。更为重要的是，中国早已不是由政府主导乃至唯一承担科研投入的模式了。中国的研发经费，近八成是企业自行承担的，在全世界也

① 雪球．史蒂夫·班农：中国摘走了自由市场的花朵，却让美国走向了衰败[OL]．公众号《史诗般的馒头》，2018-03-25.
② 雪球．中国"贸易战"的实质[OL]．公众号《滚一个雪球》，2018-03-23.
③ 全球智力资源加速流向中国[N]．参考消息，2018-04-22.
④ 来源于中国国家统计局数据。

是比例最高的国家之一（欧美的企业研发费用比例只有六成左右）。世界知识产权组织公布的 2017 年知识产权报告显示，这种技术创新的发展势头，每时每刻都在刺激着美国的神经。

传统上，科技创新是美国等发达国家的核心竞争优势。未来一段时间内，美国仍会是世界重要的研发创新中心。但现在中国的资金投入（购买力平价）和人才投入都是世界第一，再加上高效的执行力，必然带来科研成果的爆炸性增长，将会在全球创新领域发挥更大影响。事实上，世界各国政府都有鼓励科技发展的远景规划。中国科技取得的长足进步与中国政府的鼓励支持分不开，毕竟这是政府作为一个超越个人和企业的组织形态应尽的职责，若哪一国政府不致力于促进本国产业升级，那是不作为与失职。①苏联于 1957 年发射首颗人造卫星后，美国曾加大投入，奋起直追，从而赢得太空竞赛，并在几十年中占据军事和技术优势地位。毫无疑问，美国在冷战中获胜主要是因为它在科技方面的投入。美国最先进的技术主要是冷战时期发明的。如今，在自太空竞赛以来最重要的技术竞赛——量子竞赛中，中国已经取得领先。中国政府正斥资100 亿美元建设一个 37 万平方米的量子信息科学国家实验室，并将在两年后启用。中国已经将"墨子号"卫星送入轨道，这颗卫星成功地从太空发送了"不可破译"的密码。相较于中国的投资，截至 2016 年，美国的量子技术研究每年的政府资助仅为 3 亿美元。因此，如果美国不采取适当的行动，那么在一个由技术驱动的世界中，其优势地位将无法持久。②

中国在培育下一代科学家和技术专家方面继续加大投资，从而为人类的文明进步不断做出贡献。中国的技术进步总体上是中国经济快速发展的产物，它的内生动力是决定性的，不管通过外部引进还是独立研制，它们都注定会发生。曾经担任克林顿政府财政部部长和奥巴马总统经济顾问的拉里·萨默斯在

---

① 余翔. 几代人拼搏铸就中国技术进步[N]. 环球时报，2018-10-16.
② 中美量子竞赛，美国或将落败[N]. 参考消息，2018-05-14.

接受美国消费者新闻与商业频道网站采访时认为，中国的技术进步"来自那些从政府对基础科学的巨额投资中受益的优秀企业家，来自推崇卓越、注重科学和技术的教育制度。它们的领导地位就是这样产生的，而不是通过在一些美国公司持股产生的"，他还说，美国"维持技术领导地位的真正方法是通过技术领先，而不是试图压制中国"①。业内人士认为，中国改革开放以后所发展的加工贸易，其大部分技术和核心装备最初全部来自国外引进，以后随着市场的需要，逐渐引进汽车、航空、航海等领域的关键技术，在这个过程中，中国政府没有签署过一项强制技术转让协议。即便有一般性外国企业和资本加大对中国市场的支持力度，自觉自愿地转让技术，也向中国企业收取了专利费和技术转让费，不存在以技术换市场的情况。中国对知识产权始终保持三个态度：第一，中国是遵守知识产权规定的国家，政府和企业不会有在谈判时强迫对方转让技术的事情；第二，保护知识产权是中国自身发展的需要和自觉，不是欧美的要求；第三，中国政府近年来降低了触犯知识产权法的法律门槛，下决心从法律上增强对知识产权的保护。②

2018年4月16日，美国商务部宣布，禁止美国公司向中兴通讯销售电子技术或通讯元件，为期长达7年。这件事情说明，美国遏制中国高科技产业的发展并不是说说而已，而是动了真格的，所采取的手段是精准打击。中兴损失了20亿美元，但随着中国的惊醒和高端制造业的跨越式发展，将来中国可能会换回这个数字的百倍、千倍、万倍甚至千万倍。中兴事件是一堂教育课，中国科技界和制造业会从这堂课中明确方向，一个小小的芯片，让他们彻底明白，钢铁到底是怎样炼成的。③

中美两国的经济崛起历史证明，只有开放才能让经济和本国企业更具活力和竞争力，单边贸易保护只会削弱美国企业的创新力，并且在全球化过程中更

① 中国技术进步并非窃自美国[N]. 参考消息，2018-06-29.
② 魏建国. 中国从没强迫谁转让技术[N]. 环球时报，2018-06-25.
③ 枫叶君. 若干年后，特朗普会为中兴事件后悔[OL]. 公众号《精致小号》，2018-06-26.

容易受到质疑和损失。但是，美国认为，为了限制中国的技术创新，阻止中国超越美国，从长远来看付出一些暂时的代价是值得的。对于中国来说，特朗普的这一记重锤，真是让国人大梦初醒。若干年后再回首时，但愿今天的"中兴危机"对中国的半导体产业乃至整个高科技产业的发展是一件"因祸得福"的事情。

"美元石油"与"石油美元"

与中美贸易战同时发生的、被媒体和社会公众忽视的另一件重大事情，就是中国于 2018 年 3 月 26 日如期开通了上海原油期货市场，上海国际能源交易中心（INE）正式挂牌交易。奥地利《新闻报》称，乍一看，中国引入以人民币计价的原油期货似乎选在了中美贸易争端的一个完美时间节点上，但实际上，中国已经为这项计划准备了 20 年。中国于 1993 年首次尝试推出原油期货合约，其后几经推迟和波折，现在终于上市。[①] 自 20 世纪 80 年代以来，布伦特原油一直是主要国际油价基准，因为它与能够进入欧洲市场的最大油田挂钩。西得克萨斯中间基准原油同样在 20 世纪 80 年代推出，该合约与俄克拉何马州库欣的石油存储基地挂钩。自 2015 年美国取消已实施数十年的石油出口禁令以来，该合约的影响力一直在上升。[②] 2017 年中国超过美国成为世界第一大原油进口国，也是全球第二大石油消费国。尽管如此，原油交易的国际指标是布伦特原油期货和西得克萨斯中间基准原油期货，中国在原油期货领域没有多少定价权。《日本经济新闻》报道，这次中国政府做好准备让原油期货上市，其目的在于增强其对国际原油价格的影响力。如果中国原油期货发展顺利，将在原油定价权方面获得更大影响力，同时进一步助推人民币国际化，美元的垄断地位有可能被稀释。

---

① 中国寻求扩大对全球油价定价权[N]. 参考消息，2018–03–27.
② 中国原油期货上市挑战美元地位[N]. 参考消息，2018–02–11.

作为世界主要结算货币，美元是美国经济最重要的支柱之一。不同于其他国家，美国始终可以使用美元结算进口商品，这主要在石油市场上发挥重要作用。[①]迄今为止，全球的大宗商品基本上都是用美元来计价。中国原油期货正式挂牌交易后，"美元石油"和"石油美元"几乎长期作为左右国际大宗货物和货币市场的唯一要素的时代从理论上宣告结束，"人民币石油"和"石油人民币"的应运而生，将是新国际秩序的重要组成部分。中国是世界最大的石油进口国，众多的石油出口国依赖中国的订单，尤其是海湾地区和非洲地区国家。石油交易这种大宗交易平台的存在，必将大大提高世界各商业机构接受人民币资产的积极性。对于中国而言，石油期货的推出顺应了中国经济的发展趋势，是中国在世界石油贸易市场的自然反映。不管出于什么目的，美国都无法阻止中国石油期货的推出。[②] 上海国际能源交易中心自2018年3月挂牌交易至2018年10月，短短的8个月间，以人民币计价的石油期货成交量就超过了世界第三大石油交易所——迪拜商品交易所（DME）的同类指标，更是超过了排在迪拜后面的东京石油交易所和新加坡石油交易所这些亚洲主要石油贸易中心。纽约商品交易所和伦敦洲际交易所也明显受到上海石油期货交易所的影响，2018年10月，它们占全球石油期货市场的份额分别从60%和38%下降至52%和32%。[③]

美国前国务卿亨利·基辛格曾经说："如果你控制了石油，你就控制住了所有的国家；如果你控制了粮食，你就控制住了所有的人；如果你控制了货币，你就控制住了整个世界。"这句话总结了美国的强权哲学，至少是那些躲在幕后决定着美国外交和国内政策的少数精英人物的强权哲学。[④]基于这种战略思维，特朗普上台后，他大力推动美国的石油开采，现在美国已经超过俄罗

---

① 中国原油期货挑战美元霸权[N]. 参考消息，2018-03-28.

② 刘戈. 坐看中国原油期货风云起[N]. 环球时报，2018-03-27.

③ 人民币原油期货"引爆"全球市场[N]. 参考消息，2018-12-07.

④ 威廉·恩道尔. 石油战争[M]. 赵刚等，译. 北京：知识产权出版社，2008：2.

斯成为世界最大产油国，而且很快要成为世界最大的石油出口国。这样，世界能源格局将出现两个重大变化：一是页岩油的开采将大幅提升人们对石油储藏量的预测；二是对能源依赖最强的中国会大力发展新能源，努力摆脱对石油和煤炭等化石能源的依赖。

2005 年左右，美国每天进口石油超过 1000 万桶，美国国内油田的产量只是进口量的一半，连续 30 年呈下降趋势。北达科他州和得克萨斯州发现页岩油后，引发了一股"黑金"热，堪比历史上几次规模最大的石油热。2011—2015 年，美国国内石油产量上升 78%，轻易地超过进口量。相比之下，20 世纪 70 年代末在得克萨斯州和俄克拉何马州的石油热仅让美国石油产量提升7%。美国石油涌向全球市场，让油价一路走低。在美国解决石油逆差的同一个 10 年里，其石油产品以外的贸易逆差却呈爆发式增长，整体贸易逆差尽管相比 2005 年左右有所减少，但近年来一直呈扩大趋势。在页岩油繁荣时期，美国的石油产量攀升，但其他经济领域的支出大幅度增加。当国内储蓄无法满足投资需求时，这部分差额就由外国来补足；相反，储蓄率高的国家如德国和中国，就会出现贸易顺差，从而为其他国家的消费和投资提供融资。美国的大规模减税和增加开支等政策，将在未来几年让财政赤字超过 1 万亿美元，这意味着贸易逆差还会增加。[①]

2018 年 5 月 21 日，美国能源信息局发布分析报告，2017 年美国的能源产量相当于日均 3000 万桶石油，创下历史新高。从这个数字来看，美国把俄罗斯和沙特等石油主产国远远甩在身后。新的压裂开采技术让美国找到很多低成本的页岩油气开采办法，一方面美国能源自给自足的比例逐渐上升，另一方面需要进口的能源主要靠加拿大解决（占 40%）。因此，如果美国再不开采并出口，那些储藏的油气资源形态有可能在新能源形态的冲击下，其价值潜能将大大降低，更不要说转化为资本了。

---

① 美贸易逆差根源不在中国[N]. 参考消息，2018-03-27.

美元是世界的硬通货，美联储便是全世界的中央银行。在保持美元世界硬通货地位的过程中，没有哪种商品可以与石油相提并论。只要这个世界对美元还有"信心"，这个系统就能运转。对华盛顿和华尔街的人来说，这个系统简直就像是一台神奇的印钞机。但它的确不是。① 早在 20 世纪 60 年代，美国的财政和货币管理不善就曾导致布雷顿森林体系下基于美元的联系汇率制于 1971 年 8 月崩溃。随后，美国和欧洲经历了 10 年的高通胀。美元动荡是促使欧洲在 1993 年走上货币统一道路的一个关键因素。欧洲这项努力在 1999 年欧元启用时达到高潮。2008 年的全球金融危机始于华尔街，并随着银行间流动性枯竭而迅速蔓延到世界各地，这再次促使世界远离美元，转向其他货币。② 2018 年 9 月 12 日，欧盟委员会主席让 – 克洛德·容克在欧洲议会发表年度演讲时就说，欧盟必须采取更多措施推动欧元成为世界货币。他质疑称，既然只有 2% 的能源进口来自美国，欧洲为什么还要以美元支付 80% 的能源账单。他认为欧洲用美元购买能源的做法非常"荒谬"，航空公司应该用欧元而不是美元购买飞机。③

不仅欧盟准备放弃用美元来购买能源，俄罗斯能源企业也打算放弃"石油美元"④。2018 年 9 月 22 日，"今日俄罗斯"电视台网站引述路透社的报道，俄罗斯排名第四的能源公司苏尔古特石油天然气公司准备在国际结算中放弃美元，改用欧元和其他货币，从而希望"避免美元支付可能产生的问题"。此前一个月，俄罗斯财政部部长安东·西卢安诺夫表示，俄罗斯或将在石油贸易中弃用美元，因为"被看作全球货币的美元已经成为有风险的结算工具"。俄罗斯能源部部长亚历山大·诺瓦克曾表示，政府正在考虑以本国货币进行石油结算的可能性，特别是与土耳其和伊朗的结算。苏尔古特石油天然气公司并非唯

---

① 威廉·恩道尔. 石油战争[M]. 赵刚等，译. 北京：知识产权出版社，2008：1.
② 特朗普政策或颠覆美元地位[N]. 参考消息，2018–09–10.
③ 容克呼吁欧盟推行强力外交[N]. 参考消息，2018–09–14.
④ 俄能源企业准备放弃"石油美元"[N]. 参考消息，2018–09–24.

一试图减少对美国依赖的俄罗斯能源企业。路透社援引产量排名第三的俄罗斯天然气工业石油公司内部消息称，该公司的合同中已经存在不以美元交易的条款。俄罗斯最大的石油企业俄罗斯石油公司也对结算多样化感兴趣，已经开设了港币和人民币银行账户，一旦俄罗斯因西方制裁被阻挡在环球银行间金融通信协会（SWIFT）银行间汇款服务体系之外，就会关闭该服务。

保持和扩大全世界对美元的需求、防止出现拒绝用美元支付的中心，这是近几十年来美国外交政策的出发点和落脚点，是美国所有外交套路和采取冒险行动的最深层原因。美元与石油绑定的战略对于美国来说至关重要，"去美元"必然会触及美国利益，美国也不可能轻易放弃这一维护美元"第一货币"地位的重要手段。但物极必反，为维护美元霸权采取的努力越多，对他国合法利益的伤害就越深，后者摆脱支撑美国经济"义务"的渴望就越强烈。不满者由量变到质变的时刻似乎来临了，最令华盛顿担忧的事情发生了，美国主要盟友的领导人发表"反美元"和"反美国"宣言，这实际上打开了建立全球"反美元"联盟的大门。世界停止把美元作为主要货币，将给美国带来难以想象的灾难。

"去美元化"的本质是美元信用与信心的弱化，也是对既有货币体系的挑战。实际上，石油"去美元化"的声音已经持续了数十年。20世纪末期，许多国家都处于"美元化"和"去美元化"的纠结之中，一些国家在尝试"去美元化"的路途中屡败屡战。① 1997年的亚洲金融危机中，相关国家就开始考虑在名义货币定锚时，应弱化美元而增加日元和欧元的分量。与此同时，拉美国家却一度出现"美元化"潮流，巴拿马、萨尔瓦多和厄瓜多尔相继实行"美元化"。进入21世纪，由于多种因素的变化，过度"美元化"的负面影响日益明显。2006年以来，部分拉美国家在贸易和融资等领域出现了明显的"去美元化"倾向，减少美元在外贸和金融支付中的比例，加强本币的地位和

① 王勇. 石油去美元化已不只是谈资[J]. 能源，2017(12).

作用。2008 年金融危机之后，美元主导型货币体系的弊端进一步显现，新兴经济体"去美元化"的愿望进一步增强，无论是区域自贸区建设，还是多边、双边货币协议，都体现了这种尝试。2016 年 6 月 20 日，尼日利亚放弃本国货币奈拉对美元实施的固定汇率机制，由此导致奈拉对美元的比价跳水和外汇储备急剧下降，使得尼日利亚央行不得不进行资本管制和外汇限制交易。尼日利亚不惜本国货币崩盘，也要将"去美元化"进行到底的现象足以说明，石油国家受美元货币体系掣肘的程度之深。2017 年 9 月 15 日，委内瑞拉发布以人民币计价的石油和燃料价格，并称此举是为了让该国从"美元暴政"中解放出来。

当美国不再需要进口石油，美元作为石油结算货币的基础就不存在了，作为美国竞争对手的产油国，必然需要寻找替代的结算货币。此时，拥有世界最完善工业体系、生产绝大部分生活必需品和工业品的中国成为最佳替代者，人民币的国际化是世界新经济秩序形成的必然结果。在此前提下"石油人民币"的推出，与其说是人民币想取代石油美元，倒不如说是为了防止石油美元体系崩溃而提早做好的风险对冲准备。以人民币计价的黄金和原油都是促进人民币国际化的有效手段，是"去美元化"的决定性因素，是打破石油美元体系的重要一步。当然，石油美元体系的地位也并非短期内可以撼动。

从短期来看，美元体系是无法被取代的。[①] 但是，毕竟这种兆头已经出现了，这就是中国的进步使其在美元体系内的地位提升了。美国的当政者也看到了这种趋势，因此才变得心急如焚。但是，这是美国经济结构的中长期问题，其制造业的国际竞争力下降是导致贸易赤字的根源。[②] 中美贸易战以及美国对各大产油国不同形式的制裁，势必激发出这些国家摆脱美国控制的强烈欲望，将它们推向以人民币计价的上海原油期货交易所。一些暂时没有受到制裁的国

---

① 关税战折射中美更深层斗争[N]. 参考消息，2018-07-12.
② 任若恩. 中美贸易战的后果[OL]. 公众号《中国金融 40 人论坛》，2018-03-23.

家，都表达了转向上海人民币石油贸易的意向。例如，印度尼西亚国家石油公司表示，将从 2019 年起购买不是以美元而是以包括人民币在内的其他货币计价的原油期货，其日采购量将达到 570 万桶。①

目前石油在全球贸易中的计价方式呈现出"去美元化"的趋势，更多的是石油市场向买方倾斜后自身演变过程中逐渐出现的一种多样性。现在判断"石油美元"的终结为时尚早，人民币计价方式的推行也难以证明"定价石油"时代的来临。但毫无疑问，这表明了布伦特原油期货和西得克萨斯中间基准原油期货在石油领域双头垄断的终结，也意味着美元/欧元在金融领域双头垄断的终结。②"石油人民币"的推行，将有力冲击现有的"石油美元"体系，促进全球货币体系的多元化，从而加快人民币国际化的进程。③ 随着石油人民币国际化及其地位的巩固，将有更多投资涌入中国。正如《下一波全球货币大战》一书的作者詹姆斯·瑞卡兹所说的那样："现在，43 年过去了，车轮正在脱落，世界对美元又失去了信心。"④

中美贸易争端的能源资本因素

知识产权和高科技产业都有较高技术创新含量，因此往往也蕴含着能源资本驱动因素。通过技术创新，可以更加容易、更加便捷、更加高效地将各种形态的能源资产转化为资本，进而可以持续不断地创造价值。反过来说，能源资本 DNA 结构的技术平台，就包括了技术创新的因素。

任何物质的生产都离不开技术平台，而技术平台的运转需要能源资本的投入。比如，钢铁表面上是一种产品，其实是能源资本的载体，从某种意义上来说就是能源资本的化身。钢铁生产的全过程，如果没有能源资本的投入，就不

---

① 人民币原油期货"引爆"全球市场[N]. 参考消息，2018-12-07.
② 同上.
③ 王勇. 石油去美元化已不只是谈资[J]. 能源，2017（12）.
④ 王勇. 原油期货搅局者[J]. 能源，2018(10).

会有成品出来。英国当年发动鸦片战争，依靠的是其坚船利炮，坚和利，资源和能源是其支撑，但后来英国衰落的重要原因之一，也是由于能源资本逐渐缺乏。改革开放以后，中国成为世界工厂，今后要由"中国制造"向"中国智造"和"中国创造"转变，凭的就是技术创新，能源资本是技术创新的推动力之一。我们的研究结果表明，能源资本与技术创新之间存在着双向乘数效应。美国近年来由于产业空心化导致国内石油消费不足，加之生产富余，导致石油出口不断扩大，成为继沙特、俄罗斯和伊拉克之后第四大石油出口国。现在，美国平均每天从波斯湾进口的石油仅有 174 万桶，约占每日进口总量的17%。① 中国则成为世界第一大石油进口国和石油消费国。这种角色的转换，使美国有一种深深的失落感和忧虑感，两者的叠加便产生一种"躁郁症"。

美国与中国在能源领域的贸易摩擦，不是始于今日。早在 2010 年美国就开始对中国新能源产业补贴问题发起了所谓的"301 调查"，覆盖了中国的风电、太阳能、高效电池和新能源汽车领域 150 余家企业。② 随后，欧盟、加拿大、印度、澳大利亚等国家纷纷效仿，"双反"③ 和"201 调查"接踵而至，涉案金额和处罚力度越来越大，目标直奔逼走中国企业甚至搞垮中国企业。根据美国国会问责局的测算，被认定为市场经济的国家所适用的反倾销税率明显低于非市场经济国家。一般来说，美国对中国的反倾销税平均税率是 98%，而对市场经济国家的平均税率为 37%。④ 2018 年以来，美国做出 18 项涉及中国产品的裁决，其中 14 项税率都在 100% 以上。此外，美国在替代国的选择上也具有较大的随意性。⑤ 中国出口商在美国的倾销调查中受到严重不公正和歧视性对待。近几年来，中国新能源产业无论从成本优化还是科技创新上都发

---

① 美油气总产量远超俄罗斯沙特［N］. 参考消息，2018-05-25.
② 齐正平. 贸易战中新能源产业的应对利器［OL］. 公众号《能源研究俱乐部》，2018-04-27.
③ "双反"调查是指对来自某个（或几个）国家或地区的同一种产品同时进行反倾销和反补贴调查。
④ 资料来源 http：//unctad. org.
⑤ 美国国会问责局 2006 年发布的报告《美中贸易——取消非市场经济方法将降低部分企业反倾销税》。

展强劲，有领跑全球之势，并占据了欧美市场的主要份额。面对中国新能源产业带来的强大冲击，通过制造贸易摩擦，将中国企业逐出市场，围猎中国新能源产业的发展，就成为欧美国家心照不宣的默契行动。本轮"301 调查"中，被纳入征税清单的能源项目包括风电设备、核反应堆、电气设备、电动汽车零部件、电池等。这些设备和产品，无一不是将各种形态的能源资产转化为资本的技术平台。因此，美国等发达国家针对中国的各种贸易措施，表面上是针对不正当补贴与企业的倾销行为，实际上却是剑指中国高新技术产业的发展及其背后的推动力——能源资本。

美国发起对中国的贸易战，不可避免地会波及中美之间的能源贸易。相关数据显示，2017 年中国只有不到 2% 的原油进口来自美国，从美国进口的液化天然气占比约 4%，煤炭进口占比不到 2%，其中以焦煤为主，只有液化石油气占比接近 20%。① 虽然从美国进口的能源产品总体占比不高，但增长速度却快得惊人。2015 年，中国从美国进口首船原油 6 万多吨，2016 年同比增加了近 7 倍，2017 年同比又飙升近 15 倍，达到每天 15 万桶的规模，成为中国第十四大原油来源国。液化天然气进口，2015 年也只有 6 万余吨，2016 年同比增加了 2 倍，2017 年同比又增加近 7 倍，突破 150 万吨，跃升为中国第六大供应商。煤炭进口 2017 年同样出现暴增。液化石油气贸易，美国是中国仅次于阿联酋的第二大供应来源国。按照美方的数据，2017 年中国已经是美国第二大原油和液化石油气出口目的地，第三大液化天然气出口目的地，第十大煤炭出口目的地。双方能源贸易的快速增加，本来主要是市场力量自发起作用的结果，特朗普政府却为了国内政治的需要而贸然发动贸易战，属于对正常市场秩序的人为破坏。

在美国拟对价值 2000 亿美元的中国商品征收 25% 的关税后，作为回应，中国宣布将对原产于美国的 5207 个税目商品加税，其中包括对美国石油、液

---

① 白俊. 中美贸易缓和，能源贸易怎么增加？[J]. 中外能源观察，2018-05-24.

化天然气等能源商品加征 25% 的关税。能源业是美国对中国为数不多的贸易顺差行业，中国能源进口限制给美国带来的损失更加巨大。美国《金融时报》援引安睿顺德伦国际律师事务所能源业专家雅各布·德韦克的话："美国公司不得不把每天几十万桶的石油从中国转到其他市场。它们在价格上势必要吃亏。"①

从中美双边能源产品贸易来看，虽然能源贸易占比规模比较小，但是，美国能源资产相对过剩的现实，使其不能无视中国这个最大的发展中国家、世界第二大经济体对美国能源产品的需求市场。2018 年 8 月 6 日，俄罗斯《独立报》报道，路透社援引消息人士的话说，鉴于北京与华盛顿贸易冲突激化，中国一些公司暂停从美国进口石油；作为对美国石油的替代，有的公司已将注意力转向伊朗石油。② 据彭博社的数据，中国是伊朗石油最大的买家，占伊朗整个石油出口的 1/3。根据不同的数据，伊朗日产石油 390 万桶至 500 万桶。这意味着，仅伊朗就能比欧佩克所有国家商定每天减产 120 万桶给油价带来更大的影响。中国最终选择从哪国购进石油，很可能对油价造成显著影响。③ 在中俄达成 300 亿立方米的天然气管道项目之后，中国对美国天然气进口将大大下降，美国或将彻底失去中国市场。④

失去中国市场将沉重打击美国生产商，因为中国是世界上最有前景的天然气买家。⑤ 2017 年，中国的天然气消费量增长 14.8%，达到 2386 亿立方米，约占美国液化天然气出口的 15%。2018 年，预计这一指标将增至 2700 亿立方米。中国海关数据显示，截至 2018 年 11 月，中国进口的原油量已达到 4.181 亿吨，同比上升 8.4%，同时创下了日进口 1043 万桶的记录。⑥ 其中，从俄罗

---

① 美国因贸易战失去国际影响力［N］. 参考消息，2018-08-10.
② 中国或以石油为武器反制美国［N］. 参考消息，2018-08-07.
③ 同上.
④ 中俄达成 300 亿天然气项目，中国彻底摆脱美国天然气［OL］. 公众号《凤凰生活》，2018-09-20.
⑤ 中国已暂停购买美国油气［N］. 参考消息，2018-12-01.
⑥ 4.18 亿吨，两大油企年末"发力"［OL］. 公众号《一牛财经》，2018-12-13.

斯进口的原油达到了 5363 万桶，日均 173 万桶，同比上升 58%；从沙特进口的原油达到了 3224 万桶，日均 104 万桶，同比上升 11%。与此同时，美国从原油进口国转变成了出口国，2018 年 12 月初实现了净出口的目标，达到了净出口 21.1 万桶/天，这也是 75 年来美国首次成为真正的原油净出口国。加拿大液化天然气公司首席执行官安迪·卡利茨指出："北京的行动将导致美国公司陷入困境。关税显著降低了美国液化天然气的竞争力。"中国是仅次于加拿大的美国原油第二大出口市场，比如 2018 年 5 月，中国每天从美国进口 42.7 万桶。2018 年 10 月，中国从美国进口的原油和液化天然气已降至零。这样一来，全球最大的油气进口国对美国关闭了自己的市场。

虽然美国已经成为第一大石油生产国，但这些能源资产必须转化为资本才能持续创造价值。如果美国的制造业不能振兴，其高科技的顶端就没有一个完整产业链做支撑，巨额的能源资产所蕴含着的资本潜能，缺少以大量商品为载体的转化为资本的方式和途径。这就是美国经济结构中以制造业为代表的产业"空壳化"和贸易巨额逆差背后的能源资本因素。《中国制造 2025》正好捅到了美国的痛处，触及它最隐秘、最敏感的部位，即美国国家能源资本这块最诱人的"奶酪"。至于美国为什么要中国购买其以天然气产品为主的能源产品，这恰恰是因为美国认识到能源资产转化为资本的过程复杂、技术平台多元和市场环境的前景不可预测。美国由一个能源消费大国变为一个能源出口大国，正说明它在历史上已经完成了能源资产向资本的转化，凭借其强大的科技力量就可以源源不断地创造价值，不需要将更多的能源资产转化为资本了，事实上也没有这种转化的客观市场需求与产业载体了。随着各类新能源形态的蓬勃发展，美国现有的能源资产如果不赶紧变现，很快便会成为低效资产甚至无效资产。因此，向世界最大的发展中国家出口其富余的能源资产，才是其当前最明智的选择。换句话说，能源资本是中美两国之间技术博弈背后的强大推手。

莎士比亚的戏剧《暴风雨》中有一句经典的台词："凡是过往，皆为序章。"中国经过 40 年的改革开放，国家整体实力得到了极大的增强。世界经济格局正在发生根本变化，新的经济秩序的形成取决于中美两国综合实力的竞争。中美之间的竞争，表现在一方要赶超而另一方要遏制。莫斯科大学专家卡尔涅耶夫认为，中美关系背后有一个尚待解决的根本性问题，就是美国究竟能在多大程度上接受中国的崛起，它将来是否还要竭力遏制中国。① 中国不可能不发展，美国不可能让出世界主导权。这场贸易战只是序幕，实质上是一场美国打击中国崛起的战争。2018 年 12 月 1 日，中国国家主席习近平应邀与美国总统特朗普在阿根廷首都布宜诺斯艾利斯举行会晤，双方决定，停止升级关税等贸易限制措施，包括不再提高现有针对对方的关税税率，以及不对其他商品出台新的加征关税措施。中方表示，愿意根据中国新一轮改革开放的进程以及国内市场和人民的需要，开放市场，扩大进口，推动缓解中美经贸领域相关问题。这一举措，有利于缓和因中美之间贸易摩擦而对世界经济产生的不利影响，因而受到了世界各国普遍的关注和欢迎。与此同时，我们也应当清醒地看到，中美之间的这场斗争，是中国的"技术自主创新"与美国的"技术沙文主义"之间的一场斗争，其背后有着深刻的掌控能源资本这个关系到国家发展所不可缺少的能量源泉的关键因素，因而具有隐蔽性、复杂性、艰巨性和长期性，不会因为两国元首的一次会晤中达成的临时性协议而彻底改变两国之间斗争的性质。正如有的学者所预测的那样："两个大国之间的冲突可能至少持续 50 年，甚至更久。今天发生的一切只是一个历史背景。"②

"一带一路"倡议中的能源资本因素

"一带一路"倡议的历史背景

"丝绸之路"，是指西汉时期由张骞出使西域开辟的以长安（今西安）为

---

① 张梦旭，温燕等．中美贸易谈判团队引关注［N］．环球时报，2018–12–05.
② 关税战折射中美更深层斗争［N］．参考消息，2018–07–12.

起点，经甘肃、新疆到中亚、西亚，并连接地中海各国的陆上通道。因为这条路上主要贩运的是中国丝绸，故得此名。1877 年，德国地质地理学家李希霍芬在其著作《中国》一书中，把"从公元前 114 年至公元 127 年间，中国与中亚、中国与印度间以丝绸贸易为媒介的这条西域交通要道"命名为"丝绸之路"，这一名词很快被学术界和大众所接受，并正式使用。

关于丝绸，英国历史学家彼得·弗兰科潘说："在汉朝，铸造足够数量的钱币是个难题，在支付军饷方面更成问题，饱受战火的边疆地区百姓抱怨不断，那里的铜钱一文不值，粮食也会随着时间腐烂。于是，成匹的丝绸经常被当作货币，或作为军饷，或作为中亚佛教寺院惩罚犯戒僧人的罚金。丝绸在成为一种奢侈品的同时，还成了一种国际货币。"[①] 关于丝绸之路，弗兰科潘说："一个布满了城镇的区域带，形成了一条横跨亚洲的锁链。西方开始注视东方，东方开始注视西方。东西方共同增进了印度、波斯湾和红海之间的交流沟通——古丝绸之路充满了生机。"[②]

2013 年 9 月，中国国家主席习近平在访问中亚四国期间，在哈萨克斯坦首次提出共建"丝绸之路经济带"的战略构想。为什么习近平主席要在这里提出这一战略构想呢？因为以哈萨克斯坦为代表的中亚各国，曾经是中西方文明的交汇点与传播点，正如弗兰科潘说的那样，"数千年来，连接着欧洲和太平洋、坐落在东西方之间的那块区域，才是地球运转的轴心"；"这些国家绝非处在全球事务的边缘，而是国际交往的正中心，并且自古以来就是如此。人类文明就是从这里诞生，而许多人坚信，人类本身就在这里诞生——在伊甸园里，'贤明的上帝种下了一棵棵花树和果树'，人们普遍相信，那地方就是底格里斯河和幼发拉底河之间富庶的田野"；"站在这里，你能打开一扇审视历史的新窗口，你将看到一个复杂交织的世界：大陆与大陆之间在相互影响，中

---

① 彼得·弗兰科潘. 丝绸之路：一部全新的世界史[M]. 邵旭东，孙芳，译. 杭州：浙江大学出版社，2016：10.

② 同上，23.

亚大草原上发生的事情可以在北非感同身受，巴格达发生的事件可以在斯堪的纳维亚找到回响，美洲的新发现会影响中国产品的价格，进而使印度北部的马匹市场需求剧增"。① 习近平主席正是站在哈萨克斯坦这块充满勃勃生机的土地上，打开了一扇审视历史的新窗口，将中国的开放事业向更广阔的区域延伸，为打造"人类命运共同体"找到一个合适的载体和一条畅通的途径。

2013年10月，习近平主席在访问东盟国家期间，在印度尼西亚提出建设"21世纪海上丝绸之路"的构想。同样的道理，印度尼西亚是当年海上丝绸之路的主要目的地和中转站，更是大陆文明与海洋文明的交汇点。印度尼西亚位于印度洋和太平洋的交汇处，又是一个海洋群岛国家，海洋对印度尼西亚的发展至关重要。张骞出使西域后，汉武帝为寻找到印度的道路而开辟了与东南亚的海上通道。从汉朝到宋朝，古代海上丝绸之路已将印度尼西亚与中国连接起来，印度尼西亚与中国的贸易也逐渐得以发展。15世纪初，明代航海家郑和七次下西洋，每次都到访印度尼西亚，至今那里还留有当年郑和下西洋时驻留的大量遗迹。

从地缘政治的角度看，人类一直存在着两种不同的理论：一种是陆权论，另一种是海权论。陆权论的代表人物是英国地缘政治学家哈尔福德·麦金德，他提出一种"心脏地带理论"，即著名的麦氏三段论式的政治咒语："谁统治了东欧，谁就能控制大陆心脏地带；谁控制大陆心脏地带，谁就能控制世界岛（欧亚大陆）；谁控制了世界岛，谁就能控制整个世界。"② 正是基于这样的陆权理论，英国、德国和苏联，先后展开对欧亚大陆，特别是对其核心地带的争夺。

与麦金德不同，二战期间，美国战略学家尼古拉斯·斯皮克曼提出了"边缘地带理论"。他认为，地中海是控制欧亚大陆和非洲的要塞，加勒比海

---

① 彼得·弗兰科潘. 丝绸之路：一部全新的世界史[M]. 邵旭东，孙芳，译. 杭州：浙江大学出版社，2016：Ⅱ–Ⅳ.

② 哈尔福德·麦金德. 历史的地理枢纽[M]. 北京：商务印书馆，2010：14.

是大西洋和太平洋之间的要冲，而中国南海则是印度洋和太平洋的咽喉，谁控制了这三个"海"，谁就将控制世界。斯皮克曼也提出了与麦金德三段论式的政治咒语相类似的警句："谁支配着边缘地区，谁就控制欧亚大陆；谁支配着欧亚大陆，谁就掌握着世界的命运。"①斯皮克曼的核心思想是，只要以边缘包围中心，便可以瓦解中心。冷战期间，以美国为首的北约，正是通过这样的战略包围并瓦解了苏联。

"边缘地带理论"虽然对"心脏地带理论"进行了批判，但两种理论论证的前提，都集中在海权与陆权对抗上面，而且两者在控制欧亚大陆对于支配世界起决定作用这一点是一致的。②其实，比麦金德和斯皮克曼更早也更深入思考陆地与海洋关系的，是中国清代的启蒙思想家、政治家和文学家魏源。《南京条约》签订后，魏源发愤撰写了伟大的战略著作《圣武记》。他认为，面对英军从东南海上来的危局，一味地固守东南沿海，与敌决胜于海上，这是错误的战略。面对英国舰队的海战优势，魏源主张在东南沿海坚壁清野、扼守内河，利用战略纵深拖住对手，在西北、西南出奇兵制胜。英国人的战略是从海洋攻向大陆，而我则应反其道而行之——从陆地攻向海洋。正是根据这样的战略，魏源把视野转向了欧亚大陆。为此，需要在大西北和大西南通过贸易、基础设施建设、军事存在凸显陆地强权的影响力，对抗世界霸权国家在东南部的C形包围。③ 正是魏源的这一天才构想，把欧亚大陆与海洋、印度洋与太平洋融合为一体，从而一举超越了陆地与海洋的对立，并且将它们紧密地联系起来。

魏源指出："志在大陆，即所谓志在海洋也。"大陆就是海洋，陆权就是海权。如果用今天的说法，这便是"一带"和"一路"。④ "一带"打造洲际

① 尼古拉斯·斯皮克曼. 和平地理学[M]. 北京：商务印书馆，1965：78.
② 曹凤军. 哈·麦金德陆权理论的发展与实践[J]. 军事历史，2013：51.
③ 座客苍凉. 魏源《圣武记》的战略思想. https：//www. jianshu. com/p/fc961b55ca09.
④ 刘义. 陆权论与海权论背后的实质[OL]. 人民网，2016-10-20.

伙伴，"一路"打造跨洋伙伴，成就陆海命运共同体，走出陆权—海权对抗论，发展出一套全新的陆权—海权融合理论。这再次表明，中国的倡议和做法也学习和借鉴了外国的智慧。

2013 年 11 月，党的十八届三中全会通过的《中共中央关于全面深化改革若干重大问题的决定》提出，"建立开发性金融机构，加快同周边国家和区域基础设施互联互通建设，推进丝绸之路经济带、海上丝绸之路建设，形成全方位开放新格局"。2016 年 3 月，在《国民经济和社会发展第十三个五年规划纲要（草案）》中明确，"一带一路"作为"深化改革开放、构建发展新体制"的重要组成部分，在国际产能合作、贸易升级、高标准自由贸易区网络建设方面发力，基本形成开放型经济新体制新格局。2017 年 5 月 14 日，中国发起并主办第一届"一带一路"国际合作高峰论坛，邀请各国政要与会。这是中国继 2014 年 APEC 峰会、2016 年 G20 峰会之后最重要的一次国际峰会，将成为"一带一路"国际合作的关键节点和重要沟通平台。

"一带一路"与中国能源安全

从能源资本的视角来看，"一带一路"倡议涉及的国家，均在能源方面有巨大潜力，聚焦了全球能源消费大国和能源生产大国。英国历史学家彼得·弗兰科潘描述了丝绸之路上的能源资源，"仅里海已探明的原油储量就几乎是美国的两倍"；他对这个地区的重要意义也做了评论，"这里没有什么'野蛮的东方'或'新世界'等着被人发现，这里有的，只是即将再次呈现在世人面前的世界十字路口"。基于能源资源以及这一地区光辉灿烂的历史文化，借"一带一路"建设的东风，沿线国家的发展前景是不可限量的。各种油气管道将欧洲与世界中心的油气田连接在一起，不仅提升了能源出口国的政治、经济和战略地位，同时也提升了管线沿途国家的重要性。这一曾经孕育了世界上最杰出学者的地区，如今再次涌现出新的学术中心：波斯湾地区遍布着由当地政府和富豪资助，并由耶鲁、哥伦比亚等大学管理的校园；中国在它们与地中海之间的每个国家都开办了推广汉语和中国文化的非营利机构"孔子学院"。①

深化能源合作，推进沿线国家基础设施互联互通，是共建"一带一路"的重大任务。

欧盟的《容克投资计划》，涉及 3150 亿欧元投资规模，正与"一带一路"倡议对接，重点项目为交通基础设施、可再生能源及能源管网等。

西亚的沙特、科威特、卡塔尔、阿联酋、阿曼已正式成为亚洲基础设施投资银行的创始成员国，中国与沙特、卡塔尔发表的联合声明中写入了支持共建"一带一路"的内容，与卡塔尔、科威特签署了相关合作协议。

2015 年 8 月，北非的苏伊士运河新航道正式开通。"一带一路"建议与埃及"苏伊士运河走廊项目"高度契合，涉及能源、铁路、电子等多个领域。

中国和巴基斯坦两国已经形成以中巴经济走廊为中心，瓜达尔港、能源、基础设施建设、产业合作为四大重点的"1 + 4"合作布局。中巴能源合作领域涵盖传统能源和新能源领域，包括卡西姆港、塔尔煤田、燃煤电站、卡洛特水电项目、中兴能源太阳能项目、吉姆普尔风电项目，国家开发银行、中国进出口银行和中国工商银行为能源和基础设施项目提供融资。

中国与蒙古国经济走廊包括中方丝绸之路经济带、俄方跨欧亚大通道、蒙方草原之路倡议，包括两条能源管道：俄罗斯的东线天然气管道从东北到北京，东线东向的石油管道从黑龙江大庆到北京。蒙古国希望为中俄天然气管道提供过境服务。

"一带一路"建设与哈萨克斯坦的"光明之路"新经济政策相对接。2006年 5 月，中哈原油管道正式通油，这是中国陆上的第一条境外输油管道，目前年输油量 2000 万吨。中国—中亚天然气管道的 A、B、C 三条线路都经过哈萨克斯坦，从新疆霍尔果斯口岸进入中国。

---

① 彼得·弗兰科潘. 丝绸之路：一部全新的世界史［M］. 邵旭东，孙芳，译. 杭州：浙江大学出版社，2016：437-443.

中国与俄罗斯的能源合作，已经摆脱了简单的买卖贸易模式，步入上下游开发并进的新阶段。中国石油收购诺瓦泰克持有的亚马尔液化天然气股份公司20%的股份，中俄签署合资开发博托宾斯克油田项目，中俄合资兴建天津东方炼油厂。

中东在"一带一路"倡议中也发挥着至关重要的作用，这一地区旨在通过一条超现代化的贸易线路把亚洲、非洲和欧洲联系起来。2018年7月10日，中国—阿拉伯国家合作论坛第八届部长级会议开幕，中国国家主席习近平在会上宣布，中方设立"以产业振兴带动经济重建专项计划"，提供200亿美元贷款额度，同有重建需求的国家加强合作，要继续推进"油气+"合作模式，[①]共同构建油气牵引、核能跟进、清洁能源提速的中阿能源合作格局，打造互惠互利、长期友好的中阿能源战略合作关系。[②] 习近平主席说："阿拉伯世界区位条件优越、能源禀赋突出。中阿双方优势互补、利益交汇，我们要把彼此发展战略对接起来，让两大民族复兴之梦紧密相连。"[③] 尽管中国在能源供应上依赖中东地区，但传统上不介入中东冲突或外交事务，这正是中国能够在该地区发挥建设性影响力的独特之处。

"一带一路"倡议对于巩固中国既有的能源供应通道，有着现实与长远的双重意义。鉴于能源运输通道对大国博弈有重要的杠杆效应，中国根据自身的地理条件，构建了海、陆双重进口网络，东、西、南、北四大战略通道全面打开。中俄、中哈及中缅三大原油管道分别从东北、西北及西南地区进入中国领地，海上通道则通过远洋油轮从东南沿海上岸，这些进口石油再通过四通八达的国内管道、铁路或公路，运往内陆腹地的各大炼油厂。

中哈原油管道是中国第一条跨境石油管道，西起里海的阿特劳，终点为中哈边界阿拉山口，全长2834公里，其中阿塔苏—阿拉山口段全长962公里，

---

① 中国对中东展开经济魅力攻势[N]. 参考消息，2018-07-17.
② 习近平擘画中阿合作路线图[N]. 参考消息，2018-07-11.
③ 习近平在中阿合作论坛第八届部长级会议开幕式上的讲话[OL]. 新华网，2018-07-10.

设计年输油能力 2000 万吨，一期工程和二期工程分别于 2006 年和 2009 年实现全线通油。这条管道现在面临油源不足的问题，因此，不仅输送哈萨克斯坦石油，同时还顺带搭载俄罗斯资源。

中国—中亚天然气管道 A、B 线分别于 2009 年和 2010 年建成投产，中国每年可从土库曼斯坦引进 300 亿立方米天然气，C 线于 2012 年 9 月开工建设。

中俄原油管道是第二条跨国管道，起自俄罗斯远东斯科沃罗季诺分输站，途经中国黑龙江省和内蒙古自治区的 12 个县市，止于大庆站。2010 年 9 月 27 日竣工，全长 1030 公里，设计年输油能力 1500 万吨，最大能力 3000 万吨，期限 20 年（2011—2030 年）。目前，俄罗斯对中国原油供应的 1/3 左右由该管道输送。

世界上最长的天然气管道之一的"西伯利亚力量"即将完工，这是为把俄罗斯的天然气输送到中国而建的，称为"东线"。2014 年 5 月，俄罗斯天然气工业股份公司和中国石油天然气集团公司签署了一项为期 30 年、价值 4000 亿美元的框架协议，未来每年向中国输送 380 亿立方米的俄罗斯天然气。中俄双方同意在尽可能短的时间内使"西线"（从远东向中国供应俄罗斯天然气的管道）供应天然气获得批准。俄罗斯天然气工业股份公司首席执行官阿列克谢·米勒说，到 2035 年，中国对俄罗斯天然气的需求可能达到每年 800 亿～1000 亿立方米。预计通过"东线"的供应将在 2019 年底前开始，初始输气量为 50 亿立方米，到 2024 年达到每年 380 亿立方米。这条管道长达 3000 公里，超过了莫斯科与伦敦之间的距离。

中缅油气管道计划于 2004 年首次提出，2010 年正式开工建设，2015 年 1 月正式启用，主要用于输送中东石油，年输油能力 2200 万吨、输气能力 120 亿立方米，管道全长 2806 公里。油轮自波斯湾起航后，经霍尔木兹海峡向阿拉伯海和印度洋航行，到达缅甸的马德岛港靠岸，也就是中缅管道的起点。这条管道有效降低了对马六甲海峡的依赖。不过，缅甸政局的不稳定给这条管道蒙上了阴影，缅甸新政府早前提出管道协议需要重新谈判。在此背景下，巴基斯坦瓜达尔港项目应运而生，庞大的泰国克拉运河计划也悄然提上日程。

2016 年 11 月，巴基斯坦瓜达尔港正式通航，对中国具有划时代意义。瓜达尔港处于波斯湾的咽喉附近，与中国可谓咫尺之遥，紧扼从非洲、欧洲经红海、波斯湾通往东亚、太平洋地区数条海上重要航线的咽喉，距离全球石油运输要道霍尔木兹海峡仅约 400 公里。中东石油通过瓜达尔港，从陆路进入中国新疆，可以把绕经马六甲海峡的石油运输距离缩短 12 000 公里。此外，运载非洲资源的油轮也可以取道瓜达尔港上岸。不过，这个港口的主要目的是服务"一带一路"出口战略，是新疆及西域通过中巴经济走廊（中巴铁路）的出海口。

2003 年 9 月，泰国内阁会议通过了《能源战略基本框架》，将发展成为与新加坡互补的另一个区域能源枢纽，其中的一大举措就是克拉地峡地区的开发，首选是建设克拉运河。这条运河指从泰国克拉地峡区域挖掘一条沟通太平洋的泰国湾与印度洋的安达曼海的运河，全长 102 公里，宽 400 米，水深 25 米。克拉运河一旦修建完成，印度洋和太平洋的海上运输将不必绕行马六甲海峡，航程至少缩短约 1200 公里，大型轮船可节省 2～5 天时间，每趟航程预计可节省费用近 30 万美元。克拉运河计划是包括中国在内的东亚国家破解马六甲咽喉瓶颈的另一步棋，目前通过马六甲海峡的船只三成将改走运河。初步估计，该计划需耗时 10 年、投资总额 280 亿美元，需要 140 年才能收回投资。①

非洲在历史上就是古代海上丝绸之路的重要组成部分。隋唐时期，伴随着中国造船、航海技术的发展，中国通往东南亚、马六甲海峡、印度洋、红海乃至非洲大陆的航路纷纷开通与延伸。《新唐书·地理志》记载，中国东南沿海有一条通往东南亚、印度洋北部诸国、红海沿岸、东北非和波斯湾诸国的海上航路，叫作"广州通海夷道"，这便是中国海上丝绸之路的最早叫法。当时通

---

① 薛力. 中国的能源外交与国际能源合作（1949—2009）[M]. 北京：中国社会科学出版社，2011：191.

过这条通道往外输出的商品主要有丝绸、瓷器、茶叶和铜铁器四大宗，往回输入的主要是香料、花草等一些供宫廷赏玩的奇珍异宝。这种状况一直延续到宋元时期。郑和前后共 7 次下西洋，曾经到达东非的索马里、肯尼亚，用携带的金、银、手工业品，交换回珠宝和香料、苏木（药材、贵重红色染料）等奢侈品。

20 世纪 60 年代，中国人耳熟能详的坦桑尼亚—赞比亚铁路（坦赞铁路），成为中国与非洲友好合作的典范。作为新中国送给非洲人民的一份厚礼，中国先后派出工程技术和管理人员 5.6 万人次，高峰期间有 1.6 万中方人员在现场施工，共有 66 人为之付出宝贵的生命。坦赞铁路在 1976 年 6 月 7 日全线通车后，为坦赞两国的社会经济发展，以及非洲南部的民族解放斗争做出了重大贡献。坦赞两国人民乃至整个非洲把坦赞铁路誉之为"自由之路""南南合作的典范"。"非洲贤人"前坦桑尼亚总统尼雷尔对坦赞铁路予以高度评价，认为中国援建坦赞铁路是"对非洲人民的伟大贡献"，"历史上外国人在非洲修建铁路，都是为掠夺非洲的财富，而中国人相反，是为了帮助我们发展民族经济"。抚今追昔，非洲是"一带一路"的自然和历史延伸，是重要参与方。自"一带一路"倡议提出以来，非洲国家反响热烈，纷纷表示希望参与"一带一路"建设，为自身实现现代化提供更多的资源、手段和空间。

非洲的能源资源极其丰富，已探明石油储量仅次于中东和拉丁美洲地区，被称为"第二个海湾地区"。据 BP 公司《世界能源统计年鉴》（2018 年）的数据，截至 2017 年底，非洲探明石油储量 167 亿吨，占世界探明储量的 7.5%；天然气探明储量 13.8 万亿立方米，占世界探明储量的 7.1%；煤炭探明储量 132.2 亿吨，占世界探明储量的 1.2%；地区可开发水电资源约为全球的 12.2%，但目前水资源发电率仅为 8%，远低于世界 60% 的平均水电利用率。非洲是世界上太阳能资源最集中的大陆之一，3/4 的土地可接受太阳垂直照射。非洲国家风力条件非常好，风能资源蕴含的电力为 5000 万亿～7000 万亿千瓦时/年，约占世界的 30%。非洲能源资源丰富，但投资严重不足。据世界银行最新统计，在撒哈拉以南的非洲地区，2016 年有 5.91 亿人用不上电，占非洲总人口的 57%。

中国与非洲在巩固传统友谊的基础上，近年来乘着"一带一路"的东风，双方合作日益广泛与深入。截至 2017 年底，中国对非洲各类投资存量超过 1000 亿美元，连续 9 年成为非洲第一大贸易伙伴国，中国企业已经基本覆盖非洲，其中，电力方面的投资尤为显著。根据国际能源署（IEA）的报告，中国公司承建的新电力项目在撒哈拉以南非洲分布广泛。2010—2020 年，中国公司至少在非洲 37 个国家中有投资项目，覆盖 3/4 以上的撒哈拉以南非洲国家，涉及的电力项目数量超过 200 个。这一时期的所有电力项目中，中国电力企业投资的输配电及发电厂项目接近 150 个，其中输配电项目 49 个，发电厂项目总计 96 个。中国企业在非洲已经完工的大坝超过 20 座，另外还有 20 多座处于建设之中。2003 年 6 月，中国水电建设集团有限公司中标苏丹麦洛维大坝项目，该大坝被称为苏丹的"三峡大坝"，是截至当时中国国际工程承包史上中国企业承包的最大单项国际工程，也是世界上最长的大坝。

2018 年 9 月 3—4 日召开的中非合作论坛北京峰会上，中非双方共同决定把中非共建"一带一路"、非盟《2063 年议程》、联合国 2030 年可持续发展议程、非洲各国发展战略紧密结合起来，将在更高质量、更高水平上实现中非合作共赢、共同发展，为非洲发展振兴提供更多机遇和有效平台，为中非合作提供不竭动力和更大空间。在此次中非论坛期间，中国政府表示将再向非洲提供 600 亿美元支持，实施一批互联互通重点项目，这是中方对非支持的第二个 600 亿美元。2015 年中非合作论坛约翰内斯堡峰会上，中方就倡议实施中非"十大合作计划"，提供总额 600 亿美元的资金支持。中国已连续 9 年成为非洲第一大贸易伙伴国。2017 年，中非贸易额达 1700 亿美元，同比增长 14%。[①] 中国有关官员表明了中国今后向非洲投资、合作的新特点新趋势：更注重培养

---

① http：//www.in-en.com/article/html/energy – 2272946.shtml.

非洲内生增长能力，从对非"输血"转为助非"造血"；从"硬基础设施"转向"软硬兼施"，既有基础设施建设，也有发展经验分享。

从中国未来能源资本供应安全的角度来看，"一带一路"能够产生极大的杠杆效应。从这个意义上来说，"一带一路"倡议既是帮助别人，又是帮助中国自己。认识到了这一点，也就理解了"一带一路"倡议的实质。

结　语

历史和现实都表明这样一个基本的事实：世界大国都是能源强国，表现在能源生产量、能源消费量和对于能源价格的影响力三个方面。以美国为例，早在第一次世界大战之前，就一直是世界上第一能源消费大国。美国能源部数据显示，美国在 20 世纪长期引领世界石油生产，但苏联于 1974 年超过美国，沙特于 1976 年超过美国。到 20 世纪 70 年代末，苏联石油产量比美国多出 1/3；到 20 世纪 80 年代末，苏联产量几乎是美国的两倍。2018 年 7 月 11 日，美联社华盛顿报道，美国有望超过沙特和俄罗斯，自 20 世纪 70 年代以来首次重夺世界最大产油国的头衔。①美国能源生产过去 10 年左右经历了一场由水力压裂技术和水平钻井技术引领的革命，这些技术创新帮助美国缩小了产量差距。2017 年，俄罗斯石油日产量超过 1030 万桶，沙特略低于 1000 万桶，美国则不足 940 万桶。美国能源信息局最新预测预计，2019 年美国石油日产量将增至1180 万桶。

本章的研究表明，能源资本在大国博弈中表现出强烈的杠杆效应。被俄罗斯总统普京称为"20 世纪最严重的地缘政治灾难"的苏联解体，被能源资本短缺这根杠杆所撬动而发生了杠杆效应；美国总统特朗普与朝鲜最高领导人金正恩见面这一重大历史事件，也是由金正恩手中的核武器这根有力的"杠杆"

---

① 美国明年或再成最大产油国[N]. 参考消息，2018-07-13.

所撬动;美国对伊朗发起前所未有的严厉制裁,也是因为核能力的杠杆所撬动,只不过这种杠杆效应是反过来的,伊朗手中没有,美国手中有,所以美国很神气。这种状况验证了英国启蒙思想家、哲学家托马斯·霍布斯在其政治学著作《利维坦》中说过的一句名言:"不带剑的契约不过是一纸空文,它毫无力量去保障一个人的安全。"日本近代思想家福泽谕吉在其《通俗国权论》一书中也说:"百卷外国公法不敌数门大炮,几册和亲条约不如一筐弹药。"①

现在,全世界所关注的中美贸易摩擦,表面上是双方提高关税,本质上是美国的"技术沙文主义"与中国的"技术自主创新"之争,美国想遏制中国的发展,以继续维护其世界霸权,其背后的驱动力就是能源资本。

"一带一路"源于连接中国与古罗马帝国的古代丝绸之路,关于它的意义,历史学家的眼光和洞见将会给我们更深刻的启迪。让我们以英国历史学家彼得·弗兰科潘在其《丝绸之路:一部全新的世界史》的一段话来作为本章的结束:

> 习近平在2013年提出的"一带一路"倡议以及中国为此做出的巨大投入,都充分表明中国在为未来着想。而在世界的其他地方,挫折和艰难、挑战和问题,似乎都是一个新世界在诞生过程中的分娩阵痛。当我们在思考下一个威胁将来自何方,思考如何应对宗教极端主义,如何与那些无视国际法的国家谈判,如何与那些常常被我们忽视的民族、文化及宗教建立各种联系的同时,亚洲屋脊上的交流网络正悄然编织在一起,或者更准确地说,是被重新建立起来。

> "丝绸之路"正在复兴。②

---

① 方略. 日本侵吞矛头直指中国[OL]. 方略的博客,2014-03-07.
② 彼得·弗兰科潘. 丝绸之路:一部全新的世界史[M]. 邵旭东,孙芳,译. 杭州:浙江大学出版社,2016:447.

第八章

能源资本的哲学思辨

　　理性是人类智慧的光辉，值得我们终生培育；科学是最伟大的信仰，它是以怀疑为基础的；对于真理的探求，就是一个回归理性的过程。本研究中有关能源资本的一些命题、观点和判断，是我们的理性思考所得。我们尊重自己提出的命题、自己现阶段的认识和判断，就是尊重自己的思考和辛劳！正如德国哲学家、诗人尼采所说："所谓高贵的灵魂，即对自己怀有敬畏之心！"

引言　思想的力量

　　谭建生（简称"谭"）：经过数年的思想碰撞和艰苦的案头工作，这本书终于要与读者见面了。其间的甘苦，也只有我们自己知晓了。

　　殷雄（简称"殷"）：确实如此。目前，这部书稿还只是一个嗷嗷待哺的婴儿。我们再进行一次开放式的思辨，大概可以为这个婴儿的出世创造一个"产房"了。

　　谭：在本书稿的形成过程中，我们通过思想的碰撞而形成了思想的力量，这是最令人欣慰的成果。拿破仑曾说过：世界上只有两种力量，一种是剑，另一种是思想，而思想最终总是战胜剑的力量！

　　殷：拿破仑兵败，被流放到圣赫勒拿岛时曾说："我真正的光荣，并非打了那四十多次胜仗，滑铁卢一战抹去了关于这一切的全部记忆。但有一样东西是不会被人们忘记的，它将永垂不朽——就是我的这部《法国民法典》①。"

谭：这是拿破仑对自己一生事业的自我反思与精辟概括。德国哲学家黑格尔曾说："一个民族只关心脚下的事情，那是没有未来的；一个民族有一些关注星空的人，他们才有希望；一个民族能审视灵魂，他们才有未来。"② 在本书稿的形成过程中，我们也关注星空、仰望星空。现在，我们更需要放松下来，在哲学的层次上对能源资本这一命题进行一些思辨，可能会产生另外一些收获。

殷：说起星空，德国另一位哲学家康德的墓碑上刻着他在《实践理性批判》中的一段话："有两样东西，我们愈经常愈持久地加以思索，它们就愈使心灵充满日新又新、有加无已的景仰和敬畏：在我之上的星空和居我心中的道德法则。"康德还说："然而，景仰和敬畏虽然能刺激起探索，但不能代替探索。"③ 伟大的物理学家霍金说："记住要仰望星空，不要低头看脚下。"现在有一种说法：多做实事，少谈理论。听起来似乎讲求实际，其实反映了一种很肤浅的思维。约翰·凯恩斯在他的名著《就业、利息和货币通论》中讲过这样一段话："讲求实际的人自以为不受任何理性的影响，实际上都往往成了某个已故经济学家的奴隶。狂人掌权，自以为受命于天，实际上他们的狂想却往往取自数年前某个学者的思想。我确信，人们过分夸大了既得利益的力量，实际上它并不比思想逐渐渗透的力量来得大。"④

谭：只有睿智而求实的学者，才能说出这样的话。人们表面上慑于权势，但权势的背后是思想的力量。"天不生仲尼，万古如长夜"。思想可以改变自己的命运，改变国家的命运，改变世界的命运，更可以改变整个人类的命运。

---

① 《法国民法典》于1804年推出。据说，在召开的关于民法典制定的100多次会议中，拿破仑出席的就有90多次，亲自参与讨论了大多数条款。正因为拿破仑做出的突出贡献，《法国民法典》又被称为《拿破仑法典》。
② https://www.juzimi.com/ju/2279548.
③ 康德. 实践理性批判[M]. 韩水法，译. 北京：商务印书馆，1999：177-178.
④ 约翰·凯恩斯. 就业、利息和货币通论[M]. 宋韵声，译. 北京：华夏出版社，2005：294.

学者提出某一思想，不一定在当时就获得运用或产生效果，但只要这种思想是对客观现实哪怕只有部分的分析与描述，它也是有生命力的。人类应该有耐心克服在经济和社会领域中无所不在的"时差效应"所带来的暂时烦恼。

殷：凯恩斯的这段话，正是告诫我们，要经常性地进行哲学思辨性的思考，这是提高思维能力的必由之路。英国哲学家、1950 年诺贝尔文学奖获得者伯特兰·罗素在他的《西方哲学史》美国版序言中说："哲学乃是社会生活与政治生活的一个组成部分：它并不是卓越的个人所做出的孤立的思考，而是曾经有各种体系盛行过的各种社会性格的产物与成因。"他在英国版序言中说："哲学家们既是果，也是因。他们是时代的社会环境和政治制度的结果，他们（如果幸运的话）也可能是塑造后来时代的政治制度信仰的原因。"[①] 伟大的物理学家霍金说："如果我们真能发现一个完全的理论，如果我们能讨论出答案，这将是人类理智的最大成就。届时，我们就能知道上帝的想法了。"[②]

谭：霍金的意思是，世界上没有完全的理论，因此人类也不可能知晓上帝的想法，因为上帝在掷骰子。早在量子力学诞生之初，伟大的爱因斯坦并不认同这一新的理论，说"上帝不玩掷骰子的游戏"。但是霍金认为，爱因斯坦是错的，上帝不但掷骰子，有时还会把骰子掷到我们看不到的地方，迷惑我们。霍金虽然身残，但他是最睿智的学者之一。他深深地知道，"宇宙的基本原则之一是没有什么是完美的。完美根本不存在，没有缺陷，你我均不会存在"。[③]正是基于这样的哲学观，我们在本书研究中不追求完美，也不担心缺陷。

殷：古希腊哲学家赫拉克利特说过几句脍炙人口的话：人不能两次踏进同一条河流；太阳每天都是新的；一切皆流，无物常住。恩格斯在《反杜林论》中对赫拉克利特予以很高的评价："这个原始的、素朴的但实质上正确的世界观是古希腊哲学的世界观，而且是由赫拉克利特第一次明白地表述的：一切都存

---

① 伯特兰·罗素. 西方哲学史[M]. 何兆武，李约瑟，译. 北京：商务印书馆，1963：1、5.

② http://www.yidianzixun.com/article/0JYUWuwM.

③ http://m.sohu.com/a/227331600_151250/? pvid=000115_3w_a.

在，同时又不存在，因为一切都在流动，都在不断地变化，不断地产生和消灭。"①

谭：世界的一切都是变化的，唯一不变的就是变化本身。对于世界处于不断的变化之中的这种认识，需要运用人类的头脑，通过结合对现实世界的观察而进行深入的思考，加之还要运用一些抽象力，才能对所研究的问题上升到哲学的层面。

殷：您所说的"头脑"，是人类拥有的最好的"资本"。资本这一词汇来源于拉丁语，原意就是"头"或"脑袋"。这就意味着，只有运用头脑才能创造出资本。这也说明，资本始终深不可测的原因在于，资本如同能量一样，只有通过人的大脑，我们才能够发现它，并且对它进行管理。

谭：思想的力量，也正是来源于头脑的思考。本书中提出许多新颖的概念和观点，可以说思想火花一路闪来，需要我们从哲学的层面再进行一些梳理和思考。只有运用哲学思辨的方法，才能最终穿透事物的表象而接近实质。唯一的障碍，就是我们的思辨力和想象力的贫乏，最后可能无法满足愿望。但结果不重要，行动才重要。

殷：能源史学者阿尔弗雷德·克劳士比认为，1700 年是人类能源利用的第一个里程碑。因为在这一年的 117 个夜晚，伦敦城区的路灯会在傍晚 6 点亮起，午夜熄灭，它所产生的结果，就是"人类从日行性动物，转变成可自我控制生物钟的动物"。这种人类生活方式的转变，对人的生理、心理乃至人类社会产生了深远影响。"哲学家"与街灯都是"应致力改善人类生活"信念下的产物，当然需要有庞大的能源支撑才行。②

谭：说起灯，我在一个名为《遇见诗歌》的公众号上看到一位叫姜二嫚③

---

① 马克思恩格斯选集（第 3 卷）[M]. 北京：人民出版社，1972：60.

② 阿尔弗雷德·克劳士比. 人类能源史 [M]. 王正林，王权，译. 北京：中国青年出版社，2009：111.

③ 姜二嫚，2007 年 12 月 26 日出生于深圳，自称"萌派诗人"，至今已有诗作 300 多首，童话、故事和散文 50 多篇，曾以出口成章的优秀文采，荣获"深圳封面宝贝"称号。

的7岁小朋友写的一首题为《灯》的诗,只有非常简单的两行:"灯把黑夜/烫了一个洞。"诗的下面有别人的评论:"一个'烫'字,境界全出。眯着眼睛想了想,感觉自己透支智商都想不出。"

殷: 好诗。大家比较熟悉初唐四杰之一的骆宾王在7岁时写的那首《咏鹅》诗:"鹅鹅鹅,曲项向天歌。白毛浮绿水,红掌拨清波。"同样都是7岁的孩子,骆诗只是实景的描述,而姜诗则是思想性和艺术性的完美结合。以此诗而论,就再也不能说唐朝是中国诗歌的高峰了。当然,我们可以合理猜测,姜二嫚小朋友可能读过骆宾王小朋友的诗,从中受到一些启发;骆宾王小朋友在没有"穿越"的情况下,是不可能读到姜二嫚小朋友的诗的。

谭: 灯,由"火"而生。电灯因爱迪生而成为人们不可或缺之物,由火至电灯,人类走过了长达10万年的漫漫能源转型之路。从古至今,许多哲人在灯下思考和记录了无数的思想,留给后人的只是其中极小的部分。正是因为灯把黑夜烫出一个洞,人们才能得以窥见真理的光芒。灯与思想的力量,具有某种内在的关联性。没有灯,黑暗将显得更加漫长,同时也增加了眼睛的负担。

殷: 能源可以点亮街头的灯,思想则可以点亮心头的"灯"。由能源资本点燃的"灯",或许让我们的眼睛对未来看得更远一些、更透一些,在寻找光芒的过程中也许会更加顺利一些。人生总有起落,精神终可传承。只有思想的力量,才具有穿越历史长河的巨大力量!现在,就让能源资本来作为照亮"思想"的"灯"吧。

能源资本的终极形态

复制太阳:人类的终极梦想

谭: 从远古开始,人类使用的能源形态就处于不断的转型之中。工业革命之后,能源形态的转型速度加快,规模扩大,影响深远了。这是能源形态变化的一面。

殷：不变的一面，就是各种能源形态所蕴含的价值。人类需要的其实不是各种能源形态，而是由能源提供的各种效用，比如，人类并不需要煤炭或石油本身，而是需要电力和热力。

谭：这一点，正是我们在本书中所揭示的一个常识性话题，也就是以一个全新的视角来观察能源问题。价值创造是资本的本质属性，正是从这个视角切入，才引出能源资本这个概念。

殷：从钻木取火到柴薪、煤炭、石油、天然气的使用，再到核能的开发，以至于今天风头正劲的新能源，无一不是能源形态转型的结果，它们都是在变化的。唯一不变的，就是各种能源形态所蕴含的价值，它是人类社会文明进步的能量源泉。

谭：某种能源形态少了，或者开发和利用的技术手段发生了变化，都会引起能源形态的转型。我们曾经引用过30多年前的沙特石油和矿产资源大臣艾哈迈德·扎基·亚马尼说过的一句名言："石器时代之所以结束，并非因为缺乏石头。同样，石油时代的终结也绝非因为我们的石油枯竭。"

殷：亚马尼的话意味深长，它包含了很深刻的哲学意味。从小的方面说，车到山前必有路，人类社会的发展历史表明，从来没有因为缺少燃料而导致人类发展的停滞；从大的方面说，它表达了人类具有一种未雨绸缪的智慧，不会等到天下雨时才想到制作雨伞。阿尔弗雷德·克劳士比在其著作《人类能源史》中写道："我们这些太阳的孩子，可以站在巨大能源成就的浪尖，做好准备，迎接下一次的大跨越，好比旧石器时代的捕猎采集者们抚在耳朵背后顽皮戏耍的幼狼，或者像纽可曼与瓦特发现蒸汽居然蕴藏着推力与热能的那一刻。不然的话，如果我们仍蹒跚前行，无所作为，注定会逃不过人口激增之后转而崩溃的自然界标准法则。"[1]

---

① 阿尔弗雷德·克劳士比. 人类能源史[M]. 王正林，王权，译. 北京：中国青年出版社，2009：205.

谭：阿尔弗雷德·克劳士比是世界著名的能源学者，他的这段话虽然讲的是常识，但我们听起来仍然有如雷贯耳的感觉。现在的世界就处于一个"巨大能源成就的浪尖"上，一方面，能源为人类带来巨大的财富，在与劳动对立的过程中表现出可以持续创造价值的资本属性；另一方面，以煤炭、石油和天然气为代表的化石能源越用越少，终有一天会出现枯竭。

殷：所谓"浪尖"，有两层含义：一是最高处，二是不稳定。恐龙灭绝的根本原因，尽管现在的专家学者还无法给出明确的结论，但我们以常识而论，是因为这个群体太大了，超出了自然界能够养活它们的界限。即使是由于气候的突变而造成的灭绝，再往深里想，还是资源供需不平衡的问题。

谭：人类正是由于看到了化石能源枯竭的前景，才会出现"终极"能源的命题。风能、太阳能等可再生能源在目前来看，也无法完全满足人们对能源的渴求。一般而言，人们认为核聚变可能是一劳永逸地解决人类能源需求的终极能源。

殷：从纯粹的理论计算来说，可能确实如此。宇宙中最轻的元素是氢，它的原子核只有一个质子。它的两种同位素氘和氚，虽然也都只有一个质子，但是却分别拥有一个和两个中子。核聚变，主要依靠的就是这两种同位素，通过四种可能的反应来释放能量。核聚变的原材料很容易找到，地球上氘的含量并不算少，每一万个氢原子中就有一个是氘原子。在理想的情况下，每升海水中的氘聚变能够释放出的能量，相当于燃烧 300 升汽油；而一个 100 千瓦的核聚变电厂，每年只需要 600 公斤原料，但一个同样规模的火电厂，每年将需要 300 万吨燃料煤。地球上仅在海水中就有 45 万亿吨氘，其核聚变能约为蕴藏的可进行核裂变元素所能释放出的全部核裂变能的 1000 万倍，可供人类使用数亿年，甚至数十亿年。同等质量的轻元素聚变产生的能量比重元素裂变释放出的能量大得多，而产生的辐射也少得多。对环境保护的考虑也是人们努力发展核聚变技术的原因之一，虽然它还赶不上对能源的需求。

谭：现在的人类，就像是站在四十大盗藏宝洞之前的阿里巴巴①，唯一缺乏的，就是一句开门的"咒语"。这句"咒语"就是核聚变技术的突破。

殷：这类"咒语"具有双重功能。第一重功能，它激起了人类找到它的欲望，因为人们已经明确感知到它的存在了，"宝物就在洞里"，比如眼睛每天看到的太阳，就是典型的核聚变反应，"你见，或者不见，它就在那里"；再比如，氢弹的爆炸，就是在地球上模拟了一个"人造太阳"，"你喜，或者你悲，它都成为过去"。第二重功能，这个"咒语"的密码是如此的复杂与神秘，以至于眼见到太阳每天升起、氢弹的蘑菇云已经定格，但人类至今仍然在苦苦地寻觅，或许直到地老天荒，也未可知。不论多么艰难，人类复制太阳的终极梦想永远不会破灭，"你在，或者不在，我都要去寻觅"。

谭：有科学家夸下海口说，核聚变能够一劳永逸地解决整个人类的能源问题。不过，在人类实现可控核聚变方面还有很长一段路要走，几年前，科学家乐观估计大约 50 年。

殷：说法很多，但几十年的说法是比较类似的。假如真能实现可控核聚变，50 年在历史的长河中也只是一瞬间，又算得了什么。中国著名核物理学家、素有"中国原子弹之父"称誉的王淦昌先生，在他生前的 1994 年，我曾经当面向他请教，核聚变堆的建成还需要多长时间？当时，王老伸出三个右手指头，很轻松地告诉我：30 年。当时的情境留给我太深刻的印象，以至于那个场景在此时此刻仿佛就出现在我的眼前。

谭：从 1994 年到现在，离 30 年还有几年，一些国家的实验装置取得了一些重大进展，但似乎离商业化的突破性成果还有相当长的距离。

殷：早在 1933 年，即发现核裂变现象的 5 年前，人类就发现了核聚变。虽然核裂变比核聚变发现得晚，但是很快就实现了核裂变爆炸。随着受控核裂

---

① 《阿里巴巴与四十大盗》是阿拉伯民间故事集《天方夜谭》中非常著名的故事，讲的是打柴为生的哥哥戈西母与弟弟阿里巴巴这对贫穷兄弟遇到强盗的故事。有一次，阿里巴巴听到一个强盗头目说了一声"芝麻，开门吧！"洞门就打开了，他就用这句"咒语"打开了藏宝的洞门。

变发电获得成功，世界范围内大规模核电站建设迅速展开，并投入商业运行。核聚变的技术难度太大了，其中最难的是在地球上找不到可以承受高温的材料和容器。比如，惯性约束核聚变所需要的点火温度大概是几十亿摄氏度，聚变反应过程中的温度须达到 5000 万摄氏度以上。如果人类非要找到这个"咒语"不可，那么简直可以说是与上帝进行一场"捉迷藏"的智力游戏。

氢能是"终极能源"吗？

谭：人们谈论的另外一种终极能源，就是氢能。杰里米·里夫金在《第三次工业革命》中就说，氢与人类的能源演进息息相关，是"21 世纪的终极能源"。

殷：化石燃料时代向绿色能源时代的转变是必然的，主要是两个转变：一个是化石能源消耗向绿色能源再生转变，另一个是从高碳燃料向低碳燃料转变，所以本质上是燃料的加氢减碳过程。里夫金主要是从碳含量降低、氢含量上升的角度来看待氢能的。燃料中碳原子与氢原子的数目比例从固态的煤（1∶1），到液态的石油（1∶2），再到气态的天然气（1∶4），脱碳不断加速、含氢越来越高，这已经成为能源开发利用的自然规律和趋势。

谭：从应对环境污染挑战来看，氢能作为零碳绿色的新能源，具有环保安全、能量密度大、转化效率高、储量丰富和适用范围广等特点，可实现从开发到利用全过程的零排放、零污染，是最具发展潜力的高效替代新能源。

殷：氢能有许多独特之处，比如，氢燃烧的热值高居各种燃料之冠，为液化石油气的 2.5 倍，为汽油的 3 倍。另一方面，要说氢能是"零排放"，主要是从制氢到用氢的这个过程而言的。制氢的方式有多种，其中最容易想到的就是通过分解水而制氢。用氢则是通过氢与氧的化学反应，除了释放出能量，又生成了水。正是这样一种过程，氢能被称作是"从水到水"。实际上，这是把问题过分地简单化了。这里最容易被忽视的一个自然规律，就是能量守恒定律。

谭：从表面上看，确实是"从水到水"。分解水来制氢需要消耗能量，燃烧氢后释放出的能量，要与消耗掉的能量进行比较。

殷：正是如此。从目前的技术水平来看，每获得 1 个单位氢能（电解水）需投入约 1.5 个单位的电能，或 3 个单位的原煤。如果是这样，从能量有效利用的角度来看，氢能就是不经济的。另外，制氢的能量来源也是有讲究的，假如电解水的电来源于燃煤电厂，那么就不是"零排放"，而是如电动汽车的能量来源一样，无非是把碳排放的方式和场所转移了。也就是说，电动汽车充电桩的电来自燃煤电厂，在发电厂就已经排放了温室气体。

谭：看来，有效利用氢能，也需要颠覆性的技术创新。除了电解水，也可以从煤炭、石油、天然气等能源形态中通过低碳化技术制取，也可以通过风、光、水电等可再生能源制备。

殷：煤炭、石油和天然气等化石能源形态里含氢，这是制氢的原料来源；风、光、水电等能源是清洁能源，这是制氢的能量来源。这两个方面的结合，只是解决了人类可以利用氢能的问题，而没有解决利用氢能是否划算的问题。衡量的标准，就是能量守恒定律。这与能量是否浪费没有关系。比如，利用核反应堆发电也只是利用了原子核裂变所产生的能量的 30% 多一点，也就是核电的热效率只有 1/3，其余的 2/3 无法有效利用。但是，核电是利用了原子核被中子打开后释放出的能量，即使有 2/3 浪费了，所利用的 1/3 也远远高于从开铀矿一直到核反应堆发出电的全过程所消耗的能量。这个过程，并没有违反能量守恒定律。

谭：通过能量守恒定律来理解氢能本身的能量来源及其利用效率，氢能只是人类社会经济生活中能量利用的一种方式，它的产生本身也是需要消耗能量的，无非是所消耗的能量是由排放量大的方式产生，还是排放量小的方式产生。除了制氢的能量来源之外，氢还有其他的特点。比如，多种能源都可以转化为氢气，以压缩气态储氢、液化储氢、金属氢化物储氢、碳质吸附储氢的方式储存起来，实现大规模稳定存储能源，缓解弃风弃光弃水等问题。

殷：这正是我们理解氢能本质的一个切入点。太阳能和风电的问题在于其不可预测性，所以肯定要储存一部分，不可能全部上网。氢能可以与储能结合起来，以充分利用其他方式或时段无法消纳的多余能量。比如，宇航员所用的氢，无论成本是多少，都是需要制备的，因为氢对于宇航员的使用来说是最方便的，宇航员总不能把煤背上宇宙飞船吧！再比如，抽水蓄能电站，从能量转化与利用的角度来看，也是损失能量的，但如果不通过多余的电能将水从低处抽到高处，这些电能也是要浪费掉的。少浪费，总比多浪费要好。

谭：不用，是最节省的；一旦要用，总免不了浪费。电动汽车的氢燃料电池，也是这种利用多余能量的思路。燃料电池是高效清洁利用氢能的最佳工具，也是普及氢能利用的核心技术。近年来，该技术在国际上已取得了重大突破，并开始在多个应用领域进入商业化运营阶段。

殷：氢的利用范围广泛，方式多样，这在实际生活中已经有充分的体现。从生态环境保护的角度看，未来制氢的能量来源应该选择排放量相对较小的风能和太阳能，而且要尽可能与储能技术相结合。

人类的未来"风光无限"

谭：你这么一说，实质上又回到了"终极能源"的命题上了，就是利用风能和太阳能。

殷：本质上确实如此。迄今为止，人类所利用的所有能量，都来源于太阳，风能也是一种储存太阳能的方式，它是空气运动的结果，这种分子运动的能量就是所吸收的太阳光。从这个角度来说，只有太阳能及其特殊形态的风能才是终极能源，可以说人类的未来"风光无限"。这种前景，已经不是停留于展望的层面，而是在部分国家已经成为现实了。2017年，仅中国新增太阳能发电厂的发电量就超过了全世界同年并网的所有核反应堆的发电量。

谭：今后的能源形态一定是多元化的，不论是何种形态，都来源于太阳能。只有通过颠覆性的技术创新，才能真正做到"风光无限"，也就是说技术创新是打开终极能源之门的"钥匙"。

殷：人类最终还是要依靠每天与我们见面的太阳，只有它才能够给人类带来"无限风光"。我们前面讨论过的核聚变，其本质就是在地球上模拟太阳。问题在于，真实的太阳每天就在天上挂着，人类为什么不想办法充分利用它的光和热呢？作为人类满足好奇心与求知欲的目的，核聚变可以作为继续进行科学研究的重要前沿课题，但在可预见的将来，不管是30年还是50年，建成商业化聚变反应堆的可能性还比较小。作为科学研究的课题，当是另外一个话题了。

谭：我们以上的讨论说明，人类在地球上模拟太阳成功之前，首先要有效地利用太阳能，这也是一种对于生态文明的尊重与遵从。

殷：能源资产转化为资本的前提，就是要有资产，而资产是由资源转化而来的。资本是各类能源形态的价值潜能，而不是能源形态本身。不论是哪种能源形态，其价值潜能都是对太阳能量的一种传递。从这个逻辑来推论，人类的"终极能源"始终是太阳。将太阳的能量转化好、利用好，人类就拥有了最庞大的、最可靠的终极能源资本。

谭：有报道说，中国科学家经过多年努力，研发出一种可以发电的玻璃。[①] 这种叫作碲化镉薄膜的太阳能电池，被誉为"挂在墙上的油田"。将4微米厚（头发丝的百分之一）的碲化镉光电材料均匀涂抹在普通玻璃上，将其从绝缘体变性成为可导电、可发电的半导体材料。生产这样一块单片长1.6米、宽1.2米的发电玻璃，只需要55秒的时间，它的光电转化效率高达17.8%，每年可发电260～270千瓦时。两三块这种玻璃就能满足一个家庭的全年用电量；三四千块这种玻璃产生的电量，相当于一口普通的油井一年油产量所能转化的电量。如果用此技术对全国总建筑的1/10进行改造，所产生的电量就是三峡水电站年发电量的3倍。从哲学的层面来说，太阳能从天上到地

---

① 全球最大发电玻璃横空出世，房子将变发电站. 公众号《中小企业投融资论坛》，2018-11-16.

面，再到墙面，说明我们都是自然之子、太阳后裔。

殷： 如果这项技术真的付诸大规模的应用，这是能源革命的重大突破，为人类的"风光无限"开辟了一条可靠的道路。另外，这种发电方式绿色环保，还可以解决传统玻璃幕墙的光污染问题。

谭： 从人类应对气候变化的角度来看，风能和太阳能对气候的影响相对来说是比较小的。

殷： 从宏观和定性的角度来说，确实如此，而且这与人们一般的常识也是相符合的。但是，任何事物发展均存在定数与变数。事物在发展过程中其发展轨迹有规律可循，这是"定数"；但往往会因为一个微小的变化就影响事物的发展趋势，这是"变数"。

谭： 你的意思，风能与太阳能对气候变化的影响也不能忽视。

殷： 是的。美国哈佛大学的一项研究表明，用风能为全美国供电，将导致风力发电机所在地区的地面气温上升 $0.54℃$ ，整个美国大陆的地面气温将上升 $0.24℃$ 。[1] 在能量转化率相同的情况下，安装太阳能电池板所产生的影响仅为风力发电机的一成左右。

谭： 此前也有关于风力发电机对气候变化影响的研究认为，用风力发电机覆盖非洲撒哈拉沙漠的一个地区将影响当地的气温、降雨并进而影响植被。

殷： 研究人员说，风力发电对气候的直接影响是立竿见影的，而益处则需要慢慢积累。如果着眼于未来 10 年，那么风能在某些方面对气候的影响实际上比煤炭或天然气还要大。但如果着眼于未来 1000 年，那么风能要比煤炭或天然气清洁得多。

谭： 相对于煤炭或天然气这类化石能源对气候具有较大影响的"定数"来说，风力发电的影响就是"变数"。毛泽东说"一万年太久，只争朝夕"，1000 年也很长，人类也要只争朝夕，不能看到风电和太阳能对气候也有影响

---

① 风力发电也会造成气候变化 [N]. 参考消息，2018-10-06.

就无所作为了。

殷：尽管"风光"也有风险，但我们还是要向"风光无限"的方向迈进，正如法国思想家和文学家、1915 年诺贝尔文学奖获得者罗曼·罗兰在其作品《米开朗琪罗传》中说的那句名言："人最可贵之处在于看透生活的本质后，依然热爱生活。"

能源资本的供需平衡

全球能源结构的现状

谭：既然不存在什么"终极能源"，那么就要重新认识各种能源形态的优劣、现状与未来。目前，除了煤炭、石油、天然气这三大"精英能源"之外，还有核、氢、生物质、太阳能、风能和水能，等等。

殷：煤、石油、天然气这三大"精英能源"的主要特点是：利用技术成熟稳定，利用范围广泛，人类对它们比较熟悉了；最大的问题是不可再生，用一吨少一吨。以石油为例，尽管每年的探明储量都在增加，那是因为它本来就在那里，只是由于技术的进步和勘探力度的加大而发现了它，并不是新的石油又生成了。

谭：化石能源用一吨少一吨的结论，不可能轻易被推翻。虽然物质不灭，就是化石能源并没有消失，只是转化为二氧化碳等形式了，但是，热力学定律告诉我们，这种转化是不可逆的，二氧化碳不会再转化为碳氢化合物而重新变成石油等化石能源。物质不灭是一个自然法则，形态转化具有方向性也是一个自然法则。水力也是一种能源，它的总量也是一定的。

殷：水力的总量有限，而且有潜在的重大生态后果。由于人类活动而促使冰川的融化速度加快，大江大河里的水最终与海水混合，一定是如李白的《将进酒》一诗所写的那样"黄河之水天上来，奔流到海不复回"。虽然海里的淡水通过蒸发有一部分可以重新回到大气层，然后再变成雨雪返回地面，但总有一部分留在了海洋里。因此，地球上可供人类直接使用尤其是直接用来发电的水，实际上也是在逐渐减少的。

谭：目前由于受到技术平台的限制，风能、地热能、潮汐能等能源形态受地域限制，开发成本较高。太阳能也需要技术突破才能实现工业化生产，这涉及材料等一系列技术问题。生物质能倒是可再生，它是类似于庄稼那样"种植"出来的能源，但由于热质较低，加之受到土地面积、气候条件和技术平台的限制，其开发利用也是有限的。核电是当前解决能源供应问题和能源安全问题而唯一可实现大规模工业化生产的新能源。

殷：能源资源的禀赋不同，决定了各个国家和地区只能采取因地制宜的方针，尤其是对于一些能源生产和消费大国，更是不可能把鸡蛋放在一个篮子里，也不必在一棵树上吊死。我相信，即使再过 1 亿年，地球上仍然还有煤炭，一些地区的人仍然会使用煤炭。"一方水土养一方人"，种小麦的地方，吃馒头的次数肯定超过吃大米。能源也是这个道理，天然气丰富的地方总是会先用天然气点灯的。除非利用成熟的技术手段将遥远的电力进行长距离输送，否则，舍近求远的事情不会太多，而且也是不经济的。

谭：能源结构和布局如果不合理，就会产生许多能源浪费的现象。我们在前面说过，核电是当前解决能源供应问题和能源安全问题而唯一可实现大规模工业化生产的新能源。这个话有一个前提，就是除了人类已经熟悉的、正在大规模使用的煤炭、石油和天然气这三大"精英能源"。

殷：按照一般常理，物以稀为贵。核电在整个能源结构中的占比偏小，人们更应该珍惜它才对。但前几年中国却出现了相反的情况，核电站不能满负荷发电，宝贵的核燃料得不到充分的利用。1999 年，时任中共中央总书记江泽民看到四川攀枝花市二滩水电站每年弃水约损失 60 亿千瓦时的电量，他问："现在一边用煤发电，一边建好了水电站把水白白放掉，这种做法不可理解，世界上有哪个国家会这样做？"

谭：当时国务院调查组的结论是体制问题，表现形式是能源结构与布局的失调、失序、失策问题，也就是没有做到因地制宜、因时制宜、因事制宜，存在着一哄而上、盲目发展的弊病。风、光、水、核这类清洁能源同时被弃是系统性问题，需要对整个电力和能源的结构与布局进行系统优化。大量的弃风、弃光、弃水，造成了发电资产的过度闲置，降低了可再生能源的综合利用效率，也就是浪费了能源资本。

殷：撇开规划和体制的因素不谈，通过技术创新来解决这类问题是明智之选。比如，发展储能技术，是提高能源特别是可再生能源综合利用效率的必然选择。有数据表明，1 个兆瓦时的储能电量可以提高 2 ～ 3 兆瓦时甚至更多的可再生能源上网电量。正是基于这个原因，我们才说，储能是能源资本的"银行"。为了充分发挥能源资本持续创造价值的属性，人类就要千方百计把储能这个"银行"的现有功能发挥好、利用好，并努力挖掘其更大的价值潜能。只有技术取得突破，才能做到这一点。在储能技术的研发进展方面，人类已经看到了曙光。

能源资本的三类平衡

谭：这些问题直接影响到能源供需的平衡。能源结构布局是能源供需平衡的前提，如果结构布局合理，供需平衡就容易实现，否则，就会导致严重的供需不平衡。这种后果，不仅是对能源资源的浪费，而且对区域经济增长造成极大的制约。

殷：能源资本的供需平衡也是分类的，大体可以分为三类：总量平衡、区域平衡和持续平衡。总量平衡，是指社会生产和社会需求在价值量上的均衡和适应。这种平衡，是体现在空间和时间上的平衡。空间平衡就是区域平衡，时间平衡就是持续平衡。这三类平衡具有逻辑上的内在关联性，区域平衡与持续平衡的综合结果形成总量平衡。区域平衡的理论基础，就是各类区域均衡发展理论，认为区域经济增长取决于资本、劳动力和技术这 3 个要素的投入状况，而各个要素的报酬取决于其边际生产力。在自由市场竞争机制下，生产要素为实现其最高边际报酬率而流动，将导致区域发展的均衡。要素的自由流动，最后将导致各要素收益平均化，从而达到各地区经济平衡增长的结果。

谭： 你将区域平衡和持续平衡看作是空间和时间上的平衡，点出了问题的实质。持续平衡的理论基础，就是经济的可持续发展理论。这个话题涉及的范围更广泛，也更复杂。由代表空间的区域平衡和代表时间的持续平衡所构成的总量平衡，其核心是价值量的平衡。这个价值量，正是能源资本的本质属性所表征的抽象物理量，即能量。能源资本的总量平衡，要求能源结构与布局的合理，否则，这种总量平衡就有可能掩盖着空间（区域）和时间（持续）上实际存在的不平衡，进而影响到经济结构中的各种平衡，尤其是总量的平衡。反过来也是如此，就是区域平衡与持续平衡都受到总量平衡的制约。没有总量的平衡，就谈不上区域平衡与持续平衡。常识告诉我们，包括能源资本在内的各种生产要素，其总供给与总需求的绝对平衡是偶然的，总量平衡只能是相对的、动态的平衡。

殷： 说起动态，这是一个最浅显也是最深奥的哲学命题。宇宙万物都是动态的，太阳、月亮、山脉、河川，都在动。即使是生命的死亡，其实也是一个动态过程。从物理、生理、思维等各个层面和角度看，没有完全的静态。静态也只是一种缓慢的动态。万物都是在静态中生长，静态是生命功能的一种状态。由静态的平衡再到动态的平衡，只是运动状态的转化。物理的世界是没有静的，一切都是动的。人类消耗能源，就是一种动态。这种动态不能无节制，必须要有一个相对的时空平衡。

谭： 能源资本的总量平衡，也意味着能源资产转化为资本的综合成本会比较低。这是因为，由资源或资产转化为资本的先决条件就是要有各类能源形态，也就是能量的载体，而且获取这些形态的货币资本与人力资本的投入相对低，市场环境相对适合。舍近求远，各种成本肯定就高了，进而导致能源资本的转化与利用效率低。

殷： 除了转化成本之外，能源资本的三种平衡还体现出一种能源资本的民主化趋向。少数人消耗了大量的能源，而多数人只有少量的能源可供消费，这就不是平衡，而是社会生活中的严重失衡。社会财富如果只被少数人所享用，那就不是平衡。

谭：现在有一种观点，认为财富的分配不公使得"阶级固化"，就是富者愈富，贫者愈贫。法国经济学家皮凯蒂的《21 世纪资本论》的主要结论就是，富人的大部分收入大多来自他们已拥有的财产。

殷：皮凯蒂的研究表明，有一个强大的机制在交替性地推动着收入与财富的趋同与分化，这种分化的根本力量就是资本收益率高于经济增长率。如果资本收益率仍在较长一段时间内显著高于经济增长率，那么财富分配差异化的风险就变得非常高。① 在这种情况下，相对于那些劳动一生所积累的财富，继承财富在财富总量中将不可避免地占绝对主导地位，就会导致贫富两极分化。2018 年 10 月 14 日，英国《卫报》报道，著名物理学家霍金生前曾经做出大胆猜想，即基因工程技术可以创造一种新的超人物种，甚至可以摧毁其余人类。他的文章被刊登在《星期日泰晤士报》上。霍金认为，掌握社会资源的富人很快将有能力进行选择，他们会花钱推进研究并让自己的后代接受"改造"，改变基因构成，从而创造出具有更强记忆力、抗病性、智力以及寿命的"超人"。霍金指出，"（各国）可能会通过反对人类基因工程的法律，但人类无法抗拒改善自己特征的诱惑"。而一旦这样的"超人"被创造出来，人类社会将面临重大政治问题——"超人"将以更快的速度继续进化，而其他人类则无法与之抗衡，"他们'被'死去或丧失社会存在意义"。② 如果说社会贫富的分化，只是加剧了"阶级固化"，那么基因技术有可能被用来制造"阶级分化"。本来"固化"就很可怕了，再加上"分化"，简直是不让穷人活的节奏。今后，"鸡窝"里更是飞不出"金凤凰"了，哪里还有什么"民主化"。

---

① 托马斯·皮凯蒂. 21 世纪资本论[M]. 巴曙松等，译. 北京：中信出版社，2014：22、27.

② 曹欣欣. 霍金生前警告富人或将变身"超级人类"[N]. 环球时报，2018-10-15.

谭：这种前景太可怕了，财富分配的问题太重要了。马克思的墓志铭上刻着他在《关于费尔巴哈的提纲》一文中的一句话："以前的哲学家们只是用各种理论来解释这个世界，而问题在于改变世界。"① 千方百计阻止这种事情的发生，也属于改变世界。我们的讨论由能源资本的供需平衡，自然过渡到由能源资本结合劳动所创造的财富分配问题了。财富如何分配，就意味着资本被什么人控制，这其中也包括能源资本。财富比收入更能决定社会经济阶层，更容易传承给下一代。能源资本的空间平衡与时间平衡的综合结果导致了能源资本供需的总量平衡，但无法解决在这三类平衡的过程中由少数人控制大量能源资本的问题。

殷：这属于政治体制的问题了。在某种意义上说，控制了财富，就相当于控制了资本，反之亦然。但在能源资本领域，这个问题并非无解。事实上，许多政治和社会问题，也是可以通过技术手段加以解决的。比如，通过能源互联网技术就可以解决能源资本被少数人控制的问题，也就是通过能源互联网技术有可能实现能源资本的三种平衡。当然，技术手段的选择与运用，主要取决于政府的政治意愿。任何时候都要想着解决穷人的问题，只有得到穷人的拥护，改革才有可能取得成功。正如秘鲁经济学家赫尔南多·索托所说的那样："一个致力于改革的领导者，倘若能够使穷人同他站在一起，他至少已经成功了一半。"② 对于中国而言，任何政策的制定与出台，都要想着大多数人的利益。温家宝总理曾做过一道算术题："多么小的问题，乘以 13 亿都会变得很大；多么大的经济总量，除以 13 亿都会变得很小。"③能源资本的供需平衡，就是要让大多数人能够享受到能源资本所创造的价值，从中得到利益。落实到人的平衡，才是最核心的平衡，也是最能见到效果的平衡。

---

① 马克思恩格斯选集（第 1 卷）[M]. 北京：人民出版社，1995：61.
② 赫尔南多·索托. 资本的秘密[M]. 于海生，译. 北京：华夏出版社，2017：158.
③ 张天蔚. 如何解读温家宝总理的"乘除法"[OL]. 人民网，2003-12-10.

能源互联网与移动能源

谭：能源互联网不仅有助于实现能源资本的三种平衡，而且有助于实现全球可持续发展目标。对此，中国政府有着充分的认识。2017 年 5 月 14 日，习近平总书记在"一带一路"国际合作高峰论坛上指出："要抓住新一轮能源结构调整和能源技术变革趋势，建设全球能源互联网，实现绿色低碳发展。"联合国秘书长古特雷斯表示，全球能源互联网是解决气候变化等问题的"中国方案"。

殷：可持续发展是国际社会最为紧迫的任务，能源事关可持续发展的全局。互联网的核心理念就是"去中心化"，具体表现就是互联、开放、对等、共享，最终实现"人人开发能源、人人控制能源、人人享有能源、人人获益能源"，人人成为能源的主人。从这个意义上来说，能源互联网可以实现能源资本开发、传输与利用的民主化，进而推进整个社会的民主化，同时促进全球范围内的扶贫事业。

谭：当人类进入移动能源时代，对于能源资本的寡头垄断就会相对减少。移动能源的特点是散、小、快、廉，而且是依附在产权清晰的物品中。曾有专家预测，2020 年全球移动能源市场规模将达到 120GW，[①] 产值规模可能达到 6.6 万亿元。[②]

殷：移动能源和传统能源的关系，就像移动电话和固定电话、移动互联网和传统互联网一样。至于如何实现移动能源，有多种技术方案，其中一种就是薄膜发电技术，有人将薄膜发电理解为"人造叶绿素"，就是让人类像绿色植物一样直接利用阳光，薄膜电池像"纸"一样可弯曲、可折叠、可携带。

谭：未来能源资源和资产转化为资本的技术平台，需要类似于薄膜电池和

---

① 史丹. 移动能源技术将极大解放人类生产力[OL]. 人民网，2018-05-30.
② 到 2020 年全球移动能源市场规模将达到 6.6 万亿元[N]. 经济日报，2015-04-27.

能源互联网这样的颠覆性技术创新。正像你刚才所说的，在很多情况下技术可以解决许多政治和社会问题。比如，通过手机拍照与互联网，就可以对官员的行为进行适时的社会监督，进而有效地防止和惩治腐败。移动能源是能源利用方式的一场革命，今后还会出现许多颠覆性的技术创新突破。

殷： 任何一种新技术，在刚开始出现时总是会遭到错误的评估，而后经过实践证明，这种评估听起来简直不可思议。这种事情在人类的政治、经济和技术发展史上屡见不鲜。[①] 1878 年，当时美国最大的电信公司西联公司宣称："电话作为通信手段，在使用时有太多的严重局限性。这种设备由于其特有的性质，因此对我们是没用的。"1895 年，英国皇家学会会长开尔文爵士认为，比空气重的飞行机器要飞上天是不可能的。1927 年，美国主要电影制片人华纳问道："谁想听演员说话？"1977 年，美国首批大型计算机公司之一的数字设备公司总裁肯恩·奥尔森认为："每个人都想在家有一台计算机是毫无理由的。"当时全球领先的信息技术公司 IBM 决定不收购微软，因为它不值 1 亿美元的要价。1980 年，全球咨询公司麦肯锡预测，到 2000 年，美国的移动手机仅能达到 90 万部，而实际数量是 1.09 亿部。2000 年以前，没有任何汽车公司认识到电动汽车的重要性，但它们现在正在加快批量生产电动汽车的步伐。这些评估被实践证明是不靠谱的，主要原因是思维僵化、目光短浅，不理解人类的需求，严重低估了技术的市场动态。

谭： 英国伟大的剧作家莎士比亚的戏剧《暴风雨》中有一句经典的台词："凡是过往，皆为序章。"正是基于这些历史事实，人类无法对未来技术创新做出靠谱的预测。即使提出一些有可能出现技术突破的领域，也难免挂一漏万，换句话说，只能够枚举而不可能穷举。即使枚举，中国也有一句话叫作"不胜枚举"，何况穷举了。我们能够做出的预测，就是所有的预测都会落后于实际的发展状况。核聚变的发电时间或许会是一个例外。

---

① 赫尔曼·希尔. 能源变革：最终的挑战[M]. 王乾坤，译. 北京：人民邮电出版社，2013：35.

殷：预知未来在理论上只有一种方式，即对周遭环境中所有事物的速度、方位、能量等参数进行计算。但这对人类来说，似乎是不可能的任务。不要说以概率论为基础的量子物理层面了，就是以确定论为基础的经典物理层面也没有这个可能性。所谓的"拉普拉斯妖"①，终究只能是一只"妖"。对于未来的发展，我们只能以恭敬的态度拭目以待。当然，我们从研究的角度来说，不会放弃对未来发展方向的探索。

能源安全与改革开放

能源安全的指标体系

谭：说到"安全"这个词，对于普通大众来说都耳熟能详。但如果仔细辨析它的内涵，许多人就未必说得清楚。

殷：很多事情都是如此，乍一听，似乎明白，但要说出个子丑寅卯来，非有专业知识不可，或者也只有专业人士才能说得清楚一些。中国人最熟悉的《周易·系辞下》中有一段话："是故君子安而不忘危，存而不忘亡，治而不忘乱，是以身安而国家可保也。"这里的"安"是与"危"相对的，并且如同"危"表达了现代汉语的"危险"一样，"安"所表达的就是"安全"的概念。"无危则安，无损则全"，即安全意味着没有危险且尽善尽美。这与人们传统的安全观念是相吻合的。

谭："无危则安，无损则全"，这种说法比较形象，同时也触及了安全的本质。安全是主体没有危险的客观状态，它本身并不包括安全感这样的主观内容。也就是说，安全不是也不包括主观感觉，甚至可以说它没有任何主观成分，是不以人的主观愿望为转移的客观存在。

---

① 法国概率论学家和物理学家拉普拉斯，曾经于 1814 年提出一个科学假设：如果有一个智能生物能确定从最大天体到最轻原子的运动的现时状态，就能按照力学规律推算出整个宇宙的过去状态和未来状态。后人把他所假定的智能生物称为"拉普拉斯妖"。

殷：一般而言是这样的。某种状态是安全的，它就是安全的。对于我们所研究的能源资本这个课题来说，也涉及安全这个核心问题。

谭：关于能源供应安全的问题，世界范围内都存在。只要有能源进口，或者某个国家只要能源供应不能自给自足，就存在着能源安全的问题。

殷：即使能源资源或资产足够，但如果缺乏将这些资源和资产转化为资本的条件，也是一种能源安全隐患。比如，仅有石油是不能够直接为用户提供能源效用的，需要特定的技术平台。假如不具备相应的技术平台，那么在技术领域就是不安全的。

谭：中国是一个能源消费大国，2017年，中国的能源对外依存度为20.04%，同期美国仅为7.61%。这说明，美国能源供应的安全性要远远高于中国。

殷：除了能源消费量外，能源效率也是一个衡量能源安全的指标。能源效率是指单位能源消耗所能产生的GDP，反映的是一个国家的整体经济竞争力。2017年，中国单位标准油产生的GDP为3911美元，美国为8675美元，是中国的2.22倍，中国的能源效率至少比美国落后两个数量级。

谭：能源效率反映了两个层面的问题：一是能源资产转化为资本的效率；二是能源资本的利用效率。这两个效率都反映技术进步和技术创新的水平。能源效率是由技术水平决定的，它属于能源资本的约束因子。即使在未来的某一时刻，中国GDP从数量上超越了美国，但如果能源效率仍然大幅落后于美国，中国的综合国力和市场竞争能力也会落后于美国。对中国来说，能源效率的持续提升更具战略意义。

殷：人均能源消费反映的是一个国家社会大众的生活水平。2017年，中国人均能源消费为2.25吨标准油，美国为6.88吨标准油，是中国的3.05倍；中国人均用电量为4589千瓦时，美国为12 365千瓦时，是中国的2.69倍。从某种意义来说，这也是一个衡量能源安全的指标，因为它直接反映国民的生活水准。

谭：我们初步归纳一下，衡量能源安全的指标有三个：能源消费总量、能源效率和人均能源消费水平。

殷：能源消费总量还包括能源结构。我们在前面讨论过，能源结构和布局与一国的经济结构有着直接的关联性，对生态环境的影响至关重要。当前中国面临的严重环境问题，与能源消费结构尤其是电力结构有着极大的关联性，是能源资本的约束因子没有有效执行职能所造成的。衡量能源安全的指标，除了前面归纳的能源消费总量、能源效率和人均能源消费水平，再加上能源结构的合理性，一共是四个指标。

谭：通过上述讨论，我们提出一套衡量能源安全的指标体系，这就有了从定性评价能源安全状况过渡到定量衡量能源安全水平的可能性。

改革开放遵从自然法则

殷：2008 年 3 月，江泽民在《上海交通大学学报》发表了《对中国能源问题的思考》一文，产生了重大而积极的影响。江泽民在论文中指出，能源安全事关经济安全和国家安全；能源问题不仅是制约经济发展的重要因素，而且也成为当今世界影响政治形势的一个重要问题。[①]

谭：对于中国来说，能源对外依存度越来越高，这是对能源安全的最大挑战，在某些特定的时空条件下会成为制约中国经济社会发展的瓶颈。面对这种挑战，没有别的办法，只能勇敢地应对。

殷：20 世纪最负盛名的英国历史学家汤因比，通过对全球历史上出现过的所有文明进行深入广泛研究之后，提出了文明发展动力的挑战与应战学说，认为产生文明的环境不是安逸的而是困难的，这种困难环境对生活于其中的那部分人构成了一种挑战。人类努力应付挑战，一种文明在"挑战与应战"中

---

① 江泽民 . 中国能源问题研究 . 上海：上海交通大学出版社，2008：12、56.

诞生。① 汤因比指出，要使挑战能激起成功的应战，挑战必须适度，挑战超出了人们应战的能力，人们会被压垮；挑战不足则不能刺激人们积极的应战。我们对待一切事物，包括对待能源安全，都应持有这样的态度，努力应对挑战，促进人类的文明进步。

谭：据有关机构预测，中国能源消费总量在 2050 年前不会显著下降，最理想的情况是缓慢上升，然后在某个年份达到峰值。这也意味着，中国能源对外依存度也会持续提升，这是对中国能源安全的直接威胁。

殷：中国油气对外依存度持续升高，意味着中国油气消费逐渐以依靠国内资源为主转向以依靠国外资源为主。目前全球油气资源尽管总体丰富，勘探开发潜力依然较大，但油气分布的不均衡性十分突出，少数国家或地区占据绝对垄断地位。随着各国把油气确定为本国安全战略的主要目标，全球油气资源争夺愈演愈烈。另外，"一带一路"沿线地区或国家（例如哈萨克斯坦、土库曼斯坦、乌兹别克斯坦等）逐渐控制其合作政策，因此对其相关条约的要求也随之增加。②

谭：从这些事例可以预判，未来中国快速、经济、稳定地获取境外优质油气资源的难度将不断增大，国民经济增长对油气的高需求与油气产量低增长的矛盾仍旧突出。另外，能源效率和人均能源消费水平的提升需要技术的进步。目前，中国在这方面的技术水平与发达国家还有较大的差距。

殷：从某种角度看，能源领域的技术差距更能影响中国的能源安全，因为技术应用不仅是技术本身的问题，它还涉及诸如对于生态环境的影响问题。美国由于压裂技术的突破，使得其页岩油气的开采突飞猛进。我原来以为，中国的页岩气开采不及美国，主要是压裂技术没有掌握。但有一次，我听一位煤炭领域的专家讲，其实中国也掌握了压裂技术，但是，在利用这种技术开采页岩

---

① 杜廷广. 挑战与应战——读汤因比《历史研究》[J]. 历史教学问题，2013(5)。
② 刘满平. 我国油气产业面临的八大挑战[OL]. 南方能源观察，2018-09-25.

气时需要使用一种催化剂，这种催化剂对地下水有污染，因此，中国不敢轻易使用。这当然就制约了页岩气的开采。当然，中国地质条件也更为复杂。

谭：这就需要技术突破，比如开发一种对地下水没有污染的催化剂。这种技术一旦突破，就是颠覆性的。这类颠覆性的技术创新，不是哪一个人或哪一个国家就能够轻易实现的，需要进行广泛的国际合作。

殷：这正是中国把改革开放作为强国之策的原因。事实上，正是由于能源领域的国际合作，中国才奠定了能源产业蓬勃发展的基础，尤其是形成了具有中国特色的能源安全观。

谭：中国40年的改革开放，犹如一部场面宏大、波澜壮阔的历史剧，剧情起伏跌宕，引人注目，扣人心弦。能源领域也不例外，你刚才所说的"具有中国特色的能源安全观"的形成，应该是这部历史剧的内容之一。

殷：是的。这个过程很复杂，简单地来看，从改革开放初至今的中国能源安全观演变过程分为两个阶段。① 第一个阶段始于改革开放初期（1978 年起），从能源自给自足走向能源国际合作；第二个阶段始于"十一五"计划时期（2006—2010 年），以石油、天然气为主的能源供给安全观向多种能源均衡发展的能源使用安全观发展。党的十八大以后，能源安全观逐渐与整体社会生态文明结合在一起，注重永续发展。如今，中国已经逐渐形成了与西方"传统能源安全观"不同的"新能源安全观"，既包含更多供应含义的安全，又包含更多社会含义的安全，对内强调能源效率和新能源及可再生能源，对外主张全球能源安全的共营。在"新能源安全观"的指导下，中国能源国际合作在合作途径、内容、机制、合作对象等方面都出现了很大的变化。

谭：这说明中国能源安全的保障，还是要靠改革和开放，大力推进国际合作，提高技术水平，倡导合作共赢。中国从最初的能源独立观转向能源相互依赖观，从对能源供给安全的关注转向对能源需求安全的关注，进而使中国参与

---

① 许勤华. 改革开放 40 年能源国际合作研究报告［OL］. 公众号《能源研究俱乐部》，2018-09-12.

能源国际合作的模式产生相应变化。从核电来说，核电技术成为中国摆脱能源瓶颈的重要举措。2013 年 10 月，国家能源局公布《服务核电企业科学发展协调工作机制实施方案》，首次把核电"走出去"上升为国家战略，并推动将核电"走出去"作为中国与潜在核电输入国双边政治、经济交往的重要议题。

殷：中国核电能够"走出去"的重大背景，就是中国的改革开放这一强国之策的结果。中国一直把大亚湾核电项目作为中国改革开放的"第一个中外大型合作合资项目"。中国引进西方的核电技术，经过自己的消化、吸收、再创新，从"跟跑者"到"并跑者"，再到"领跑者"，这都是改革开放结出的硕果。

谭：英国是世界上核电审查方面最为严格的国家，在英国投资核电成功通过，意味着包括中国广核集团在内的中国能源企业可以更好地参与欧盟其他国家的核电投资建设。只有继续改革开放，大力加强国际合作，中国的"新能源安全观"才能得到具体的落实。

殷：现在的世界处于一个"大能源时代"，能源权力被重新构建，不再以"油权"为唯一核心，还包含"能源供应权"、"能源需求权"、"能源技术权"、"能源金融权"以及相应的"能源碳权"等。中国已成为全球第一大能源消费国和原油进口国，巨大的消费力和消费市场使之拥有了对能源价格的影响力，也在重新塑造其对外能源关系。

谭：能源领域的许多进步，都与改革开放分不开，或者说，就是改革开放的成果。中国的能源国际合作，从"参与融入"到开创"全方位合作新局面"，[①] 走过了 40 年的历程，真是不容易。

殷：能源领域的许多技术进步，都是在开放的大环境下依靠国际合作所取得的。比如，国有重点煤矿开采机械化水平由 1978 年的 32.5% 提高至 1992 年

---

① 朱跃中，刘建国，蒋钦云．能源国际合作 40 年：从"参与融入"到开创"全方位合作新局面"
［OL］．公众号《能源研究俱乐部》，2018–09–19.

的 72.3%；通过引进外资，加大电站建设的力度，有效解决了电力短缺的瓶颈问题。通过国际合作，中国的石油战略安全环境得到了改善。①

谭：中国还积极参与和引领全球能源治理，提升国际话语权。中国在能源领域的影响力增大，也就是增强了能源安全性。从能源供应、能源技术开发、能源价格确定和国际能源资源分配几个维度来看，参与度越深，安全性就越高。

殷：大国和强国的标志很多，但无一例外，都是能源大国和能源强国，这种大和强包括供应和消费两个方面。中国是第一能源消费大国，能源对外依存度逐年提高。对于这个事实，我们必须从两个方面来看待：积极的一面，与外界的联系越来越紧密，从外系统吸收能量，以保持最低的熵增加；消极的一面，确实会有能源供应的不安全之虞。一旦能源安全成为问题，国家就不安全。换句话说，国家的总体安全就失去了物质基础和动力来源。

谭：从熵增加的角度来思考问题，就是触及了自然法则的本质。正如德国哲学家康德所说的那样："一个人的行为在任何时候都应该符合自然法则。"②

殷：热力学第二定律告诉我们：孤立系统的熵不可能减少。对于一个孤立系统，无论其微观机制如何，如果从宏观上看，它可以被当成是孤立系统，则必然要达到平衡态。比利时物理化学家、1977 年诺贝尔化学奖获得者伊利亚·普里高津的耗散结构理论认为，对于孤立系统来说，熵总是增加的，总过程是从有序到无序；而对于开放系统来说，由于通过与外界交换物质和能量，可以从外界获取负熵来抵消自身熵的增加，从而使系统实现从无序到有序、从简单到复杂的演化。

谭：这就告诉我们，一个孤立的系统只有向外系统开放，吸取更多的外界能量，才能维持自身的正常运作。

---

① 朱跃中，刘建国，蒋钦云. 能源国际合作 40 年：从"参与融入"到开创"全方位合作新局面"［OL］. 公众号《能源研究俱乐部》，2018–09–19.

② 赫尔曼·希尔. 能源变革：最终的挑战［M］. 王乾坤，译. 北京：人民邮电出版社，2013：21.

殷：这正是中国的改革开放所遵循的自然法则。远离平衡态是系统出现有序结构的必要条件，也是对系统开放的进一步说明。开放系统在外界作用下离开平衡态，开放逐渐加大，外界对系统的影响逐渐变强，将系统逐渐从近平衡区推向远离平衡的非线性区，这时才有可能形成有序结构。否则，即使开放，也无济于事。

谭：2018 年两位诺贝尔经济学奖获得者都是美国人，一位是作为"碳排放税"倡导者而广为人知的耶鲁大学教授威廉·诺德豪斯，另一位是确立技术创新影响经济增长新理论的纽约大学教授保罗·罗默。他们于 10 月 8 日同一天分别在各自的学校举行记者会，不约而同地对特朗普政府的孤立主义倾向表示了担忧。① 诺德豪斯认为，"美国如此敌视环保政策和气候变化政策极为异常"。在谈到特朗普关于"气候变化是中国为了扶持本国制造业提出的'骗局'"的观点时，他反驳称："考虑到有关气候变化的科学早在 19 世纪就已确立，这种观点极其愚蠢。"

殷：与诺德豪斯相比，罗默的说法稍微委婉一些，但观点是鲜明的。他认为，通过"共享创意和我们学到的新知识"来推动技术创新才是全球化的真正含义；而推动技术创新的秘诀是，"人们更加紧密地联系在一起，努力学习新事物"，"越是建立更大的团队，越能共同快速进步"。他强调了国际协作的必要性。

谭：诺德豪斯和萨穆尔森在其合著的《经济学》中写道："没有一个国家是孤岛。所有国家都越来越多地通过国际金融和国际贸易等渠道来参与世界经济——这种现象叫作全球化。"② 诺德豪斯在记者会上为他的"碳排放税"做了辩护，认为碳排放税能够遏制气候变化，并且是"目前为止最为有效的实践性方法"。

---

① 诺贝尔经济学奖得主齐批特朗普[N]. 参考消息，2018-10-10.
② 保罗·萨缪尔森，威廉·诺德豪斯. 经济学（第 19 版）[M]. 萧琛等，译. 北京：商务印书馆，2013：343.

殷：我曾经表达过这样的观点，就是税收有三个功能：敛财功能、调节功能和"浪费"功能。[①]敛财功能很好理解，简单地说，就是政府增加收入。调节功能是指通过税收进行收入、产业选择、社会好恶和规则执行等方面的调整，这比强制性的行政命令的效果更为长久。对于一些特殊商品或特殊行业，政府是可以采取一些临时或永久的税收减免或增加措施来调节资本的多寡和进出。调节功能也具有敛财功能，区别在于前者的敛财意愿没有后者那么强烈。"浪费"功能也好理解，政府有钱了，花钱就不太节制了。调节功能具有二重性：有时通过调节而发挥敛财功能，有时则是制约"浪费"功能。三大功能是相关联的，哪个功能的作用明显一些，全看是什么税种，用以什么目的。另外，诺德豪斯的"碳排放税"究竟是对收入征税还是对资本征税，也是一个值得深入研究的重大课题。

谭：行为是思想的反映。从美国退出《巴黎气候变化协定》及其出现的孤立主义倾向来看，或许这两位经济学家获得诺贝尔奖是评选委员会的意味深长之举。美国著名学者、"普利策奖"获得者威尔·杜兰特与阿里尔·杜兰特夫妇在《历史的教训》中说："那些抗拒改变的保守派，与提出改变的激进派具有同等价值——甚至可能更有价值，因为根须深厚比枝叶繁茂更加重要。新的观念应该被听取，因为少数新观念可能有用。但新观念必须经过异议、反对以及轻蔑的研磨，这也是对的。这是新观念被允许进入人类赛场之前必须存在的预赛。"[②]

殷：其实，人类社会所形成的观念，无所谓新与旧，而只有对与错、是与非、适合与不适合之分。比如，中国古代的先贤如孔子、老子等所说的一些话，至今仍然闪耀着思想的光芒，当代的一些观念有几个能够超越他们呢？孔子、老子的一些观念之所以具有长久的生命力，是因为它们已经在那个时代的

① 殷雄．经济学笔记[N]．北京：新华出版社，2013：319-323.

② 威尔·杜兰特，阿里尔·杜兰特．历史的教训[M]．倪玉平，张阅，译．北京：中国方正出版社、四川人民出版社，2015：50.

"预赛"中入围了,并且在其后的无数个"赛场"中经受过无数次的"预赛""半决赛"甚至"决赛"的考验。话虽如此,我们无法回到过去了,也不应该回去,因为"开弓没有回头箭"。正如霍金所说的那样:"时间旅行是可能的,但不要回到过去。"①

谭:中国的改革开放是一个长期的、持续的动态过程,不是开放和改革到什么程度、达到什么目的或者到了什么时候就会停止的问题,而是改革向更深层次、开放向更高层次发展的问题。

殷:被思想束缚,决定一个人看不高;被行动束缚,决定一个人走不远。中国的改革开放也不是盲目的,而是有目标的。也就是说,打开窗户后,要吸收新鲜的空气,而把同时飞进屋里的苍蝇拍死。改革开放,改的是旧思想、旧习惯、旧格局,打开的却是整个精神世界与现实世界,寻找融入其中的方法与途径。有学者认为,中国若想向上,需要虚心学习美、日、德的好东西。②一是学习美国法制方面的包容与开放,这是美国优势的精髓;二是学习日本精细化管理的精神;三是学习德国精准调控市场经济的方法。

谭:这是补短板的"木桶原理",实质上就是一种开放的思维和胸襟。

殷:思维和胸襟是一切行为的基础,没有这个基础,不管学什么,都是在水泥地上画斑马,只图形式上的相似,而忽视了实质上的神似,一阵雨水就会冲得干干净净。

谭:日本的本庶佑获得 2018 年诺贝尔生理学或医学奖,这是进入 21 世纪以来日本获得的第 18 个诺贝尔奖了,相当于日本每年有一个人获奖,距离日本 2001 年提出的"50 年 30 个诺贝尔奖"计划,已经实现了一大半。

殷:有些人对诺贝尔奖存在一些非议,但总的来说还是一种"酸葡萄心理"在作怪。诺贝尔奖仍然代表着人类的最高智慧,它不仅仅是少数派的盛

---

① http://www.126185.com/word/01/11.htm.
② 李稻葵.中国若想向上,得虚心学习美、日、德的好东西[J].中国与世界观察,2015 年 3/4 期.

典，更是人类见证自我的荣耀。谁拥有最先进的科技，谁就握着最锋利的武器，而诺贝尔奖正是人类手中闪着光芒的武器的刃。

谭：诺贝尔奖一贯关注重大历史、科学、文学和社会事件，发挥着全世界科学知识、文学和社会进程发展趋势独特风向标的作用。对它的作用，任何时候都不可以轻视。进入21世纪以来，日本连年有人获得诺贝尔奖，对于"一衣带水"的中国来说，既是刺激，更是鞭策。

殷：日本国民崇尚教育，尊重知识，教育和科技工作者受到了全社会的崇敬，这是不争的事实。这可从日本纸币上的头像得到印证，一千元币上是生物学家野口英世的头像，五千元币上是文学家樋口一叶的头像，一万元币上是教育家、思想家福泽谕吉的头像。日元上的人物头像，没有一位是将军，没有一位是天皇，全部是在教育、科学、文化界为日本做出了巨大贡献的人。一位日本人曾说，把这些人物印在货币上，就意味着日本人可以天天和这些先贤人物在一起，长此以往，这些国家英雄就会深入人心，成为日本人民精神价值的一部分。

移民与人才：美国制胜的"法宝"

谭：其实，改革开放不仅仅对东方是重要的，就是今日的西方，如果把自己封闭起来，也是一件前途堪忧的事情。2018年10月2日，《英国金融时报》刊登了一则题为"美国考虑禁止中国留学生签证"的新闻，迅速成为网络上的热门话题。据报道，"限制中国学生签证"引起了激烈的争论，支持和反对的人都有。美国智库外交关系委员会移民专家爱德华·奥登反对这项举措，他认为："拒绝外国学生将对美国经济造成巨大破坏。美国长期以来吸引了许多世界上最有才华的人来移民，他们当初来美国就是为了在美国这些世界上最棒的大学读书，如果我们关闭这条为美国输送人才的管道，美国将变得更加贫弱。"

殷：爱德华·奥登的话是对的，历史和现实两个维度都可以证明这一点。

历史上，美国的真正优势是科学技术的发达，而科学技术差距背后的原因关键是人才。美国在诺贝尔奖中独领风骚，很难说这是得益于人种的优势。无论是教育还是经济，都不是美国取得诺奖优势的最主要原因。美国的根本优势就是移民。爱因斯坦是一个典型的例子。法国科学家朗之万得知爱因斯坦移民美国的消息后，就说："这是一件大事。它的重要性就如同梵蒂冈从罗马搬到新大陆一样。当代物理学之父迁到了美国，现在美国成为世界物理学的中心了。"二战结束后，美国一共从德国运回了数万名科学家、工程师及其家属。这在美国乃至任何国家的历史上都是前所未有的。原子弹的爆炸、氢弹的发明、现代火箭的研制、人造卫星的上天、登陆月球的实现，以及电子计算机的来临，无一不是改变整个人类历史并使美国引领世界趋势的大事件。然而，这些美国的"火箭之父""氢弹之父""电子计算机之父"，竟然都不是美国本土人士，全是来自欧洲。

谭：对美国而言，托马斯·弗里德曼可谓老成谋国。"蛮劲"是西部"牛仔"历来的标签，但在当今世界，面对中国庞大的经济体，这种"蛮劲"犹如打在一包巨大的"棉花团"上，是不起作用的。"纠缠"的实质，就是"你中有我，我中有你"，这不正是改革开放的题中应有之义吗？

殷：现实中，中国是美国的第一大留学生源国。如果美国真的要对中国留学生下禁令，只能有一种前景：美国在走下坡路了，因为它把赖以保持领先的最重要的条件——人才之路断绝了。几年前，网络上广泛流传着华为公司创始人任正非的一篇文章《美国将经久不衰》，他是在一次访问美国的过程中，从环境、教育、人性、科技和管理五个维度对美国进行了观察和分析。任正非没有讲美国硅谷的人才是从哪里来的，因此并没有回答美国经久不衰的根本原因。假如美国真的对中国留学生发出禁令，那么，任正非关于美国经久不衰的预测将不会实现。

谭：这说明，任何一个国家在开放问题上都有过彷徨和犹豫，甚至是反复。对于中国而言，没有不痛不痒的蝶变，也没有一帆风顺的转型。唯有保持

"一张蓝图干到底"的定力,多些历史耐心,才能走好"爬坡过坎"的关键期。

殷:美国目前是世界第一强国,也是遏制中国崛起和中华民族伟大复兴这一历史进程的最大力量。为了确保能源安全,中国必须在能源的数量与质量上拥有足以与美国相比较的能力和水平。为了确保能源安全,不论是供应安全、需求安全,还是技术安全乃至能源金融安全,中国只有一条路,就是继续进行改革开放,舍此之外,其他任何一条路都是死路,因为封闭的结果就是导致孤立系统内部的熵增加,而这是违背自然法则的。您在前面引用德国哲学家康德所说的话:"一个人的行为在任何时候都应该符合自然法则。"个人况且如此,一个国家的行为就更应该符合自然法则了,整个人类更需要这样做。任正非还说过一句话:"我们除了胜利,没有路可走。"改革开放就是中国的胜利之路,中国也只有走向胜利,否则无路可走。

能源消费与国民素质

"到有鱼的地方去钓鱼"

谭:我们在讨论能源资本的双因子干涉理论时,我曾经就约束因子的功能说过,在实践中还涉及人类精神层面的因素。我们一直推行"节能工程",关注节能的技术及节能的效果,但往往忽视人的活动行为。人既是能源的生产者,又是消费者,如何把人的理性行为转化为人类"重塑能源"的第一动力和社会共识,需要能源资本双因子干涉理论的指导。

殷:您关于人类精神因素的观点,正是经济学研究的核心,因为经济学不仅是解释人性也是演绎人性的学问。著名经济学家厉以宁先生认为,经济学从来都是一门供人思考的科学。人是"社会人""现实人",反映了人是离不开社会、离不开现实的。人们希望通过协商取得和解,人们也希望在协商、和解的基础上实现分享、共赢,这比人是"经济人""理性人"的假设更符合社会实际。① 正是基于这样的指导思想，我们认为，就能源而论能源，永远也认识不清楚能源的本质属性。只有跳出能源，才能真正跳出"当局者迷"的境况。

谭：分析人性，是"跳出能源看能源"的一个重要内容。威尔·杜兰特和阿里尔·杜兰特夫妇在《历史的教训》中说："社会的基础，不在于人的理想，而在于人性。人性的构成可以改写国家的构成。"他们还说："在历史的长河中，从理论上讲，人性是一定会有所改变的，自然选择就已经假定了它既会作用于生理变化，也会作用于心理变化。然而，就已知的历史来说，人类的行为却又并未发生多大的改变。"②

殷：人性的本质有狭义和广义之分：狭义是指人的本质心理属性，也就是人之所以为人的那一部分属性，是人与其他动物相区别的属性；广义是指人普遍所具有的心理属性，其中包括人与其他动物所共有的那部分心理属性。无论是人的本质心理属性，还是人与动物所共有的属性，由于它们都是人所共有的心理属性，那么这种属性也就不可能是后天的结果，只能是人类天性，属于无条件反射。

谭：善恶论是最早的，也是最普遍的人性论。所谓人性善恶争论，是人类在行为心理上是以利他为本还是以利己为本的争论。人性是利他还是利己，不仅决定了个体处世待人的态度，还决定了决策层在制定管理方针政策时是以强行管制为主还是以教育引导为主的趋向。

殷：孔子对人性的领悟比较透彻，就是追求富贵，"富与贵，是人之所欲也，不以其道得之，不处也；贫与贱，是人之所恶也，不以其道得之，不去也"③。

---

① 厉以宁. 当前中国能源经济的问题分析. 全球能源互联网发展合作组织《会员通讯》，2017 年 11 月（总第七期），35.

② 威尔·杜兰特，阿里尔·杜兰特. 历史的教训［M］. 倪玉平，张闶，译. 北京：中国方正出版社、四川人民出版社，2015：43、45.

③ 源自《论语·里仁》.

谭：现代社会学家认为，世界上只有一个人类，也就是只有一种人性。这是不同民族之间能够交流、达成理解的前提。根据对婴儿的反复实验，显示人性是进化的结果。人性中与生俱来即存在由于祖先生存的险恶环境而衍生的对生存的渴望，对胜利的渴望，对与自己相似的伴侣的渴望，对同类间自己地位的关心，以及由于史前人类的习惯和同理心所产生的对同类帮助的冲动。

殷：伟大的物理学家霍金说："人类只是在一颗中等大小星球上的化学败类……我们微不足道。"他还说："吹嘘自己智商的人都是失败者。"

谭：霍金的话，对于人类的自我认知来说，真是一剂良药。按照中国人的哲学观，"良药苦口利于病"。

殷：国民性是一个很大的问题，它与人类的未来直接相关。

谭：这就是"种瓜得瓜，种豆得豆"的道理。泛泛地议论国民性，也谈不清楚，我们从能源这个点上来谈，或许可以衍射出国民性。让我们到有鱼的地方去钓鱼吧！

振聋发聩的"三问"

殷：英国 19 世纪道德学家、被誉为"西方成功学之父"的塞缪尔·斯迈尔斯的《品格的力量》中有这样一段话："一个国家的繁荣，不取决于它的国库之殷实，不取决于它的城堡之坚固，也不取决于它的公共设施之华丽；而在于它的公民的文明素养，即在于人们所受的教育、人们的远见卓识和品格的高下，这才是利害攸关的力量所在。"

谭：这段话类似于战国时期军事家吴起所说的"江山之固，在德不在险"[①]。

殷：国民性的养成要靠教育。我们从德国和日本的国民素质就可以体会到这一点。中国著名学者季羡林先生在其《留德十年》中，讲了一个他亲身经

---

① （汉）司马迁. 史记·孙子吴起列传.

历的故事："战争到了接近尾声的时候，日子越来越难过。不但食品短缺，连燃料也无法弄到。哥廷根市政府俯顺民情，决定让居民到山上去砍伐树木。在这里也可以看到德国人办事之细致、之有条不紊、之遵守法纪。政府工作人员在茫茫的林海中划出了一个可以砍伐的地区，把区内的树逐一检查，可以砍伐者画上红圈。砍伐没有红圈的树，要受到处罚。"

再说日本人。中国人熟悉的一个情景，就是某次体育比赛结束，日本观众离场后，他们坐过的区域没有一点点垃圾留下。鲁迅先生在留学日本的时候，最深切地体会到日本人的认真精神。他在《藤野先生》一文中这样回忆他的这位日本老师给他批改笔记："从头到末，都用红笔涂改过了，不但增加了许多脱漏的地方，连文法的错误，也都一一订正。"鲁迅先生痛彻心扉地这样写道："中国的四亿人于今都害有病，马马虎虎病，这种病如果不医好，中国是很难得救的，想找一找医这种病的药，却发现在日本人那里有，这就是日本人的认真。"鲁迅先生笔下的藤野先生，不就是中国人所说的"学高为师、身正为范"的榜样吗？

谭：季羡林先生和鲁迅先生讲的是他们的亲身经历，其可信度自然不用怀疑。据说一份欧洲报纸曾经报道过这样一个故事。有人在德国某城市的街头做了个试验，他们把"男""女"两个大字分别贴在马路边的两个并列的电话亭门上，然后躲在一边观察。他们看到来打电话的男人都走进了贴着"男"字的电话亭，女人则使用贴着"女"字的那一个。过了一会儿，"男"亭爆满，而"女"亭却空着。又过了一会儿，一个匆匆走来的男人看到"男"亭爆满，便毫不犹豫地进入"女"亭。上前一问，原来这个男人是法国人，而排队等候打电话的都是清一色的德国人。

殷：这个故事的真实性值得存疑，调侃的成分居多。但是，这个故事使我们发笑的同时，也提醒我们思考：德国人为什么能够做到这一点？难道德国人天生就如此吗？我认为不是。这是一种长时间内（这种时间长度超过了每一个个体生命的极限）逐步修养而成的民族素质，其修养的方法一定是法治与德治的结合，是教育的结果。这种民族素质的神奇功效，表现在 20 世纪经历了两次世界大战的毁灭性失败后又奇迹般地崛起。

谭：国民教育改变的是世道人心的重大问题，但中国目前的教育存在着很大的局限性。2016 年 8 月 27 日，娃哈哈集团董事长宗庆后在出席中国 500 强企业高峰论坛时说，中国人比较难管，因为聪明，都想做"皇帝"。现实生活中，从小孩子开始就想当官，当班长、（少先队）中队长、大队长，为了当上这些干部，家长放下尊严，与老师搞关系。

殷：鲁迅先生在他的小说《风波》中塑造了一个守旧、落后的九斤老太的形象，她的口头禅是："一代不如一代。……我活够了，七十九岁了。"我曾经总结过一个关于八旗子弟的"代际衰竭定律"：不知"艰苦功德"。具体地说，就是"不知稼穑之艰，不知创业之苦，不知节俭之功，不知自律之德"。

谭：这个"代际衰竭定律"很有意思，正面理解它的含义，就是教育国民要"从娃娃抓起"，教育的内容就是培养吃苦精神，不能忘本。《大学的观念》一书的作者约翰·纽曼说："只有教育，才能使一个人对自己的观点和判断有清醒和自觉的认识，只有教育，才能令他阐明观点时有道理，表达时有说服力，鼓动时有力量。教育令他看世界的本来面目，切中要害，解开思绪的乱麻，识破似是而非的诡辩，撇开无关的细节。教育能让人信服地胜任任何职位，驾轻就熟地精通任何学科。"

殷：原经贸部副部长龙永图写过一篇谈教育的文章①。2010 年，中国经济总量超过日本，成为世界第二大经济体。当时，全球媒体都在热议，什么时候中国经济的总量会超过美国？澳大利亚的一家报纸发表了一篇文章，说我们暂且不要讨论中国的经济总量什么时候能够超过美国，先问问另外三个"什么时候"：什么时候全球的精英会把孩子送到中国留学，而不是像今天都把他们

---

① 龙永图. 从我送外孙女去美国谈谈中国的教育[J]. 当代教育家，2016 年第 6 期.

的孩子送到美国、欧洲留学？什么时候全球的年轻人会最欣赏中国的电影、书籍、音乐，而不是像今天他们最喜欢的是美国、欧洲的电影、书籍、音乐？什么时候全球的消费者在选择产品的时候，会首选中国的品牌？龙永图认为，欧美教育能够吸引全球人士到它们国家学习，说明了全球精英对其教育内在价值的认同。教育的问题，不仅仅关乎教育，还关乎整个国家的竞争力，主要表现在两个方面：一是在解决经济社会发展的重大问题时，教育发挥着根本性的作用；二是在提高国家软实力方面，教育可以有哪些作为。

谭：这些问题都是涉及教育价值观的根本性问题，也就是培养什么人和怎样培养人的重大问题。中国教育家严元章先生的著作《中国教育思想源流》①，把教育分为"九论"，每论都有精辟的见解，我们举几个例子。在"宗旨论"中指出，教育与人生同步，且与人生同归，教育原本便是人生教育。在"材料论"中指出，教育不能成为书本教育，社会与自然的范围之大、事物之多，万事、万物都是取之不尽的教育材料，取材的原则应当是：贵精不贵多，贵新不贵旧，贵近不贵远。在"方法论"中指出，积极倡导辅导的教育方法，辅导学生自治，帮助他们成人；辅导学生自学，帮助他们成才。在"体制论"中指出，家庭教育是人生的教育基础，是古往今来最普及的普及教育，应提高到与社会教育同等的地位。

殷：中国教育思想源远流长，自不必说，严先生的观点尤其精辟与独到。应该说，中国的教育理念在中国历史发展的长河中曾经发挥过重要的作用。同时，中国教育也与其他文化遗产一样，既有精华也有糟粕，这就有一个去粗取精、去伪存真的问题。我们在前面提到的宗庆后先生对小孩子教育的担心，其实就是家庭教育发生了偏差。关于中国文化、中国科技和中国教育中存在的弊端和产生的后果，许多有识之士都提出过疑问，其中最振聋发聩的有"三问"。李约瑟之问：中国为什么没有发展出近代科学？孔飞力之问：中国为什

---

① 严元章. 中国教育思想源流[M]. 广州：广东教育出版社，2012.

么没有发展出近代国家？钱学森之问：中国为什么没有培养出杰出人才？

谭：李约瑟是英国近代生物化学家、科学技术史专家，其所著《中国科学技术史》对现代中西文化交流的影响深远。"李约瑟之问"也叫"李约瑟难题"，就是他在《中国科学技术史》这部著作中提出来的。孔飞力是英国著名汉学家，其导师就是大名鼎鼎的美国汉学家费正清。钱学森是具有世界级的大科学家，2005 年，温家宝总理去医院看望他时，钱老提出他的疑问。"钱学森之问"是关于中国教育事业发展的一道艰深命题，需要整个教育界乃至社会各界共同破解。

能源消费衍射国民性

殷：能源的利用方式也可以检验人性。能源利用有三条路可供选择：第一条路，回到 1750 年左右那种能源贫乏的状况。这条路不可能了，因为 18 世纪的经济规模根本无法养活现在这么多人。第二条路，限制人口增长与物质需求，改为俭朴的生活，只利用太阳能、水力、地热和风力等。这条路意味着禁欲与节食，但两者都不是人类的天性。第三条路，规模化运用核能和其他可再生能源。现在看来，这条路成为必然。①

谭：从能源的利用可以衍射出国民性。相对于极大的国民群体，能源是一个小点；能源与国民素质的碰撞，会产生放大效应；能源的利用效率，取决于国民对技术创新的态度；国民的行为，决定着能源行业的发展路径。

殷：所谓衍射，指波遇到障碍物时偏离原来直线传播的物理现象。在适当情况下，任何波都具有衍射的固有性质。然而，不同情况中波发生衍射的程度有所不同。如果障碍物具有多个密集分布的孔隙，就会造成较为复杂的衍射强度分布图样。这是因为波的不同部分以不同的路径传播到观察者的位置，发生

---

① 阿尔弗雷德·克劳士比. 人类能源史［M］. 王正林，王权，译. 北京：中国青年出版社，2009：176.

波叠加而形成的现象。

谭：社会生活的复杂性，正是这种"障碍物"的多元性的表现。社会越复杂，衍射的分布图样也就越多样、复杂，因为每个人的需求都不尽相同。这也是一种自然法则，康德告诉我们："一个人的行为在任何时候都应该符合自然法则。"

殷：在能源领域，最高的国民素质便是对地球的崇敬和敬畏，也就是对自然法则的崇敬和敬畏。正如环保人士徐刚所说的那样："人类对生养自己的地球没有起码的崇敬和敬畏之情，还是人吗？"

谭：能源教育只是国民普通教育的一个部分，或者说，国民普通教育是能源教育的基础。为了使国民的能源教育更加有效，首先要搞好国民的普通教育。

殷：对国民的能源教育，首要的命题就是"人人生而平等"。任何一种资源，只要稀缺到一定的程度，就必须计划分配。不能说谁就应该饿死，谁就应该每天吃 8 顿饭。把这个命题搞清了、理解了，接下来就是三个方面的教育内容：一是公平观念。人人都该享受能源，解决"该不该"的问题。能源对每个人都是一样的，不是说谁有钱就可以多消耗能源，没钱就活该挨饿受冻。二是生活方式。人人都该节省能源，解决"够不够"的问题。高素质的人更应注意节俭，"一粥一饭，当思来之不易；半丝半缕，恒念物力维艰"①。三是环保意识。人人都该采用节能的技术和生活方式，解决"好不好"的问题。北京的空气质量对每个人都是一样的，中南海的空气质量不会好到哪里去，雾霾和沙尘暴照样光顾。

谭：除了学校和社会教育，还需要培养公民的自我教育能力。比如，环境能源项目往往涉及新技术和新工艺，专业知识较复杂，公众应参与相关技能的传授与培训，提高社会参与能力。项目所在地政府要向公众传授公共政策制定

---

① （明）朱柏庐. 朱子家训.

过程的相关情况，提高公众参与公共服务的技能，增强公众参与的有效性。

殷：社会学中有一个"邻避效应"，指居民或当地单位因担心建设项目（如垃圾场、核电厂、殡仪馆等设施）对身体健康、环境质量和资产价值等带来诸多负面影响，从而激发人们的嫌恶情结，滋生"不要建在我家后院"的心理，有时采取高度情绪化的集体反对甚至抗争行为。

谭：2014 年 5 月 10 日，杭州余杭垃圾发电项目因引发群体性事件而暂停，邻避事件再次成为社会关注的焦点。邻避效应是社会失灵的表现之一，指成果受益者只愿意付出与其他人等价的成本，而不愿付出高额的成本。社会冲突理论认为，任何冲突的产生，都起源于存在感知到的利益分歧。环境能源项目需要直接面对的问题，就是项目上马、建设乃至以后运营对所在地附近的社区、民众和其他利益相关者有多少好处。如果项目周边地区的民众不能从项目获得利益实惠，哪怕是较少利益的损失都将引发强烈的反对情绪。根本解决之道是利益协调和法律规定。

殷：环境能源项目中出现的邻避危机，不仅拷问政府的执政能力，更是拷问国民素质。如果把邻避危机解决好了，说明国民素质就提升到一定的境界了。

谭：一滴水可以反射太阳的光芒，一个项目可以衍射国民的素质。这大概也是一种"天人合一"的哲学观在现实世界中的体现吧！

殷：能源作为一种自然资源，是非常宝贵的，特别是对于一次性能源而言更是如此。对待能源的态度和做法，就是对国民素质的衍射。许多节约能源的生活方式，对人的身体健康是有好处的，比如，有人就倡导这样的生活方式："少盐多醋，少荤多素，少车多步，少食多路。"制作醋是否比制作盐少消费能源，我不清楚，但吃肉食一定比吃素多消费能源，坐车一定比步行多消费能源，控制饮食与多走路也更有可能保持身体健康。

谭：人类的生活方式确实需要认真思考。2018 年 10 月 10 日，英国《卫报》网站报道，英国《自然》周刊发表的一份研究报告显示，要使气候变暖幅度不超过 2℃，就必须在全球范围内形成"偶尔吃肉"的日常饮食。这种饮食结构意味着普通世界公民需要少吃 75% 的牛肉、90% 的猪肉和一半的鸡蛋，而将豆类消耗量增加两倍，坚果和种子消耗量增加三倍。这将使牲畜的碳排放量减少一半，而改进对粪便的处理有助于进一步减排。[①]

殷：事实上，消费是人类的天性。动物也消费，但不会过度消费，够吃够喝就行了，有一些动物顶多储备过冬的食物。人类则不同，有着很强的占有和积累财富的欲望。

谭：已故国学大师南怀瑾先生在生前的一次演讲中就对凯恩斯"消费刺激生产"的经济思想提出批评。他说："如果要消费刺激生产，最好是天天打仗，打仗是最大的消费。"他认为，过去的西方包括欧美与中国的文化，是以勤劳节省理念为主。自从"消费刺激生产"理论出来以后，产生了今天工商业的过分行为；金融的各种现象，对于物质的浪费、环境的污染都是不可控制的，没有办法阻止的。

殷：南老可谓智者，一语中的。他在一次演讲中引用了道家《鹖冠子》中的一句话"中河失船，一壶千金"，意思是大船行驶到河中间坏了，要沉了，这个时候一个葫芦就值千金，因为它可以救命，其他所有的财产都没有用处。南老用这句话来说明匡正这个时代弊端的重要性，他也曾经用一副对联"有药能医龙虎病，无方可治众生痴"[②] 来表达对这个社会的某些失望之情。

谭：对能源的过度浪费，就会出现"中河失船"的局面。如果大家都把已经有的物质享受看得太重，直到船只沉沦，只好以更大的代价换取一只葫芦，岂不就是一种愚痴吗？

殷：这也正是我们提出"能源资本双因子干涉理论"的思想基础，通过能源资本的驱动因子促进经济增长，通过能源资本的约束因子提高能源利用效

---

① 避免气候失控须大幅减少吃肉[N]. 参考消息，2018-10-12.
② https://tieba.baidu.com/p/4765486666? red_ tag = 1386027782.

率和减少对环境的污染和破坏，双因子必须协调执行职能。这是一种科学理论，是基于对事实的分析与判断，无关乎人的道德修养。

谭：亚当·斯密在《国富论》中写道："我们期望的晚餐并非来自屠夫、酿酒师和面包师的恩惠，而是来自他们对自身利益的关切。我们不是向他们乞求仁慈，而是诉诸他们的自利心；我们从来不向他们谈论自己的需要，而只是谈论对他们的好处。"① 理性地对待屠户、酿酒师或面包师的态度，就是对劳动分工理论的正确理解。为客户提供面包的面包师的道德不见得就比其他人更高尚，他们无非也在为自己的生存而工作。

殷：威尔·杜兰特和阿里尔·杜兰特夫妇又说："因为人类热爱自由，而在一个社会里，个人的自由是需要某些行为规范约束的，所以约束是自由的基本条件；把自由搞成绝对的，它就会在混乱中死去。"② 著名经济学家阿尔弗雷德·马歇尔在其《经济学原理》一书中说："习惯本身大都基于有意识的选择。"③ 这种意识，并不是天生的，而是社会环境对人所产生的影响。

谭：不论是好的习惯，还是坏的习惯，都是如此。不过，好习惯的选择有时候是被动的，比如军队的纪律约束，会培养士兵遵守纪律的习惯。正是由于社会环境的重要性，才需要对公民进行能源消费的国民教育，就犹如军队通过加强纪律约束来培养士兵遵守纪律的习惯。这也是威尔·杜兰特和阿里尔·杜兰特夫妇所说的"个人的自由是需要某些行为规范约束的"。这就又涉及人性和教育的价值观问题了。

殷：人性的复杂性，已经超越了我们目前能够理解的程度。我们还是引用威尔·杜兰特和阿里尔·杜兰特夫妇的话："我们两倍、三倍甚至百倍地提升运动速度，但是在这个过程中，我们的精神变得更加懈怠，拥有双腿的我们，

---

① 亚当·斯密. 国富论[M]. 唐日松等，译. 北京：华夏出版社，2005：14.
② 威尔·杜兰特，阿里尔·杜兰特. 历史的教训[M]. 倪玉平，张闶，译. 北京：中国方正出版社、四川人民出版社，2015：113.
③ 阿尔弗雷德·马歇尔. 经济学原理[M]. 廉运杰，译. 北京：华夏出版社，2005：17.

每小时能够移动 2000 英里，但我们始终不过是穿着裤子的猴子。"①

　　谭：当然，我们也不必悲观，因为社会发展的曲折性，也正是通过对现实生活的深刻反思来体现的。英国作家狄更斯的《双城记》中有一段著名的话："那是最美好的时代，那是最糟糕的时代；……说它好，是最高级的；说它不好，也是最高级的。"今天社会生活中的某些方面，也具有这种"最美好的"和"最糟糕的"特征。

　　殷：为了使社会力争处于"最好的"时代、避免出现"最糟糕的"时代，就需要改善人性。通过国民教育来改善人性，是需要冒险的。意大利中世纪的经院哲学家圣托马斯·阿奎那说过："如果船长的最高目标是保住他的船，这艘船永远出不了港。"不冒风险不会失败，但不冒风险一定不会成功。这个险是一定要冒的，否则，人性只能沦落而不能进化，人类到头来仍然只是"穿着裤子的猴子"。

　　谭：我们今天仍然可以这样说："这是最美好的时代，这是最糟糕的时代。说它好，能源供应很充足；说它不好，能源使用很浪费。"时光未老，生活常青！人人为我，我为人人！同一个地球，同一个母亲！每人节约一点能源，就是为地球母亲美容和减负。面对雾霾，首先要通过能源消费的国民教育把人心搞干净了。人心是一面镜子，人心不干净，天空也干净不到哪里去。人的心灵干净了、纯洁了，我们所生活的自然环境，也就自然干净了、纯洁了。

结语　理性的光辉

　　殷：2016 年 8 月 21 日，中国工程院院士李培根教授在英国剑桥大学做了一场题为"呼唤理性"的演讲②，在结尾时他说了这样一段话："需要呼唤理

---

① 威尔·杜兰特，阿里尔·杜兰特. 历史的教训[M]. 倪玉平，张闶，译. 北京：中国方正出版社、四川人民出版社，2015：168.
② 李培根. 呼唤理性——在英国剑桥大学的演讲[J]. 岭南师范学院学报，2017 年第 38 卷第 1 期，9.

性，实际上从我们的传统文化中间能够找到理性的成分，马克思主义中的人本思想更是富有理性，我们的核心价值观也是理性的，在西方的一些启蒙思想家那里，也可以找到理性。应该在理性中寻找我们的道德良心，在理性中寻找我们被忘却的责任，在理性中寻求共识，也希望让理性伴随着我们自己成长，也让理性使我们通向中国梦。"

谭：康德认为，人的认识分为感性、理性和知性。理性的本性要求超越经验的界限对本体有所认识，但这已超出人的认识限度，必然陷入难以自解的矛盾，即二律背反①。

殷：理性属于精神层面，是来源于物质而又超越物质并与物质相对立的意识存在。黑格尔说："精神的认识是最具体的，因而也是最高的和最难的。"②如果有了"已超出人的认识限度"这样的认识，说明已经以理性的态度对理性有了认识。我们谈理性发展，主要是基于人的意义，这也是发展的理性所在。

谭：马克斯·韦伯在其《新教伦理与资本主义精神》中指出，对财富的贪欲根本不等于资本主义，更不是资本主义精神。

殷：理性的基础是科学，而科学是一种以怀疑为基础的信仰。有一个形象的例子，牛顿在《自然哲学与数学原理》一书中认为，地球质量是太阳的194%。实际上，应该是169%。当人们向指出这一错误的美国芝加哥大学物理系学生罗伯特询问，为什么300年来没有人发现这个错误，他不好意思地说："因为没有人认为牛顿是值得怀疑的。"

谭：怀疑权威，怀疑既定法则，才是科学最基础的精神。对科学全然接受，盲目追寻，顽固守旧，是另外一种迷信，是另外一种伪科学。科学的伟大，恰恰在于不怕被推翻，因为每一次推翻，都意味着新的建立；它不怕被论

---

① 在康德的哲学概念中，二律背反指对同一个对象或问题所形成的两种理论或学说虽然各自成立，但是却相互矛盾的现象。

② 黑格尔. 哲学科学全书纲要（1830年版）[M]. 北京：北京大学出版社，2010：273.

证，因为每一次论证带来的都是肯定或促进。我们热爱科学、拥抱科学、尊重科学、发展科学，因为科学是一种以怀疑为基础的信仰。

殷： 现在，整个社会的非理性逐利表现得很充分，为满足人的过度欲望，很多资源被掠夺。人的欲望的无限性与自然资源的有限性之间是一对天生无法解决的矛盾。

谭： 恐龙的灭绝，可能并不是因为小行星撞了地球，而是恐龙自身的进化太快，体形越来越庞大，对食物的需求最终超过了地表植物的承受能力，本质上也是耗尽了能利用的资源而走向命运的终结。

殷： 正是基于这个事实，因此人类才提出"终极能源"的概念，试图寻找到可以使人类永远摆脱能源枯竭的某种能源形态。我们的研究表明，能源形态的转型在人类历史进程中已经多次出现，而能源形态所蕴含的资本属性才可以持续创造价值。

谭： 只有大自然、土地和人类的智慧，尤其是其中肥沃的土地会源源不断、生生不息地为我们产出维持我们生活的必需品。

殷： 敬畏大自然、敬畏土地，是人类确保生存的最大理性，也是我们找回信仰的基本逻辑。中国正在建立一套完善而合理的社会秩序，让每个人都能各尽其才，各取所需。在此基础上形成了新秩序，而新秩序的运转将产生新的精神，比如自由意志、契约精神和自律意识。精神的碰撞激发起内心的向往，一旦我们心有所属，这就是信仰。

谭： 理性的孪生兄弟是常识。每一个人该领悟到的，是于浪潮中独立思考的精神，无论人们陷入何等的狂热，都选择用自己的眼睛去观察，用自己的脑袋去思考，这是个体需要的常识。

殷： 讨论到现在，我们可以小结一下：理性是人类智慧的光辉，值得我们终生培育；科学是最伟大的信仰，它是以怀疑为基础的；对于真理的探求，就是一个回归理性的过程。

谭： 培育理性、探求真理，都需要沉下心来，耐得住寂寞，否则，就不可能产生有价值的思想。著名历史学家范文澜先生就提倡"二冷"——"坐得冷板凳，吃得冷猪头肉"。

殷：宁静与理性，最能产生哲学思想；要做到宁静与理性，一刻也不能离开哲学思辨。哲学能够使我们对问题的认识更加深刻而较少失之于肤浅。正如弗兰西斯·培根所说："没有哲学，所有科学都是肤浅的。"① 科学带给我们知识，哲学带给我们智慧。

谭：在本书中，有关能源资本的一些观点也许还有不完善之处。但是，我们认真思考过，尽我们的能力所及而努力过。我们尊重自己提出的命题、自己现阶段的认识和判断，就是尊重自己的思考和辛劳。我们借用德国哲学家、诗人尼采的一句话来作为本书的结束："所谓高贵的灵魂，即对自己怀有敬畏之心！"②

---

① http：//www.sohu.com/a/248981536_712542.
② 弗里德里希·尼采.善恶的彼岸［M］.魏育青，黄一蕾，姚轶励，译.上海：华东师范大学出版社，2016：272.

　　我们在前言中指出，如果没有各种能源形态所蕴含的能量投入，那么人类社会就不可能创造和积累财富。因此，从持续不断地创造价值的角度来看，能源具有资本的属性。简单地说，能源是资本，资本是财富。本书的研究，证明了这个观点。

　　对于能源资本这个命题的研究，我们进行了长达 20 年的资料积累和不间断思考。从 1998 年 1 月的《世界能源导报》，到本书付梓之前的《参考消息》；从能源领域的各种资料，到经济学领域的中外专著；从中国的古代典籍，到最现代的互联网及个人博客，等等，都是本研究的丰富资料库。凡是能够找到出处的资料，我们都一一注明；有些资料记录在 20 多年前的笔记本中，一时无法找到出处。不论是找到出处的，还是未找到出处的，我们对这些作者深表感谢。我们所引用参考资料的作者们，要么是某个领域的专家，要么对某个问题有独特的见解，因此他们都是我们的老师，哪怕是一管之见、一孔之得，都对我们的研究具有启发作用。

　　除了文字资料之外，本研究的两位作者在能源领域工作几十年，也积累了大量的笔记，形成了一些观点和想法，这些可以看作是社会实践这所大学校赋予我们的宝贵财富。经过相互的讨论而碰撞出的思想火花，是任何一种研究方法都不能替代的。多年来，我们经过无数次交谈，产生了许多思想火花，我们及时将其归纳、整理、消化，形成观点之后，继续进行思辨性的讨论，有些经过了验证，有些被推翻了，有些需要进一步的思考。我们从讨论中得到了很大的启迪和乐趣，颇有一点东晋大诗人陶渊明的诗句"奇文共欣赏，疑义相与析"所表达的那种意境。值得指出的一点是，我们在相互讨论的过程中，从未有过一次脸红脖子粗，而总是心平气和地叙述、询问和论证，这正是《诗经·淇奥》中所描绘的"有匪君子，如切如磋，如琢如磨"的诗情画意。我们都知道，真理是不能被任何人所垄断的，反过来说也是对的，任何人都不可能垄断真理。正如马克思所说："真理占有我，而不是我占有真理。"① 面对着能源资本这样一个全新的研究课题，没有谁的观点是绝对正确的，只能在相互的切磋中逐步获得共识。换句话说，我们只能去追求真理。爱因斯坦的名言"追求真理比占有真理更加难能可贵"②，是我们把这项研究进行下去的精神动力。

正是由于多年来艰苦的资料积累、作者的工作经历和相互讨论所形成的思想火花，才形成了本书中的核心观点，而且这些观点都有一些创新的色彩和意义。本书的研究不追求完美，也不担心缺陷，而是更看重理论观点的新颖性和观察视角的独特性。这倒不是为我们的能力有限而辩解，而是因为科学发展日新月异，一切都在变化之中，尤其是以不确定性为特征的经济学研究更是如此。本书虽然没有利用数学模型分析，但我们提出的能源资本与社会经济生活其他领域的五种效应，在今后的进一步研究中都可以用数据进行检验，从而有可能给出定量化的描述，或许会得出一些新的结论。这也正是我们最期待的事情。

本书的顺利付梓，得益于许多机构和人士的无私帮助和倾情支持。我们感恩在我们的职业生涯中曾经服务过和目前正在服务的机构，各位领导和同事给予我们实践的机会和平台，使我们拥有思考与研究问题的空间。原国家电监会副主席、国家能源局原副局长王禹民先生以充满激情的笔调，为本书撰写了序

---

① 马克思恩格斯全集（第2版第1卷）[M]. 北京：人民出版社，1995：111.
② http://www.xinhuanet.com/science/2016－08/12/c_ 135590557.htm

言，对我们的研究工作做了比较全面的概括和总结。王禹民先生是我国能源领域的学者型领导干部，不仅积累了 50 多年的丰富工作经验，而且具有深厚的理论素养。他在为本书撰写序言之后，曾经先后三次表达了希望尽早看到本书出版的急切心情，这是对我们的极大鼓励和鞭策。中国科学院院士、南方科技大学校长陈十一先生为本书撰写了评论文章，对我们的研究成果给予高度评价。另外五位在我国学术界和产业界享有崇高威望的专家和领导为本书写了热情洋溢的评语，他们是：电力专家、中国工程院院士、原电力科学研究院院长郑健超先生，国际问题专家、原中共中央对外联络部副部长、中国人民争取和平与裁军协会副会长于洪君先生，金融专家、原民建中央副主席、全国政协常委宋海先生，美国国家工程院院士、北京大学研究生院常务副院长、工学院院长、清洁能源研究院院长张东晓先生以及产业政策专家、全国港澳研究会副会长、中国综合开发研究院（深圳）常务副院长郭万达先生。张东晓院士和北京大学工学院院长助理李咏梅教授、南方科技大学创新研究院院长刘科院士和华南理工大学电力学院院长陈皓勇教授为作者提供了分别在北京大学、南方科技大学和华南理工大学的授课平台，使作者获得了一个通过向研究生和本科生的授课而对书稿内容做进一步的修改、调整和深化的独特机会。郭万达先生大力支持该项研究，使得该项研究的部分阶段性成果通过《开放导报》杂志提前与读者见面。中信国际经济咨询有限公司博士后工作站车耳先生向中信改革发展研究基金会推荐书稿，为本书出版创造了条件。中信出版集团副总编辑、《经济导刊》社长季红女士的独具慧眼，为本书的面世颁发了"出生证"。在本书的编辑出版过程中，本书责任编辑谭惠芳和葛小莉女士以认真的工作态度和扎实的专业功底提出了一些修改意见，为本书增色不少。还有一些对本书做出重要贡献的人士，在此无法一一提名感谢，我们对这些人士的无私帮助表示衷心的感谢。我们尤其要感谢中信改革发展研究基金会所秉承的家国情怀和人文情怀，多年来孜孜以求地为"中国道路"和"中国学派"丛书做着"嫁衣裳"，这既是对作者的劳动的肯定，也是对中国学术和中国文化的传承，更是建起了一座中国与世界进行文化交流和文明融合的桥梁，利归当代，功在千秋。

我们完成书稿之际，正值秋分时节。秋，意味着收获，一分耕耘一分收获。台风"山竹"刚过，经历过狂风恶雨洗礼的南粤秋天，显得格外天高气爽。深圳的梧桐山下，人们正以种种形式铭记气壮山河的四十年改革开放。我们感恩改革开放这个伟大的时代和粤港澳大湾区这片创新的沃土给我们提供了机会，我们更加期待在新时代中产生新技术的同时诞生不负这个伟大时代和这片创新沃土的新思想。能源资本这个课题是一个丰富的矿藏，值得学者们进行更加深入细致的研究，以期挖掘出更宝贵的财富。在中国实现"两个一百年"奋斗目标的征程中，以今秋为起点，面向未来的 30 年，我们期待一部《能源资本新论》在某个秋天再度面世！

爱因斯坦说："满足物质上的需要，固然是美满的生活所不可缺少的先决条件，但只做到这一点还是不够的。为了得到满足，人还必须有可能根据他们个人的特点和能力来发展他们理智上的和艺术上的才能。"① 爱因斯坦本人除了科学上的杰出贡献外，小提琴拉得非常好，据说达到了专业水平。美国"原子弹之父"奥本海默兴趣广泛，他不仅研究物理学，而且还致力于哲学、心理学和文学的研究。在剑桥大学的一段时间内，他每天花 2 个小时研究意大利诗人但丁，特别是对《地狱篇》很入迷，他经常与同行讨论为什么但丁把探索真理的沃吉尔放进地狱而不送入天堂这个问题。一天晚上，英国理论物理学家、1933 年诺贝尔物理学奖获得者保罗·狄拉克把他叫到一边，轻声对他说："我听说你写诗写得像你研究物理学那样出色。你是用什么方法把这两种东西结合在一起的？要知道，在科学上大家都尽力使人们把过去不了解的东西弄清楚，而在诗里，事情却恰恰相反。"②中国"两弹一

---

① 爱因斯坦文集（第 3 卷）[M]. 许良英等，译. 北京：商务印书馆，1979：135.
② 殷雄，黄雪梅. 世纪回眸：世界原子弹风云录[M]. 北京：新华出版社，1999：128.

星”功勋科学家之一的彭桓武，在留学英国的 10 年内获得两个博士学位，素有“怪才”之称。他在钻研深奥的理论物理之余，也喜欢写诗。早在 1939 年，他就写出“世乱驱人全气节，天殷嘱我重诗文”这样堪称格言的诗句。他说：“搞科学不光是逻辑思维，也需要形象思维。写诗填词海阔天空，对启发科研思路大有益处。”彭老生前把几十年中写在练习簿上的诗作按写作年份输入计算机，自作序道：“在记人事物同时抒情联想，亦有助于增强形象思维、美化灵感。不但言志励行，更望于对创造之培育能有小补。”① 据说，巴基斯坦“原子弹之父”卡迪尔·汗博士也嗜好诗歌。② 不仅物理学家是如此，经济学家也是如此。中国著名经济学家、北京大学教授厉以宁先生就出版过诗集，他还曾经在为作者之一的两本著作所作序言中专门加入他写的诗。

爱因斯坦的音乐爱好与其他物理学家和经济学家的诗歌爱好，在本质上是一样的，因为在我们看来，音乐就是流动的诗，而诗则是凝固的音乐。在他们的生活中，绝不只是“眼前的苟且”，更有“诗和远方”。其中“诗”是他们的日常生活调味品，“远方”是他们的科学研究导向器。狄拉克认为，科学就是人们“把不了解的东西弄清楚”，而诗则是“恰恰相反”。其实也不尽然，狄拉克所理解的诗与奥本海默所理解的诗是两回事情。诗和远方都是对生活的感悟和理解，是一枚硬币的两面，缺乏任何一面，生活与世界就不是完整的。这枚硬币及其两面就是“一分为二”与“合二而一”两种哲学思想的有机统一和具体体现。我们两位作者的共同爱好也是诗歌，也算是诗人，相约成书之日，赋诗记怀。现在，我们就兑现当初的承诺，将两首相互唱和的诗奉献给读者：

谭建生所作诗：

---

① 同上，276.
② 同上，275.

长湾湾外路几重，碧海海涛意相逢。

披星戴月著书苦，取火纵横千载通。

曾叹寂寞无人识，今得真人识花红。

皓首健笔丹心在，梧桐山下待好风。

殷雄所作诗：

远眺群山千万重，幽兰深谷最先逢。

无由感慨寒窗苦，有幸追求学问通。

一册薄书知己识，几番雷雨晚霞红。

闻鸡起舞星光在，旭日携来明庶风。

在撰写并完成本书的过程中，我们有一些独特的感悟。正如我们在"能源资本的哲学思辨"一章的结尾部分所说："我们认真思考过，尽我们的能力所及而努力过。我们尊重自己提出的命题、自己现阶段的认识和判断，就是尊重自己的思考和辛劳！"我们仍然认为德国哲学家、思想家和诗人尼采的那句话是有意义的："所谓高贵的灵魂，即对自己怀有敬畏之心！"对此，我们既静待、更敬待读者的评判。

2019 年 5 月 20 日于深圳